2판 한국

전통주

교과서

쌀 된 되로 물도 돼야

2판 한국

전통주 교과서

류인수 지음

교문사

머리말

술을 빚는다는 것은 곧 시간의 결과물이다. 술이라는 것이 매일 만든다고 되는 것이 아니라 시간이 흘러야 얻어지는 '발효의 산물'이기 때문이다. 오늘 만들어 내일 마시는 술이 있는 반면에 몇 년이 지나야 한 잔 맛볼 수 있는 술도 있으니 시간이 걸릴 수밖에 없다. 철없는 시절 집에서 술을 빚고 지방을 돌아다닌 경험들이 이 책을 쓰는데 큰 도움이 되리라곤 생각하지 못했다.

많은 사람들이 '술 빚을 때 참고할 만한 책을 추천해 달라'고 질문하는데 딱히 그럴 만한 책이 없어 그때마다 매우 아쉬웠다. 전통주 관련 책들이 대부분 옛 문헌을 번역해 놓은 것이거나 술 탐방 같은 여행 관련 책이기 때문에 술 제조와는 거리가 있다. 이러한 아쉬움에서 학생들에게 술을 가르치며 하나둘씩 술 빚는 방법을 정리해 만들어진 것이 바로《한국 전통주 교과서》이다.

처음 술을 빚을 때 원하는 술이 단 한 번도 나오지 않았다. 빚은 술마다 신맛이 강해지고 곰팡이가 펴 버려지는 술들이 많았다. 그때마다 '나는 원래 술을 못 빚는 구나'라고 생각하곤 했다. 이렇게 실패와 실패를 거듭해 거의 포기할 때 쯤 문헌 속에서 글귀 하나를 보게 되었다. 그것이 바로 '쌀 된 되로 물도 되어라'였다. 이 문맥 하나가 실패를 거듭하던 나의 술을 모두 성공적으로 바꿔 놓았다. 따라서 이 책을 읽는 모든 분들과 함께 성공의 기쁨을 나누고자 한다.

본서는 크게 네 부분으로 나눠져 있다. 의문을 풀어주고 응용 능력을 향상시키기 위한 이론편과 누룩편, 그리고 실전에서 사용할 수 있도록 실습과 제조법편을 따로 구성하였다. 실습과 제조법편을 보기 이전에 먼저 이론편에서 충분히 술에 대해 이해한 후에 술을 빚어야 실패를 줄일 수 있을 것이다. 본서의 제조법들은 오랜 시간 동안 검증된 것으로 그대로 따라 빚으면 실패 없이 원하는 술을 빚을 수 있을 것이라 확신한다.

《2판 한국전통주 교과서》에서는 기존의 내용에 새로운 이론과 제조법을 추가하였다. 이론편에서는 막걸리 의미와 단양주의 제조비율, 씨앗술의 효과, 술의 갈변과 예방법, 증류주 유출 성분등에 대한 이론을 추가하였다. 누룩편에서는 당화제의 종류와 사용량에 대한 내용을 보완하였으며, 제조법편에서는 햅쌀술, 단양주, 백화주 등의 새로운 제조법을 넣어 실제 실습에 적용할 수 있도록 하였다.

세계의 모든 명주는 가양주에서 시작한 것이다. 집에서 빚은 술이 지역의 특산주가 되고 이 술이 널리 명성을 얻어 국주가 되는 것이다. 우리는 1909년 일본에 의해 주세법이 제정 공포되고 100년이라는 세월 동안 우리 술에 대한 무관심과 좋지 않은 선입관을 가지고 있었다. 다행히 1995년이 되어서 드디어 가양주가 허용되고 잊힌 술들에 대한 관심이 높아지면서 우리의 옛 방식과 과학을 접목한 제품들이 출시되고 있다. 세계적으로 한국 음식에 대한 많은 관심이 이어지고 있는 이때에 우리의 좋은 술들이 세계인들의 입맛을 사로잡을 수 있는 날이 곧 오리라 생각된다. 필자의 지식이 미천하지만 이 책이 조금이나마 우리 술이 세계로 가는 길에 디딤돌이 되었으면 한다.

이 책이 나오기까지 2014년 초판 발행 이후 4년이라는 시간이 흘렀지만 우리술에 대한 많은 관심으로《2판 한국 전통주 교과서》를 출판하게 된 것에 대해 교문사 류제동 회장님과 임직원 여러분께 진심으로 감사의 마음을 전한다. 그리고 수많은 질문으로 필자를 항상 공부하게 만든 우리 술에 대한 열정으로 가득한 술 빚는 사람들과 젊은 시절 집에서 너저분하게 해놓고 술을 빚어도 집 밖으로 쫓아내지 않고 재워 주신 부모님께 이 책을 바친다.

2018년 2월 연구소에서

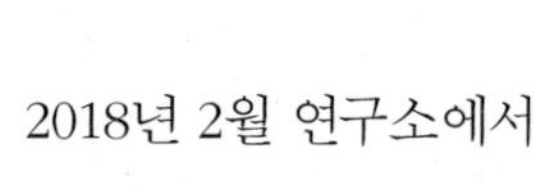

차 례

PART 1

이론편

01

한국 술의 역사

사실 '한국 술의 역사' 부분은 이 책에 넣지 않으려고 했다. 꽤 많은 곳에서 다루고 있고 내용도 거의 비슷하기 때문이다. 그럼에도 첫 번째 챕터에서 '한국 술의 역사'에 대해 설명하는 이유는 술을 하는 사람으로서 좀 더 다른 시각을 가지고 한국 술에 접근해 보고 싶어서이다. 술하는 사람이 바라본 한국 술의 역사 이야기를 시작해 본다.

1. '술' 자의 어원

'술'이라는 단어가 어떻게 생겨난 것인지 그 어원에 대해서는 정확히 알 수 없다. 그러나 1446년 『석보상절』에 '수을'이라는 기록이 남아 있어 지금의 우리가 사용하고 있는 '술'이라는 단어가 처음에는 '수을'이었음을 알 수 있다. 우리나라 최초의 한글 고조리서인 『음식디미방』(『규곤시의방』, 1670)을 보면 현재에 우리가 사용하는 단어와 같은 '술독', '전술', '술' 등의 단어가 기록되어 있다. 한글 창제 이후 '수을'에서 조선 중기로 가면서 자연스럽게 '술'로 바뀐 것으로 보인다.

'수을 고기 먹디 마름과(수을과 고기를 먹지 말며)'- 『석보상절』(1446년)

여러 기록을 보면 처음에는 '수블→수을→술'로 변해온 것으로 알려져 있지만 문헌적으로 볼 때 한글로 수블이라고 쓰여진 것은 없다. 술이 불에 의해 끓는 것처럼 보이기 때문에 수블에서 수을이 됐을 것이라고 추정하는 것이다. 즉, 수블이 한글로 쓰여진 적은 없으며 처음 한글로 쓰여진 것은 '수을'이다. 그러나 '수을'의 어원에 대하여는 기록된 바가 없다. 또 다른 설은 '수을'이 우리나라에서 술을 처음으로 만든 사람의 이름이라 '수을'이라는 것과 수을수을 잘 넘어간다 하여 수을, 범어의 수라(sura: 쌀로 빚은 술), 웅가르어의 세르(ser), 타타르어의 스라(sra)에서 흘러와 지금의

'술'이 되었다고 전해지기도 한다.

우리가 즐겨 마시는 막걸리는 완성된 술이나 술을 짜고 남은 지게미에 물을 막(지금) 걸러 마신다 하여 막걸리라고 하며, 동동주는 술 위에 밥알이 동동 뜬 모습을 보고 동동주라 전해진다. 이처럼 '수을'이라는 단어 또한 술을 마시는 모습이나 마시고 난 후의 모습을 보고 말로 표현한 것은 아니었을까? 구전으로 전해진 각설이 타령에 "밥은 바빠서 못 먹고 떡은 떫어서 못 먹소 죽은 죽어도 못 먹소, 술은 수을수을 잘 넘어간다."라는 내용에서도 알 수 있듯이 당시 즐겨 사용하는 말이 한글 창제와 더불어 발음 나는 대로 '수을'이라고 기록해 놓은 것은 아닐까 추측해 볼 수 있다.

2. '酒' 자의 기원

현재 한자어로 사용하고 있는 술 주(酒)는 술을 빚는 술 단지의 모양을 따서 만든 한자어 유(酉, 닭, 술, 술을 담는 그릇) 자의 고자(古字)이다(이성우, 1984). 유(酉)에 물 수(水(氵, 氺))가 합해져 현재 사용하고 있는 '酒'가 된 것이다. '酉' 자를 살펴보면 병 모양 위에 뚜껑이 있는 모습임을 알 수 있다. 처음에 술뿐만 아니라 음식을 담는 용기로 사용되었지만 술에는 반드시 물이 있어야 하기 때문에 두 글자가 합해져 주(酒) 자가 술이라는 단어로 사용되었을 것으로 보인다.

유(酉) 자가 들어간 한자들을 살펴보면 대부분 술과 관련되어 있다. 술을 빚는 횟수에 따라 두 번 빚었다 하여 술 두(酘), 세 번 빚었다 하여 술 주(酎)가 있다. 또한 술을 마셔 취한 것을 뜻하는 술 취할 정(酊), 매우 취할 모(酕), 취할 취(醉), 주정할 후(酗), 술 취할 명(酩), 그리고 술괼 발(醱), 삭힐 효(酵), 술 빚을 양(釀), 빚을 온(醞), 막걸리 료(醪), 탁주 앙(醠)과 같이 술을 빚는 것과 관련된 한자들이 많다.

3. 술의 기원

술은 어떻게 생겨났을까?, 그리고 누구에 의해 만들어지고 이 술을 처음으로 맛본 것은 어떤 생명체였을까? 이러한 질문에 제대로 답을 할 수 있는 사람은 아무도 없을 것이다. 지구만이 이 사실들을 알고 있을 것이다. 이러한 사실을 숨긴 채 인류는 진화에 진화를 거듭하였으며 술 또한 인류와 함께 하였을 것이다. 그리고 우리는 인간의 힘을 빌리지 않고도 자연적으로 술이 될 수 있다는 것을 알게 되었다.

인류의 탄생 훨씬 이전, 그러니까 과일이나 기타 곤충에 의해 생겨난 꿀 등 단맛을 가진 것들이 알코올을 만들어 낼 수 있는 공기 중의 미생물에 의해 자연적으로 술이 됐을 것이다. 특히, '포도 알갱이 하나가 곧 양조장'이란 말도 있듯이 포도 겹질에 있는 효모와 포도가 가지고 있는 당분과 과즙에 의해 저절로 술이 되는 것을 알 수 있다. 이렇게 최초의 술은 당분이 있는 과실이 발효된 과실주였을 것으로 추정할 수 있다.

움푹 파인 돌이나 나무통에서 자연적으로 떨어진 과실들이 시간이 지나면서 삭아 발효가 일어나 자연히 술이 되었다. 이를 인간이 맛보게 되고 어떻게 하면 술이 되는지도 알게 되었으며, 항상 과일이 있는 것이 아니기에 채집 생활이 시작된 것이다. 이렇듯 과일의 저장 기술 발달에 의해 자연발생이 아닌 인위적인 술 제조의 첫 시작이 되었을 것이다.

과일이 없는 지역에서는 꿀이나 식물(사탕수수) 등 당분이 있는 원료를 이용해 인위적인 술 제조가 가능했을 것이며, 목축의 시작과 함께 동물의 젖을 이용한 술도 만들었을 것이다. 이렇게 당분이 있는 술 제조 기술은 후에 농경생활의 시작과 곡물을 이용한 술 제조에 큰 지혜가 됐을 것이다.

4. 우리나라 술의 기원과 발전

우리나라의 술이라고 해서 다른 나라 술의 발달과정과 크게 다르지 않다. 우리나라의 술이 중국의 영향을 크게 받아 술의 기원이 중국으로부터 전해졌다고 보는 사람들도 있지만 그 어떤 문헌에서도 중국이 우리나라에 술 제조기술을 전해줬다는 기록은 찾아볼 수 없다. 또한, 술 제조기술의 영향을 받았다고 해도 그 나라의 지역의 특색에 맞지 않으면 훗날까지 전해지지 못하는 것이다. 따라서 우리나라 술의 기원이 중국이라는 설에 대한 어떠한 근거자료도 없다고 볼 수 있다. 그렇다면 우리나라의 술은 어떠한 방식으로 발전하였을까?

표 1-1 우리나라 술의 발전 과정

시 대	내 용
구석기시대 이전	• 자연스런 술 제조 • 과실, 꿀 등
구석기시대	• 이동생활 • 동굴, 강가 거주 • 인위적인 술 제조(과실주, 벌꿀주 등의 단발효주)
신석기시대	• 정착생활 • 농경, 목축 • 조, 피, 수수 등을 이용한 곡주 제조
청동기시대	• 벼농사(쌀을 이용한 술 제조 가능) • 보리, 밀 재배(엿기름, 누룩 제조 가능) • 쌀과 누룩을 이용한 술 제조 가능
삼국시대	• 고구려: 곡아주 • 백제: 일본에 술 제조법 전수 • 신라: 신라주
고려시대 이전	• 농경의 발달 • 발효주 위주의 술 제조기술 발달 • 덧술 기술의 발달
고려시대	• 증류주 제조기술 도입 • 사찰에서 술 제조 • 안동, 제주, 진도
조선시대	• 증류주 제조기술의 발달 • 발효주와 증류주를 혼합한 과하주의 등장 • 우리나라의 모든 주종의 완성

구석기시대 이전

인간이 존재하기 훨씬 이전부터 술은 자연스럽게 생겨난 인류 최고의 발효 식품이다. 즉, 인위적으로 술을 제조하지 않아도 일정한 조건이 되면 술은 자연스럽게 만들어진다. 과실이나 꿀이 시간이 지나 공기 중에 있는 효모에 의해 서서히 알코올 발효가 일어나게 된다. 실제로 포도를 으깨서 일정한 용기에 담아 두면 발효가 일어나 술이 된다. 그러나 이 술은 알코올 도수가 낮아 신맛이 강하다. 사실 술보다는 식초에 가깝다. 따라서 과실에 의해 최초로 만들어진 술은 아마도 알코올 도수가 낮은 신맛이 강한 술이었을 것이다. 과실의 당도가 충분한 알코올이 생성될 만큼의 당분을 가지고 있지 않기 때문이다.

과실이 아닌 꿀이 모여 만든 술 또한 마찬가지다. 꿀은 당도가 높지만 당도가 높은 꿀 자체만으로는 알코올 발효가 일어나기 힘들다. 그러나 꿀에 수분이 들어가고 어느 정도 당도가 낮아지게 되면 효모에 의해 알코올 발효가 일어나 꿀이 술이 된다. 이렇게 자연적으로 만들어진 술이 시간이 지나고 동물이나 인간에 의해 점차 인위적으로 만들어지는 술로 발전한 것이다.

구석기시대

오랜 시간이 지나 인간이 등장하게 되면서 술은 더욱 발전하였다. 구석기시대(약 70만 년 전)에는 동굴이나 기타 강가에 막집을 짓고 살았으며 계절의 변화에 따라 이동생활을 하였다. 이때에는 따뜻한 지역으로 옮겨 다니면서 과일로 인해 자연발생적으로 생겨난 술을 처음으로 맛보게 되었을 것이다. 인간은 동굴이나 막집 등에 과일을 채집하여 보관하였는데 이때 먹고 남아 모아 둔 것들이 자연히 발효가 일어나 술이 된 것이다. 이런 과정을 통해 인간은 이 기분 좋아지는 '신비로운 물질'을 어떻게 만들 수 있는지 알게 되었을 것이다.

경험이 쌓여 인간은 더 이상 자연적으로 만들어진 술이 아닌 인위적으로 만든 술을 제조할 수 있게 됐고 이러한 술 제조기술은 더욱 발전하여 다양한 과일과 첨가물을 이용한 술 또한 만들게 되었다. 그러나 이 시대에는 아직까지 곡물보다 한 번에 발효가 될 수 있는 원료를 이용해 술을 만들었다. 곡물을 이용해 술을 빚는 것은 아마도 수많은 시간이 흘러서나 만들게 되었을 것이다.

• **요약** : 과실주, 벌꿀주 등 당분이 주성분인 원료로 자연 발생적으로 만들어진 술이나 채집을 통해 만든 술이 있었다.

신석기시대

경험과 지식이 쌓이고 술의 발효와 저장 기술이 발전한 시기는 신석기시대였을 것이다. 이 시대가 가장 중요한 것은 농경 생활이 시작되었다는 점이다. 즉, 과실이 아닌 곡물을 이용한 새로운 술이 만들어졌을 것이다.

농경생활은 신석기시대(기원전 8000년 전)로 거슬러 올라간다. 이 시기에 목축과 정착생활, 그리고 농경생활이 시작되었다고 한다. 따라서 우리나라의 술 또한 처음에는 과실과 같은 단맛이 있는 원료를 이용한 술의 시작에서 농경생활의 시작과 함께 점차 곡물을 이용한 술 제조기술로 발전하게 된 것이다. 이 시대의 경작물은 조, 수수, 피 정도였다고 한다. 따라서 이 시대에 술이 인위적으로 만들어졌다면 이때 생산된 곡물을 이용한 술이 제조되었을 것이다.

• **요약** : 목축을 통한 동물의 젖을 이용한 술이나 곡물을 씹어 만든 술 등이 있었다.

청동기시대

벼농사의 시작은 청동기시대(기원전 2000~1500년 전)로 알려져 있다. 이 시대에는 벼농사뿐만 아니라 콩이나 밀, 보리 등도 재배되었다고 한다. 곡물을 이용한 술은 과일이나 기타 당분이 있는 원료를 이용하는 것보다는 훨씬 어렵다. 청동기시대에 밀이나 보리 등이 재배되었다는 사실은 술의 제조에 있어 가장 중요한 기록으로 여겨진다. 그 이유는 현재에도 술을 제조하기 위해 사용되는 누룩은 대부분 밀로 만들어지며 우리나라의 전통 음료인 식혜는 보리에 싹을 틔어 만든 엿길금을 이용하기 때문이다. 따라서 우리나라의 곡물을 이용한 술 제조는 청동기시대부터 제조된 것으로 볼 수 있다.

중국의 고서 『전국책』의 여씨춘추를 보면 "옛날 황제의 딸 의적이 술을 맛있게 빚어 우왕(하나라 왕)에게 올렸더니 우왕이 이를 맛보고서 그 감칠맛에 놀라, 후세에 반드시 이 술로 나라를 망치는 자가 있을 것이라 말하고 술을 끊고 의적을 멀리하였다."라고 기록되어 있다. 하(夏)나라는 기원전 2000년경으로 이 시대에도 술이 있었다는 것을 알 수 있다. 이 시대의 술이 과일을 이용한 술인지 곡물을 이용한 술인지는 기록되어 있지 않으나 지금까지(과실주) 마셨던 술과 다른 술(곡물을 이용한 술)이 아니었을까 싶다. 만약, 이 시기에 술이 제조되었다면 과실주와 함께 쌀을 이용한 술 또한 제조되고 있었을 것으로 추측해 볼 수 있다.

• **요약** : 현재와 같은 누룩이나 엿기름의 기술이 발달했다.

삼국시대

우리나라의 술은 크게 두 부분으로 나눌 수 있다. 원료에서는 벼, 밀, 보리의 재배 시기 이전과 이후로 나눌 수 있고, 시대로 보면 고려시대 이전과 이후로 나눌 수 있다.

벼, 밀, 보리의 재배는 곡물을 당화시킬 수 있는 당화제의 발달과 쌀을 원료로 하는 술 제조기술을 추측해 볼 수 있다. 또한 고려시대 이전에는 발효주의 시대였으며, 고려시대 이후로는 증류주의 시대가 열리게 되었다. 고려시대 이전에는 증류주 제조기술이 도입되지 않아 모든 술은 발효를 통해 증류주보다 도수가 낮은 술을 제조하였다. 이후 양조기술의 발달로 점차 술 빚는 횟수를 늘려 질 좋은 발효주를 생산하였다. 훗날 조선시대에 등장하는 대부분의 술 제조법은 고려시대 이전에 만들어진 것으로 보인다.

고구려의 술 삼국지 위지 『동이전』(233~297)에는 '고구려 사람은 발효식품을 잘 만든다.'라는 기록이 남아 있다. 또한, 송나라 이방이 편찬한 『태평어람』(983)에는 '곡아주가 고구려에서 유래되었다고 하며 독주와 달리 맛이 달고 부드럽다.'라고 하였다. '곡아주'는 지금의 장쑤성 무진현에서 나오는 전통주를 말하는데 이 술이 고구려의 곡아주에서 유래되었다고 한다. 이 밖에도 김부식의 『삼국사기』(1145)와 동명성왕의 탄생설화를 기록하고 있는 『제왕운기』(1287)에는 천체의 아들 해모수가 하백의 딸을 술에 취하게 한 후 주몽을 잉태하게 하였다는 기록과 고구려 대무신왕 때 '지주로 한나라의 요동태수를 물리쳤다.'라는 기록이 남아 있다.

고구려의 술에 대해서 상세하게 기록되어 있는 부분은 없지만 이러한 역사적 기록으로 보면 고구려는 술과 같은 발효식품을 잘 만들었고 고구려에서 만든 술이 중국에까지 전해졌으며 맛이 좋은 지주였다는 것을 유추해 볼 수 있다. 특히, 고구려의 술에서 주의 깊게 살펴봐야 하는 것은 '곡아주는 독주와 달리 맛이 달고 부드럽다.'라는 기록이다. 이것은 곡물을 당화제를 이용해 발효시켜 단맛이 강한 술을 제조하였다는 것으로, 곡물을 당화시키는 기술이 상당히 뛰어났다는 것을 알 수 있다.

백제의 술 백제는 일본에 술 제조기술을 전해준 나라이다. 일본이 지금과 같은 청주 제조기술을 갖게 된 그 시작점에 백제가 있다는 사실을 알고 있는 사람은 그리 많지 않다. 일본 『고사기』(응시천황, 270~312)를 보면 '백제 인번이라는 사람이 와서 누룩을 사용해서 술 빚는 새로운 법을 가르쳤다.'라는 내용과 함께 응시천황이 '수수보리가 빚어 준 술에 내가 취했네. 마음을 달래 주는 술, 웃음을 주는 술에 내가 취했네.'라고 흥겹게 노래를 불렀다고 전해진다.

『삼국사기』 '백제본기'에는 무왕 37년(636)에 왕이 조정 신하들과 백마강 인근에

그림 1-1
일본의 사가신사

❖참고
일본의 사가신사는 일본에 누룩으로 술 빚는 방법을 알려준 수수보리 형제를 모시는 곳이다.

서 소곡주를 마셨다는 기록이 남겨져 있고 다안왕 11년에는 가을 흉작으로 민가에서 술 빚는 것을 금지했다고 하였다. 이러한 기록들로 백제는 누룩을 이용한 술 제조기술이 발달되어 있었다는 것과 누룩을 이용해 술을 제조함으로써 알코올 도수가 높은 술을 안정적으로 제조할 수 있는 능력을 갖췄다고 볼 수 있다.

신라의 술

"한 잔 신라주(新羅酒)의 기운이 새벽 바람에 사라질까 두렵구나."

1614년에 이수광이 중국에 사신으로 가서 본 것들을 기록해 편찬한 『지봉유설』에 기록되어 있는 내용으로 그 시대 시인들 사이에서 신라주의 인기를 짐작할 수 있다. 『해동역사』에는 이것을 풀어 고려주가 바로 신라주라고 기록하고 있다. 또한, 고려 충렬왕때 일연(一然)이 3국(고구려, 백제, 신라)의 이야기를 모아 지은 『삼국유사』 태종춘추공조(泰宗春秋公條)에 의하면 신라 무열왕은 식량으로 하루에 쌀 서 말, 꿩 아홉 마리가 필요했는데 통일 후에는 점심이 없어지고 하루 두 끼니가 되었으나 하루에 쌀은 여섯 말, 술 여섯 말, 꿩 열 마리가 소요되었다고 한다.

경주에 있는 포석정(鮑石亭, 사적 제 1호)은 물 위에 술잔을 띄워 술잔이 자기 앞에 오는 동안 시를 읊어야 하며 시를 짓지 못하면 벌로 술 3잔을 마시는 놀이(유상곡수연)를 하는 곳이라 한다. 『삼국유사』에는 헌강왕(875~885)대의 태평스러운 시절에 왕이 포석정에 들러 좌우와 함께 술잔을 나누며 흥에 겨워 춤추고 즐겼다는 내용이 기록되어 있다. 또한, 1975년 경주 안압지에서 정사각형 면 6개와 육각형 면 8개로 이루어진 14면체 주사위 주령구(酒令具)가 출토되었다. 각 면에는 다양한 벌칙이 적혀 있어 신라인들의 음주 문화를 알 수 있다.

❖참고

출토된 주령구는 복원과정에서 불타버렸고 현재는 복제품만 남아 있다.

주령구의 벌칙

금성작무(禁聲作舞): 노래 없이 춤추기
중인타비(衆人打鼻): 여러 사람 코 때리기
음진대소(飮盡大笑): 술잔 비우고 크게 웃기
삼잔일거(三盞一去): 술 석 잔을 한 번에 마시기
유범공과(有犯空過): 덤벼드는 사람이 있어도 참고 가만있기
자창자음(自唱自飮): 스스로 노래 부르고 마시기
곡비즉진(曲臂則盡): 팔을 구부려 다 마시기
농면공과(弄面孔過): 얼굴에 간지러움을 태워도 참기
임의청가(任意請歌): 마음대로 노래 청하기
월경일곡(月鏡一曲): 월경 노래 한 곡 부르기
공영시과(空詠詩過): 시 한수 읊기
양잔즉방(兩盞則放): 두 잔이 있으면 즉시 비우기
추물막방(醜物莫放): 더러운 것 버리지 않기
자창괴래만(自唱怪來晩): 스스로 괴래만을 부르기(도깨비 부르기)

고려시대

고려시대는 불교와 소주로 정리할 수 있다.

우리나라 술 역사에 있어 가장 중요한 술 제조 기술이 도입되는 시기이다. 발효주를 증류하여 만든 증류주가 등장하는 것이다. 이 시대 증류주 제조기술의 도입은 발효주가 전부였던 우리나라에 새로운 주종을 포함시켰고, 그 결과 조선시대로 넘어가면 발효주와 증류주를 혼합한 과하주 제조에까지 영향을 미치게 되는 것이다.

불교사회였던 고려시대는 술을 대량으로 빚었으며 대부분 사찰에서 많이 빚어 술을 판매했다고 한다. 사찰에서 국가의 크고 작은 행사를 하게 되면서 한 번에 대량의 술 제조가 가능해졌으며, 우리나라의 옹기 제조기술은 술을 대량으로 제조하는데 큰 도움이 되었다.

고려 중기(1123) 송나라의 사신이 노윤적을 수행하여 고려의 개경에 1개월 정도 머무르며 쓴 『송화봉사고려도경』에는 '고려는 찹쌀이 없어 멥쌀로 술을 빚는다.'라는

기록이 남아 있어 고려시대에는 술 제조에 주로 멥쌀을 이용한 것으로 보인다.

조선 초기, 1450년대 『산가요록』은 술 제조법이 상세히 기록되어 있는 문헌으로 40가지가 넘는 술 제조법이 기록되어 있다. 이 문헌이 중요한 것은 술 제조법에 대한 자료가 없는 고려시대와 가장 근접해 있는 문헌이기 때문이다. 『산가요록』을 살펴보면 고려시대의 술을 어느 정도 유추해 볼 수 있다. 크게는 대량의 술빚기와 멥쌀의 사용으로 정리할 수 있는데, 이는 고려시대에 술을 한 번 빚을 때 대량의 술 빚기를 했다는 것과 아직 찹쌀보다는 멥쌀로 빚는 술이 많았다는 것을 의미한다.

대량의 술을 빚었다는 점은 일반 가정집에서 술을 제조하기보다는 사찰, 국가의 큰 행사 등에 사용됐다는 것이고, 멥쌀 사용이 많다는 것은 이 시대 술 제조에 사용되는 원료가 찹쌀보다는 멥쌀의 수급이 용이했던 것으로 풀이된다. 물론, 찹쌀도 있었지만 매우 귀한 재료였을 것이다.

조선시대

> 태조 4권, 2년(1393 계유/명 홍무(洪武) 26년) 12월 13일(갑신) 1번째 기사
>
> 진안군 이방우의 졸기
>
> 진안군(鎭安君) 이방우(李芳雨)는 임금의 맏아들인데, 성질이 술을 좋아하여 날마다 많이 마시는 것으로써 일을 삼더니, 소주(燒酒)를 마시고 병이 나서 졸(卒)하였다. 3일 동안 조회를 정지하고 경효(敬孝)란 시호를 내렸다.

자료: 국사편찬위원회, 조선왕조실록

종교 조선시대의 술은 크게 두 가지로 정리할 수 있다. 바로 종교와 여성이다. 불교사회였던 고려시대에는 사찰에서 술을 제조해 판매하였으며 국가의 큰 행사에 사용하기 위해서 대량의 술을 제조했다. 조선시대로 접어들게 되면서 불교를 배척하는 정책을 펴게 된다. 유교사회였던 조선시대에는 여성의 활동이 자유롭지 못했으며 집안의 행사나 제례 등에 술을 사용하기 위해 직접 일반 가정에서 술을 제조하였다. 일반 가정의 특성상 사찰처럼 대량의 술보다는 소량의 술빚기로 바뀌게 된다.

여성 유교사회로 넘어오게 되면서 우리나라의 술은 승려가 아닌 여성들에 의해 발전해 나간다. 여성들이 술을 빚는 것은 집에서 장이나 김치를 담그는 것처럼 매우 중요한 일거리였다. 술은 사계절 모두 필요했고 집안의 행사가 있으면 당연히 내 놓아야 했기에 계절과 때에 맞는 다양한 술 제조법을 자연적으로 익히게 되었을 것이다. 이렇게 여성들에 의해 조선시대의 술은 다양성을 갖게 되었다.

조선 중기가 되면서 여성들은 술의 다양성에서 더 나아가 독창성을 갖게 된다. 그것이 바로 과하주(過夏酒)다. 여름에도 제례나 집안의 행사에 술은 필요했을 것이다. 그러나 덥고 습해 술을 빚기에는 어려움이 있었고 빚은 술 또한 오래 보관하지 못했다. 그래서 우리 조상들이 발효주와 고려시대 유입된 증류주를 혼합해서 빚는 술을 만들어 낸 것이다. 그것이 조선 최고의 명주 '과하주'의 탄생이다.

과하주는 포르투갈의 '포트와인'과 같은 제조법을 가진 술이라고 할 수 있다. 원료는 다르지만 발효주와 증류주를 혼합하는 것은 같다. 지금까지 알려진 바로는 우리나라의 과하주와 포르투갈의 과하주 발생이 거의 비슷하거나 우리나라가 좀 더 앞선 것으로 보인다. 이렇듯 우리나라는 여성들에 의해 새로운 주종과 더불어 독창성을 가진 술을 만들게 되었다. 특히, 과하주가 탄생하면서 우리나라의 주종이 완성되게 된다. 이 모든 것이 과학자가 아닌 우리 어머니들에 의해 만들어졌다. 좀 더 안정된 술을 만들기 위한 노력과 경험이 과하주를 만든 것이다.

모양
1. 동동주 : 술 위에 쌀알이 동동 뜬 모습
2. 막걸리 : 술을 거르는 모습
3. 매화주 : 뜬 쌀알이 모여 매화꽃처럼 보이는 모습
4. 백화주 : 술 위에 흰 꽃이 피어 있는 모습
5. 부의주 : 쌀알이 개미 유충처럼 떠 있는 모습

향기
1. 하향주 : 연꽃향이 나는 술
2. 감향주 : 달콤한 향이 나는 술
3. 만년향 : 향이 만년을 가는 술
4. 집성향 : 성인을 모으는 향기를 가진 술
5. 석탄향 : 마시기 아까울 정도로 맛과 향이 좋은 술

맛
1. 감주 : 단맛이 강한 술
2. 석탄주 : 입에 머금고 삼키기 아까운 술
3. 점감청주 : 단맛이 강한 청주
4. 녹파주 : 입 안에서 파도가 치는 듯한 술
5. 점주 : 술의 농도가 진한 술

시간
1. 삼해주 : 돼지의 날마다 빚는 술
2. 삼오주 : 말의 날마다 빚는 술
3. 벼락술 : 벼락처럼 빨리 완성되는 술
4. 일일주 : 하루 만에 완성되는 술
5. 삼일주 : 3일 만에 완성되는 술

그림 1–2
우리 술 이름

표 1-2 고려시대와 조선시대의 술 비교

구 분	고려시대	조선시대
종교	불교	유교
주원료	멥쌀 > 찹쌀	멥쌀 < 찹쌀
술 제조	사찰 등	가정집 등
술 제조양	대량	소량
특징	소주	과하주류(혼양주류)

조선시대에는 1450년대 『산가요록』을 시작으로 1670년대 최초의 한글 고조리서 『음식디미방』, 1800년대 『양주방』, 1900년대 초 『조선무쌍신식요리제법』에 이르기까지 50여 문헌에서 조선시대의 수많은 술 제조법을 찾아볼 수 있다. 각 문헌에 들어 있는 술을 합하면 1,400여 가지가 넘으며 이름은 같지만 제조법이 다른 것을 합하면 400여 가지의 전통주 제조법이 있다. 그러나 이것은 문헌상에 기록되어 있는 것으로 실제 우리나라는 집집마다 술을 빚었기 때문에 수천, 수만 가지의 제조법이 있었을 것으로 보인다. 실제로 1930년대 일시적으로 가양주면허를 허용했을 때 면허의 수만도 37만여 개가 되었으니 조선시대에는 얼마나 많은 종류의 술이 있었을지 짐작하기 어렵다.

이렇게 수많은 전통주를 갖고 있었던 우리 민족의 술은 일본에 의해 하나둘씩 사라지게 되어 지금은 남아 있는 문헌에 의해 옛 방법을 이용해 술을 제조하고 있는 것이 전부이다.

일제강점기

지금 우리나라의 술이 고전을 면치 못하는 이유라고 할 수 있다. 혹자는 일제강점기를 거치면서 새로운 양조기법의 도입으로 우리나라 술이 더 발전했다고 하지만 필자가 생각하기엔 너무 터무니없는 이야기이다. 주세법 시행 100년이 지난 지금 우리나라의 술은 일본의 양조과학기술을 받아들여 얼마나 나아졌는지 스스로 자문해 볼 필요가 있다.

일제강점기는 한국 술의 말살과 주세법으로 요약할 수 있다. 조선시대 이전까지 일반 가정에서 술을 제조했다면 일제강점기를 거치면서 가양주는 사라지고 점차 대형화된 양조장 체제로 바뀌게 된다. 양조장이 대형화, 시스템화되면서 현재와 같은 양조장이 만들어지게 된 것이다.

일본은 우리나라를 통치하기 위해 통치자금이 필요했으며 그 수단으로 술에 주세를 매겼다. 이 주세를 우리나라를 억압하는 용도로 사용한 것이다. 술이 아닌 우리 국민의 목을 죄는 용도로 사용된 것이다. 1930년대까지 국세 중 주세가 차지하는 비중이 30%가 넘었으니 주세를 통해 얼마나 많은 세금을 확보했는지 알 수 있다.

술에 세금을 매기는 것은 여기에서 끝나지 않는다. 1934년이 되면서 일반 가정에서 술 빚는 것 자체를 금지시키게 된다. 술을 사서 먹으라는 것이다. 당연히 양조장은 돈을 벌 수 밖에 없고 세금도 집집마다 찾아다니지 않아도 양조장에서 많은 주세를 걷을 수 있게 된 것이다. 세금을 걷는 입장에서는 편리했겠지만 우리의 전통주가 사라지는 원인이 되었다. 찬란했던 우리나라 양조기술과 술 문화가 짓밟혔으니 지금까지 우리나라의 전통주가 맥을 추지 못하는 것이다. 그리고 그때의 법이 지금까지 남아 우리나라의 술 발전을 막고 있다.

광복 후 ~ 현재

광복이 되었지만 일본이 만든 술 관련된 법과 제도는 그대로 적용되었다. 술에서 거둬들인 세금은 국가의 중요한 통치자금을 확보하는 수단이었기 때문이다. 급기야 1950년 한국전쟁을 거치면서 국민들의 삶이 더욱 힘들어지게 되었다. 먹을 것이 부족했던 시대에 주식인 쌀을 이용해 술을 제조한다는 것은 매우 큰 사치로 여겨졌기 때문에 정부에는 1965년 양곡관리법을 통해 쌀을 이용한 술 제조를 금지하였다. 쌀로 술을 제조할 수 없게 되자 우리나라 양조장들은 미국 등에서 들어온 원조 밀가루를 이용한 술을 제조하기 시작한다. 이렇게 만들어진 술이 '밀가루 막걸리'이며 많은 양조장들이 지금까지도 밀가루를 이용한 입국과 밀가루 막걸리를 제조하고 있다.

1970년대 이후 우리나라는 경제성장과 더불어 경제의 주체가 농촌에서 도시로 바뀌게 되고 소비자의 주류에 대한 선택도 막걸리에서 맥주로 바뀌게 된다. 맥주의 소비가 폭발적으로 증가하게 되면서 막걸리 제조업체들은 점차 어려움에 처하게 되고 급기야 경영난에 폐업한 양조장이 늘어났다. 이러한 현상은 1998년 막걸리 열풍이 불기 이전까지 계속해서 진행되었다. 경제가 살아나고 농업 기술이 발달하면서 한국전

쟁 이후 먹고 살 쌀도 부족했던 나라가 1980년대 들어오면서 쌀의 보급이 늘어나게 되고 해외 주류에 대한 개방이 진행되면서 고급 양주와 와인의 수입이 확대되었다.

1986년 아시안게임과 1988년 올림픽을 계기로 한국을 방문하는 외국인 관광객 수가 급증하게 되고 이에 우리나라의 술에 대한 관심도 높아지게 되었다. 따라서 전국에 있는 전통주에 대한 조사를 진행하게 되고 이때 민속주, 토속주 등이 지정되어 잊힌 한국 술에 대한 관심이 높아졌다. 1990년에 들어와서는 1965년 양곡관리법으로 인해 금지되어 왔던 막걸리에 대한 쌀 사용금지 제한이 폐지되면서 다시 쌀을 이용한 막걸리 제조가 가능하게 된다. 쌀이 부족했던 나라에서 쌀이 남아돌게 되면서 쌀 사용을 증가시키기 위한 방안으로 실시된 것이다. 또한, 1990년 초반 전국적으로 약주 열풍이 불면서 전통주에 관심이 크게 증가하였다. 급기야 1934년 자가제조가 금지된 이후 밀주로 전락했던 가양주가 60년이 지난 1995년 자가양조를 허용하게 되면서 일제강점기 이전의 술에 대한 관심이 증가하게 되어 조선시대 문헌 등에 기록된 수많은 전통주에 대한 관심이 급격히 증가하게 되어 최근 고급 전통주의 출시가 되는 밑바탕이 되었다.

1990년대 약주에 대한 열풍이 불었다면 2000년 초반에는 복분자 열풍으로 고창, 선운산 지역의 과실주 제조장들이 크게 늘어나게 되었다. 2008년에는 침체되어가고 있던 막걸리에 대한 관심이 크게 증가하게 되면서 새로운 막걸리에 대한 출시와 소비자의 고급 막걸리에 대한 기대감으로 햅쌀막걸리가 등장하게 되었고 플라스틱 용기에서 점차 유리 용기로 막걸리 병이 대체 되었으며 전통적인 방법으로 제조된 막걸리와 붉은곰팡이 등을 이용한 새로운 막걸리들이 소비자의 관심을 받게 되었다.

2010년 '전통주 등의 산업 진흥에 관한 법률안'이 통과되면서 전통주에 대한 진흥을 농림축산식품부에서 진행하게 되었고 2016년에는 일반음식점 등에서 술을 제조해 판매할 수 있도록 하는 '소규모주류제조' 일명 하우스막걸리 제도가 신설되어 그동안 맥주에만 적용되었던 것이 탁주, 약주, 청주로 확대되었다. 좀 더 다양한 우리술을 동네 어귀에서 만날 수 있는 계기가 마련된 것이다. 또한, 2017년 7월부터는 전통주에 대한 통신판매가 확대되면서 소비자들이 손 쉽게 우리술을 구매할 수 있게 되면서 우리술에 대한 소비자의 관심이 크게 증가하고 있다.

우리술의 미래

2014년 '한국 전통주 교과서'를 출판하면서 우리술의 미래에 대해 맥주와 같이 일반 음식점에서 우리술을 제조 판매할 수 있게 해야 한다는 것과 주세를 국세에서 지방세로 전환하고 주세의 체계를 종량세에서 종가세로 전환해야 한다고 필자는 주장하였다. 이 세 가지 중에서 소규모주류제조가 2016년 2월부터 가능해지면서 하나의 문제가 해결되었다. 이제 두 가지가 남았다. 종가세를 종량세로 전환하는 문제와 주세의 지방세화가 그것이다.

종가세와 종량세를 간단히 설명하면 양조장에서 판매하는 가격에 세금을 붙이는 것이 종가세이며 종량세는 술에 들어있는 알코올 함량에 세금을 부과하는 것이다. 즉, 종가세는 고급 주류를 생산해 비싼 가격에 판매하면 그만큼 세금도 증가하게 된다. 그러나 종량세는 증류주와 같이 오랜 숙성을 거치면서 가치의 증가로 술의 가격이 증가하게 돼도 주세는 증가하지 않기 때문에 제조장의 입장에서는 좀 더 질 좋은 술을 출시해 그만큼의 이익을 창출 할 수 있다.

또한, 우리나라도 점차 지방분권을 강화시키는 방향으로 가고 있기 때문에 지방의 자립도를 증가시키기 위해서라도 주세를 지방세로 전환해야 할 시점이라고 생각된다. 2016년 기준 우리나라의 주세는 2조 8천억 원으로 전체 국세의 3.2%에 해당한다. 이러한 주세를 지방세로 전환하게 되면 각 지자체는 전통주의 홍보와 판매를 증가시

표 1-3 1905년 이후 술 제도의 변화

시대	연도	내용
일제강점기	1905~1908년	• 주류실태 조사
	1909년	• 조선총독부의 주세법 제정 공포
	1916년	• 주세령 제정 공포 • 자가용면허 일시적 허용(면허 37만여 개)
	1916년	• 주세령 시행규칙 제정 공포
	1934년	• 주세가 조세의 29.5% 차지(현재 2.4% 이하/전통주는 0.4% 정도) • 자가용면허 폐지(가양주 말살)
	1937년	• 조선주조사 발간

(계속)

시대	연도	내용
해방 후/현재	1945년	• 광복, 일본의 주세행정 계승
	1948년	• 대한민국 정부수립 후 주세법 제정 공포
	1954년	• 청주, 과하주, 합성청주 급별 구분 폐지(과하주 역사 속에서 사라짐)
	1961년	• 탁주, 약주 공급구역제도 • 알코올 도수에 대한 규제 강화(탁주 6도, 약주 11도 청주 16도 등)
	1965년	• 술 제조에 쌀 사용 금지(양곡관리법), 1990년 막걸리 쌀 사용 허용
	1966년	• 국세청 신설
	1971년	• 전 주류에 종가세 적용(주정 제외) • 주류제조장 통폐합 • 신규 제조면허 불허
	1974년	• 주류 도매장 통합 • 신규 도매면허 불허
	1980년	• 주세사무처리규정 제정
	1985년	• 전통주 조사, 민속주 및 관광토속주 개발 시작
	1988년	• 탁주보다 맥주 생산량이 많아짐
	1990년	• 막걸리 원료로 쌀 사용 허용 • 주류 도매면허 개방 • 탁주보다 소주 생산량 많아짐
	1993년	• 농민주 및 민속주 제조허가제 도입(농식품부 장관 추천) • 약주 공급구역제 폐지
	1995년	• 자가양조(가양주) 허용
	1998년	• 전통주 우체국 통한 우편판매 허용(1회 5병 내)
	1999년	• 주조사 의무고용제를 자율고용제로 전환
	2000년	• 소규모 맥주 제조업 허용
	2001년	• 민속주 및 농민주 거래상대방제한 폐지
	2003년	• 알코올 도수 제한 폐지
	2007년	• 전통주류 정상세율의 50% 감면(과실주 포함)
	2009년	• 막걸리 붐 조성
	2010년	• 전통주 등의 산업진흥에 관한 법률 공포 및 시행
	2012년	• 전통주교육기관 지정
	2013년	• 증류식소주, 희석식소주 통합 = 소주
	2017년	• 전통주 온라인 통신판매 확대

키기 위한 정책을 추진해 우리술의 지역화를 통한 판매 증가와 세수 확보로 주세가 좀 더 지역의 활성화에 도움을 줄 수 있다.

여기에 한 가지 더 추가하자면 술 품질인증제도를 강력히 추진하는 것이다. 우리나라는 현재 술의 품질을 보증하고 소비자의 우리술에 대한 신뢰를 쌓아가기 위한 진흥책으로 '술 품질인증제'를 실시하고 있지만 현재는 관련 산업에 종사하는 사람조차도 술 품질인증제에 대해 잘 모르는 실정이다. 이것은 술 품질인증제도의 홍보 부족이 문제가 될 수 있겠지만 필자는 술 품질인증제도 자체의 문제라고 생각한다.

즉, 현재 시행되고 있는 술 품질인증제도가 생산자의 선택사항이 아닌 필수사항으로 바꾸어야 한다. 술 품질인증제를 필수 사항으로 바꾸게 되면 제조자에게 부담을 줄 수 있지만 현재 시행되고 있는 시스템에 추가하는 방식이라면 크게 생산자에게 시간적, 비용적 부담을 줄이면서 술 품질인증제도는 강력하게 추진할 수 있다. 술 품질인증제는 우리술의 미래가 달린 문제이다.

02

전통주 제조 도감 뜯어보기

우리가 어디를 가든지 지도를 보고 그 위치를 찾아간다. 모르는 길이면 더욱 지도가 필요하다. 전통주 제조 도감은 우리가 전통주를 이해하는 데 있어 가장 중요한 술 빚는 지도라고 생각하면 된다. 즉, 내가 술을 빚을 때 어떤 것을 하고 있는지, 어떤 과정을 지나고 있는지를 알 수 있다. 또한, 술에 문제가 발생할 때 어디서부터 잘못된 것인지도 알 수 있다. 그렇기 때문에 우리는 술 빚기 전에 지도를 보는 법부터 배워야 한다. 지도를 볼 수 있으면 그때부터는 찾아가는 일만 남은 것이다.

1. 음료수와 술의 차이

음료수와 술은 어떤 차이가 있을까? 이런 질문을 하면 누구나 쉽게 대답할 것 같지만 실제로는 '어지러움의 차이', '집에도 못 간다', '머리가 아프다', '맛있다 혹은 맛없다' 등 다양한 이야기가 나온다. 정답은 '알코올'이 들어 있고 없고에 따라서 술과 음료를 구별할 수 있다. 우리나라에서는 알코올 분 1% 이상을 술이라고 한다. 즉, 술이라는 것은 알코올이 들어 있는 음료를 말하고, 술을 만든다는 것은 곧 알코올을 만들어 내야만 하는 것이다.

❖참고

알코올은 여러 종류가 있지만 본서에서 알코올이라고 함은 에탄올을 말한다.

알고 넘어가기

술은 '수을→술'이 된 것으로 1447년 『석보상절』에 '수을'이라는 우리말이 기록되어 있으며 시간이 지나 '술'이 된 것이다. 혹자는 '수블→수을→술'의 과정으로 언어변천과정을 거쳐 왔다고도 하지만 수불은 어디까지나 추론에 가깝다. 술은 인간이 만들어내기 훨씬 이전부터 과실 등에 의해 자연 발생적으로 만들어진 것이다.

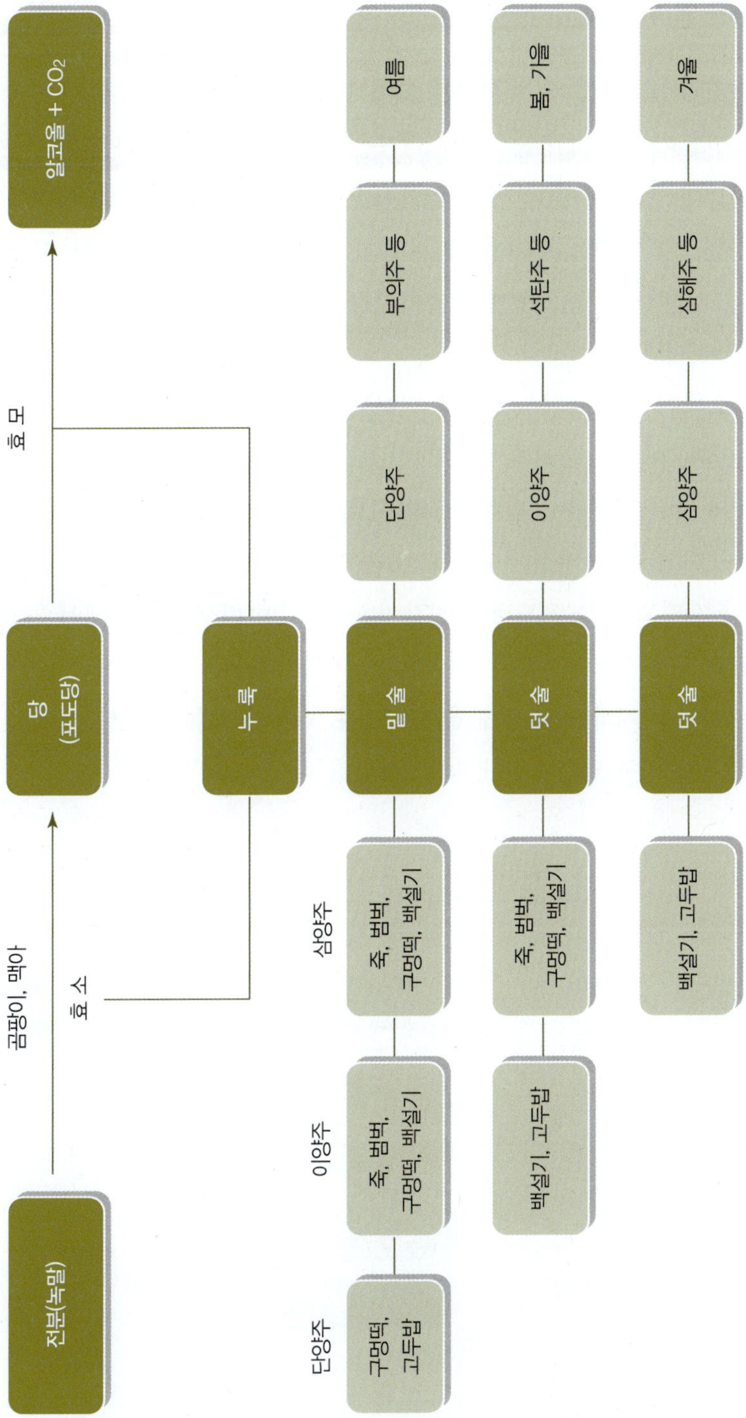

그림 2-1
전통주 제조 도감
자료: www.suldoc.com

2. 알코올

앞에서 언급하였듯이 술을 만든다는 것은 곧 '알코올(alcohol)'을 만드는 과정이다. 알코올을 만들어야 우리가 술이라는 이름을 붙일 수 있는 것이다. 그렇다면 알코올은 어떻게 만들어 낼 수 있을까. 사실 알코올은 사람이 인위적으로 술을 만들기 훨씬 이전부터 자연스럽게 만들어졌다. 즉, 우리가 일부러 만들려 하지 않아도 알코올은 만들어진다. 그렇다면 자연스럽게 만들어지는 원리를 알면 제대로 만들 수 있는 방법도 알 수 있는 것이다.

포도를 으깨어 일정 용량의 용기에 담아 놓으면 자연히 알코올이 생겨 술이 되는 것을 볼 수 있다. 이것은 우리가 앞으로 술을 만드는데 가장 중요하다고 할 수 있다. 도대체 포도와 같은 과실을 으깨놓는 것만으로도 어떻게 술이 될 수 있을까?

우리는 포도와 같은 과실이 가지고 있는 당분(포도당)에서 그 답을 찾을 수 있다. 즉, 포도가 가지고 있는 포도당이 시간이 지나 어떤 미생물에 의해서 발효가 일어나 자연히 알코올이 만들어지면서 술이 만들어지는 것이다. 공기 중에 있는 야생효모에 의해서 과실이 가지고 있는 당분을 알코올로 만들어 내는 것이다. 이러한 발효법을 한 번의 발효에 의해 만들어진다 하여 '단발효'라고 한다.

당분(포도당) → 알코올 + 이산화탄소

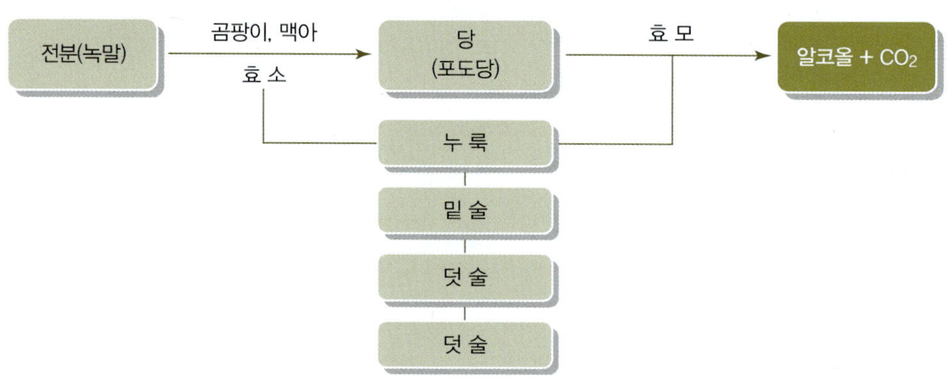

그림 2-2
전통주 제조 도감: 알코올

알고 넘어가기

알코올은 한 가지만 있는 것이 아니다. 에탄올, 메탄올, 부탄올, 프로판올 등 뒤에 올(-OH)이 붙는 것들을 모두 알코올이라고 한다. 그러나 우리가 흔히 사용하는 알코올은 에탄올(ethylalcohol, ethanol)을 말하는 것이다. C_2H_5OH를 분자식으로 쓰며 78℃ 정도에서 끓는다.

3. 포도당

술이 되기 위해서는 반드시 포도당(glucose)이 있어야 한다. 그래서 포도당을 기본적으로 가지고 있는 과실들은 술로 만들기가 쉽다. 이러한 발효 방법을 '단발효'라고 하며 이렇게 만들어지는 가장 대표적인 술이 우리가 잘 알고 있는 '포도주'와 같은 과실주류들이다.

이렇게 과실만으로 술을 빚으면 좋겠지만 과실을 이용하기 힘든 나라는 과실이 아닌 곡물을 이용해 술을 빚게 된다. 즉, 쌀이나 보리, 밀, 감자, 고구마, 옥수수 등 수많은 곡물을 이용해서 술을 빚는다. 그러나 이러한 곡물을 이용해 술을 빚는 것은 그렇게 간단한 일이 아니다. 앞에서 설명하였듯이 술이 되기 위해서는 포도당이 있어야 하는데 곡물에 있는 당은 한 번에 술로 만들 수 있는 포도당이 아니기 때문에 어떻게 해서든 곡물에 있는 당을 포도당으로 만들어 줘야 하는 것이다.

당과 당이 결합된 것을 끊어주고 잘라주면 결국에 포도당을 만들 수 있다. 우리가

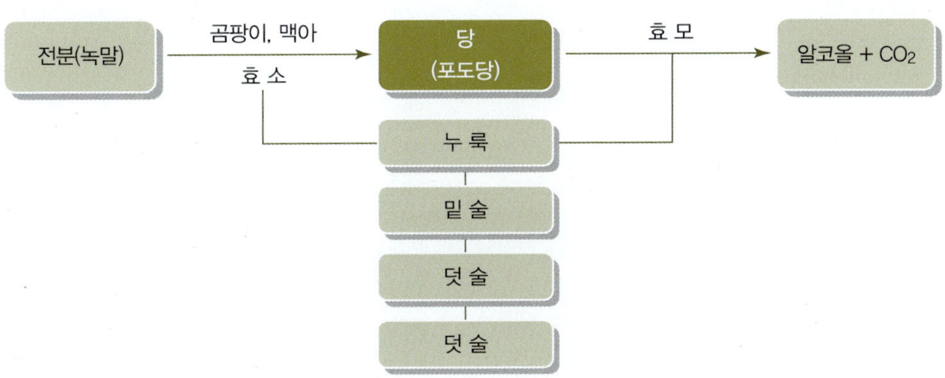

그림 2-3
전통주 제조 도감:
포도당

술을 빚을 때 곡물을 가루내거나 열을 가하는 이유는 전분을 좀 더 쉽게 포도당으로 만들기 위해서이다. 밥을 입에 넣고 오래 씹으면 점점 단맛이 나는 것을 알 수 있다. 이것은 전분이 침에 있는 효소에 의해 분해되어 단맛을 느낄 수 있는 것이다.

이렇게 당과 당이 연결된 전분을 끊어 포도당처럼 만들기 위해서는 전분을 잘 분해해줄 수 있는 효소가 필요하다. 강의를 하다보면 효소가 미생물이라고 잘 못 알고 있는 경우를 많이 보게 된다. 뒤에서 따로 공부하겠지만 효소는 미생물이 아니고 '어떠한 반응을 빠르게 촉진시켜주는 단백질로 구성된 촉매제'라 할 수 있다.

알고 넘어가기

미생물에 의해 알코올을 만들기 위해서는 반드시 포도당이 필요하다. 포도당은 1792년 로비츠(Lowitz)가 포도에서 발견되어 포도당이라고 한다. '$C_6H_{12}O_6$'을 분자식으로 쓰며 영어로는 글루코스(glucose)로 해석한다. 우리가 알고 있는 전분을 쪼개고 또 쪼개게 되면 포도당이 된다. 즉, 포도당과 포도당들이 결합해 전분이 되는 것이다.

4. 효소

곡물을 아주 잘게 자르거나 붙이기 위해서는 가위나 풀 등이 필요한데 바로 이 가위나 풀의 역할을 하는 것이 '효소(enzyme)'이다. 따라서 우리가 곡물을 이용해 술을

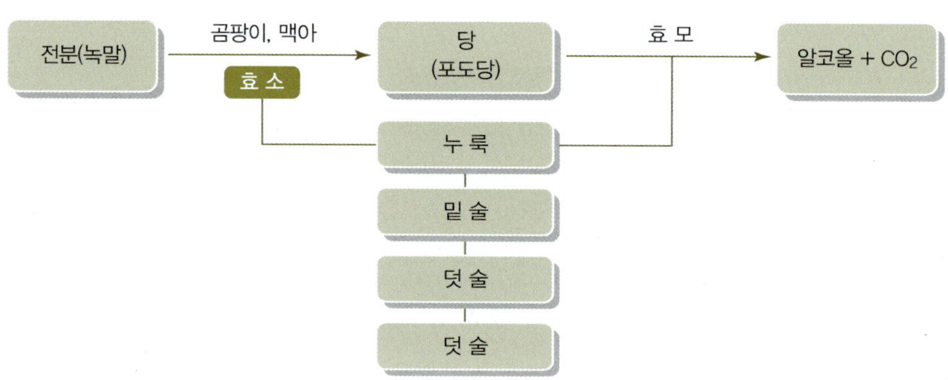

그림 2-4
전통주 제조 도감:
효소

표 2-1 효소의 기질 특이성

기질	효소	분해산물
전분	아밀라아제(amylase)	포도당
단백질	프로테아제(protease)	아미노산
지방	리파아제(lipase)	지방산

제조하기 위해서는 곡물을 잘 자를 수 있는 효소가 필수적이다. 그렇다면 이 효소는 어디에 많이 있을까?

효소는 동물, 식물, 미생물 등에 많이 있다. 물질을 분해하고 합성하는데 효소가 필요하기 때문에 살아있는 것은 모두 효소를 갖고 있는 것이다. 또 효소라는 것은 한 가지만 있는 것이 아니라 각각의 역할을 하는 수많은 효소가 존재한다. 즉, 전분을 분해하는 효소는 전분만, 단백질을 분해하는 효소는 단백질만, 지방을 분해하는 효소는 지방만을 분해한다. 전분을 분해하는 효소가 단백질도 분해하고 지방도 분해하는 것이 아니다. 이를 효소의 '기질 특이성'이라고 한다.

이처럼 효소의 작용에 의해 각 물질들은 분해되고 분해되어 더 이상 쪼개지지 않을 정도로 작은 물질이 된다. 따라서 곡물을 이용한 술을 제조하기 위해서는 당연히 전분을 포도당으로 만들 수 있는 효소들이 많이 필요하다. 그래서 예부터 서양에서는 맥아를 이용하고 동양에서는 엿길금과 함께 곰팡이를 이용하는 기술이 발전되어 왔다. 특히, 우리나라는 술을 제조하기 위해서 오래전부터 '누룩'을 만들어 왔으며 누룩에 있는 미생물에 의해서 곡물을 당으로 분해하고(당화과정) 당을 알코올로 만들 수 있는 것(알코올 발효과정)이다.

알고 넘어가기

효소는 동물, 식물, 미생물 등에 많이 존재한다. 우리는 일상생활에서 물질을 분해하거나 합성하는 등 손쉽게 효소의 작용 현상을 볼 수 있다. 효소는 분해만 하는 것이 아니라 어떠한 물질을 합성하거나 두 개를 합쳐 하나로 만들기도 한다. 영어로는 '엔자임(Enzyme)'이라고 하고 '효모 속에 있는'이라는 의미를 갖고 있다.

5. 곰팡이

앞서 말했듯이 효소는 동물, 식물, 미생물 등에 많이 있다. 그러나 술을 빚을 때 전분을 당으로 분해해주기 위해서 개나 고양이를 넣어서 술을 빚을 수는 없는 일이다. 또한, 식물이 가지고 있는 효소를 이용하고자 술 제조에 쑥이나 잎 등을 너무 많이 넣게 되면 술의 품질에도 좋지 않은 영향을 미치게 된다. 그래서 선택한 것이 바로 미생물, 그중에서도 당화과정(전분을 당으로 분해하는 과정)에 곰팡이를 이용하게 된 것이다.

우리는 일상생활에서 곰팡이를 많이 보게 된다. 그러나 대부분의 사람들은 곰팡이를 보게 되면 좋은 이미지보다는 나쁜 이미지를 떠올린다. 필자 또한 술을 접하기 이전까지 곰팡이는 단지 지저분해서 생기는 것쯤으로 알고 있었다.

곰팡이는 색깔도 다양하다. 흰색, 노란색, 검은색 이외에도 빨간색, 파란색, 초록색 곰팡이들을 그리 어렵지 않게 볼 수 있다. 이렇듯 다양한 곰팡이는 서로 갖고 있는 능력이 조금씩 달라서 술의 맛과 색, 향에도 영향을 준다. 즉, 좋은 곰팡이를 얻는 것은 좋은 술을 얻는 정석이라 할 수 있다.

곰팡이는 전분뿐만 아니라 단백질 등 다양한 물질분해효소를 갖고 있는데 곡물로 술을 빚기 위해서는 전분을 포도당으로 잘 분해할 수 있는 곰팡이를 이용해야 한다.

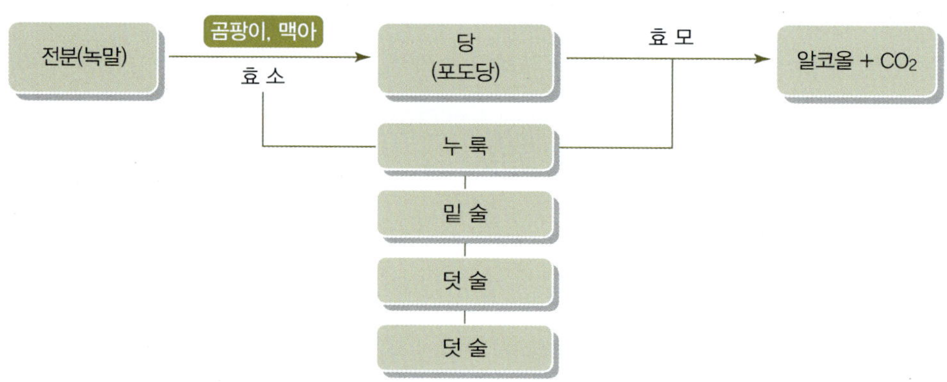

그림 2-5
전통주 제조 도감:
곰팡이

알고 넘어가기

곰팡이는 균사가 실 모양으로 되어 있어 사상균(絲狀菌)이라고도 한다. 크기는 0.1mm 정도이며 포자를 형성해 번식한다. 주로 덥고 습한 지역을 좋아하며 평균상대습도가 60% 이하가 되면 생육이 억제되는 것으로 알려져 있다. 술을 제조할 때에는 주로 누룩곰팡이와 거미줄곰팡이를 이용해 술을 제조한다.

6. 효모

효모(yeast, 酵母)는 당분을 이용해 알코올을 만드는 미생물이다. 너무 작아서 우리 눈에는 보이지 않지만 이 신비로운 미생물에 의해서 알코올을 만들 수 있다. 수많은 종류의 곰팡이가 있는 것처럼 효모 또한 다양한 성질을 가진 여러 종류가 있기 때문에 어떤 효모를 사용하느냐에 따라서 최종 완성된 술의 맛에 결정적인 역할을 한다.

술은 알코올의 양이 얼마나 빠르고 많이 생성되느냐에 따라 성공여부와 품질이 결정된다고 봐도 무방하다. 알코올이 빨리 생성되어야 젖산균이나 초산균 등의 증식을 억제하여 술에서 신맛이 나는 것을 예방할 수 있다. 또한, 효모 자체가 알코올에 대한 내성이 강해야 최종 완성된 술의 알코올 도수를 최대한으로 높일 수 있다. 이 때문에 어떤 술을 제조하느냐에 따라서 효모의 종류도 다르게 선택해서 사용해야 한다.

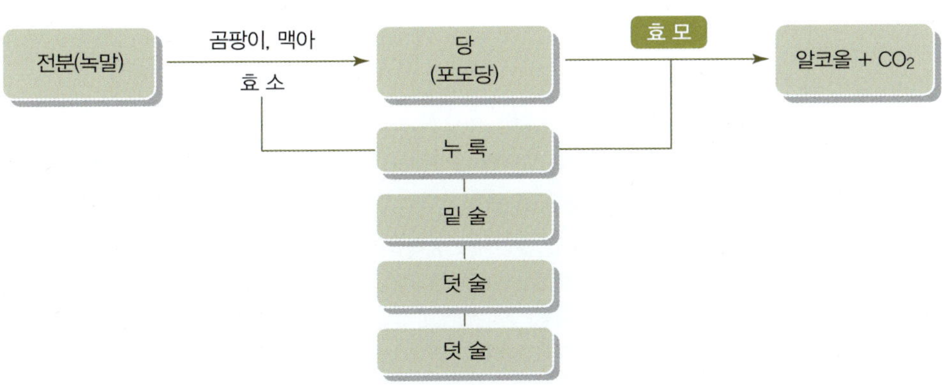

그림 2-6
전통주 제조 도감:
효모

증식	알코올 생성
산소가 있는 환경	산소가 없는 환경

전통적인 방법은 특정한 효모를 배양해 사용하는 것이 아니라 누룩 속에 있는 다양한 효모에 의해 알코올을 생성하게 된다. 즉, 누룩은 단일한 효모가 아닌 다양한 효모를 이용해 술을 제조하게 되는 것이다. 이렇게 되면 술의 품질은 일정하지 않지만 다양한 맛과 향을 가질 수 있게 된다. 유명한 와인은 포도의 품질에 따라서 그 해의 와인 맛을 결정하는 것처럼 우리나라의 전통주는 누룩의 품질이 술의 맛을 결정한다.

효모는 산소가 있어도 살고 없어도 산다. 그러나 대부분의 곰팡이는 공기가 없으면 사멸하게 된다. 이런 미생물의 특징이 술을 제조할 때 전통주의 제조방식에 큰 영향을 주게 된다. 즉, 저어줄 것인지, 저어주지 않을 것인지의 판단은 바로 효모의 특성에 따라 결정되는 것이다. 저어줄 때는 공기가 유입되고 알코올 생성보다는 영양분을 이용해 증식하며, 저어주지 않고 공기가 빠져나가 공기가 없는 환경이 갖춰지게 되면 효모는 증식을 멈추고 알코올을 생성하게 되는 것이다.

그렇기 때문에 밑술과 같이 효모의 증식이 목적이라면 자주 저어서 공기를 유입시켜 효모의 증식을 돕는 것이 바람직하다. 또 마지막 덧술을 하는 것처럼 증식보다 알코올 생성을 목적으로 하는 술 빚기 과정에서는 저어주는 것을 최소화해 공기가 없는 환경을 만들어주어 효모가 알코올을 잘 생성할 수 있도록 해줘야 한다(이 부분에 대해서는 좀 더 자세하게 공부할 것이다).

알고 넘어가기

효모(酵母)는 4~10㎛로 구형, 난형의 모습이며 출아에 의해 증식하는 단세포 미생물이다. 그리스어로 '이스트(yeast)'라고 하고 '끓는다'는 뜻을 가지고 있다. 대부분의 효모는 포도당을 이용해 발효가 일어나면 에탄올과 이산화탄소를 생산하는 능력을 가지고 있기 때문에 주로 술의 발효에 이용한다.

7. 누룩

우리나라는 전통적으로 술을 빚을 때 누룩을 이용한다. 전분을 당으로 만들기 위해 전분 분해효소가 필요하고 그 효소를 얻기 위해 곰팡이를 이용한다. 또한, 생성된 당을 알코올로 만들 때 필요한 효모를 얻기 위해 누룩을 넣는다. 즉, 술에 누룩을 넣는 것은 곰팡이와 효모를 넣어 주는 것이다.

표 2-2 누룩의 양에 따른 장점과 단점

	누룩의 양이 많을 때	누룩의 양이 적을 때
장점	당화, 알코올 발효 강함	술의 향과 색이 좋아짐
단점	술의 질에 문제(맛, 향, 색)	당화, 알코올 발효 약함

술을 빚을 때 누룩을 많이 넣어 주면 곧 곰팡이를 많이 넣어주는 것이고 곰팡이가 가지고 있는 전분 분해효소를 많이 넣어주는 것과 같다. 또한, 술을 빚을 때 누룩을 많이 넣어주는 것은 누룩이 갖고 있는 효모를 많이 넣어 주는 것과 같다. 그러면 당연히 당을 알코올로 잘 만들 수 있다. 즉, 누룩을 많이 넣어주는 것은 당화와 알코올 발효가 잘될 수 있기 때문에 양조학적으로 보면 당연한 것이다.

하지만 실제로는 누룩을 많이 넣지 않는 방법으로 술을 제조한다. 그 이유는 술에 질적인 문제를 야기할 수 있기 때문이다. 즉, 술의 맛과 향, 그리고 색에 많은 영향을 준다. 누룩을 많이 넣으면 누룩이나 짚 맛이 많이 나고 누룩 냄새가 심하게 나며 술이 진한 갈색을 띈다. 그렇기 때문에 누룩을 많이 넣어 술을 빚는 것은 바람직하지 않다.

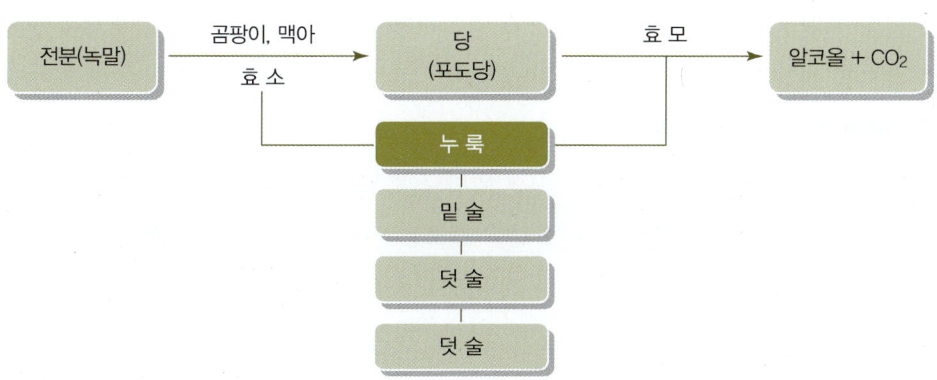

그림 2-7
전통주 제조 도감: 누룩

반대의 경우도 마찬가지다. 누룩이 적게 들어가면 당화과정이 잘 안되는 동시에 알코올 발효도 잘 일어나지 않는다. 반면, 누룩을 적게 넣어 술을 빚으면 술의 맛과 향, 빛깔이 좋아진다. 이렇게 누룩을 너무 많이 넣어도 좋지 않고, 적게 넣어도 발효가 잘 일어나지 않는 문제가 생기기 때문에 이 부분에 대해 충분히 고민을 해야 한다.

그렇다면 누룩을 적게 사용하면서 질 좋은 술을 빚을 수는 없을까. 누룩에 있는 미생물을 증식시켜 술을 빚으면 이 문제를 해결할 수 있다. 그래서 밑술을 제조하는 것이다. 즉, 누룩에 있는 소량의 미생물을 대량으로 증식시켜 술을 빚음으로서 누룩을 적게 사용하면서도 당화와 알코올 발효는 더 잘 시킬 수 있는 것이다.

알고 넘어가기

누룩의 어원은 알 수 없지만 꾹꾹 '눌러' 만든 것에서 유래되었을 것으로 보여진다. 누룩은 주로 밀을 이용해 만드는데 6월에 햅밀이 나오면 7~8월에 누룩을 만들어 10월에 햅쌀로 술을 빚는다. 밀 이외에도 쌀을 이용한 이화곡, 백수환동곡 등이 있다. 1670년대『증보산림경제』에는 '무릇 술맛의 좋고 나쁨은 오로지 누룩에 달려 있다.' 하여 술 제조에 있어서 누룩의 중요성을 강조하였다.

8. 밑술

밑술은 반드시 덧술이 있어야 밑술이라고 할 수 있다. 즉, 밑술을 제조한다는 것은 이양주 이상의 술 빚기를 한다는 것과 같다. 누룩에 수분과 미생물이 자랄 수 있는 양분을 넣어 주면 소량의 미생물을 대량으로 증식시킬 수 있다. 특히, 알코올 생성에 필요한 효모를 대량으로 증식시켜야 안정된 술 빚기를 할 수 있기 때문에 밑술 제조는 술 제조에 있어서 가장 중요한 작업이다.

밑술의 주목적은 '효모 증식'에 있다. 얼마나 효모를 잘 증식시켰는가에 따라 술의 성공 여부를 가늠할 수 있기 때문에 밑술 제조는 어떤 과정보다 시간과 정성을 들여야 한다. 누룩에 있는 소량의 효모를 대량으로 증식시키기 위해서 수분과 양분을 투입하면 미생물이 증식하지만 무한정 증식하는 것은 아니다. 시간이 지나면 미생물의

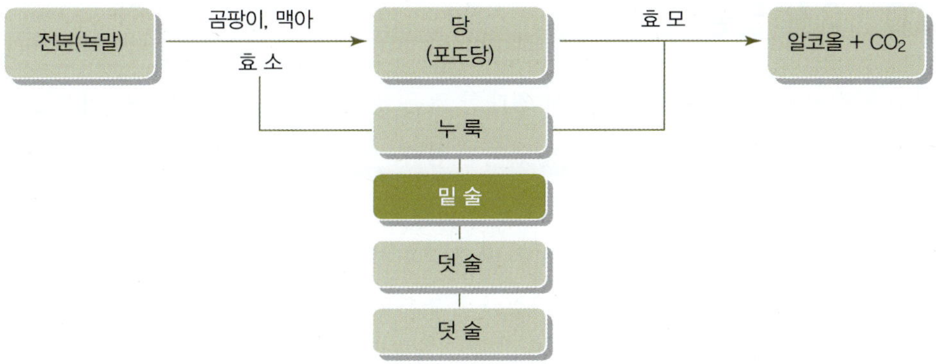

그림 2-8
전통주 제조 도감: 밑술

수가 많아지고 양분은 점차 고갈되기 때문이다. 그렇기 때문에 좀 더 많은 양의 미생물을 증식시키고자 한다면 다시 한 번 양분을 투입해야 한다. 이 과정을 '덧술'이라 한다.

9. 덧술

덧술은 밑술에 한 번 더 덧했다 하여 덧술이라고 한다. 이양주에서는 덧술로 끝나지만 삼양주에서는 1차 덧술에 속하게 된다. 삼양주에서 밑술에 덧술을 하는 목적은 밑술에서 증식된 효모를 한 번 더 '확대 배양'하는 데 있다. 이렇게 밑술에 끝나지 않고 밑술에 덧술을 더 하는 것은 미생물의 증식을 돕고 최대한 빠른 시간 안에 알코올 도수를 높여 안정된 술 빚기를 하기 위함이다.

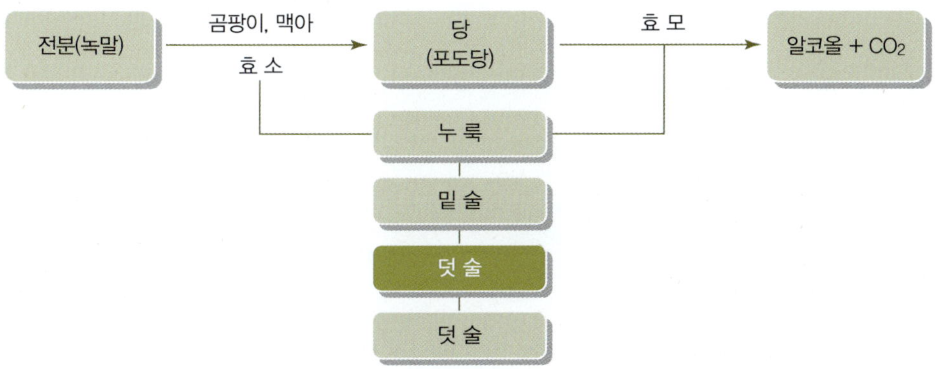

그림 2-9
전통주 제조 도감: 덧술

10. 2차 덧술

밑술과 덧술 이렇게 두 번에 걸쳐서 최대한 많은 양의 효모를 증식시켰다. 이제는 대량의 알코올을 만들 수 있는 당분이 있어야 한다. 이를 위해선 대량의 전분이 있어야 하고 그 전분을 넣어주기 위해 마지막 2차 덧술을 해주는 것이다. 즉, 삼양주의 마지막 덧술은 쌀을 쪄서 식힌 후 앞에 빚은 술과 혼합하여 마지막 덧술을 하는 것이다.

이렇게 고두밥을 넣으면 밑술과 덧술에서 증식된 대량의 효모에 의해 많은 양의 알코올을 동시에 생산할 수 있다. 최대한 짧은 시간에 많은 양의 알코올을 생산하여 도수를 높이고 술을 안정적으로 만들 수 있다. 우리나라는 오래전부터 단양주, 이양주, 삼양주 제조법을 계절에 맞게 사용하였는데 주로 겨울에는 삼양주를, 봄과 가을에는 이양주를, 그리고 여름에는 주로 단양주를 빚어 술을 제조하였다.

11. 술의 발효법

알코올을 만드는 데는 크게 2가지 방법이 있다. 포도와 같이 당분이 주성분인 원료를 효모의 대사작용에 의해 알코올을 만드는 '단발효'와 전분이 주성분인 곡물을 이용한 '복발효'가 있다.

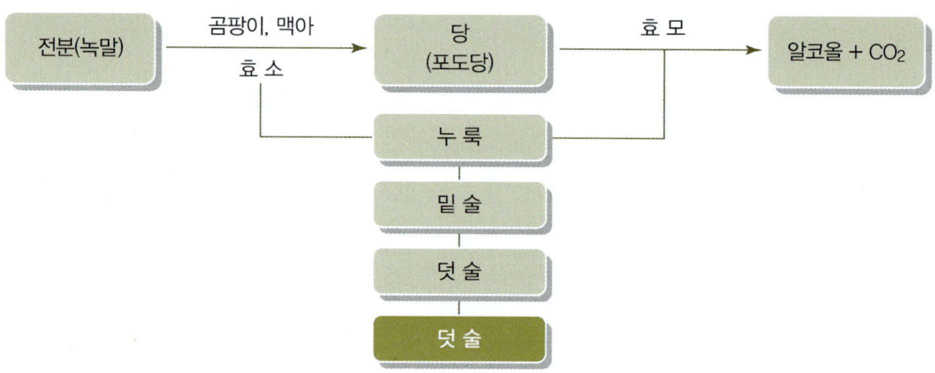

그림 2-10
전통주 제조 도감:
2차 덧술

	단발효	복발효
주종	와인 등 과실을 이용한 발효주	막걸리, 맥주 등 곡물을 이용한 발효주

단발효

포도, 사과 등과 같이 과실이 가지고 있는 포도당을 효모의 대사작용에 의하여 알코올을 생성하는 발효법을 '단발효(single-step fermentation, 單醱酵)'라고 한다. 과실뿐만 아니라 사탕수수, 아가베(agave) 등도 훌륭한 원료가 된다.

최근 가장 많은 관심을 받고 있는 것은 당추출물을 이용한 발효방법이다. 흔히 효소발효액이라고 하는 것을 말한다. 솔잎이나 쑥 등 기타 식물 약재와 설탕을 혼합해 만들어 놓은 것에 '효모'를 이용해 알코올 발효한 것이다. 이 방법은 우리가 알고 있는 거의 모든 식물약재를 이용해 어렵지 않게 술을 제조할 수 있다는 장점이 있다. 이렇게 만들어진 술을 알코올도수를 조정해 식초를 제조하는 것까지 폭넓게 활용하고 있다. 즉, 솔잎효소를 솔잎술로 제조하고 솔잎술을 솔잎식초로 제조하는 방식이다.

❖참고
아가베는 멕시코의 선인장으로 이를 발효하여 만든 술을 '뿔께(pulque)'라고 하고, 뿔케를 증류한 술을 '메스깔(mescal)'이라 한다. 그중에서 특정한 지역에서 생산되는 술을 '테킬라(Tequila)'라고 한다.

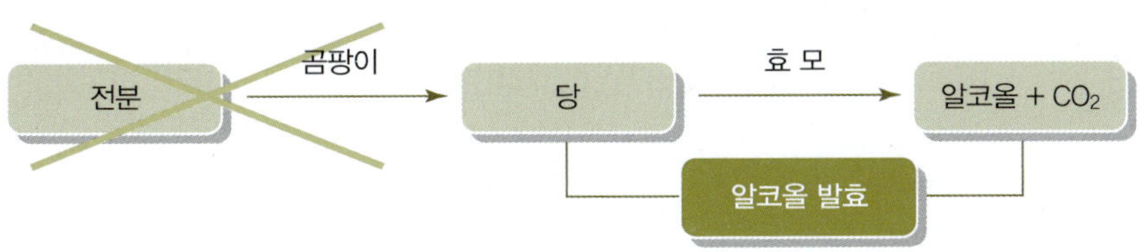

그림 2-11
단발효

복발효

쌀과 같이 전분이 주성분인 원료는 1차적으로 당화 과정을 거쳐야만 알코올을 생성할 수 있다. 이렇게 당화과정과 알코올 발효과정을 해야만 알코올을 만들 수 있는 발효방법을 '복발효(two-step fermentation, 複醱酵)'라고 한다.

복발효	
단행복발효	병행복발효

복발효는 크게 단행복발효와 병행복발효로 나눌 수 있다. 단행복발효는 맥주를 예로 들어 설명할 수 있으며, 병행복발효는 청주를 예로 들 수 있다. 과거에는 막걸리나 청주와 같이 우리나라의 거의 모든 술이 병행복발효에 의해서 만들어졌지만 과학기술이 발달하여 최근에는 규모가 있는 양조장에서도 막걸리를 단행복발효에 의해서 만들고 있다. 즉, 당화기를 이용해 쌀을 당화시키고 효모를 사용해 알코올 발효를 시키는 방법을 사용한다. 좀 더 안정된 발효를 위해 발효 방법도 변화하고 있는 것이다.

단행복발효 복발효 중에서 당화와 알코올 발효를 따로 분리해서 발효시키는 방식을 '단행복발효'라고 한다. 즉, 당화를 다 시켜 놓고 거기에 효모를 투입해 알코올 만드는 방식을 말한다. 한국의 전통음료인 식혜를 생각하면 된다. 쌀을 다 삭혀 단맛이 있는 음료로 만들어 놓고 그곳에 효모를 투입하는 방식을 말한다.

우리나라에서는 강원도의 옥수수술이 이렇게 만들어지며, 최근 막걸리 제조장에서도 단행복발효를 이용한 막걸리가 제조되고 있다. 당화기를 이용해 쌀을 완전히 당화시키고 당화시킨 액체를 발효조로 옮긴 다음, 그곳에 효모를 투입해 알코올을 생성하는 단행복발효법을 이용하는 것이다.

병행복발효 당화와 알코올 발효가 동시에 일어나는 발효방식을 '병행복발효'라고 한다. 발효조 안에 누룩을 넣어 주면 누룩에 있는 당화효소에 의해서 당이 생성된다. 동시에 효모가 생성된 당을 이용해 알코올을 만드는 발효방식이다.

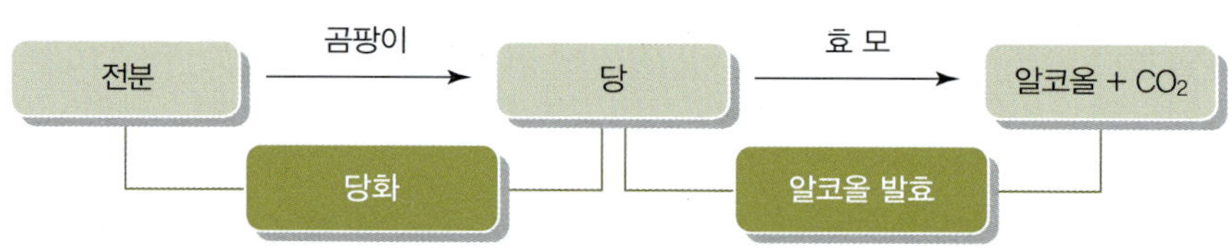

그림 2-12
복발효-단행복발효

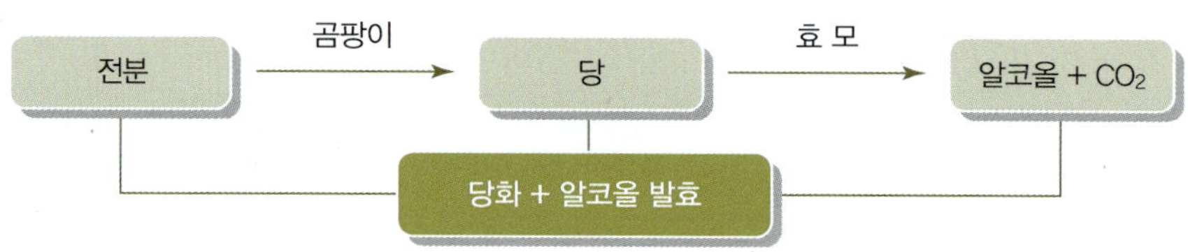

그림 2-13
복발효-병행복발효

병행복발효는 당화와 알코올 발효가 동시에 일어나기 때문에 매우 까다로운 발효 방법이다. 당화가 잘못되면 알코올 발효에 이상이 오고 당화는 잘 됐는데 알코올 발효가 잘못되는 경우도 생기게 된다. 따라서 병행복발효를 이용해 술을 제조할 때에는 술에 이상발효가 일어나지 않도록 곡물을 잘 익혀주고 품질 좋은 발효제를 사용해야 실패를 줄 일 수 있다.

03

발효조의 선택과 살균

"술독은 '관독'이 좋고 '노란 독'도 좋다. 독 안과 밖을 가장 많이 씻어 청솔가지를 많이 넣어 솥에 거꾸로 엎어 쪄서 식혀 넣어라."

1670년대 『음식디미방』에 기록되어 있는 내용이다. 이 문헌에는 40여 가지의 술 제조법이 기록되어 있는데 그중에서 가장 먼저 등장하는 술이 '순향주법'이다. 순향주법에서 가장 첫머리에 등장하는 것이 바로 술독을 선택하는 것과 살균하는 방법이다. 이를 통해 옛 사람들이 무엇을 중요시 여겼는지 알 수 있으며 이것은 지금과 다르지 않다.

1. 발효조의 선택

발효조(fermenter, 醱酵槽)란 발효를 하기 위한 용기를 말한다. 발효조의 재질이나 크기, 모양은 발효의 양과 환경에 따라 달라진다. 일반적인 음식과 다르게 발효식품은 미생물의 영향을 많이 받기 때문에 이를 고려할 수밖에 없다. 또한, 기간이 길고 미생물에 의해 생성되는 물질은 발효조의 부식을 초래하기도 하고 발효조 자체에서 좋지 않은 물질이 발효식품에 유출될 수 있기 때문에 발효조 선택에 주의를 기울여야 한다.

우리나라에서 전통적으로 사용하고 있는 발효조는 토기로 만들어진 것이다. 항아리는 과거뿐만 아니라 현재에도 가장 많은 사랑을 받고 있는 발효조이다. 무게가 많이 나가고 깨지는 단점이 있지만 가장 자연에 가까우며 눈에 보이지 않는 미생물의 성장과 증식에 제일 이상적인 용기이다. 항아리는 그 쓰임새에 따라서 유약을 바르지 않는 것도 있다. 유약을 바르지 않은 항아리는 술을 빚어 넣으면 미세한 구멍으로 술이 새어 나오기도 한다.

술독 입구는 넓고 두꺼운 것이 좋다. 술을 빚을 때에는 쌀과 물, 누룩 등을 혼합해 술독에 담아 넣거나 혼합할 때, 술이 잘 익어 용수를 박아 넣거나 술을 걸러 낼 때를 고려해야 한다. 술과 같은 발효식품을 빚을 때에는 두께가 얇은 것보다는 두꺼운 것이 좋다. 얇은 것은 깨지기 쉽고, 외부의 온도변화에 따라 술독 내부의 온도변화가 급변하여 미생물의 생육에 좋지 않은 영향을 줄 수 있기 때문이다. 또한, 항아리를 구입한 후에는 독에 물을 가득 받거나 증기로 쪄서 물이 새는지 확인한 후에 사용하는 것이 바람직하다.

최근에는 항아리보다 스테인리스를 많이 이용한다. 스테인리스는 일반 가정에서 음식을 만들 때 가장 많이 사용하는 재질이다. 인체에 무해한 것으로 인식되고 있으며 가벼워서 다루기 쉽고 세척과 살균을 쉽게 할 수 있다. 그러나 두께가 얇아 외부의 온도변화에 취약하다. 이러한 단점을 보완하기 위해서 양조장에서는 스테인리스를 연결하여 두껍게 만들어 사용한다. 또한, 발효조에 물을 넣고 끓이거나 증기를 쏘는 방법으로 쉽게 살균할 수 있다.

최근에는 플라스틱이 많이 애용되고 있다. 가볍고 항아리나 스테인리스보다 가격이 저렴하기 때문이다. 하지만 환경호르몬의 영향이 있을 수 있기 때문에 플라스틱 용기를 선택할 경우에는 충분히 검토한 후에 사용하는 것이 좋다. 플라스틱은 열이나 스팀 등을 이용한 살균이 어렵기 때문에 충분히 세척한 후에 마른 천을 이용해 물기를 제거하고 소독용 알코올을 분무기에 담아 분사하여 알코올을 닦아내고 사용해야 한다. 또한, 유리와 같이 깨지기 쉬운 용기는 실험용으로 적은 양이 아니면 사용하지 않는 것이 좋다.

표 3-1 용기별 특징과 단점

종 류	특 징	단 점
항아리	발효와 숙성에 적합(발효주, 증류주)	깨지기 쉽고 이동성의 문제, 냄새
스테인리스	가볍고 대량 발효가 가능함	가격이 비쌈
알루미늄	사용불가	부식
구리	사용불가	부식
철	사용불가	부식
플라스틱	가벼워서 이동성이 좋음	색, 향 등에 오염 발생할 수 있음
유리	발효 내부 과정 확인가능함(소량)	깨지기 쉽고 발효 용량의 문제가 있음
목재	발효보다는 숙성의 효과 좋음(증류주)	알코올 감소, 색 변화, 나무 향

2. 살균

술의 제조에서 살균(sterilization, 殺菌)보다 더 중요한 작업도 없을 것이다. 그러나 술을 제조하는 사람들이 가장 등한시하는 작업 중 하나가 바로 살균이다. 더 정확히 말하면 술을 처음 빚는 사람보다 술을 많이 빚을수록 살균의 중요성에 무감각해진다.

살균이란 미생물을 죽이는 일이다. 즉, 살아 있는 미생물을 물리적, 화학적 방법으로 더 이상 살지 못하게 하는 것을 말한다. 살균에는 멸균과 소독 두 가지로 나눈다. 멸균은 미생물을 완전히 없애는 것을 말하고 소독은 '거의' 없애는 것을 말한다. 발효용기나 사용하는 도구들을 뜨거운 물을 분사하거나 그 증기를 이용하는 일 또는 열을 가하는 작업을 물리적 살균이라고 하며, 살균제나 알코올 등을 이용하여 미생물을 없애는 것을 화학적 살균이라고 한다. 일반적으로 건조나 햇볕을 이용하여 소독하는 것은 완전한 멸균이라고 볼 수 없다.

증기살균

가장 손쉽게 살균할 수 있는 방법이다. 항아리나 스테인리스 등 열을 가해도 변형이 일어나지 않는 용기는 대부분 증기 살균을 한다. 보통 20~30분 정도 충분히 살균해야 하며 끓는 물에 솔잎 등을 넣어 독이나 쇠 냄새가 나지 않도록 해주는 것이 좋다. 증기살균을 한 다음에는 반드시 깨끗한 천을 이용하여 물기를 완전히 제거하고 난 후에 사용하거나 건조한 곳에 보관해야 한다.

표 3-2 살균 종류별 방법과 단점

살균 종류	방 법	단 점
증기	끓는 물을 이용	위험성
연기	짚, 쑥대 등을 이용	술의 향에 영향(항아리, 나무 등)
불	불을 직접 넣어 살균	냄새, 위험성, 살균의 어려움
물	물 세척(살균으론 부적합)	살균효과 적음
알코올	70~80% 알코올 사용(분무기 등)	부식

연기살균

보통 큰 독을 살균할 때 사용한다. 숯이나 짚, 쑥 등을 태워 그 연기로 살균하는 방법으로 실외에서 많이 사용한다. 그러나 용기 안에 연기 냄새가 많이 나고, 용기에 붙은 그을음을 완전히 제거하지 못하면 술 빛에 영향을 주게 된다. 일반적인 발효에서 그을음은 술의 품질에 영향을 주기 때문에 좋지 않다. 하지만 위스키의 숙성 용기에는 인위적으로 이러한 연기 및 용기의 그을음을 내 술의 맛과 향, 색에 영향을 주도록 만들기도 한다.

알코올살균

알코올은 미생물의 세포를 파괴해 더 이상 살 수 없도록 만든다. 그러나 용기의 살균은 미생물을 사멸하는 일뿐만 아니라 용기의 이물질이나 냄새 등을 제거하는 역할까지 하기 때문에 알코올살균을 할 경우에는 용기를 물로 깨끗하게 씻은 후에 물기를 제거하고 알코올을 충분히 분사해 주는 것이 좋다.

알고 넘어가기

저온살균법

저온살균이란 섭씨 63℃에서 30분간 가열하여 대부분의 미생물을 죽이는 것이다. 1860년대 루이 파스퇴르(프랑스 화학자, 1822~1895)는 이 방법을 맥주에 적용해 지금까지 술을 살균시키는데 사용하고 있다. 최근에는 최대한 짧은 시간 안에 살균하기 위해서 온도를 높이는 방법들을 사용한다. 살균막걸리를 제조할 때는 보통 75℃ 정도에서 4~5분, 83℃에서 1~2분 정도 살균한다. 짧은 시간 안에 살균하기 위해서 온도를 높이는 것이다. 그러나 온도를 높이면 시간을 단축시킬 수 있지만 술의 맛에 영향을 줄 수 있기 때문에 주의해야 한다. 일반 가정에서 술을 살균할 경우에는 병입을 하고 병을 거꾸로 해서 통 속에 집어넣고 저온살균을 할 수 있다.

04

쌀과 물의 선택과 비율

술을 제조하기 위해 가장 중요한 것은 술의 원료와 물이다. 그리고 이 두 가지를 어떠한 비율로 혼합하느냐에 따라서 술 맛이 결정된다. 우리나라는 오래전부터 쌀과 깨끗한 물을 이용해 질 좋은 발효주를 제조해 왔다. 그리고 쌀과 물 양을 조절하여 다양한 맛의 술을 제조하고 있다. 많은 사람들이 이 부분을 잘못하여 술 제조에 실패한다. 술 제조에 좋은 쌀과 물, 그리고 쌀과 물의 비율을 어떻게 맞춰야 하는지 알아보자.

1. 쌀의 선택

자연환경과 술

세계에는 우리가 셀 수 없을 만큼 다양한 술들이 있다. 제조 방법 또한 어떤 원료를 사용하느냐에 따라 다양한 술들이 만들어진다. 프랑스와 같이 포도의 재배 환경이 좋

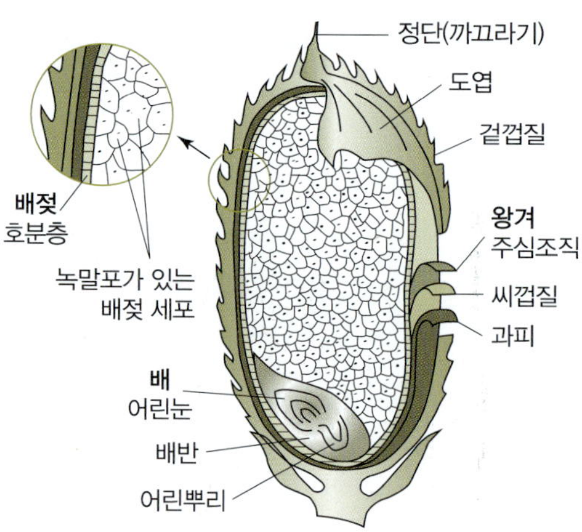

성 분	함유량
탄수화물	75g
수분	15.5g
단백질	6.2g
지방	1.3g
무기질	1.23g
비타민	0.004g
기타	1g 미만(B_1, B_2, 티아민 등)

그림 4-1
쌀의 구조와 성분
자료: Encyclopaedia Britannica.

표 4-1 국가별 술의 종류

주원료	발효주	증류주	주요 국가
쌀	막걸리, 청주 등	소주, 백주	한국
보리	맥주	위스키	영국
용설란	뿔퀘	메즈칼, 테킬라	멕시코
포도	와인	브랜디	프랑스
동물의 젖	마유주, 산양주 등		몽고

은 나라는 과실주를 만들고 우리나라와 같이 쌀 등의 곡물을 주로 재배하는 나라는 곡주와 이를 증류한 술들이 많으며 몽고와 같이 유목생활을 하는 민족은 동물의 젖을 이용해 술을 빚는다. 즉, 그 나라의 자연환경에 따라 가장 쉽게 찾을 수 있는 질 좋은 원료를 이용해서 술을 빚었던 것이다.

쌀의 종류

쌀에도 다양한 종류가 있다. 길고 가느다란 인디카와 인디카보다 둥글고 짧은 자포니카가 가장 대표적이다. 그 외에 자바니카도 있지만 그 특성이나 모양이 인디카와 유사하기 때문에 여기서는 논의하지 않는다. 한국에서는 주로 자포니카종을 사용한다. 인디카로 술을 만드는 곳은 모두 수입산 쌀로 술을 빚는 곳이라 생각해도 무방하다.

술의 제조적인 면에서 살펴보면 인디카는 자포니카에 비해 아밀로오스 함량이 많아 자포니카보다 푸석하고 전분 조직이 단단한 것이 특징이다. 이러한 차이가 술의 제조적인 방법에도 영향을 주게 된다. 즉, 곡물의 크기와 호화 정도, 물의 양까지 영향을 미치게 되는 것이다.

표 4-2 인디카와 자포니카

종 류	모 양	특 징	주요 나라
인디카(indica)	길고 가늠	푸석함	태국, 베트남, 미국
자포니카(japonica)	둥글고 짧음	찰기가 있음	호주, 중국, 미국

ⓐ 술 제조용 쌀

술의 맛과 향, 색은 술의 품질에 가장 큰 영향을 준다. 따라서 술의 제조에 있어 술 빚기 좋은 쌀(양조미, 釀造米)을 선택하는 것만큼 중요한 것도 없다. 일반적으로 우리가 좋다고 하는 쌀과 술을 빚을 때 필요한 쌀에는 다소 차이가 있다.

대형마트에 가게 되면 전국에서 올라온 다양한 쌀들을 볼 수 있다. 하나하나 쌀의 크기나 색, 심백 정도를 살펴보게 되면 대부분이 위와 같은 조건을 갖춘 쌀을 찾는 것이 쉽지 않다는 것을 알 수 있을 것이다. 일본의 경우 술을 빚기 위한 전용 쌀이 있으며 그 품종이 다양하고 쌀에 따라서 술의 맛 또한 달라진다. 그러나 우리나라는 아직까지 특별한 양조용 쌀이 없는 실정이다. 다행히 최근 몇몇 기업에서 술을 빚기 위한 전용 쌀 재배 연구가 진행되고 있다.

표 4-3 술 제조용 쌀의 특징

구분	특징
성 분	• 전분 함량이 많은 것 • 단백질이나 지방 등은 적은 것
모 양	• 알이 큰 것 • 쌀 가운데 중심부에 불투명한 백색이 있는 것(심백, 心白) • 맑고 깨끗한 것 • 크기가 균일한 것
색	• 멥쌀은 투명하고 맑은 것 • 찹쌀은 흰 백색에 표면이 깨끗한 것 • 오래된 쌀일수록 색이 짙어져 술의 색에 영향을 미침
향	• 향이 강하지 않은 것 • 신선한 향이 나는 것 • 쌀의 향이 강하게 되면 술의 맛과 향에 영향을 미침
수분도	• 14% 정도의 수분을 가진 것 • 도정 후 쌀이 오래 방치될수록 수분도가 떨어짐
도 정	• 도정을 많이 할수록 단백질이나 지질의 함량이 낮아짐 • 도정을 많이 할수록 주질이 단순 깔끔해짐 • 도정 후 30일 지난 쌀을 이용하는 것이 좋음

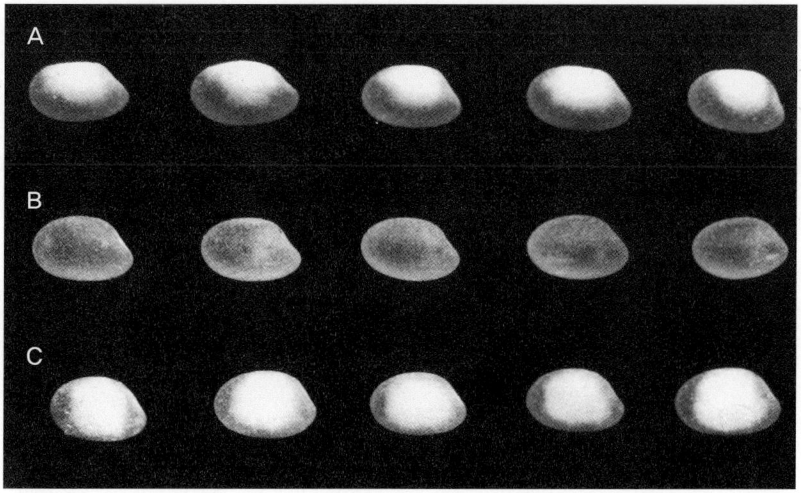

그림 4-2
일반적인 쌀과
양조용 쌀

위 그림은 일반적인 쌀과 양조용 쌀이 어떻게 다른지 보여준다.

A는 일반적으로 양조에 적합한 쌀이다. 심백(心白)이 많이 뭉쳐 있지만 한 쪽에 치우쳐 있어 도정 시 전분의 유실로 인해 많은 도정을 하기 어려운 것이 단점이다. 그러나 B와 비교해 보면 전분 집중이 뛰어난 것을 볼 수 있다.

B는 우리가 주식으로 먹는 쌀이다. A, C와 달리 심백이 없고 투명하다는 것을 볼 수 있다. 이러한 쌀은 일반적으로 술 제조용으로는 적합하지 않으나 현재 우리나라에서는 주로 주식으로 사용하는 B와 같은 쌀로 술을 빚고 있다.

C는 일본의 대표적인 양조용 쌀인 야마다니시키(山田錦)로 일본에서는 두 번째로 재배 면적이 많은 양조 전용 쌀이다. 그림을 보면 심백이 가운데 부분에 집중되어 있는 것을 볼 수 있다. 이러한 쌀은 도정을 많이 해도 심백 부분을 그대로 살릴 수 있어 술 제조용으로 사용하기에 적합하다. 도정 시 전체적으로 깎는 것이 아니라 쌀의 맨 끝 부분을 도정하는 방식이 좋다. 그 이유는 쌀 끝 부분이 많을수록 술에 잡맛을 들이는 것으로 알려져 있기 때문이다.

멥쌀과 찹쌀

멥쌀(nonglutinous rice, 粳米)은 우리가 주로 먹는 주곡이며, 찹쌀(glutinous rice, 黏米)은 같은 쌀이지만 잡곡에 속한다. 찹쌀과 멥쌀의 가장 큰 차이는 '전분의 배합비

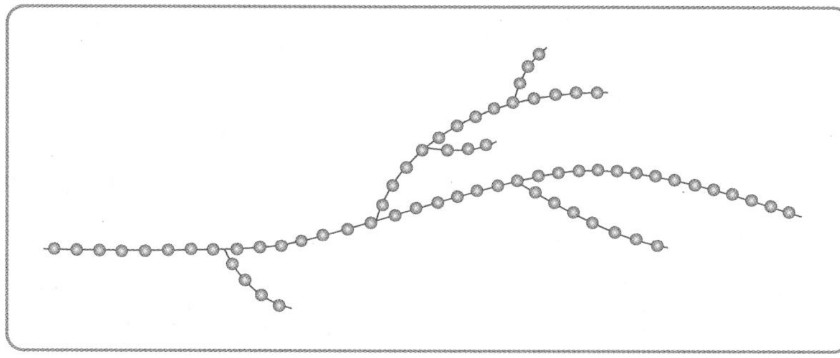

그림 4-3
아밀로펙틴
(나뭇가지 모양)

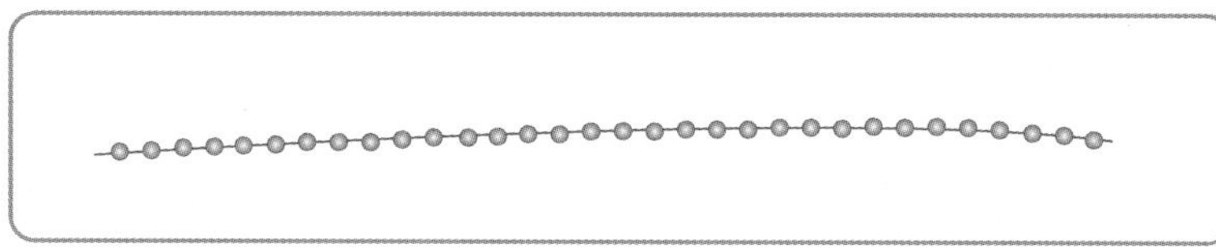

그림 4-4
아밀로오스
(실 모양)

표 4-4 멥쌀과 찹쌀의 전분 함유량

전분	멥쌀	찹쌀
아밀로펙틴(amylopectin)	70~80%	96~100%
아밀로오스(amylose)	20~30%	0~4%

율'이라고 할 수 있다. 전분은 긴 실 모양의 아밀로오스와 나뭇가지 모양의 아밀로펙틴으로 나눌 수 있다. 이 두 전분이 쌀에 포함되어 있느냐에 따라서 쌀의 경도와 색, 그리고 쌀의 성질이 다르다. 당연히 술의 품질에도 많은 영향을 미치게 되는 것이다.

멥쌀은 아밀로펙틴과 아밀로오스의 함량이 적당히 분배되어 있지만 찹쌀은 거의 대부분이 아밀로펙틴으로 구성되어 있다. 곡물을 익히는 호화과정을 진행할 때 아밀로오스의 함량이 적을수록 호화가 잘 되기 때문에 멥쌀보다 찹쌀이 더 잘 익게 된다. 따라서 뒤에 나오는 '호화와 노화'과정을 잘 습득하여 쌀을 선택하고 그에 따른 가공방법을 달리해야 좋은 술을 얻을 수 있다.

우리나라의 쌀

우리나라가 쌀을 재배하기 시작한 것은 청동기시대로 알려져 있으나 최근 강원도 고성지역에서 신석기시대에 벼 재배를 한 것으로 추측되는 유적이 발견되었다. 이것이 맞는다면 쌀을 이용한 술 제조 또한 청동기시대에서 신석기시대로 바뀔 수 있는 중요한 자료가 될 것이다. 현재 우리나라에서 술 제조에 많이 사용하는 쌀은 멥쌀과 찹쌀이다.

우리나라는 일본처럼 가운데 심백(心白)이 있는 양조용 쌀을 사용하는 것이 아니라 일반 주식용 쌀을 이용한다. 그렇다고 모든 쌀이 일본의 양조용 쌀이 좋은 것은 아니다. 일본은 청주 위주의 발전이었기 때문에 쌀을 최대한 도정하여 술을 제조하는 방향으로 술의 가치를 늘리면서 품질을 개선해 나갔다. 반면, 우리나라는 청주, 약주, 막걸리 위주의 술 제조였기 때문에 오히려 최대한 쌀을 깍은 도정미보다 다양한 영양물질들이 있는 주식용 쌀이 더 적당한 것이다.

대부분 도정을 많이 해서 단백질과 지방의 함량을 낮게 하는 것이 양조에 적합한 것으로 알고 있지만 어디까지나 청주와 같은 술에 해당되며 당과 풍미를 중요시 여기는 전통적인 술들은 무조건 도정을 많이 한다고 해서 좋은 품질이 되는 것이 아니다.

실제로 논문 「도정도에 따른 소곡주의 품질 및 기호도 변이」(천아름 외(2012). 국립식량과학원)에는 '원료곡의 도정도가 증가할수록 소곡주의 기호도가 낮아지는 경향'이 있다는 연구 결과를 볼 수 있는데, 그 원인은 도정을 할수록 '단백질, 지방, pH 감소' 등이 나타나 소곡주 본래의 단맛과 풍미를 잃기 때문에 기호도가 낮은 것이라고 쓰여 있다. 이처럼 도정을 한다고 모든 쌀이 좋은 것은 아니며 제조하고자 하는 주류의 특성에 맞게 원료곡을 선택하는 것이 가장 바람직하다.

『삼국사기』에는 신라 제21대 소지왕에 관한 이야기가 언급돼 있는데 깨달음을 준 까마귀에게 '찰밥'으로 제사를 지냈다는 내용이 남아 있다. 또한, 500년경 중국의 농서인 『제민요술』에는 다양한 종류의 누룩과 술 제조법이 기록되어 있다. 『제민요술』에 등장하는 술 제조법을 살펴보면 대부분의 술이 지금처럼 쌀을 이용하는 것이 아니

표 4-5 한국과 일본의 주류 특성

	한 국	일 본
술 제조	일반 쌀	양조 전용 쌀
술 발전	청주, 약주, 막걸리	청주
양조미	멥쌀, 찹쌀	멥쌀

표 4-6 시대별 술의 주원료

시 대	삼국시대	고려시대	조선시대	현 재
주원료	잡곡(기장, 조)	멥쌀	멥쌀 < 찹쌀	멥쌀, 찹쌀

라 '기장'이나 '조' 등의 잡곡류들을 이용해 술을 제조하였다는 것을 알 수 있다. 물론, 몇 가지는 멥쌀과 찹쌀을 이용한 술도 있지만 대부분이 잡곡을 이용하여 술을 제조하였다. 이를 통해 그 당시 쌀이 상당히 얻기 힘든 귀한 원료였다는 것을 추측해 볼 수 있다.

고려 중기 송나라 사신을 수행하며 왔던 서긍이 지은 『선화봉사 고려도경』 제32권에는 '고려에는 찹쌀은 없고 멥쌀에 누룩을 혼합해 술을 빚는데, 술 빛이 진하고 쉽게 취하고 속히 깬다.'라고 기록되어 있다. 실제로 고려시대에 찹쌀이 없었는지는 정확히 알 수 없다. 그러나 『제민요술』과 『고려도경』의 문헌으로 보면 찹쌀이 상당히 적은 양이 나와 귀한 원료였을 것으로 생각된다.

조선 초기의 진순의가 편찬한 『산가요록』(1450년대)은 우리나라 술 제조법이 기록되어 있는 가장 오래된 문헌이다. 『산가요록』의 술 제조에 사용된 원료를 살펴보면 찹쌀보다는 멥쌀을 많이 이용하고 있다는 것을 확인할 수 있다. 조선 중기로 넘어가면 점차 찹쌀의 사용이 많아지고 술 제조법 또한 단순해진다.

이 같은 문헌 속의 술 제조 원료를 살펴보면 삼국시대까지는 쌀보다는 잡곡이 많았고, 고려시대로 가면서 일반 멥쌀의 사용이 커진 것을 볼 수 있으며, 조선시대 후반으로 갈수록 찹쌀의 사용량이 많아진 것을 알 수 있다. 현재 판매를 목적으로 하는 양조장 대부분은 멥쌀을 이용하지만 일반 가정에서 만드는 가양주는 멥쌀의 사용보다 찹쌀의 사용이 더 많은 것을 볼 수 있다.

찹쌀이 곡물을 이용한 술에서 가장 중요한 잘 익혀주는(호화) 것과 당이 잘 생성(당화)될 수 있도록 하기 때문에 일반 가정에서는 멥쌀보다는 주로 찹쌀을 이용한다. 찹쌀로 빚은 술이 단맛과 감칠맛이 좋다. 특히, 전통 누룩을 이용하게 되면 멥쌀을 당화시킬 수 있는 힘이 부족해 술이 실패하는 경우가 많다. 그러나 양조장에선 경제적인 측면도 있고, 호화와 당화에 필요한 강력한 도구와 효소제 등을 이용하고 감미료도 사용하기 때문에 주로 멥쌀을 이용해 술을 제조한다. 멥쌀은 찹쌀보다 전분 구조가

치밀하여 빈 공간이 적다. 이 때문에 호화와 효소의 침투가 쉽지 않아 당화가 잘 일어나지 않는데 이러한 문제는 도구와 효소를 활용해 해결하고 있다.

1500년 전에는 쌀이 귀해 잡곡을 이용한 술이 많았다면 1500년이 지난 지금은 잡곡이 귀하고 쌀이 남아도는 세상이 됐다. 기술의 발달은 술의 원료까지 바꿔 놓았으며 양조에 적합한 품종을 개량하고 좀 더 질 좋은 술을 제조하기 위해 도정 기술도 발전해 왔다. 원료와 도구의 발달, 그리고 균의 분리와 배양기술의 경험 축적을 통해 인간은 지금도 더 좋은 술을 얻기 위해 끊임없이 노력하고 있다.

전분의 호화와 노화

호화란 한자 뜻 그대로 '풀처럼 되는 것'을 말하는데 곡물을 이용한 술 제조에서 가장 중요한 과정이 호화(糊化)라고 할 수 있다. 전분은 물 분자도 들어갈 수 없을 정도로 아주 조밀하기 때문에 최대한 전분을 분해해야 한다. 이때 전분에 열을 가하게 되면 풀처럼 되는데 이를 '호화'라고 하고 다시 굳어 단단해지는 것을 '노화'라고 한다.

① 전분의 호화

전분이 잘 호화될 수 있도록 하기 위해서는 곡물을 낟알 상태로 사용하기보다 가루를 이용하는 것이 좋다. 또 생것을 이용하는 것보다 열을 가해 익혀주는 것이 좋으며, 수분이 많을수록 호화는 잘 일어난다. 우리가 생쌀을 먹지 않고 밥을 해서 먹는 이유도 쌀을 호화시켜야 소화가 잘되기 때문이다.

호화가 잘되게 하기 위한 조건은 다음과 같다.

- 온도가 높을수록 좋다(80℃ 정도 이상이 오래 지속될수록 좋다).
- 수분이 많을수록 좋다(충분한 물이 있어야 호화를 돕는다).
- 아밀로오스 함량이 적을수록 좋다(멥쌀보다는 찹쌀이 아밀로오스 함량이 적다).
- 물에 담가 놓는 시간이 길수록 좋다(멥쌀은 찹쌀보다 침미시간을 오래 한다).

② 호화과정

복발효(병행, 단행)에서 알코올 발효보다 우선되어야 할 것은 전분의 당화과정이라 할 수 있다. 당화가 잘되지 않으면 알코올 발효가 일어나지 않아 산패로 될 가능성이 그만큼 커진다. 따라서 술이 안정된 발효를 하기 위한 가장 첫 번째 조건은 당화가 잘 되도록 하기 위한 호화과정(gelatinization)이다. 즉, 호화과정은 전분질이 주성분인 원료의 전분 조직을 붕괴해, 곰팡이 등이 가지고 있는 전분분해 효소에 의해 당이 잘 생성될 수 있도록 하는 것을 말한다.

③ 호화순서

- **물을 흡수하여 곡물과 하나가 되는 과정(수화, 水和, hydration)**
  전분입자가 물을 흡수하는 과정으로 아밀로오스와 아밀로팩틴의 결합 속에 침투하게 된다. 이때 외관상의 형태나 점도에는 크게 영향을 주지 않으며, 공기 중에 놓으면 수분은 다시 빠져나가게 된다.
- **온도가 상승하여 전분 조직이 느슨해지는 과정(팽윤, swelling)**
  온도가 상승하면(65℃ 이상) 전분 내부의 물들이 부피를 팽창시켜 전분 조직을 벌려 놓는다. 이때, 물에 잘 녹는 전분들은 곡물 밖으로 빠져 나와 물에 녹는다.
- **전분 결합의 붕괴 과정(micelle의 붕괴)**
  전분 입자들의 결합이 붕괴돼 아밀로오스나 아밀로펙틴 분자들은 용액처럼 된다. 즉, 점도가 증가하고 투명해진다.

④ 노화과정

규칙적인 전분입자에 열을 가해 불규칙한 풀처럼 만드는 과정을 호화라고 한다면 온도가 낮아지고 불규칙적인 전분입자가 다시 규칙적으로 결합해 굳어지는 것을 노화(retrogradation)라고 한다.

술을 빚기 위해서 쌀을 찌고 식히는 과정을 가지게 되는데 식히는 온도가 너무 낮거나 장시간 실온에 둔 것을 이용해 술을 제조하면 당화시간이 길어져 잡균에 오염과 효모 증식에 좋지 않은 영향을 준다. 따라서 증미한 쌀은 장시간에 걸쳐 냉각시켜주는 것보다는 짧은 시간에 차게 식혀주는 것이 좋으며, 냉각 온도는 20~25℃면 적당하다. 만약, 식혀주는 과정을 너무 오래하거나 너무 찬 곳에 두어 익힌 쌀이 단단해지면 다시 한 번 찌는 과정을 거쳐야 당화를 잘 진행시킬 수 있다.

2. 물의 선택

물이라고 하는 것은 무색, 미취, 무미의 액체를 말한다. 탄소와 수소의 결합으로 만들어지며 인류의 생존에 반드시 필요한 물질이라 할 수 있다. 바닷물, 강물, 우물물, 빗물, 지하수, 석간수 등 수많은 물이 있지만 그 성질은 모두 다르다. 함유되어 있는 물질도 다르고 맛도 다르다. 이렇게 다양한 물 중에서 우리는 술 제조에 적합한 물을 선택해야 한다.

술 제조에 적합한 물

물(water)이 좋아야 술이 좋은 것이다. 동서고금을 막론하고 술 제조에 있어 물만큼 중요한 것도 없다. '우리나라 양조장이 있는 곳은 물이 좋은 곳이다.'라 할 수 있을 정도로 물이 좋지 않으면 좋은 술을 얻을 수 없다. 특히, 발효주는 술 전체의 80% 이상이 물이기 때문에 다른 주종의 술보다 더 중요하다. 모든 술이 그렇지는 않지만 유럽이나 남미에서 생산되는 위스키나 보드카, 테킬라, 중국의 고량주 등 증류주를 주로 생산하는 나라들 대부분은 발효주에는 적합하지 않은 물을 갖은 나라다. 즉, 좋지 않은 물로 증류주를 제조할 수는 있어도 좋지 않은 물로 좋은 발효주는 만들 수 없다.

우리는 매일같이 물을 마신다. 물이 좋지 않은 지역에서는 사람이 살 수 없다. 당연히 물의 품질은 미생물의 생육에도 영향을 미치게 된다. 술 제조에 사용하는 물은 인간이 섭취하기 이전에 발효에 필요한 미생물의 생육에도 큰 영향을 미치게 되는 것이다. 따라서 좋은 물의 선택은 곧 좋은 술의 기본이 된다. 술(발효주)의 80% 이상을 차지하고 있는 것이 바로 물이며 완성된 술의 80%는 물맛이 결정한다.

술 제조에 적합한 물은 기본적으로 3무(無)가 없어야 한다. 색이 없어야 하고, 냄새가 없어야 하며, 특별한 맛이 없는 물이 좋은 물이다. 술 본래의 맛과 향이 잘 살아나

표 4-7 술의 3무(無)

무색(色)	발효주의 색에 직접적인 영향을 준다.
무취(臭)	곡주나 과실주 본래의 향에 직접적 영향을 준다.
무미(味)	모든 주종에 가장 직접적 영향을 준다.

기 위해서 물은 뒤에 있어야 한다. 그래서 술에서의 물은 부모와 같다고 한다. 앞에 나서지 않지만 뒤에서 자기 색(맛과 향)을 잘 낼 수 있도록 도와주는 역할을 수행하기 때문이다.

물의 맛

물도 맛이 있다. 그래서 물에 민감한 사람들은 아무 물이나 먹지 못한다. 물의 맛은 술의 맛에도 영향을 미치기 때문에 반드시 확인하고 넘어가야 한다. 가장 좋은 물은 '술 본래의 맛'이 잘 살아날 수 있도록 도와주는 물이다. 물은 맑고 깨끗한 느낌을 받아야 하며 신선해야 한다. 그리고 단맛이 나야 한다. 우리 조상들은 단맛이 있는 물을 술 제조에 가장 좋은 물로 쳤다. 물 분자 집합이 작으면 단맛이 나고 미감이 좋다고 한다.

수소이온농도(pH)에 따라서도 물의 맛이 다르게 나타난다. 가장 순수한 물인 pH7(중성)을 중심으로 pH가 8 이상이 되면 점점 떫은맛이 강해지고 pH가 6 이하가 되면 점점 신맛이 강해진다. 술 제조에는 pH수치가 높은 물보다는 pH수치가 6 정도 되는 것이 적합하다. 술을 제조하게 되면 미생물 발효 작용에 의해서 pH수치가 4 정도로 낮아지게 된다. 쓴맛이 강한 물은 철이나 황산염 함량이 많은 물이라 할 수 있다. 기호도에 따라서 술의 쓴맛을 좋아하는 사람들도 있지만 쓴맛 이외에 다른 영향을 미칠 수 있기 때문에 철이나 황산염이 많이 들어가 있는 것은 좋지 않다.

표 4-8 물의 맛

단맛	물 분자 집합이 작으면 미감이 좋고 단맛이 난다.
짠맛	물속 나트륨 이온의 함량이 높아지면 짠맛이 난다.
쓴맛	항산염 함량이 많은 물은 쓴맛이 난다.
신맛	물의 신맛에 영향을 미치는 것은 pH인데, 이 수치가 낮으면 신맛이 난다.
떫은맛	pH 수치가 8.5 이상이 되면 떫은맛이 난다.

자료: 김중일 역(2008). 물은 약인가, 독인가?. 눈과마음.

물의 성분

물의 성분은 곧 미생물의 생육과 직결된다 해도 과언이 아니다. 좋은 물은 '발효가 잘되는 물'이다. 발효가 잘되기 위해서는 미생물의 생육에 필요한 나트륨, 마그네슘, 칼슘 등을 최소량으로 함유하고 있는 것이 좋다. 그러나 대부분의 물질들은 술을 제조하기 위해 준비한 원료 등에 함유되어 있다.

이와 반대로 철이나 동, 암모니아는 술의 품질에 좋지 않은 영향을 미치는 성분들이다. 철은 술의 맛을 쓰게 하고 향미를 나쁘게 한다. 또한, 갈변현상을 일으켜 술의 색에 영향을 준다. 동은 주로 물보다는 쌀의 원료미에 함유되어 있는 경우가 많지만 술에 동이 함유되면 혼탁의 원인이 될 수 있다. 암모니아와 같은 유기물이 많이 있다는 것은 물에 오염물질이 있다는 것을 의미하기 때문에 술 제조에는 적합하지 않다.

물의 선택

물은 크게 연수(軟水)와 경수(硬水)로 나눌 수 있다. 연수는 단물이라고도 하며 석회성분이나 다른 광물질이 적게 들어 있는 물이다. 우리나라가 예부터 술 제조에 사용해온 물이라 할 수 있다. 1766년 『증보산림경제』에는 '술을 만들 때 샘물 맛이 달아야 하고 물맛이 좋지 않으면 술도 맛이 없다.'고 기록되어 있다. 우리나라의 맑은 물은 막걸리와 청주 등의 발효주를 제조하기에 적합한 물을 갖고 있어 발효주의 품질이 우수한 것이다. 특히, 막걸리와 같은 술은 90% 이상이 물이기 때문에 좋은 물 없이는 맛 좋은 막걸리를 제조할 수 없다. 좋은 물을 마시고 싶거든 막걸리제조장을 찾아가도 무방하다.

경수는 센물이라고도 하며 칼슘과 마그네슘이온이 연수에 비해 상대적으로 많이 함유되어 있는 물이다. 석회암지대가 많은 영국, 독일, 프랑스, 유럽 등지에는 경수가 대부분이라 순수한 물과 곡물로 빚은 술보다는 물의 맛을 감추기 위해 특유의 향과 쓴맛을 갖게 하는 홉을 넣어 만든 맥주나 포도와 같이 수분을 갖고 있는 와인 등이 대표적인 술이다. 그리고 이러한 발효주를 증류한 위스키나 브랜디 같은 증류주가 그 나라의 대표적인 술이 된다. 대표적인 경수 지역인 중국도 역시 발효주보다는 고량주와 같은 증류주의 품질이 더 좋다. 또한 물이 좋지 않아 차를 마시는 문화가 넓게 퍼져있다.

1670년대 『음식디미방』에는 술을 제조할 때, 물은 반드시 끓여 식힌 물을 이용하라 하였으며 1766년 『증보산림경제』에는 '술을 빚을 때에는 물을 끓여 식힌 뒤에 밥과 누룩을 섞어 빚으면 술이 쉬는 것을 막을 수 있다. 여름에는 이 방법이 더욱 좋다.'라고 기록되어 있다. 또한, 청명수(淸明水)와 곡우수(穀雨水)로 술을 빚으면 빛깔이 붉고 맛이 좋으며 오래 보관할 수 있다고 하였으며, 가을 이슬을 받아 술을 빚으면 맛이 매우 향기롭고 차다고 기록하고 있는데 이를 '추로백(秋露白)'이라 한다.

1800년대 『양주방』에 기록된 '삼해주'에는 아침 해가 뜨기 전에 새벽이슬이 내려앉은 우물물인 '정화수(井華水)'로 술을 빚으라 하였으며, 같은 문헌 '창출주'에는 '동으로 흐르는 물'을 이용하여 술을 제조하고 이 술을 마시면 '흰 머리가 도로 검어지고 얼굴빛이 윤택해진다.'라고 기록하고 있다. 1800년대 『고려대규합총서』를 보면 백가지 꽃을 넣어 빚는 백화주에는 물을 '강심수(江心水)나 석천'을 이용하라고 하였다. 강심수는 강 가운데 흐르는 물이며, 석천은 바위틈에서 나오는 샘물이다. 이렇듯 우리 조상들은 술을 빚을 때 아무 물이나 사용하지 않았다.

술을 빚을 때에는 반드시 물을 확인하는 습관을 들여야 한다. 미생물에게 주기 전에 먼저 냄새를 맡아보고 먹어보고 자세히 들여다봐야 한다. 그래야 실수 없이 질 좋은 술을 빚을 수 있다. 아무리 좋은 기술을 갖고 있다고 하더라도 바탕이 되는 물이 좋지 않으면 좋은 술이 만들어질 수 없다는 것을 명심해야 한다.

알고 넘어가기

다양한 물

옥류수(屋霤水, 처마 끝에서 흘러내린 물)
매우수(梅雨水, 매화열매가 누렇게 된 때에 내린 빗물)
방제수(方諸水, 조개껍질을 밝은 달빛에 비추어 가지고 그것으로 받은 물)
춘우수(春雨水, 정월에 처음으로 내린 빗물)
납설수(臘雪水, 섣달 납향에 온 눈 녹은 물)
국화수(菊花水, 국화 밑에서 나는 물)
정화수(井華水, 새벽에 처음 길은 우물물)
한천수(寒泉水, 찬 샘물)

3. 쌀과 물의 비율

쌀 된 되로 물도 돼야

술을 빚는 사람들이 가장 많이 하는 질문 중 하나가 바로 쌀과 물의 비율이다. 잘못된 것들 대부분은 쌀과 물의 양을 처음부터 잘못 맞춰 술을 빚었기 때문에 발생한다. 필자가 처음 술을 제조할 때에는 대부분 고문헌에 있는 제조법대로 술을 빚었는데 한 번도 제대로 된 술이 나온 적이 없었다. 지금에야 그 원인을 알았지만 그 당시에는 큰 고민거리였다. 이에 대한 해답을 고문헌에서 찾을 수 있었는데 그 단어가 바로 '쌀 된 되로 물도 돼야'였다. 이 단어 하나로 술 제조법 전체가 바뀌게 된 것이다.

조선시대의 비율을 일제강점기 때 만들어진 계량단위로 환산하여 술을 빚으니 그 술이 잘되었겠는가.

쌀이나 누룩, 밀가루 등은 각 원료가 가지고 있는 수분 함량에 따라 무게가 달라진다. 따라서 이러한 원료를 계량할 경우에는 무게보다는 부피로 계량을 하는 것이 좋다.

무게로 따지면 모두 달라 헷갈리지만 부피로 따지면 쉽게 이해가 되리라 본다. 그럼, 물은 어떠한가. 물은 무게나 부피가 거의 일정하기 때문에 둘 다 사용해도 상관없다. 그러나 물을 무게로 재는 것보다 부피로 계량하는 것이 쉽고 주변에 도구(바가지, 컵 등)들이 많기 때문에 이용하기 편리하다.

고문헌을 보다 보면 홉, 되, 말 이외에도 사발, 주발, 대야, 동이 등과 같은 단위가 많이 나온다. 도대체 이런 단위를 어떻게 이용해야 하는지 몰라서 당황하곤 하는데 걱정할 필요 없다. 한 가지 용기로 쌀과 물의 부피를 같이 하면 되는 것이다.

옛날에 각 가정마다 사용하는 병, 사발, 주발, 대야, 동이 등의 단위가 지금처럼 표준화되어 있는 것이 아니기 때문에 정확한 계량을 하는 것이 힘들었을 것이다. 그렇

표 4-9 조선시대의 계량 단위

	홉, 합(合)	되, 승(升)	말, 두(斗)
리터(L)	0.05726	0.5726	5.726

자료: 농촌진흥청(2011). 풀어쓴 전통주 제조법

표 4-10 현대식 계량단위

	홉, 합(合)	되, 승(升)	말, 두(斗)
리터(L)	0.1	1	10

다면 조선시대에는 어떠한 계량 단위를 가지고 있었을까. 『세종실록』의 양기의 용적에서 그 해법을 찾을 수 있다.

문헌의 술 제조법에서는 쌀이나 물을 홉, 되, 말 등의 단위로 많이 사용한다. 『세종실록』의 양기의 용적을 보면 1되가 570ml 정도 나온다는 것을 알 수 있다. 또한, 홉이나 말도 이에 비례해 적어지거나 많아지는 것을 확인할 수 있다.

오래전, 쌀과 물의 양을 동량으로 하는(쌀 된 되로 물도 돼야) 술 빚기를 공개했을 때는 많은 사람들이 근거가 없는 방법이라 하는 사람들이 있었다. 그러나 『세종실록』의 양기의 용적 기록이 있어 오래전부터 빚어온 술 제조 비율이 잘못된 것이 아니라 전통적인 술 제조비율이라는 것을 확신하게 되었다. 즉, 꼭 570ml가 아니라도 쌀과 물의 부피를 같게 한다면 술 제조 결과 또한 크게 변하지 않는다.

앞으로 고문헌을 해석할 때에는 1되를 1L로 보고 전체 쌀과 물의 비율을 맞추면 좀 더 쉽고 재미있는 술 빚기를 할 수 있을 것이다.

전통주의 술 제조 비율

앞서 말한 것처럼 '쌀 된 되로 물도 돼야'를 근거로 생각하면 쌀과 물의 비율을 알아내는 것은 의외로 간단하다. 그리고 쉽게 해결 가능할 뿐만 아니라 우리 일상생활에서도 손쉽게 술을 제조할 수 있다.

〈표 4-11〉과 같이 쌀과 물의 부피를 같은 용기를 사용함으로써 비율을 같게 만들어

❖참고

'쌀 된 되로 물도 돼야'의 뜻은 쌀을 잴 때 사용하는 용기와 물을 잴 때 사용하는 용기를 같은 것으로 하라는 말이다.

표 4-11 '쌀 된 되로 물도 돼야'의 의미

쌀 된 되로 물도 돼야	
쌀의 부피	물의 부피
같은 용기의 사용	

표 4-12 과거와 현재의 단위

과 거	현 재
되, 말, 홉, 사발, 주발, 동이 등	리터법(L)과 무게(kg) 등

표 4-13 리터법을 사용한 술 빚기

술의 비율 예측	'쌀 부피 : 물 부피'를 통해 전체 쌀과 물의 비율을 쉽게 알 수 있다.
술의 양 예측	리터법을 이용해 빚은 술의 양과 완성된 술의 양 예측 가능하다.
술의 맛 예측	쌀의 양과 물의 양을 한 눈에 볼 수 있어 맛을 예측할 수 있다.

❖참고

부피를 이용하여 술을 빚을 경우 대량의 술을 제조할 때 어려운 점이 있다. 따라서 소량의 부피를 이용해 항상 무게를 기록하는 습관을 가져야 한다.

주는 것이다. 이러한 방법을 단순히 옛 방식이라 생각하기보다 현재에 적용하면 술 빚기를 훨씬 재미있고 쉽게 할 수 있다.

즉, 꼭 옛 방법인 되나 말, 홉 등을 사용하기보다 일정한 용기를 이용하면 좀 더 쉽게 술을 제조할 수 있다. 현재의 단위 부피 중 리터법을 사용하면 여러 가지로 술 빚기에 유용하다.

쌀과 물의 비율

쌀과 물의 비율을 쉽게 참고할 수 있도록 표 형식으로 만들어 주는 것이 좋다. 이렇게 하면 전체의 부피를 알기 쉽고 술을 빚는 사람이 사용할 용기와 완성된 술의 양 예측이 가능해 진다. 또한, 전체적인 비율을 한 눈에 볼 수 있기 때문에 술의 맛을 예측할 수 있다.

여기에서는 쌀과 물의 부피를 일정하게 1:1의 술 빚기 비율을 적용하였다.

표 4-14 단양주(한 번에 빚는 술)

	쌀	물	기 타
용량	10L	10L	총량 : 20L
총 비율	1 : 1		

표 4-15 이양주

	쌀	물	기 타
밑술	1L	5L	6
덧술	4L		4
전체 양	5L	5L	10L
총 비율	1 : 1		

표 4-16 삼양주

	쌀	물	기 타
밑술	1L	3L	4
덧술	1L	3L	4
덧술2	4L		4
전체 양	6L	6L	12L
총 비율	1 : 1		

비율에 따른 맛의 조절

쌀과 물의 비율은 단지 전체의 양을 알기위한 것뿐만 아니라 술의 맛을 손쉽게 예측할 수 있으며 적절한 비율의 조절을 통해 맛의 변화를 알아볼 수 있다. 대부분은 쌀과 물의 비율로 알아볼 수 있는데 쌀의 양이 많을수록 술의 맛이 달고 물의 양이 쌀의 양보다 상대적으로 많아지면 점점 신맛이 강해지고 술 제조에 실패할 확률이 높아진다.

먼저 쌀과 물의 비율을 1:1로 하는 것을 기준으로 하고 하나는 쌀의 양을, 다른 하나는 물의 양을 많게 하였을 경우를 기록해야 한다.

❖참고
맛의 기준은 상당히 주관적이기 때문에 술을 제조하는 사람은 이러한 쌀과 물의 비율에 따른 맛을 항상 기록해 놓아야 한다. 보통 알코올 도수와 당도, pH를 측정하여 기록해 놓는 것이 정확하다.

표 4-17 쌀과 물에 따른 맛의 기록

쌀	물	맛의 기록
1	0.8	1:1보다 단맛이 강함
1	1	평균적인 맛
1	1.2	1:1보다 신맛이 강함

물의 양보다 쌀의 양이 많을수록 단맛이 강해지는 이유는 다음과 같다.

표 4-18 쌀과 물에 따른 맛의 변화

쌀의 양	물의 양	맛의 변화
1	1	• 물의 양이 한정되어 있는 상태 • 쌀의 양이 많아진다. → 전분의 양이 많아진다. • 전분의 양이 많아진다. → 당이 많이 생성된다. • 잔당이 많이 남는다. → 술에 단맛이 강해진다.
1.2	1	
1.4	1	
1.6	1	

반대로 쌀의 양보다 물의 양이 많아지면 신맛이 강해지고 실패할 확률이 높아진다.

❖참고

쌀의 양이 물보다 상대적으로 많으면 당도는 증가하나 지나친 당 생성(25 Brix 이상)은 알코올 발효를 지연시켜 산 생성이 증가하게 되어 감패를 일으키기 때문에 주의해야 한다. 또한, 물의 양을 늘려줄 경우에는 술 빚기 초반에 물의 양을 늘려주는 것보다 알코올 발효가 끝난 후에 물을 추가하여 술의 양도 늘리고 알코올 도수도 낮추는 방법을 선택하는 것이 좋다.

표 4-19 쌀과 물에 따른 맛의 변화

쌀의 양	물의 양	맛의 변화
1	1	• 쌀의 양이 한정되어 있는 상태 • 물의 양이 많아진다. → 전분의 양이 상대적으로 적어진다. • 당도가 줄어든다. → 알코올 도수가 낮아진다. • 도수가 낮아 실패 확률이 높다. → 단맛보다 신맛이 강해진다.
1	1.2	
1	1.4	
1	1.6	

알고 넘어가기

물 양 늘리기

술을 단맛 있게 만드는 것은 매우 쉬운 일이다. 물보다 쌀 양을 늘리면 되기 때문이다. 그러나 술의 양을 늘리기 위해서 처음부터 물의 양을 늘리는 것은 바람직하지 않다. 〈표 4-19〉와 같이 쌀의 양이 일정한 상태에서 물의 양이 많아질수록 알코올 도수는 낮아지게 된다. 그렇기 때문에 물의 양을 늘리는 것은 술이 다 된 다음에 가수(加水)하는 것이 바람직하다.

술 빚기 초반에 물의 양을 늘리는 것은 알코올 도수가 낮게 나오는 원인이 되지만 술이 다 된 다음에는 알코올 도수가 높게 나와 물을 가수해도 안정된 상태를 유지하게 된다. 가수를 할 때에는 완성된 술의 양과 알코올 도수를 측정해야 정확한 물의 양을 계산해 넣을 수 있다.

05

술 빚기의 순서

술을 제조하기 위해서 가장 먼저 해야 할 일은 원료의 선택이다. 어떤 원료를 이용하여 술을 빚을 것인지 선택해야 하는 것이다. 원료는 쌀, 옥수수, 감자, 고구마와 같이 전분질이 주성분인 것과 포도, 머루 등 과실과 같이 당분을 함유하고 있는 것 중에서 선택한다. 우리나라는 예부터 쌀이나 잡곡을 이용한 술이 많았다. 쌀이 귀한 지역인 강원도는 옥수수, 제주도는 차조를 이용해 술을 빚어왔다.

표 5-1 술 빚기의 순서

순서	이유	시간
1. 씻기	• 이물질 제거 • 잡균 제거 • 수분 흡수	• 10분 내로 깨지지 않게 씻기 • 원을 그려가며 씻기 • 최대한 맑게 하기(술의 색에 영향)
2. 불리기	• 수분 흡수 • 호화 • 25~28% 수분 흡수(쌀)	• 30분~2시간이면 수분 모두 흡수 • 3시간 정도 충분히 불리기 • 현미 등 알곡은 5시간 이상 불리기
3. 물 빼기	• 고르게 잘 익히기 • 물 빼기 전에 깨끗하게 씻어내기	• 약 1시간 물 빼기 • 기울여 빼기
4. 가공 1	• 떡, 죽, 범벅, 백설기(가루 이용)	• 높은 온도에서 가열하기 • 고르게 혼합하기 • 가공이 잘되지 않으면 쌀가루 맛이남
5. 가공 2	• 고두밥(알곡 이용) • 고르게 잘 익을 수 있도록 하기	• 증기 발생 후 40분 가열하기 • 확인 후 20분 뜸들이기 • 익지 않을 경우 아세톤 냄새가 남
6. 냉각	• 효모가 좋아하는 온도 • 20~25℃로 충분히 냉각	• 천천히 25℃ 이하가 되도록 냉각하기 • 당화가 목적→30℃로 냉각 혼합하기
7. 혼합	• 효소와 전분의 만남 • 고르게 당화와 알코올 발효	• 흰 쌀이나 곡물이 보이지 않도록 하기 • 당화의 속도에 영향을 받음

1. 쌀 및 원료의 선택

쌀은 알이 굵고 크기가 일정한 것, 쌀알 표면이 깨끗한 것이 좋으며 햅쌀을 이용하는 것이 좋다. 특히, 쌀을 도정한 후에 바로 사용하는 것보다 30일 가량 건조 과정을 거친 쌀을 사용하는 것이 바람직하다. 도정 후 얼마 지나지 않은 쌀은 조직이 연해 부서지기 쉽다. 따라서 술 빚기를 위한 쌀은 생산날짜와 도정날짜를 잘 알아보고 구매하는 것이 좋다. 일본은 우리나라와 달리 중앙 부분에 심백이 있는 양조용 쌀을 이용하는 것이 보통이다. 우리나라도 양조에 적합한 쌀을 실험재배하여 사용하는 업체들도 있으나 일반 쌀과 크게 차이나지 않는다.

① 알이 굵은 쌀: 쌀을 씻고 찌는 등 가공에 적합하다.
② 부서지지 않고 크기가 일정한 쌀: 쌀이 부서지면 색과 향이 저급화된다.
③ 표면이 깨끗한 쌀: 지저분한 쌀은 술의 맛과 향에 좋지 않은 영향을 준다.
④ 도정한지 30일 지난 쌀: 쌀을 단단하게 만들어 깨지지 않도록 해준다.
⑤ 가운데 심백(心白)이 있는 쌀: 주로 일본에서 사용되는 쌀이다.

2. 세미(洗米)-쌀 씻어 내기

쌀을 씻는 작업이다. 제2의 도정이라 할 만큼 중요한 작업이다. 우리의 고문헌 속에도 쌀 씻는 것을 상당히 중요시 여겨왔다. 쌀을 도정하고 나면 우리 눈에는 깨끗하게 보일지라도 도정 후의 이물질이나 곰팡이가 남아 있다. 이러한 것들을 씻어내지 않고 그대로 술을 빚을 때 사용하면 술의 빛깔을 물론 맛과 향에도 영향을 준다.

쌀은 10분 이내로 빠르게 씻어 주는 것이 좋으며 씻을 때 사용되는 물의 온도는 15~20℃ 정도가 적합하다. 온도가 너무 높거나 낮으면 쌀알이 쉽게 부서지기 때문이다. 또한, 쌀을 씻는 과정은 단순히 이물질이나 곰팡이를 제거하는 것만이 아니다. 쌀의 칼슘이나 단백질, 아미노산 등 수용성 물질들이 물에 녹아들게 되며, 쌀을 씻고 불리는 과정에서 쌀 속에 함유되어 있는 칼슘의 40% 정도와 기타 다른 수용성 물질들도 상당부분 제거된다.

쌀을 씻을 때에는 먼저 쌀 표면에 있는 이물질을 제거하기 위해서 한 번 헹궈주는 것이 좋다. 그 후에는 쌀에 물을 충분히 받아 씻어 준다. 물이 너무 적거나 한 번에 많은 양의 쌀을 씻으면 쌀이 깨지거나 유실될 수 있으니 주의해야 한다. 또한, 쌀을 씻는 짧은 과정에서도 쌀에 수분이 흡수되기 때문에 물의 상태를 살펴봐야 한다.

① 쌀 헹궈 내기: 쌀에 물을 충분히 받아 10여 회 저은 후에 물을 빼준다. 이때 위에 뜬 이물질이나 상태가 좋지 않은 쌀을 골라낸다.

② 쌀 씻기: 한 번에 씻는 쌀의 양은 20kg을 넘기지 않는 것이 좋다. 폭포처럼 낙차가 크게 물을 흘리는 것보다는 원을 그려가며 쌀과 쌀이 마찰에 의해 씻어 질 수 있도록 하는 것이 바람직하다. 쌀은 10분 이내로 짧고 빠르게 씻는다.

③ 물 흘리기: 씻은 쌀 위에 물을 흐르게 하여 쌀 표면에 있는 이물질을 제거해주는 작업이다. 이때 쌀 표면에 있는 잔여 이물질이 제거된다. 또 다른 방법은 씻은 쌀을 조리로 떠서 맑은 물에 헹궈 낸 후에 다시 깨끗한 물에 담가 불린다.

3. 침미(浸米)-물에 쌀 담가 놓기

쌀을 물에 담가 놓는 과정이다. 쌀을 깨끗하게 씻어 이물질을 제거한 후에는 물에 충분히 담가 쌀이 물을 흡수하여 차후에 있을 가공 단계가 쉽도록 만들어 줘야 한다. 특히, 침미 과정을 끝내게 되면 백미는 25~28%, 찹쌀은 40% 정도의 수분이 흡수된다. 따라서 쌀을 물에 불리게 되면 쌀 속에 수분이 흡수되어 쌀 무게에 적게는 25% 많게는 45% 정도의 수분이 흡수된다. 즉, 1kg의 쌀을 씻어 불리고 물을 빼면 1.25~1.45kg 정도의 무게가 더 나간다.

쌀을 물에 담가 놓는 시간은 쌀의 품종과 도정 상태, 그리고 물의 온도 등에서 차이가 난다. 보통은 수온 20℃ 정도에서 40분~1시간 정도면 쌀의 수분 흡수율이 최고치가 되며 약 2~3시간이 지나면 쌀은 더 이상 수분을 흡수하지 않는다. 즉, 쌀을 오래 물에 담가 둔다고 해서 더 많은 수분을 흡수하는 것은 아니다. 단지, 시간이 지나면 지날수록 쌀 조직이 연해지게 되어 열을 가하는 공정을 쉽게 할 수 있을 뿐이다.

침미 시간은 멥쌀이 찹쌀보다 오래 갖는 것이 좋다. 찹쌀은 3시간 정도, 멥쌀은 7시간 정도 물에 담가 준다. 하지만 쌀을 너무 오래 담가 놓으면 수용성 물질이 제거되는 반면, 물에 함유되어 있는 철이나 망간 등이 쌀에 흡착되어 술의 품질에 영향을 줄 수 있다. 따라서 쌀을 무조건 오래 담가 놓는 것은 좋지 않다. 우리 조상들은 보통 '하룻밤'이라는 표현을 사용하였다. 밤에 쌀을 씻어 놓고 아침에 물을 빼고 가공하는 것이 술 빚는 순서였던 것이다.

4. 탈수(脫水)-물 빼기

쌀을 담가 놓았던 물을 빼는 과정이다. 쌀을 빻아 가루를 내거나 증기를 이용하여 찔 때, 물기가 많으면 풀처럼 나오게 되고 전체 수분의 양이 늘어나는 결과를 가져오니 주의해야 한다. 물은 30분에서 약 2시간 정도 빼주는데 일반적으로 1시간 정도 빼주는 것이 보통이다. 그러나 물을 빼는 용기에 따라서 다르기 때문에 탈수 후에는 꼭 무게를 측정하여 사용하는 것이 좋다.

적은 쌀로 술을 빚을 때는 상관없겠지만 많은 양의 쌀을 이용해 술을 빚을 때에는 쌀 속의 수분 흡수율 또한 술의 맛에 영향을 미치기 때문에 주의해야 한다. 오랫동안 물을 빼는 과정에서 공기 중의 이물질이 달라붙을 수 있으니 꼭 뚜껑을 닫아 주는 것이 바람직하다.

쌀의 물을 뺄 때, 가장 중요한 것은 물 빼기 전의 작업이다. 물에 담가 놓은 쌀은 부피가 커져 있고 수용성 물질들이 물에 많이 침출되어 있기 때문에 물을 헹궈 버려주는 것이 좋다. 그렇지 않고 그대로 물을 빼기만 한 상태로 술을 빚으면 술의 색깔에 영향을 줄 수 있다. 이때 주의해야 하는 것은 물에 담가 놓았던 쌀은 조직이 연해져 쉽게 부서지기 쉽기 때문에 가능한 물을 많이 채우고 천천히 씻어 이물질을 제거해 주는 것이 좋다. 보통 천천히 쌀을 돌려 헹궈낸다.

1800년대 『양주법』에 등장하는 술 제조법을 살펴보면 쌀을 씻을 때에는 백세하고 물에 담가 시간이 지난 후에 30번 정도 쌀을 헹궈 사용한 기록이 남아 있다. 이를 보면 우리 조상들은 쌀을 씻는 것뿐만 아니라 헹궈내는 과정을 중요시 여겼던 것으로 보인다. 손이 더 가는 방법도 있다. 쌀을 헹궈내고 맑은 물을 채운 후에 '조리'를 이용해 쌀을 떠서 맑은 물에 한 번 헹궈 물을 빼는 용기에 담는 방법이다. 이 방법은 쌀을 가장 깨끗한 상태로 술을 제조할 수 있다.

5-1. 작말(作末)－쌀 가루 내기

곡물을 곱게 가루 내어 술을 빚는 이유는 곡물이 분해되어 당 생성이 잘될 수 있도록 도와주는 것이다. 빠른 당분의 생성은 효모의 증식뿐 아니라 CO_2의 생성으로 곰팡이와 같이 산소를 좋아하는 미생물의 생육을 억제하는 효과가 있다. 우리나라에서 쌀을 이용하여 술을 제조할 때에는 떡, 죽, 범벅, 고두밥 등의 가공 방법을 이용하였다. 특히, 떡이나 죽, 범벅은 쌀가루를 이용하기 때문에 쌀을 물에 담가 놓은 후에는 물을 충분히 빼고 곱게 가루를 내어 가공하여야 한다. 가루를 낸 후에는 바로 사용하지 않고 체로 쳐 가루를 고르게 만든 다음 사용한다.

방앗간에서 쌀을 빻을 경우에는 절대 '소금'을 넣지 말라고 미리 말을 하는 것이 좋다. 일반적으로 가루를 내 달라고 하면 떡을 만드는 줄 알고 소금으로 간을 해주는 경우도 있으니 주의해야 한다. 쌀은 최대한 곱게 빻아 주는 것이 좋다. 가루 낸 쌀은 다시 곱게 체로 쳐서 쌀가루를 균일하게 만들어 줘야 잘 익는다. 쌀이 거친 상태로 빻아지거나 균일하지 않으면 쌀가루가 발효조 바닥에 침전되어 버린다. 체가 없을 때에는 손으로 비벼 사용할 수 있다.

5-2. 증미(蒸米)－쌀 찌기

술을 빚는 사람들이 가장 쉽게 생각하고 가장 많이 실수하는 부분이다. 쌀을 잘 찌지 못하면 발효가 일어나지 않는 것은 당연한 것이다. 쌀이 익지 않으면 당화가 되지 않고 당화가 되지 않으면 알코올 생성이 잘되지 않는다. 이렇게 되면 아세톤 냄새가 강하게 올라오고 술에서 신맛이 강하게 난다. 술을 잘 빚는 사람도 쉽게 생각하다가 실수하는 경우가 많으니 주의해야 한다.

쌀을 빻지 않고 그대로 증기를 이용해 찌는 과정이다. 예부터 술을 빚을 때에는 일반 밥솥에 하는 밥이 아닌 시루에 찐 고두밥(지에밥)을 사용하였다. 일반 밥처럼 하게 되면 쌀 안에 전분질이 흘러나와 쌀을 코팅시켜 버리게 되어 균이나 효소의 침투가 어렵게 되기 때문에 쪄낸 밥을 이용하는 것이다.

증미는 멥쌀과 찹쌀, 쌀과 물의 비율, 찌는 도구와 용기의 크기에 따라 찌는 시간이 다르다. 쌀을 찔 때에는 먼저 물을 끓이고 물이 끓어오르면 쌀을 올려 쪄야 한다. 처음부터 쌀을 찜기 위에 올려놓고 찌면 바닥이 진밥처럼 되어 좋지 않다. 쌀을 올려놓고 증기가 나오면 멥쌀은 50분, 찹쌀은 40분을 충분히 찐다. 또한, 쌀은 '되게 찌기'와 '무르게 찌기'를 잘 판단해야 한다. 되게 찌는 것은 일반적인 방법으로 찌는 것을 말하고 무르게 찌는 것은 고두밥을 찌는 과정에서 물을 충분히 뿌려가며 찌는 것을 말한다. 보통 일반적인 술 제조에는 된 고두밥을 사용하고 동정춘이나 감향주와 같이 물이 적게 들어가는 술은 무른 고두밥을 쪄서 술을 빚는다.

6. 냉각(冷却)-익힌 것 식히기

죽이나 범벅, 찐 쌀을 차게 식혀주는 과정이다. 높은 온도에서는 술의 발효에 필요한 미생물이 살 수 없기 때문에 미생물의 증식과 화학반응이 쉽도록 온도를 낮춰주는 것이다. 보통 식히는 온도는 효모가 좋아하는 온도에 맞춰주는 것이 좋으나 그보다 좀 더 차게 식혀주는 것이 좋다.

그 이유는 발효 과정에서 미생물의 운동에너지가 열에너지로 바뀌어 술독 내부에서 온도가 상승하기 때문이다. 따라서 익힌 것은 20~25℃ 정도로 차게 식혀주는 것이 좋다. 그러나 모든 술이 이렇게 차게 식혀 빚는 것이 아니다. 단맛이 강한 술이나 물이 아주 적게 들어가는 술을 만들 때에는 쌀이 식기 전에 누룩이나 기타 당화, 발효제를 투입하여 단맛이 강한 술로 만든다.

7. 혼합(混合)-쌀, 누룩, 물 등

식힌 밥이나 누룩, 물 등을 혼합하는 과정이다. 혼합을 하는 이유는 전체적으로 발효가 고르게 일어나게 하기 위해서이며 그 시간은 어떠한 술을 제조하느냐에 따라 다르다. 그러나 일반적인 술 제조에서는 누룩이 고르게 혼합되면 작업을 멈추고 발효조에 담는 것이 좋다. 무조건 많이 혼합한다고 해서 발효가 잘 일어나는 것은 아니기 때문이다. 초기 혼합은 당화에 목적을 두며 너무 많은 시간의 혼합으로 당화가 빨라지면 오히려 미생물의 생육을 저해한다.

06

술과 미생물

술은 인간이 없어도 과실이나 꿀에 의해 자연스럽게 만들어진 최고의 발효식품이다. 하지만 반드시 알코올을 만들 수 있는 미생물이 있어야지만 술을 만들 수 있다. 즉, 술은 인간이 만드는 것이 아니라 미생물이 만들어 내는 것이고 인간은 좀 더 좋은 품질의 술이 될 수 있도록 '관리'의 역할을 수행하면 된다.

미생물(microorganism, 微生物)은 한문 풀이 그대로 '살아 있는 작은 생명체'를 말하며 0.1mm 이하의 크기로 인간의 육안으로는 보이지 않는다. 그래서 '밀리미터(mm)'가 아닌 '마이크로미터(μm)' 단위를 이용하며, 현미경을 이용해야 볼 수 있다(1μm=0.001mm).

술을 제조할 때 가장 많이 사용되는 미생물은 젖산균, 곰팡이, 효모가 있다. 젖산균은 유산균이라고도 하며 술 제조에 있어 중요한 미생물에 속하게 된다. 또한, 곰팡이는 곡물을 이용한 발효주 제조를 위해 사용되며 효모는 생성된 포도당을 분해해 알코올을 생성하는 중요한 미생물이다. 이렇게 술 제조에 이로운 미생물이 있는가하면 초산균, 화락균, 낙산균처럼 술의 품질에 악영향을 주는 미생물도 있다.

미생물은 대부분 좋아하는 조건이 다르기 때문에 술을 제조할 때 무엇을 목적으로 하는 과정인가를 정확히 판단하고 술을 제조해야 한다. 미생물의 생육조건에 가장 중

표 6-1 술 제조 관련 중요 미생물

	젖산균	곰팡이	효 모
역할	젖산 생성	전분분해효소 생성	알코올 생성

요한 것은 수분, 온도, pH(수소이온농도), 산소 등이 있다. 각각의 미생물은 좋아하는 환경이 모두 다르지만 대부분의 미생물이 가지는 공통된 특징이 있다. 인간도 그렇지만 미생물도 수분이 없이 건조한 곳에서는 생육이 저하되며 온도가 낮거나 너무 높으면 활성을 잃거나 사멸해 버린다. 또한, 산소의 유무에 따라서 생육이 결정되는 균도 있다.

수분

대부분의 미생물은 수분이 13~15% 이하가 되면 생육하지 못한다. 쌀이나 곡물들을 오래 저장하기 위해서 건조해 보관하는 이유가 된다. 이 말을 반대로 하면 미생물이 좋아하는 환경을 만들 수 있다는 것이다. 또한, 누룩을 발효시킬 때는 미생물이 생육해야 하기 때문에 많은 수분이 있어야 하며 완성된 누룩 속 미생물의 생육을 정지시켜 오래 보관하기 위해서 수분을 날려 줄 때에도 수분의 함량은 매우 중요하다.

온도

미생물은 0~60℃ 정도로 폭넓은 온도에 살고 있다. 미생물이 가장 좋아하는 온도를 최적 온도라고 하는데 각각의 미생물이 좋아하는 온도는 모두 다르다. 0℃ 정도를 좋아하는 저온균이 있는 반면, 40℃ 이상의 고온을 좋아하는 미생물도 있다. 술을 제조할 때에는 미생물의 최적 온도도 중요하지만 가장 중요한 온도는 가장 좋은 맛을 낼 수 있는 온도를 맞춰주는 것이다.

pH(수소이온농도)

일반적인 세균들은 pH 6~7 정도의 농도를 좋아하지만 곰팡이나 효모, 젖산균은 약산성인 pH 4 정도의 약산성 환경에서도 좋은 활성을 보인다. 즉, 술을 제조할 때 수소이온농도를 얼마나 잘 조절하느냐에 따라서 잡균의 증식을 억제할 뿐만 아니라 곰팡이나 효모, 젖산균 등을 잘 증식시킬 수 있는 것이다. 양조장에서 젖산 등을 술 제조에 첨가하는 이유는 pH를 조절해 발효 초반 잡균 증식을 억제하기 위해서이다. 또한, 우리 조상들은 밑술을 제조할 때 누룩과 함께 밀가루를 혼합해 pH를 조절했다.

표 6-2 술 관여 미생물

미생물	요 약
곰팡이	실처럼 보여 사상균이라고도 하며 30℃ 정도의 따뜻한 온도를 좋아한다.
효모	인간이 좋아하는 20~25℃ 정도에서 잘 자라며 당을 분해해 알코올을 생성한다.
젖산균	당분을 발효해 젖산을 생성하며 발효초기 젖산을 생성해 잡균 증식을 억제한다.
초산균	알코올 분 6%, 온도 30~35℃를 좋아하며, 알코올을 이용해 초산을 생성한다.
화락균	알코올에 대한 내성이 강한 유산균으로 술을 탁하게 만든다.
고초균	40℃ 가까이에서 잘 자라며 술에서 군내를 나게 한다.

산소

인간은 산소가 없으면 살 수 없다. 그러나 미생물은 종류에 따라서 산소가 없는 환경에서도 살 수 있다. 술을 제조할 때 발효 과정 중에 자연스럽게 CO_2가 생성되고 발효조 내부는 산소 대신 CO_2로 가득 차게 된다. 이렇게 되면 발효 초반에는 산소를 좋아하는 미생물이 잘 증식하게 되며, 발효가 진행될수록 산소가 없어도 생육할 수 있는 미생물에 의해 다양한 물질을 만들어 내게 된다. 술 빚기 초반에 곰팡이가 피는 이유와 효모가 알코올을 생성하는 것 또한 산소의 유무에 따라 결정된다.

이밖에도 압력, 삼투압, 영양소, 빛 등이 미생물의 생육에 많은 영향을 미치게 된다.

1. 곰팡이

미생물은 눈에 보이지 않지만 곰팡이(mold fungi, 絲狀菌)는 볼 수 있다. 이것은 곰팡이가 크기 때문이 아니라 실처럼 엮여 군집을 형성하기 때문이며 수분 함량이 낮은 곳에서는 생육할 수 없기 때문에 상대 습도가 높은 곳에서 잘 자란다. 크기는 7μm 정도이고 최적 온도는 30~35℃ 정도이며 습도는 60~70% 정도에서 잘 자란다. 술 제조에는 누룩곰팡이와 거미줄곰팡이를 사용한다. 계절로 보면 여름에 곰팡이가 자라기 가장 좋은 환경을 갖추고 있기 때문에 우리 조상들은 주로 여름에 누룩을 만들었다. 물론 봄이나 가을, 겨울에도 누룩을 만들어 사용한다.

누룩곰팡이

누룩을 만들면 누룩 표면에 다양한 색상의 곰팡이를 볼 수 있다. 대부분 흰색과 황색 곰팡이를 가장 많이 볼 수 있으나, 습도가 높은 상태이거나 누룩 자체에 수분이 많으면 검은색 곰팡이가 핀다. 누룩곰팡이(Aspergillus 속, 麴菌)에는 황색에 가까운 'Asp. oryzae'가 있고 흰색균인 'Asp. kawachii' 균이 있고 검정색인 'Asp. awamori'와 'Asp. usamii'가 있다. 각각의 곰팡이는 특징이 있지만 주로 전분과 단백질을 잘 분해할 수 있는 효소를 생성한다.

거미줄곰팡이

거미줄곰팡이(Rhizopus 속)는 누룩곰팡이와 함께 술 제조에 가장 많이 사용되는 대표적인 곰팡이로, 30℃ 정도의 따뜻한 온도를 좋아하며 'Rhizopus delmar', 'Rhizopus japonicus'가 있다. 처음에는 백색을 띠다가 시간이 지나면서 점차 짙은 회색으로 변해 간다. 특히, 생 전분을 분해할 수 있는 능력이 뛰어나 생쌀을 이용한 술 제조에 이용하는 것으로 알려져 있다.

홍국곰팡이

찐 쌀에 붉은색 곰팡이 균을 번식시켜 놓은 붉은 누룩을 홍국이라고 한다. 홍국곰팡이(Monascus)는 건조한 곳보다는 중국의 남부지역이나 말레이시아 반도 등지에서 쌀에 곰팡이를 번식시켜 홍국미를 제조해 사용하는데, 우리나라에서도 홍국을 이용한 막걸리가 제조되고 있다.

발효과정 중 곰팡이의 생육

술을 제조하게 되면 당화와 알코올 발효가 진행된다.

다음 그림은 이산화탄소의 생성량이 많아지고 공기가 줄어드는 것을 잘 이해할 수 있도록 그린 것이다. 실제로는 전체적으로 고르게 CO_2가 생성되며 CO_2가 생성되면 점차 공기가 CO_2보다 가벼워 밖으로 유출되고 최종적으로는 CO_2가 발효조 전체에 차게 된다. 즉, 발효 과정에서 산소의 양이 줄어들어 곰팡이의 생육은 억제되고 산소가 없어도 살아갈 수 있는 균들이 발효조를 장악하게 되는 것이다.

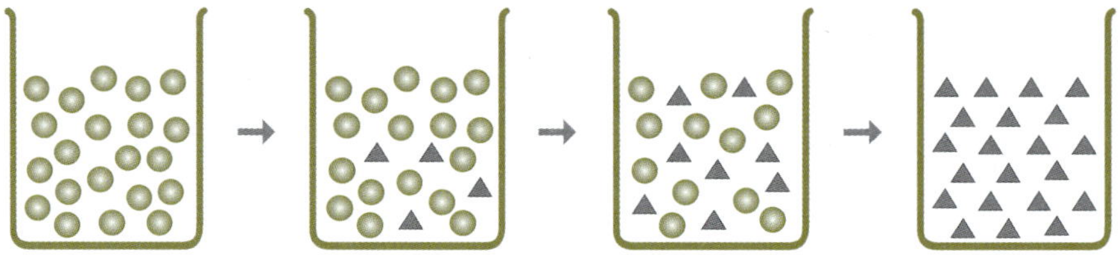

그림 6-1
이산화탄소 생성 과정(공기 감소)

술 빚기 초반에 술 표면에 곰팡이가 피는 경우가 많은 것도 초반에 발효가 늦어져 발효조 안에 공기가 많이 있기 때문에 누룩이나 기타 발효조 등에 있는 곰팡이에 의해서 술 표면에 곰팡이가 피는 것이다. 시간이 지나 발효가 잘 일어나면 곰팡이는 더 이상 증식하지 않지만 이상 발효가 일어나 발효 속도가 너무 늦어지면 곰팡이는 더욱 증식하게 된다. 술 표면에 곰팡이가 보이면 빨리 저어주어 발효가 빠르게 진행될 수 있도록 해야 한다.

2. 효모

효모(酵母, Yeast)란 알코올을 만들어 내는 대표적인 미생물이다. 더 정확히 말하면 효모란 출아에 의해 증식하는 진균류이며 주로 알코올을 생산하는 미생물을 총칭하는 말이다. 우리가 술을 제조하는데 효모가 없이는 어떤 이야기도 할 수 없다. 현미경이 없던 아주 오래전에는 효모라는 이름이 아닌 '정성'이 곧 좋은 술을 만드는 가장 중요한 요소였다.

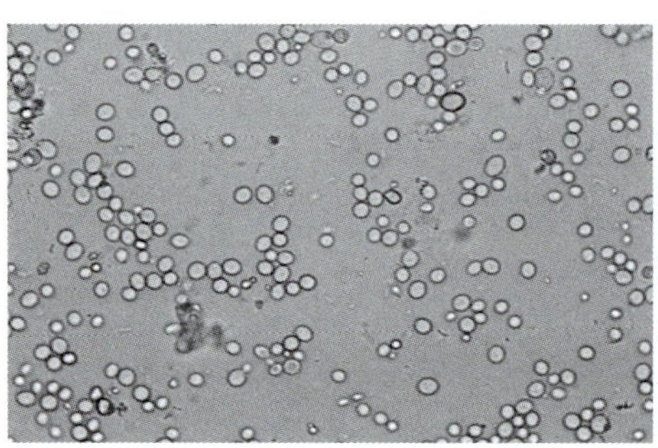

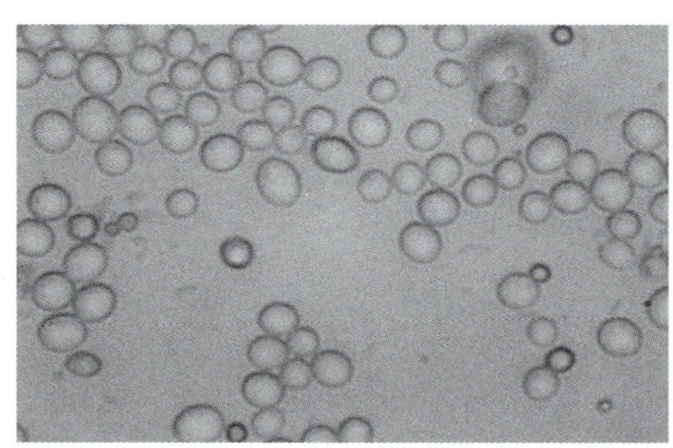

그림 6-2
효모 400배

그림 6-3
효모 1000배

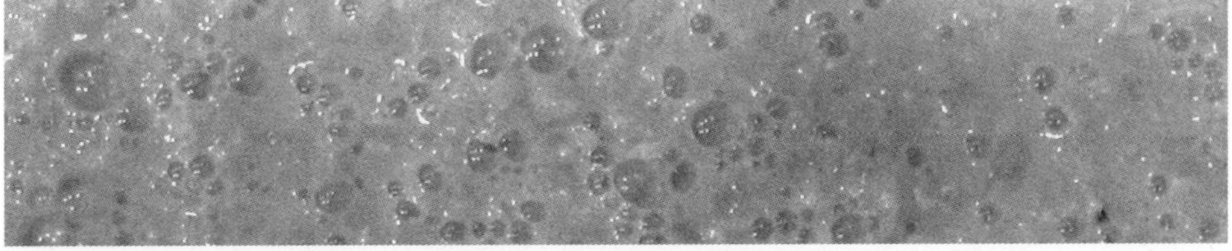

그림 6-4
효모의 발효

무엇이 알코올을 만들어내는지, 그리고 누룩에 어떤 미생물이 살고 있는지보다는 최선을 다해 정성껏 술을 빚는 것이 가장 중요했던 것이다. 과학의 발달로 이제는 효모라는 미생물을 눈으로 직접 볼 수 있게 되었으며 효모는 이제 현대사회에서 술이나 빵 등 발효식품을 제조하는데 가장 중요한 미생물 중 하나이다.

효모(yeast)의 어원은 그리스어로 '끓는다'라는 의미이다. 술을 발효시키면 거품이 발생하는데 이를 보고 대부분은 '술이 끓는다'라고 표현한다. 이는 효모에 의해 발효가 일어나면서 발생하는 이산화탄소가 마치 물이 끓는 것처럼 보이기 때문에 생겨난 말이라 할 수 있다. 우리가 술을 빚을 때, 가장 중요한 것은 효모가 하는 말을 잘 듣는 일이다. 효모가 사람도 아니고 어떻게 말을 하냐고 할 수 있다. 물론, 효모는 말을 하지 못한다. 그러나 효모에 의해 발생하는 이산화탄소로 충분히 현재의 발효 상태를 알 수 있다. 아기들이 말은 하지 못하지만 우리는 경험으로 아기들이 원하는 것을 짐작할 수 있는 것처럼 효모의 상태를 경험으로 알 수 있는 것이다.

효모의 모양과 크기

효모는 너무 작아서 사람의 눈으로는 확인할 수 없다. 보통 0.1mm 이하의 크기는 사람이 볼 수 없는데 효모는 5~10μm(1마이크로미터, 0.001mm) 정도로 현미경을 이용하여 400배 정도 확대를 시켜야만 그 모양을 알 수 있다.

다음 그림을 보면 포도처럼 원형 모양을 하고 있는 것을 볼 수 있다. 보통 밑술 1g에

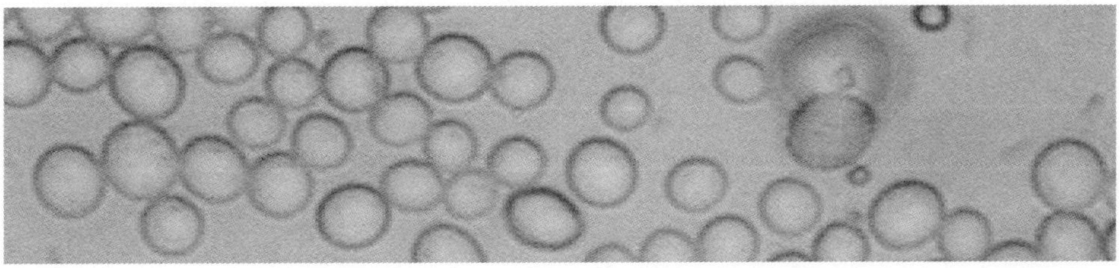

그림 6-5
현미경 1000배

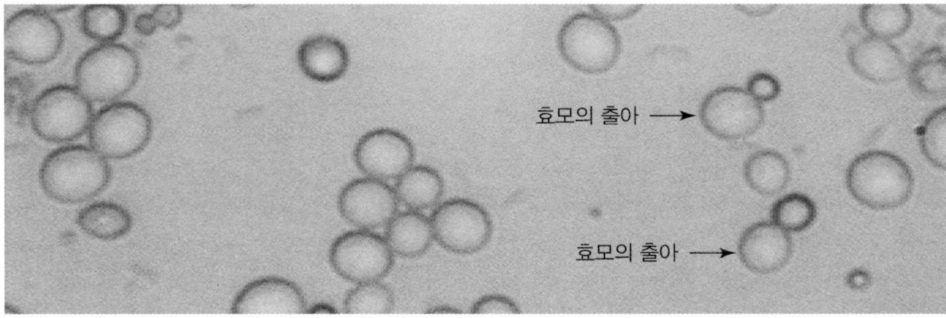

그림 6-6
효모의 출아, 1000배

효모 2억 마리 정도가 있으며 대부분의 효모는 계란형, 타원형, 원형 등이 있다.

일반적으로 술 제조에 쓰이는 효모는 계란형(oval type)과 원형(round type)이 많다. 이 중에서도 술 제조에 가장 많이 사용하는 효모는 계란형인 '맥주 효모(Saccharomyces cerevisiae)'이다. 이 밖에도 아미노산 소비량이 많고 산생성이 적은 '청주효모(S. sake)', 산이 많아도 알코올 발효를 잘 하는 '탁 · 약주 효모(Saccharomyces coreanus)' 등이 있다.

효모의 증식

인간의 1세대는 30년이다. 아이가 성인이 되고 다시 자손을 낳는데 걸리는 시간을 30년으로 본 것이다. 그러나 효모의 세대시간은 약 25℃ 정도에서 2시간 전후가 걸린다고 한다. 즉, 모세포에서 돌기가 생기고 돌기가 떨어져 나와 낭세포가 되는데 약 2시간 정도밖에 걸리지 않는 것이다.

〈그림 6-6〉을 보게 되면 큰 모양의 효모에서 작은 돌기가 생긴 모습을 볼 수 있다. 이 돌기가 더욱 커지게 되고 마침내 둘로 나눠지는 것이다. 모세포는 최대 24회 정도까지 출아할 수 있는 것으로 알려져 있다. 즉, 효모는 증식에 이용할 영양분이 있다고 하더라도 무한정 증식할 수 있는 것은 아니다.

효모의 증식과 알코올 발효

술을 제조하면 발효과정 중에 생성된 'CO_2'에 의해서 공기는 밖으로 밀려나게 되어 시간이 지나면 발효조 내부는 이산화탄소로 가득 찬다.

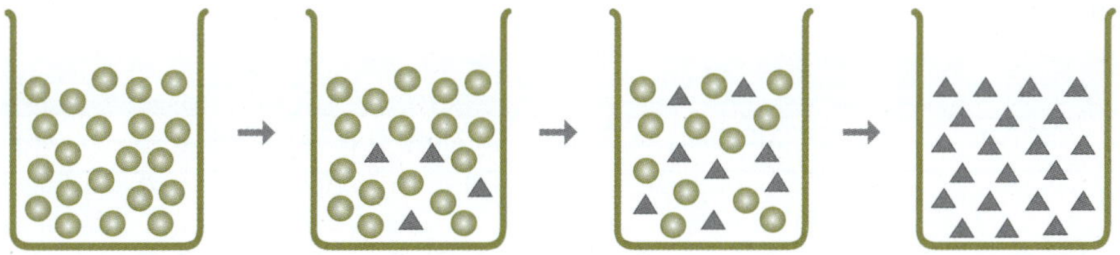

그림 6-7
이산화탄소 생성과정
(알코올 생성)

표 6-3 효모의 증식과 알코올 발효

	산소가 있을 때(호기적)	산소가 없을 때(혐기적)
효 모	증 식	알코올 생성

효모는 '산소가 있는 환경'에서는 당분 등을 양분으로 삼아 증식하고, 시간이 지나 산소가 없는 환경이 되면(혐기적) 더 이상 증식을 하지 않고 생성된 당분을 이용해 알코올을 생성한다. 따라서 효모의 증식과 알코올 발효는 동시에 일어나는 것이 아니라 효모 자신이 어떤 환경인가에 따라서 증식과 알코올 발효를 수행하는 것이다. 술 제조에서 술덧을 저어주고 저어주지 않고는 '주목적'이 무엇인가에 달려있다.

술덧 저어주기

술덧(발효되고 있는 술 전체)을 저어주는 이유는 당화 촉진, 온도 균형, 갈변 예방, 산소 유입 등 다양하다. 술을 제조할 때, 술덧을 저어주고 저어주지 않고는 술 상태에 따라 다르겠지만 가장 중요한 것은 지금 하는 작업의 '주목적'이 무엇인가에 따라 달라지는 것이다.

이양주 이상의 제조에서 마지막에 들어가는 대량의 전분은 효모의 증식보다는 알코올 생성을 목적으로 하기 때문에 밑술과 덧술의 차이에 대해서 충분한 이해를 해야 한다.

표 6-4 밑술과 덧술의 주목적

	밑 술	덧 술
주목적	효모 증식	알코올 생성

표 6-5 이양주의 경우

	밑술	덧술
저어주기	자주 저어준다(산소 유입).	저어주지 않거나 제한한다(산소 유입 차단).

이양주의 술 제조에서 밑술의 목적은 '효모 증식'에 있다. 즉, 밑술을 발효시킬 때에는 하루에 1~2회 정도 저어주는 것이 좋다. 특히, 초반 1일(24시간) 이내에는 술 자체의 발효가 느리고 저어주기 힘들기 때문에 1일이 지난 후에 저어주는 것이 좋다. 그러나 덧술의 경우(이양주에서)는 다르다.

덧술의 주목적은 효모의 증식이 아닌 '알코올 생성'에 있기 때문에 효모가 알코올을 잘 생성할 수 있도록 해야 한다. 즉, 효모의 증식을 위해서 자주 저어주는 작업을 수행했지만 알코올 생성이 주목적인 작업을 수행할 때에는 가급적 저어주는 것을 제한해야 한다. 전통적인 제조 방법에서는 마지막 덧술을 한 후에는 저어주지 않는 것이 보통이다.

그러나 대량의 술 제조를 하는 양조장에서는 저어주지 않으면 내부 품온이 너무 오르고 술덧 전체의 고른 발효가 일어나지 않기 때문에 술 상태에 따라서 저어주는 작업을 수행해야 한다. 술덧을 저을 때에는 먼지나 이물질이 들어가지 않도록 최대한 예방해주고 위아래가 잘 혼합되도록 한다.

미생물 생육곡선의 이해

미생물 생육곡선이란 '미생물의 일생'이라고 이해하면 된다. 즉, 미생물이 태어나 자라고, 성인이 되고, 증식하고, 사멸하는 과정을 그래프로 만들어 놓은 것이다. 이러한 그래프를 이용하여 술 제조에 응용하게 되면 좀 더 쉽게 덧술 시기 등을 판단할 수 있다.

다음의 곡선을 보면 잠복기, 증식기, 정지기, 사멸기의 순서로 진행됨을 알 수 있다. 미생물은 처음부터 무한정 증식하는 것이 아니라 어느 일정한 기간 동안은 환경에 적응하는 단계를 거치고 그 다음에 증식을 한다. 그렇다고 해도 무한정 증식하지는 않는다. 영양 성분이 줄어들고 이산화탄소나 알코올 등의 생성으로 미생물들이 살아가기 힘들어지기 때문이다. 이렇게 되면 미생물의 수는 점차 줄어들고 사멸한 미생물은 자기소화에 의해서 액체에 녹아든다.

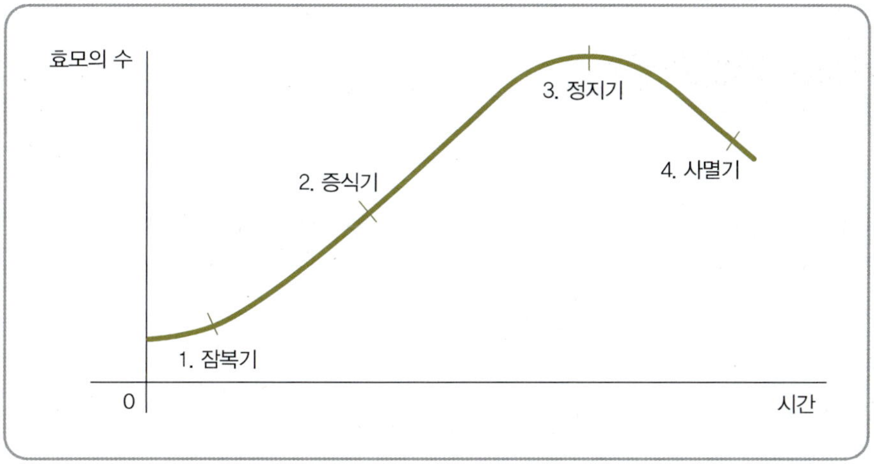

그림 6-8
미생물 생육곡선

① 잠복기의 술 상태: 미생물은 양분을 이용해 몸집을 키움

표 6-6 잠복기

눈	• 당화과정이 진행되어 술 표면이 묽어져 보인다.
코	• 곡물과 누룩냄새가 난다. 특별한 변화는 없다.
귀	• 발효가 일어나지 않아 소리는 들리지 않는다.
입	• 당화과정이 진행되어 단맛이 강해진다.

- **판단:** 술을 빚고 평균 25℃에서 24시간 후에 발효조를 열어 위와 같이 술 상태를 확인한다. 특별한 변화가 없으면 그대로 발효를 진행한다.

② 증식기의 술 상태: 미생물은 양분을 이용해 증식함

표 6-7 증식기

눈	• 이산화탄소의 생성으로 술 표면에 거품이 생기게 된다. • 시간이 지날수록 더욱 많은 거품이 생긴다.
코	• 이산화탄소의 생성으로 코를 자극한다. • 시간이 지날수록 자극적인 냄새가 강해진다.
귀	• 이산화탄소의 생성으로 탄산이 올라오는 소리가 난다. • 시간이 지날수록 격렬한 소리가 난다.
입	• 점차 단맛이 줄어들고 신맛, 쓴맛, 떫은맛 등이 강해진다. • 탄산의 영향으로 청량미를 가지게 된다.

- **판단:** 증식이 진행되면서 점차 단맛이 감소하고 신맛이 강해진다. 또한, 떫은맛과 탄산에 의한 청량미를 갖게 되고 요란한 소리를 들을 수 있다. 이때가 되면 덧술을 준비해야 한다.

③ 정지기의 술 상태: 생육조건이 나빠져 증식과 사멸이 일어남

표 6-8 정지기

눈	• 거품이 줄어든다. • 누룩의 밀기울이나 이물질이 술 표면에 보이게 된다.
코	• 자극적인 냄새가 줄어든다. • 점차 신향이 강해진다.
귀	• 영양분의 부족으로 미생물의 활성이 떨어져 이산화탄소 생성이 줄어든다. • 소리가 점차 약해진다.
입	• 단맛은 거의 없고 신맛이 강해진다. • 시간이 지날수록 식초 맛이 강해진다.

- **판단:** 밀 누룩을 사용하게 되면 술 표면에 밀기울이 떠오르게 되는데 이때가 되면 최대한 빠른 시간 안에 덧술을 해야 한다. 그렇지 않으면 미생물의 수가 감소하고 그 영향으로 덧술을 해도 신맛이 강해진다.

④ 사멸기의 술 상태: 술 표면에 오염현상이 발생

표 6-9 사멸기

눈	• 거품이 거의 없다. • 술 표면에 오염된 현상이 보이게 된다.
코	• 잡균의 침입과 이상발효로 좋지 않은 냄새가 난다. • 식초와 같은 향을 느낄 수 있다.
귀	• 이산화탄소의 발생이 적어 소리는 거의 들리지 않는다. • 고요하다.
입	• 식초의 자극적인 맛이 난다. • 오염되어 먹지 않는 것이 좋다.

- **판단:** 신맛(먹을 만한)이 아닌 초산맛(먹기 힘든)이 강해지면 가능한 덧술을 하지 않는 것이 좋다. 다만, 술을 살리고자 할 때 이양주는 삼양주의 형태로 술을 빚으면 실패한 밑술을 살릴 수 있다.

알고 넘어가기

술약

각 지역의 전통 시장에 가면 '술약'이라는 것을 판매하는데 그것이 바로 '효모'다. 알코올을 잘 생성할 수 있는 효모를 배양해 건조시켜 놓은 것이다. 우리나라에서 배양효모를 사용하기 시작한 것은 일제강점기 때로 알려져 있다. 효모가 술약으로 불리게 된 이유에 대해서는 아는 이가 없지만, '동동주'나 '고두밥'과 같이 의미로 '술약'이라는 단어가 생겨난 것 같다. 먹고 살기도 어려운 시절에 단어도 어려운 '효모'나 '이스트(yeast)'보다는 '술약'이라고 부르는 것이 훨씬 정감 있고 전달력이 좋았을 것이다. 전통시장에서 실제 작은 약병에 담아 판매하는 곳도 있다.
배양효모를 사용하지 않았을 때에는 누룩만을 이용해 술을 빚어왔다. 그러다가 일제강점기 때 배양효모가 유입되어 술 제조에 사용된 것이다. 술약으로 술을 빚을 때에는 누룩과 함께 사용한다. 이때의 누룩은 당화제의 역할이 크고 술약은 알코올 발효를 위해서 넣는다. 대부분 한 번에 빚는 단양주이기 때문에 술약을 넣지 않으면 술이 되지 않는다고 생각한다. 그래서 술에는 반드시 들어가야 하는 '약', '술약'이 된 것이다. 현재는 누룩만 이용해서도 질 좋은 술을 제조할 수 있었지만 과거에는 일반 가정에서 술 빚는 것조차 금지했기 때문에 빠른 시간 안에 술을 제조해야 했다. 이때 유용하게 사용되어 온 것이 '술약', 효모다.

07

밑술법

술을 제조하는 방법은 셀 수 없이 다양하다. 그러나 그 많은 방법을 일일이 다 해 볼 수는 없는 일이기 때문에 밑술에 대한 기본적인 제조 방법과 쌀과 물의 비율을 이해하고 자신이 원하는 술을 제조할 때 응용할 수 있는 능력을 키울 수 있도록 한 것이 바로 밑술의 방법 즉, 밑술법이다.

1. 밑술의 이해

밑술이란 반드시 덧술이 있어야 밑술이라는 말을 사용할 수 있다. 즉, 밑술이라고 하는 것은 이양주 이상의 술을 제조할 때의 방법을 말하는 것으로 술 제조에 있어서 가장 근본이 되는 부분이다. 밑술을 잘 만들면 술은 70% 이상 성공한 것으로 봐도 무방하다. 그러나 밑술을 만드는 방법이 너무 많아 그 많은 방법을 모두 외우고 술을 빚을 수는 없는 일이다.

밑술을 제조할 때에는 주로 곡물을 가루 내어 익히는 방법을 이용한다. 쌀 알갱이를 그대로 쪄서 만드는 고두밥을 이용하는 것보다 가루를 내어 익혀주는 방법이 '호화'와 '당화'에 훨씬 유리하기 때문이다. 곡물로 빚는 술은 무엇보다 당화가 중요하고 당화보다 더 중요한 것은 당화가 잘될 수 있도록 '잘 익혀주는 것(호화)'이다.

이렇게 곡물을 가루 내 잘 익혀줘야 당 생성(당화)이 잘되고 당 생성이 잘 돼야 효

표 7-1 밑술 제조 방법

호 화	당 화	알코올 발효
잘 익혀준다.	잘 분해한다.	알코올을 잘 만든다.

표 7-2 멥쌀과 찹쌀을 이용한 밑술 제조

	멥 쌀	찹 쌀
밑술 제조	적합	적합

모의 증식과 알코올 발효가 잘 이뤄진다. 그렇기 때문에 밑술을 제조할 때에는 쌀을 가루 내어 '죽'이나 '범벅'을 만들어 사용하게 된다. 또한, 밑술은 대부분 곡물을 가루 내어 사용하기 때문에 점도가 강한 '찹쌀'보다는 '멥쌀'을 이용하게 된다. 멥쌀은 찹쌀에 비해 점도가 적어 죽이나 범벅을 만들기에 적합하다. 찹쌀로 밑술을 제조하게 되면 발효에는 지장이 없으나 발효 초기 당도가 급격하게 상승하여 효모의 생육을 저해하기 때문에 가루를 내어 사용하는 밑술 제조에는 적합하지 않다. 그러나 특별한 술을 제조할 경우 밑술을 만들 때 멥쌀이 아닌 찹쌀을 이용하는데 상당히 독특한 술맛을 갖는다.

2. 밑술의 가공방법

표 7-3 밑술의 가공방법

가 공	당화 속도	내 용	기 타
죽	빠른 당화	적은 누룩 → 배양 가능 빠른 술 빚기 → 속성주 여름보다 → 겨울	미생물 증식이 적다.
된죽 (범벅)	평균 당화	죽보다 발효시간이 길다. 만들기 쉽다. 사계절 모두 가능하다.	미생물 증식이 많다.
백설기	평균 이하 당화	혼합이 쉽지 않다. 가루 → 증자 → 증미 밑술보다 덧술 시 사용한다.	차게 식히면 안 된다.
떡	평균 당화	배양보다는 당화 물이 적게 들어간다. 단맛이 강한 술 빚기	당화 우선, 당도가 높다.
고두밥	느린 당화	당화가 어렵다. 잠복기가 길어진다. 밑술보다는 단양주에 사용한다.	누룩양이 많아진다.

죽

밑술을 제조할 때 죽을 써서 술을 빚는 가장 대표적인 술이 '석탄주'이다. 밑술을 죽으로 만들고 덧술을 찹쌀 고두밥으로 하는 이양주의 가장 대표적인 술이다. 죽은 '죽 쑨다'라는 표현을 사용한다. '쑨다'라는 표현은 곡물의 알갱이나 가루를 익히는 것을 말하는데 이러한 방법을 밑술에 많이 이용하는 것이다. 죽으로 밑술을 제조하면 당화 속도가 빠르고 적은 양의 누룩 사용이 가능하기 때문에 빠른 술 제조에 적합한 밑술 가공 방법이라고 할 수 있다.

된죽(범벅)

사실 범벅이라는 표현보다는 된죽이라는 표현이 적당하다. 범벅은 죽과 같이 곡물을 가루 내어 가열하는 방식으로 만들지만 죽보다 묽지 않은 상태를 말한다. 범벅은 죽보다 당화 속도는 느리지만 우리 조상들이 즐겨 사용했던 방법이다. 죽을 쑤는 것보다는 범벅을 제조하는 것이 훨씬 쉽고 안전하며 효모의 배양에도 죽보다 범벅 형태가 좋은 양조 방법에 속한다. 조선시대 초기만 해도 많은 종류의 밑술이 죽 형태로 만들어졌는데 조선 후기로 갈수록 범벅 형태의 밑술 제조법이 많아졌다.

백설기

주로 멥쌀로만 빚어지는 술에 사용하는 방법이다. 멥쌀을 쪄서 술을 빚으면 멥쌀의 호화와 당화가 잘 일어나지 않기 때문에 우리 조상들은 멥쌀을 가루 내 쪄서 사용하는 방법으로 밑술을 제조하곤 했다. 그러나 백설기로 빚는 술은 청주의 양이 적게 나오고 가공 과정이 많아져서 밑술 제조 방법으로는 그렇게 많이 사용되지 않는다. 특히, 백설기를 활용할 경우 너무 차게 식히면 떡 자체가 풀어지지 않기 때문에 백설기를 제조해 바로 물에 풀어야 잘 풀어지게 된다.

구멍떡

우리 조상들은 곡물을 가루 내 '구멍떡'을 만들어 밑술을 제조하곤 하였다. 이렇게 많은 공정이 들어가는 떡 형태를 사용한 것은 떡 형태가 독특한 술 맛을 가졌다기보다는 '어쩔 수 없는 선택'에 속한다. 즉, 물이 적게 들어가면서 호화를 잘 시킬 수 있는 방법, 그 방법이 바로 '떡'이 되는 것이다. 떡으로 빚어지는 많은 술들이 물을 최대한 적게 잡아 빚는 술들이 많은데 이렇게 물을 적게 잡아 빚는 술은 '단맛'이 강한 술을 제조할 때 사용하는 방법이다 즉, 단맛이 강한 술을 제조하고자 '떡'을 만드는 것이다.

고두밥

쌀을 씻어 물기를 빼고 찌면 밥알이 고들고들해지는데 이를 '고두밥' 또는 개미의 유충처럼 희고 닮았다하여 '지에밥'이라고도 한다. 사실 고두밥은 밑술을 제조하는데 적합하지 않다. 많은 사람들이 곡물을 가루 내어 죽이나 범벅을 만드는 것이 일거리가 많아 좀 더 간편한 고두밥으로 밑술을 제조하는데 이것은 그리 좋은 방법은 아니다.

술을 제조하는데 가장 중요한 것은 '목적'이다. 내가 이 술을 제조하는데 무엇을 하는 과정인지를 정확히 알아야 그것에 맞는 최적의 조건을 맞춰줄 수 있다. 밑술을 고두밥으로 하게 되면 당화 속도가 느려지고 그만큼 효모의 증식과 알코올 발효는 느려진다. 밑술의 주목적이 '효모의 증식'에 있기 때문에 고두밥으로 밑술을 제조하게 되면 그만큼 당화와 알코올 발효가 느려지게 되고(잠복기가 길어진다) 발효 초기 잡균에 의한 오염 현상이 올 수 있다.

3. 밑술 관리

밑술을 제조하여 발효조에 담은 후에는 술 상태를 잘 살펴봐야 한다. 거품은 발생하고 있는지, 곰팡이가 생기지는 않는지, 묽어지고 있는지, 술 표면이 굳어진 것은 아닌지 등 술독을 열어 안쪽의 상황을 잘 살펴봐야 좋은 밑술을 제조할 수 있다. 특히, 술 표면에 곰팡이가 피는 경우 빨리 대처하지 않으면 신맛이 강해지고 강한 아세톤 냄새가 난다.

표 7-4 밑술의 상태

	원 인
거품 발생	정상적인 발효가 진행 중
곰팡이 발견	발효 속도가 늦어지고 있음. 빨리 저어 당화 속도를 높여줌
묽어짐	당화가 잘 진행되고 있음
굳어 떡처럼 됨	온도가 떨어져 발효가 늦어지고 술 표면이 굳어감. 빨리 저어줌

밑술 발효조의 크기

밑술을 제조할 때의 발효조는 70% 정도 채울 수 있는 알맞은 용기를 선택해야 한다. 삼양주에서의 밑술은 1차 덧술에 비해 발효 속도가 느리기 때문에 여러 가지 오염 현상이 올 수 있다. 특히, 발효조의 크기가 크고 들어가는 양이 적으면 술독 안에 있는 곰팡이나 잡균들이 술 표면에 먼저 자리를 잡을 수 있다. 그렇기 때문에 밑술 발효조 만큼은 70% 정도 채울 수 있는 것이 좋다.

발효 온도

밑술을 제조하는 주목적은 '효모증식'에 있다. 효모를 잘 증식시키기 위해서는 효모가 좋아하는 온도를 맞춰줘야 하는데 효모도 사람과 마찬가지로 너무 덥지도 않고 춥지도 않은 곳을 좋아한다. 우리나라의 봄과 가을 같은 온도를 좋아하는 것이다. 온도를 너무 높게 하여 밑술을 제조하면 그만큼 효모에게 부담을 주기 때문에 효모의 증식과 알코올 발효에 지장을 주게 된다. 따라서 밑술만큼은 저온에서 서서히 발효시켜 주는 것이 바람직하다. 보통 20~25℃ 사이면 잘 자라고 온도가 더 낮아도 시간은 오래 걸리지만 안정적인 효모 증식을 이끌어 낼 수 있다.

밑술 저어 주기

술을 저어주고, 저어주지 말고는 내 마음이 아니라 '주목적'이 무엇이냐에 따라 달라진다. 밑술의 주목적은 '효모증식'에 있기 때문에 1일 1회 정도는 저어주는 것이 좋으며 저어주지 않고 그대로 발효를 시키는 경우 술 표면이 굳어지는 현상이 생기기도 한다. 이 경우에는 빨리 굳은 부분을 제거하고 혼합한 후에 발효를 시키면 문제 없이 밑술을 제조할 수 있다. 그러나 '효모증식'이 아닌 '알코올 발효'가 목적이라면 최대한 젓는 것을 자제하는 것이 바람직하다. 일반 양조장에서는 많은 혼합 과정을 거치게 되지만 누룩만을 이용한 술 제조의 경우는 혼합과정에서의 잡균 유입, 알코올 발효 저하 등의 원인이 될 수 있기 때문에 젓는 것에 신중해야 한다.

4. 밑술 비율

처음 술을 빚을 때에는 기준이 없기 때문에 가급적이면 기준이 될 수 있는 방법을 알려준다. 그러나 어느 정도 술을 빚게 되면 다양한 밑술 제조법을 접하게 되는데 여기서 보여주는 것은 쌀과 물의 비율에 따라서 밑술의 가공 방법과 덧술 시기가 어떻게 달라지는지를 나타낸다.

〈표 7-5〉를 보면 쌀의 양은 한정되어 있는데 물의 양이 많아지는 것을 볼 수 있다. 이 표는 조선시대의 수많은 술 제조법에 등장하는 밑술을 정리한 것으로, 거의 모든 술의 밑술 제조법을 설명할 수 있다.

① 쌀 양과 물 양에 따라서 가공 방법이 달라진다.

밑술의 쌀과 물 양의 비율만 봐도 가공 방법이 무엇인지 알아야 한다. 즉, 쌀 양이 한정되어 있는데 물의 양이 많아질수록 떡 형태에서 범벅, 죽 형태로 가공 방법이 달라지는 것을 볼 수 있다. 즉, 가공 방법을 무엇으로 할 것인가가 중요하기보다 내가 빚을 술 제조법에서 쌀과 물의 비율을 정하면 가공방법이 자연스럽게 따라갈 수밖에 없

표 7-5 밑술의 가공 방법과 덧술 시기

쌀	물	누룩	대표 술	덧술 시기	가공 형태
1	1	1	삼해주	12~36일	떡, 된 범벅
1	2	1			
1	3	1	호산춘	3~7일	범벅, 된죽
1	4	1			
1	5	1	석탄주	1~2일	묽은 죽

다는 것을 이해해야 한다. 즉, 떡으로 밑술을 만들겠다는 것은 곧 물의 양을 최소화한 상태로 밑술을 제조한다는 것이고 죽으로 밑술을 만들겠다고 한다면 쌀 양에 비해 물의 양이 많이 들어가게 된다는 것을 의미하는 것이다.

② 쌀과 물의 비율에 따라 덧술 시기가 달라진다.

쌀과 물의 비율이 1:1인 밑술과 1:3, 1:5인 밑술을 살펴보면 덧술 시기가 모두 다르다는 것을 알 수 있다. 즉, 쌀 양은 같고 물 양이 많아질수록 덧술 시기는 빨라지게 되는 것이다. 이것은 어떻게 보면 당연하다. 쌀 양이 한정되어 있다는 것은 전분의 양이 한정되어 있다는 것이며, 전분의 양이 한정되어 있다는 것은 생성되는 포도당의 양이 한정되어 있다는 것이고 결국에는 생성될 수 있는 알코올 양이 한정되게 되는 것이다. 즉, 죽으로 빚는 술은 물의 양이 다른 가공방법에 비해 많이 들어가게 되고 알코올 도수가 낮고 발효 속도는 빨라 덧술 시기를 빨리 잡아줘야 잡균에 의한 오염, 과다한 젖산균의 증식을 억제시킬 수 있는 것이다.

③ 물의 양으로 덧술 시기를 조절할 수 있다.

궁극적으로 앞의 표로 설명하려는 것은 밑술을 제조할 때 물의 양을 조절하여 덧술 시기도 조절할 수 있다는 것을 알리려 하는 것이다. 즉, 밑술을 제조할 때 덧술 시기를 빨리 잡고 싶으면 물의 양을 많이 잡아 밑술을 제조하고 덧술 시기를 늦추고자 한다면 물 양을 적게 하면 된다. 실제로 고문헌 상의 술 제조 방법을 살펴보면 물 양을 적게 잡아 제조하는 밑술은 덧술 시기가 길어지고 그렇지 않고 물 양이 많은 술은 덧술 시기가 짧아지는 것을 볼 수 있다. 물론, 온도의 영향이 크겠지만 같은 온도라는 가정 하에 쌀과 물의 비율을 달리하면 덧술 시기가 달라지는 것을 알 수 있다. 물의 양으로 덧술 시기를 조절할 수 있다는 사실을 기억해 놓자.

알고 넘어가기

탁주가 아니고 백주다

많은 사람들이 '탁주'라는 말을 사용한다. 말 그대로 '탁한 술'을 탁주라고 하고 맑은 술을 '청주'라고 한다. 주세법에도 막걸리라는 말 대신 탁한 술 '탁주'라고 되어 있다. 우리가 생각하지 않은 이 탁주라는 단어를 다시 생각해 봐야 한다. 가능하다면 탁주라는 말을 사용하지 말아야 한다. 이 글을 읽는 모든 분들과 함께 이러한 것을 많이 알렸으면 하는 바람에서 이 글을 쓴다.
'탁주'가 아니라 '백주'이다. 즉, '탁한 술'이 아니라 '흰 술'이 맞는 말이다.
우리는 탁주라는 말을 너무 당연하게 사용한다. 누구도 이 탁주라고 하는 것에 이의를 두지 않는다. 주세법에도 탁주라고 되어 있고 모든 술 관련 책에도 '탁주'로 기록한다. 그러나 탁주라는 말과 백주라는 말이 갖는 의미는 전혀 다르다. 막걸리는 탁한 술이 아니고 흰 술이다. 흰 종이를 탁한 종이라고 하지 않는 것처럼 흰 색은 탁한 색이 아니다. 외국인들에게도 탁주라고 하는 것보다는 백주 즉, 흰 술이라고 소개하는 것이 훨씬 이미지가 좋을 것이다.
사람의 첫인상이 중요한 것처럼 술 또한 첫인상이 중요하다. 그래서 디자인이 중요한 것이고 이름이 중요한 것이다. 일본에 의해 쓰인 주세법에 '탁주'로 표기되어 있다고 해서 계속 탁주를 쓰는 것은 술을 하는 사람들이 얼마나 이러한 단어 하나하나에 관심이 없었는지를 알려준다. 막걸리의 세계화를 외치면서 정작 우리나라에서는 이 단어하나 바꾸려는 노력도 없다.
예부터 서양에서는 우리 민족을 '백의민족'이라 칭했다. 유난히 흰색을 좋아하는 우리나라 사람들에게 이 흰색의 술은 탁하고 흐린 술이 아닌 '맑고 깨끗한 흰 색의 술' 이었을 것이다. 지금부터라도 단어가 바뀌지 않더라도 술을 하는 사람들과 함께 하나씩하나씩 바꿔 나가면 되지 않을까 생각한다. 앞으로는 탁주를 백주라고 부르자. 더 나아가 흰 술로 부르면 더 없이 좋을 것이다.
고려의 무신이자 문신 이규보가 쓴 『백주시(白酒詩)』라는 것이 있다. 이규보는 이 시를 쓴 배경에 대해 이렇게 서술한다.

予昔少壯時° 喜飮白酒° 以其罕遇淸者而常飮濁故也° 及歷顯位° 所飮常淸° 則又不喜飮濁矣° 豈以所習之然耶° 近因致仕祿減° 往往有淸之不繼者° 不得已而飮白酒° 則輒滯在胷鬲間° 不快也° 昔杜子美詩云° 濁醪有妙理° 何也° 予昔常飮時° 慣飮而已° 實未知妙處° 況今乎° 蓋甫本窮者也° 亦豈其以習而言之耶° 遂作白酒詩云

내가 예전에 젊었을 때 막걸리(白酒) 먹기를 좋아한 것은, 맑은 술을 만나기가 드물어 늘 막걸리를 마셨기 때문이었는데, 높은 벼슬을 거치는 동안에 늘 맑은 술을 마시게 되매 또 막걸리를 좋아하지 않았으니, 습관이 되었기 때문인가. 요새는 벼슬에서 물러나 녹이 준 때문에 맑은 술이 계속되지 못하는 때가 있어 하는 수 없이 막걸리를 마시는데, 금방 얹혀서 기분이 나쁘다. 옛날에 두자미(杜子美 두보(杜甫))는 그의 시에서 '막걸리에 묘리가 있다(濁醪有妙理).'하였으니 왠지 모르겠다. 나는 옛날 늘 마시던 때에도 그저 마셨을 뿐이요, 그 좋은 점을 몰랐었는데 하물며 지금이랴. 두보(杜甫)는 본래 궁했던 사람이라 역시 그 습관으로 인하여 말한 것인지도 모를 일이다. 드디어 백주시를 지었다.

08

덧술법

술을 빚는 방법은 참으로 다양해서 '술은 이렇게 빚는 것'이라고 단정 지어 말할 수 없다. 사람의 입맛이 모두 다르고 술을 제조하는 환경과 원료도 다르기 때문에 "ㅇㅇ 술이 가장 좋다."라고 말하기 힘든 것이다. 그러나 좀 더 질 좋은 술(旨酒)을 빚기 위한 인간의 노력으로 한 번에 빚는 술(단양주)에서 점차 이양주, 삼양주 등의 방법이 만들어졌다. 덧술법은 바로 '이양주 이상의 술'을 제조할 때 필요한 방법이다.

1. 덧술

빚어 놓은 술(밑술)에 한 번 더 '덧'한다 하여 덧술이라고 한다. 밑술을 한다는 것 자체가 덧술을 하기 위한 전(前) 작업에 속하는 것이다. '밑술과 덧술'은 이양주 이상의 술 제조에 사용하는 용어들이다. 조선시대 고문헌 속에 있는 단어들을 살펴보면 밑술과 덧술이라는 용어보다는 '앞에 빚어 놓은 술', 전(前)술, '밑' 등의 용어들을 많이 사용하였고 덧술은 '덧하라'라는 용어보다는'덧했다가'라는 용어를 즐겨 사용했다.

삼국시대 술 제조 관련 자료가 없어 매우 아쉽지만 중국의 농서 『제민요술』에는 '덧술'을 적게는 한 번에서 많게는 여덟 번까지 한다. 이 말은 곧 적게는 이양주 제조법에서 많게는 구양주까지 '덧술'을 했다는 것이다. 이렇게 덧술을 많이 하는 것은 신적인 의미와 함께 좀 더 나은 술을 빚어 술의 가치를 높이기 위해서이다.

표 8-1 이양주와 삼양주

이양주	삼양주
밑술	밑술
덧술	1차 덧술
	2차 덧술

이양주의 술은 그대로 '밑술과 덧술'로 표현하고 삼양주 이상의 술에서는'밑술, 1차 덧술, 2차 덧술'로 표현하여 좀 더 알아보기 쉽도록 표현해 주는 것이 좋다.

2. 덧술의 목적

덧술을 하는 목적은 단순하다. 술의 질을 향상시키기 위함이다. 한 번에 빚는 술(단양주)에서 얻을 수 없는 것을 이양주 이상의 술 빚기에서는 얻을 수 있다. 좀 더 부드러운 술, 좀 더 높은 알코올 도수, 좀 더 실패하지 않는 술 등을 제조하기 위해서 덧술을 빚는다.

표 8-2 밑술과 덧술의 목적

밑술의 목적	덧술의 목적
• 효모 증식 • 소량의 알코올 생성 • 급수량 조절 • 덧술 준비	• 알코올 도수가 높은 술 제조 • 안정된 발효 • 술의 맛과 향 등 술의 질 향상 • 술에 가치 부여

밑술의 주목적이 '효모 증식'과 '소량의 알코올 생성', '급수량 조절' 등에 있다면, 덧술의 주목적은 '알코올 도수를 높여 안정된 발효'를 유도하고 '술의 질(맛, 향, 색 등)'을 향상시키기 위한 것이다. 또한, 술 빚는 횟수를 늘려 술에 가치를 부여하는 것도 중요하다. 일본의 술이 도정률을 높여 술의 주질 향상과 함께 술에 가치를 부여하는 것과 같은 이치라고 할 수 있다.

표 8-3 덧술의 주목적

	덧술의 주목적
이양주	대량의 알코올 생성과 주질 향상
삼양주	효모의 확대 배양

술의 제조 방법상으로 보면 덧술의 목적은 '술을 몇 번에 걸쳐 빚느냐'에 따라 달라진다. 이양주에서의 덧술의 목적과 삼양주에서의 덧술의 목적이 다르기 때문이다. 이양주의 덧술 목적이 최대한 빠른 시간 안에 대량의 알코올을 생성해 안정된 발효를 할 수 있도록 하고 잔당과 풍미를 좋게 하기 위한 것이라면, 삼양주에서 덧술(1차 덧술)의 목적은 밑술에서 증식된 효모를 한 번 더 '확대 배양'하는 것이다.

3. 덧술의 가공

이양주에서는 덧술을 하는 것으로 술 제조공정이 끝나기 때문에 밑술의 주목적인 효모의 배양보다는 알코올 도수를 높여 안정된 발효를 도와주는 것이 바람직하다. 그러기 위해서 죽이나 범벅처럼 물이 많이 들어가는 가공 방법보다 물이 적게 들어가는 고두밥이나 백설기 형태의 제조 방법을 선택한다.

덧술에서 죽이나 범벅 등 물의 양이 많이 들어가는 가공 방법을 택하지 않는 이유는 술 전체의 비율을 맞추지 못하기 때문이다. 죽이나 범벅은 쌀보다 물의 양이 많은 상태의 가공방법이다. 만약, 죽이나 범벅처럼 물 양이 많은 가공방법을 택해 이양주 덧술을 해준다면 전체 들어가는 쌀의 양보다 물의 양이 훨씬 많아진다. 쌀의 양이 한정된 상태에서 물의 양이 많아지면 알코올 도수가 낮아 젖산균이나 초산균 등의 잡균에 의해 술이 산패할 수 있다.

표 8-4 이양주의 술 제조

	죽	범 벅	구멍떡	백설기	고두밥
쌀 : 물	1 : 5	1 : 3	1 : 1	1 : 1이하	1 : 1이하
덧술	부적합	부적합	적합	적합	적합

4. 이양주의 덧술

밑술과 덧술로 이루어진 술을 이양주라고 한다. 밑술의 주목적이 효모의 증식에 있다면 덧술은 효모의 증식 보다는 효모에 의한 알코올 발효를 목적으로 한다. 즉, 밑술에서 증식된 효모를 이용해 대량의 당분을 알코올로 전환시키는 역할을 한다.

표 8-5 밑술과 덧술의 차이

	밑 술	덧 술
주목적	효모 증식	알코올 발효
입자 크기	곡물의 가루를 이용(당화)	가루보다는 알곡 사용(수율 조절)
가공 형태	죽, 범벅, 떡 형태의 가공	백설기, 고두밥 형태의 가공
수율	물이 많이 들어가는 방법 사용	물이 적게 들어가는 방법 사용
결과	수율을 높여 미생물 활성을 높임	수율을 낮춰 알코올 도수를 높임

이양주에서 가장 중요한 것은 밑술의 제조에 있지만 더욱 중요한 것은 덧술에서의 알코올 발효이다. 알코올 발효가 제대로 진행되지 못하면 술의 전체적인 알코올 도수가 낮아지게 되어 내·외부의 잡균에 의해 술이 부패할 수 있다. 따라서 알코올 발효를 통해 최대한 빠른 시간 안에 알코올 도수를 높일 수 있는 방법이 중요하다.

알코올 도수를 높일 수 있는 방법은 알코올에 대한 내성이 강한 효모를 이용하는 것이 가장 좋다. 하지만 일반 전통 누룩의 사용에서는 물의 양을 통해 알코올 도수를 조절하는 것이 가장 일반적인 방법이다.

5. 삼양주의 덧술

밑술과 덧술에 한 번 더 술을 빚어 넣는 술 제조방식을 삼양주라고 한다. 보통은 밑술과 덧술에서는 많은 양의 효모를 증식시키는 제조법으로 되어 있으며, 마지막 덧술2는 밑술과 덧술을 통해 증식된 효모를 이용하여 활발한 알코올 발효에 목적을 둔다.

표 8-6 삼양주의 기본 원리

밑 술	덧술 1	덧술 2
효모의 증식	효모의 확대 증식	알코올 발효

삼양주를 '가장 안전한 술 빚기'라고도 한다. 그 이유는 밑술과 덧술을 통해 많은 양의 효모를 증식시켜 놓은 상태에서 술을 제조하기 때문이다. 즉, 한 번의 효모 증식을 통해 술을 빚는 이양주보다는 2차 배양을 통해 더욱 많은 양의 효모를 이용하여 더욱 빠른 알코올 발효를 할 수 있기 때문이다.

삼양주의 제조방식을 이용하는 이유가 2차 배양을 통한 효모의 대량 생산에 있으나 더욱 중요한 것은 술의 품질을 높이기 위함이다. 즉, 이양주보다 적은 양의 발효제를 이용하여 술을 빚을 수 있기 때문에 누룩이나 기타 발효제의 맛과 향기를 줄이고 곡물 본래의 맛과 향을 높일 수 있어 술의 품질을 높일 수 있다.

삼양주 제조방식에서의 덧술은 효모의 확대 증식뿐만 아니라 전체 술의 양을 늘려주는 목적과 상대적으로 누룩이나 기타 발효제의 맛과 향을 줄여주는 역할을 한다. 또 덧술을 통한 효모의 대량 생산이 가능하기 때문에 술을 안정적인 방식으로 제조할 수 있으며 이양주보다 알코올 도수가 높아지게 된다(삼양주 이상의 술은 '대주모법'에서 다룰 것이다).

표 8-7 밑술과 덧술, 덧술2의 차이

	밑 술	덧 술	덧술 2
주목적	효모 증식	효모 확대 증식	알코올 발효
입자 크기	가루 형태	가루 형태	알곡 형태
가공 방법	죽, 범벅, 떡	죽, 범벅, 떡	고두밥, 백설기
수율	물이 많이 들어감	밑술과 같음	물이 적게 들어감
결과	수율을 높여 미생물 활성을 높임	밑술과 같음	알코올 도수 높임

6. 덧술 시기의 판단

술의 완성 시기를 잡는 것과 마찬가지로 덧술 시기를 판단하는 것은 그리 간단한 일이 아니다. 시간은 단지 시간일 뿐, 미생물이 하는 일을 정확히 통제한다는 것은 매우 어려운 일이다. 미생물이 말을 하는 것도 아니기에 우리는 경험을 통해 덧술 시기를 판단해야 한다. 과학의 발달로 일정한 품질의 제품을 생산할 수 있게 되었지만 과학이 모두에게 원하는 것을 주지는 않는다. 최신식 건축물이 있고 한옥이 있는 것처럼 어떤 방법을 선택하느냐는 술을 찾는 소비자만이 결정할 수 있는 문제이다.

덧술 시기는 술의 발효 상태를 보고 판단한다. 술을 처음 접하는 사람들에게는 매우 어려운 설명이 될 수 있으나 술을 한 번이라도 빚어본 사람이라면 너무나 쉬운 것이 덧술 시기를 잡는 일이다. 효모가 말은 하지 않지만 발효과정에서 만들어내는 다양한 현상으로 덧술 시기를 판단한다.

다음 그림은 '미생물 생육곡선'이다. 미생물은 처음부터 증식활동을 하는 것이 아니다. 환경에 적응하는 적응기를 거치면서 영양분을 이용해 몸집을 키우는 잠복기와 성장한 미생물이 양분을 이용해 증식활동을 하는 '증식기'를 거친다. 이때 대량의 이산화탄소가 발생하게 되는데 이러한 것으로 덧술 시기를 판단한다.

미생물이 증식할수록 양분은 부족해진다. 시간이 지날수록 증식하는 미생물은 줄

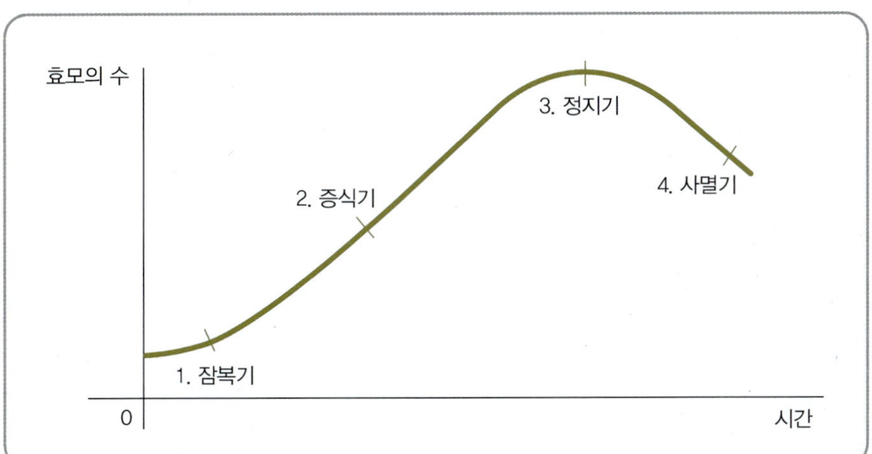

그림 8-1
미생물 생육곡선

표 8-8 덧술 시기 판단 방법

판 단	덧술 시기
눈	거품이 활발하게 발생하다가 점차 줄어든다. 누룩이나 기타 지게미가 위에 뜬다.
코	이산화탄소에 의해 자극적인 냄새가 나다가 점차 줄어든다.
귀	이산화탄소 발생이 많아져 소리가 강하게 나다가 점차 줄어든다.
입	단맛은 거의 없고 신맛과 쓴맛, 떫은맛이 강하다.

어들고 사멸하는 미생물이 많아지면서 더이상 미생물의 수가 증가하지 않는다. 이때를 '정지기'라고 하고 점차 시간이 지나면 사멸하는 미생물의 수가 늘어 전체 미생물의 수가 줄어드는 '사멸기'를 거친다. 효모도 마찬가지로 이러한 일대기를 거치게 된다. 그리고 우리는 효모가 만들어내는 다양한 현상을 통해 덧술 시기를 판단한다.

눈

덧술 시기를 판단할 때 가장 먼저 하는 것이 '눈'으로 보는 일이다. 술독을 열어 술 표면을 확인하는 작업이다. 술 표면에 효모의 작용에 의하여 CO_2가 생성되는데 이때 생성되는 CO_2로 덧술 시기를 판단한다.

효모가 성장기를 거치고 증식로 접어들게 되면 효모의 수는 물론 CO_2의 양이 많아지게 된다. 이때 술 표면에 거품이 발생하게 되는데 많은 양의 거품이 발생할수록 덧술 시기가 가까워진 것으로 판단한다. 끓는 모습이 많이 보인다는 것은 그만큼 많은 양의 효모가 활발하게 증식활동을 하고 있다고 판단할 수 있다. 이때가 되면 덧술 준비를 해야 한다.

시간이 지나면, 효모가 이용할 수 있는 양분이 부족해지고 효모의 수 또한 줄어들어 끓는 모습이 잦아들게 된다. 이때 빠르게 덧술을 해야 한다. 만약, 이때부터 덧술을 준비하면 쌀을 씻고, 불리고 하는 등의 과정에 시간이 소요되기 때문에 가급적 활발한 활동을 하고 있을 때 덧술 준비를 하고 활동이 줄어드는 모습을 보이면 빠르게 덧술을 하는 것이 좋다.

코

눈으로 보고 코로 냄새를 맡는다. 발효가 일어나면 이산화탄소가 발효조 안에 있는 공기를 밖으로 밀어낸다. 이렇게 되면 발효조에는 이산화탄소로 가득 차게 되고 냄새를 맡게 되면 상당히 자극적인 냄새를 맡을 수 있다. 발효가 잘 일어나면 이산화탄소의 자극적인 냄새 이외에도 곡물이 발효될 때 나는 향을 맡을 수 있다.

자극적인 냄새가 강하게 올라오면 덧술 시기를 고민해야 하고 여러 조건을 맞춰 최적의 시기를 판단해 덧술을 해야 한다. 만약, 냄새가 나지 않고 술 끓는 모습도 보이지 않는다면 효모의 활성이 잘 일어나지 않다는 것으로 판단하여 술덧을 저어주거나 당화, 발효제 등의 역할을 할 수 있는 것을 투입하여 발효 속도를 높여야 한다.

귀

'술 끓는 소리'를 듣는 것이다. 효모는 자신이 발생시키는 이산화탄소로 자신의 상태를 알려 준다. 발효가 시작되면 이산화탄소의 양이 점차 많아지게 되는데 이때 다양한 소리를 내어 자신의 상태를 알려 준다. 소리가 얇고 많을수록 '죽' 형태의 가공방법에 가깝고 된 상태의 가공방법일수록 소리가 굵어진다. 소리가 활발하면 그만큼 효모의 활성이 큰 것으로 판단하여 덧술을 준비한다.

술 끓는 소리는 사람에게 평온한 느낌을 주는데 어떨 때에는 피아노 치는 소리도 들리곤 한다. 독이 크고 술덧이 적으면 그 울림 때문에 아주 높은음의 건반 소리를 내기도 한다.

입

먹어보는 것이 가장 정확하다. 발효가 잘 일어나는 것처럼 보여도 실제 맛을 봐야 정확한 시기를 판단 할 수 있다. 미생물 생육곡선에서 잠복기와 증식기 사이가 되면 단맛이 강하다. 시간이 지날수록 효모의 증식에 의해 당분의 양이 줄어들게 된다. 그러다 효모의 증식이 극대화되고 당 생성량이 줄어들면 신맛과 쓴맛, 떫은맛 등이 올라오게 된다. 이때 덧술을 해야 한다.

많은 사람들이 이양주 이상의 술 제조에서 밑술에 신맛이 강하면 실패했다고 생각한다. 그러나 밑술에 신맛이 나는 것은 당연하고 정상적인 밑술이다.

09

단양주법(속성주의 원리)

술을 한 번 빚어 완성하는 술 제조법을 '단양주'라고 한다. 단양주는 술 이름이 아니고 이양주와 삼양주처럼 술 빚는 횟수에 따라 분류된 대표성을 띤 이름이다. 보통 처음 술을 빚을 때 단양주부터 시작한다. 그러나 이 제조법에 대해 조금만 관심을 갖고 들여다보면 결코 쉬운 술이 아니라는 것을 알 수 있다. 어떻게 하면 단양주를 잘 빚을 수 있을까. 이번에는 한 번에 좋은 술 빚는 방법에 대해 알아보자.

1. 단양주의 제법

단양주는 한 번에 빚는 술이기 때문에 쌀을 가루 내서 죽이나 범벅을 만들어 사용하지 않는다. 죽이나 범벅은 상대적으로 물의 양이 많이 들어갈 수밖에 없는 가공방법이기 때문이다. 그래서 단양주는 물이 적게 들어가는 가공방법을 택할 수밖에 없다.

이양주나 삼양주가 쌀을 가루 내어 죽이나 범벅 형태의 밑술 가공방법을 가진다면 한 번에 빚는 단양주는 물이 적게 들어가게 빚을 수 있는 고두밥이나 백설기, 떡 형태로 술을 빚는다.

표 9-1 가공방법의 분류

	단양주	이양주	삼양주
밑술 가공	알곡, 가루	가루	가루
가공 방법	고두밥, 백설기, 떡	죽, 범벅, 떡	죽, 범벅, 떡

표 9-2 쌀과 물의 비율

	쌀	물	누룩
투입량	10	?	10~30%
비 율	1 : ?		

위 표를 보듯이 쌀 10이 들어가면 그 다음 쌀과 물의 비율은 물로 맞춰주면 된다. 그러나 죽이나 범벅은 가공방법 자체가 물이 많이 들어가는 방법이기 때문에 단양주에는 적합하지 않다. 또 한 번에 술을 빚어 완성하기 위해서는 쌀 자체가 당화가 잘될 수 있는 찹쌀을 이용하는 것이 좋다.

2. 단양주의 발효

단양주는 어쩔 수 없이 초반 발효가 늦어질 수밖에 없다. 이양주나 삼양주처럼 효모를 증식하는 단계가 없기 때문에 술을 빚어 술독에 넣으면 그만큼 발효 속도가 늦어진다. 발효 속도가 늦어지게 되면 CO_2 생성이 늦어지게 되고 CO_2 생성이 늦어지면 술 표면에 곰팡이가 피게 된다. 또한 CO_2 생성이 늦어진다는 것은 효모의 증식활동이 없다는 것이고 결국엔 당화과정 또한 잘되고 있지 않다는 결론까지 추론해 볼 수 있는 것이다. 즉, 단양주의 첫 시작은 얼마나 곡물을 잘 익히느냐가 성공의 포인트이다.

3. 단양주의 원리

단양주를 잘 빚기 위해서는 다음 7가지를 잘 이해해야 한다. 한 번에 빚는 술이니만큼 발효가 잘될 수 있는 모든 기술이 포함되어 있기 때문이다. 단양주의 원리는 단순히 단양주에만 적용되는 것이 아니라 초반 발효가 잘 진행될 수 있도록 하기 위함이기 때문에 술 빚는 모든 방법에 적용시킬 수 있다.

표 9-3 단양주의 원리

	요 약	이 유
1. 수곡	미생물 깨우기	미생물을 미리 깨워 넣어 잠복기간을 단축한다.
2. 온도	30℃ 전후	온도를 높여 당화를 돕는다.
3. 원료	찹쌀	당화가 잘되는 원료를 사용하여 잠복기를 줄인다.
4. 누룩	30%	누룩양을 늘려 당화와 알코올 발효가 빨리 일어날 수 있도록 한다.
5. 술(발효주)	비살균주	술의 효모, 효소, 젖산균 등을 넣어 발효를 돕는다.
6. 술(증류주)	증류식소주	알코올을 투입하여 술을 안정화시키고 도수를 높인다.
7. 혼합	당화 속도	혼합과정을 늘려 초반 당화가 잘될 수 있도록 한다.

수곡

수곡이란 '물누룩'을 말한다. 누룩을 미리 물에 담가 놓았다가 술을 빚을 때 그것을 넣어 빚는 것으로 거의 모든 단양주는 수곡을 이용하여 술을 빚는다 해도 과언이 아니다. 수곡을 이용하는 이유는 술 빚기 초반, 누룩에 있는 미생물이 활성화되는데 시간이 오래 걸리기 때문에 미생물을 미리 '깨워' 술을 빚는 것이다. 누룩을 물에 담가 놓게 되면 누룩에 있는 미생물들이 활성화되고 효소는 물에 용출된다. 이렇게 활성화된 미생물을 술 빚기 초반 넣어주기 때문에 그만큼 초반 발효 속도를 높일 수 있다.

수곡을 제조할 때에는 5가지 원칙이 있다.

표 9-4 수곡 제조의 원칙

	이 유
탕수	누룩 담가 놓을 물은 반드시 끓여 식힌 물을 이용한다.
침국시간	계절마다 차이는 있으나 보통 7시간 동안 물에 담가 놓는다(여름 5시간 정도).
이물질 제거	누룩을 물에 담그면 이물질이 뜨는데 이것을 반드시 제거한다.
누룩 걸러 내기	침국이 끝나면 거름망을 이용해 누룩찌꺼기를 걸러 내고 그 즙만을 이용한다.
누룩과 물 비율	누룩 1에 물 2~3배 정도의 비율로 수곡을 제조한다(누룩 1kg에 물 2~3L 정도).

① 끓여 식힌 물 사용

누룩을 물에 담가 놓는데 이때 사용하는 물은 반드시 끓여 식힌 것이어야 한다. 그렇지 않으면 잡균에 의해서 술 제조에 실패할 가능성이 커진다. 물을 끓여 식힐 때에는 반드시 먼지가 들어가지 않도록 덮어 놓아야 하고, 물의 온도는 20~25℃ 정도 실온에 두면 된다. 요즘은 마트에서 판매하는 생수가 잘 나오기 때문에 탕수가 시간이 걸리고 오염 가능성이 있다고 생각되면 생수에 그대로 누룩을 담가 놓고 사용해도 좋다.

② 누룩을 물에 담가 놓는 시간

옛 문헌에는 대부분 '하룻밤'이라는 용어를 사용한다. '하룻밤'이라는 시간은 사람이 언제 자느냐에 따라 다르기 때문에 정확히 알 수는 없다. 그러나 여러 경험을 통해 알게 된 사실은 누룩을 물에 담가 놓는 시간은 5~7시간 정도가 알맞다. 이 시간보다 이르면 누룩이 물에 잘 혼화되지 않는 경우가 많고 너무 오래 담가 놓으면 누룩 자체의 다른 잡균들이 증식하여 좋지 않은 냄새가 난다. 또 누룩을 물에 담가 놓을 때에는 반드시 위를 덮어 먼지나 이물질 등이 들어가지 않도록 해야 한다.

③ 이물질 제거

누룩을 빻아 물에 담그면 바로 누룩에 있는 짚이나 먼지 등이 물 위에 떠오른다. 이때 조리 등을 이용해 위에 뜬 이물질을 완전히 제거해 줘야 한다. 이렇게 뜬 이물질 등을 제거하지 못하면 나중에 맑은 술 위에 먼지 등이 뜨게 되어 주질에 좋지 않은 영향을 미친다.

④ 누룩 걸러 내기

누룩을 물에 담가 놓고 시간이 되면 누룩 담가 놓은 것을 모두 사용하는 것이 아니라, 거름망을 이용해 누룩찌꺼기를 걸러 낸다. 이때의 누룩찌꺼기는 밀기울이 대부분이다. 담가 놓은 누룩의 찌꺼기를 걸러 내는 이유는 누룩 자체에 있는 효소와 미생물이 이미 물에 많이 용출되어 있기 때문이다. 또 단양주는 이양주나 삼양주보다 누룩의 양이 많이 들어가기 때문에 누룩찌꺼기를 제거하지 않으면 완성된 술의 맛과 향, 색깔에 좋지 않은 영향을 주게 된다. 따라서 수곡을 만든 후에는 반드시 누룩찌꺼기를 걸러 낸 후에 그 즙만을 이용한다.

⑤ 누룩과 물의 비율

누룩을 물에 담가 놓는데 누룩의 양과 물의 양을 어떻게 잡는 것이 좋을까 하는 의문이 든다. 보통은 들어가는 전체 물의 양에 누룩을 담가 놓기도 하지만 너무 많은 물에 누룩을 소량 담가 놓으면 그만큼 잡균에 의한 오염이 쉽기 때문에 가급적이면 물 양을 줄여 주는 것이 좋다. 그리고 나머지 물은 수곡을 넣을 때 함께 넣어주면 된다. 따라서 알맞은 수곡의 비율은 누룩 양의 약 2~3배 정도 물을 넣어 수곡을 제조하는 것이다.

온도–이양주나 삼양주보다 높은 온도에서 발효

술 빚는 횟수가 많을수록 발효 온도는 낮춰 주는 것이 좋다. 반대로 말하면 단양주의 경우 한 번에 빚어지기 때문에 온도를 일반 술 제조보다는 높여주는 것이 바람직하다. 단양주를 낮은 온도에서 빚게 되면 술 표면이 굳고 발효가 일어나지 않아 술에서 아세톤 냄새가 강하게 나오게 된다. 따라서 단양주를 제조할 경우에는 일반 술 제조보다 온도를 5℃ 정도 높여 술을 빚는데, 약 30℃ 정도가 적당하다. 내부 품온은 30℃가 넘지 않는 것이 좋다.

표 9–5 술 제조 시 적정 온도

	이양주나 삼양주	단양주
적정 온도	20~25℃	25~30℃

단양주가 주로 여름에 빚어지는 원인이기도 하다. 온도가 높아야 당화가 잘되기 때문이다. 물론 효모의 증식도 중요하겠지만 단양주에서 더욱 중요한 것은 당화 과정이 잘 일어나게 만들어 주는 것이다.

원료–멥쌀보다는 찹쌀을 이용

앞에서 계속 언급하였듯이 단양주에서 가장 중요한 것은 충분한 호화를 통한 당화 과

표 9-6 원료별 가공 방법

	멥 쌀	찹 쌀
가공 방법	백설기, 구멍떡	고두밥

정을 좀 더 빠르게 갖고 가는 것이다. 그 때문에 단양주 제조에 사용되는 호화와 당화가 잘되는 원료를 선택해야 하고, 멥쌀보다는 찹쌀을 선택해야 단양주를 잘 빚을 수 있다.

멥쌀로 단양주를 빚을 때는 멥쌀을 그대로 쪄서 고두밥으로 사용하는 것이 아니라, 멥쌀을 가루로 만들고 반죽하여 구멍떡을 만들거나 가루를 그대로 찐 후 설기떡을 만들어 사용한다. 보통 구멍떡이나 설기를 제조할 때에는 찹쌀을 이용하지 않고 멥쌀을 이용하는데, 찹쌀을 가루 내어 익히면 된죽처럼 되기 때문이다.

◎ 전체 쌀 양의 30% 정도를 사용

일반적인 술 제조에는 전체 쌀 양의 10% 정도의 누룩을 사용한다. 그러나 단양주를 제조할 때에는 전체 들어가는 쌀 양의 30% 정도의 많은 누룩을 사용하는 것이 보통이다. 이렇게 단양주에 많은 양의 누룩을 사용하는 이유는 '술을 한 번에 빚기' 때문이다. 즉, 미생물의 배양 과정 없이 넣는 누룩의 미생물만으로 술을 빚어야 하기 때문에 누룩을 적게 넣으면 그만큼 초반 발효가 늦어지게 되어 술 표면에 곰팡이가 피거나 젖산균, 초산균의 과다 증식으로 좋은 술을 빚기 힘들다.

누룩의 양을 늘려 술을 빚게 되면 당화와 알코올 발효에는 도움을 주지만 술의 질은 떨어진다. 즉, 누룩 맛과 냄새가 너무 많이 나거나, 술의 색깔이 진해져 좋지 않다. 그렇기 때문에 단양주에 사용하는 누룩은 질 좋은 것을 사용해야 한다.

표 9-7 술 제조 시 누룩의 양

	이양주, 삼양주 등	단양주
누룩 양(전체 쌀 양 대비)	10% 이내	30% 이내

◎ 술(발효주)–술이 가지고 있는 당화 효소, 효모, 젖산균을 직접 넣어주는 것

일반적으로 이양주 이상의 술은 따로 완성된 술을 넣어주는 일은 거의 없다. 그러나 단양주는 초반 발효 속도가 느리기 때문에 발효주를 조금이라도 넣어 주는 것이 좋다. 이때 가장 중요한 것은 '살균하지 않은 술'이어야 한다는 점이다. 이는 살균하지 않은 술의 당화 효소를 직접 넣어주는 것이고, 그럴 경우 술 빚기 초반 당화 과정을 빨리 할 수 있도록 도와준다. 또 술 속에 있는 살아 있는 효모가 들어가게 되면 당을 이용한 증식과 함께 짧은 시간에 더 많은 양의 알코올을 생성시킬 수 있다. 즉, 알코올 도수를 빨리 안정권으로 높일 수 있는 것이다.

표 9–8 살균주와 비살균주

	살균주	비살균주
효소, 효모, 젖산균	없음	있음

발효주를 넣을 때에는 전체 술 양의 5% 정도면 충분하다. 술을 넣어주는 시기는 누룩을 넣어줄 때 같이 넣어주는 것이 좋다. 그래야 초반 발효를 도와줄 수 있기 때문이다.

◎ 술(증류주)–알코올을 직접 넣어 주는 것

술 제조에 증류주를 넣는 것은 우리나라의 과하주 제조 방법이다. 이 방법은 상당히 중요해서 따로 '과하주'편에서 상세히 다루도록 한다.

◎ 혼합–혼합과정을 늘려 당화 속도를 빠르게 함

이양주 이상의 술 제조에서는 거의 혼합과정이 없다. 혼합을 해도 덧술에 들어가는 고두밥이 풀어질 정도만 혼합해 주면 된다. 그러나 단양주의 경우는 그대로 두면 쌀이 수분을 흡수해 부피가 커지고 수분이 아래로 고여 들기 때문에 술 표면이 굳어지게 된다. 그렇기 때문에 단양주는 술독에 담기 전에 충분히 혼합을 하고 술독에 담아 주는 것이 좋다.

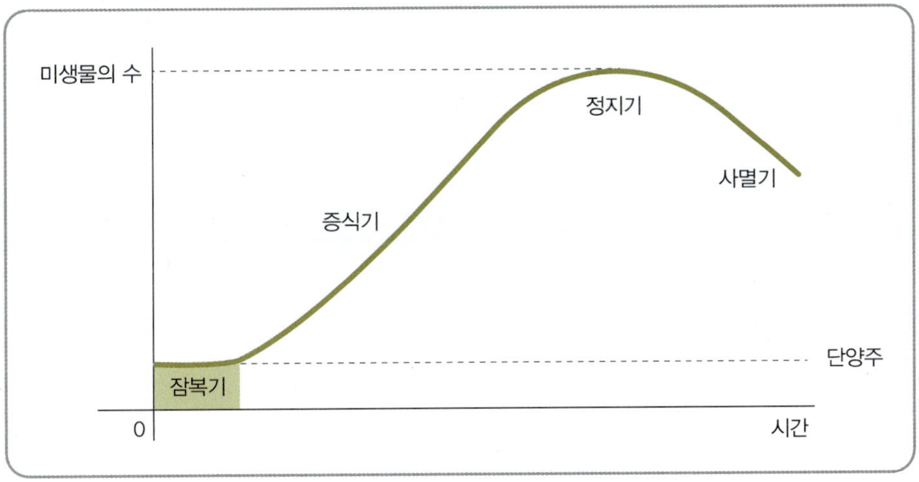

그림 9-1
미생물 생육곡선

혼합 시간은 정확히 몇 분이라고 말할 수 있는 것이 아니기 때문에 혼합 상태를 봐가면서 조절해야 한다. 술 상태가 질퍽해질 정도로 혼합해주는게 좋은데 그 질퍽함은 경험이 없으면 알 수 없는 일이라 표현하기 힘들다. 굳이 시간을 가르쳐 달라고 한다면 20분 정도 충분히 혼합하면 된다. 혼합하는 방법은 따로 없고 밥알이 깨지지 않도록 이리저리 잘 혼합해 주면 된다.

단양주는 〈그림 9-1〉에 표시된 잠복기를 얼마나 짧게 만들어 주느냐가 가장 중요하다. 단양주의 모든 제조법은 잠복기를 극복하는 방법에 대해 기록해 놓은 것이다.

4. 단양주의 제조 비율

단양주는 쌀과 물의 비율에 따라서 거르는 시기가 달라진다. 1번 방법은 쌀 양의 절반의 물을 넣어 빚는 방법으로 술이 완성되는데 7~10일이 걸린다. 술은 단맛이 높고 알코올 도수가 적기 때문에 술이 완성된 후에 물을 혼합해 단맛이 있는 막걸리로 즐길 수 있다. 2번은 가장 표준적인 방법으로 술 제조 후 5~7일이 되면 술을 걸러 마실 수 있다. 이때 술을 걸러 냉장고에 넣고 2~3일 후에 꺼내면 탄산이 가득한 청량한 막걸리를 제조할 수 있다.

3번은 쌀과 물의 비율을 1:1.5로 하여 물의 양이 많기 때문에 빠르게 발효가 진행된다. 2~3일 후에 술을 걸러도 술의 발효가 끝난 것이 아니기 때문에 탄산이 가득한 술을 제조하고자 할 때 주로 사용하는 방법이다.

표 9-9 단양주의 제조 방법

방법	쌀	물	누룩	쌀 가공	거르는 시기
1번	10	5	3	고두밥	7~10일
2번	10	10	3	고두밥	5~7일
3번	10	15	3	고두밥	2~3일

본 제조법을 살펴보면 쌀 양의 30%의 누룩이 들어가는 것을 볼 수 있다. 앞에서 언급했듯이 단양주는 이양주 이상의 술보다 누룩의 양을 더 넣어 발효시켜야 안정된 발효를 할 수 있다. 그러나 술의 맛과 향, 색에 누룩의 영향이 크게 작용하기 때문에 가급적 누룩 맛이 덜 나도록 수곡을 이용하거나 씨앗술(11 씨앗술 참고)을 활용하는 방법이 좋다. 특히 단양주에 씨앗술을 활용하게 되면 누룩 3kg이 아닌 누룩 600g이 들어가기 때문에 누룩에 의한 단양주의 품질 저하를 막을 수 있다.

10

발효 예방과 이상 발효 현상

술을 빚다보면 예상치 않았던 현상들을 많이 볼 수 있다. 술 위에 막이 생기는 현상, 곰팡이가 피는 현상, 벌레가 생기는 현상, 술이 끓어 넘치는 현상 등 발효 과정에서 생길 수 있는 다양한 현상들을 예방하는 방법과 산패와 감패 등이 생기는 이유에 대해 학습해야 한다. 우리가 이론을 공부하는 이유는 '문제가 발생했을 때 이를 해결할 수 있는 능력'을 키우기 위해서이다.

1. pH와 발효, 밀가루

술은 사람이 만드는 것이 아니라 미생물이 만들어 내는 것이다. 그렇기 때문에 미생물이 좋아하는 환경을 만들어 줘야 한다. 수분의 양이나 압력, 온도, 습도 등은 미생물의 활성에 직접적인 영향을 미치게 된다. 특히, pH(수소이온농도)는 술의 안정된 발효를 위해 매우 중요하다.

순수한 물은 pH 7로 중성을 띤다. 술 제조 초기에는 다량의 물이 들어가기 때문에 중성인 환경에서 발효를 시작한다. 그러나 이 환경에서는 술 제조에 필수적인 미생물보다는 세균이 잘 발육한다. 초기에 술이 오염되는 가장 큰 원인이 여기에 있는 것이다.

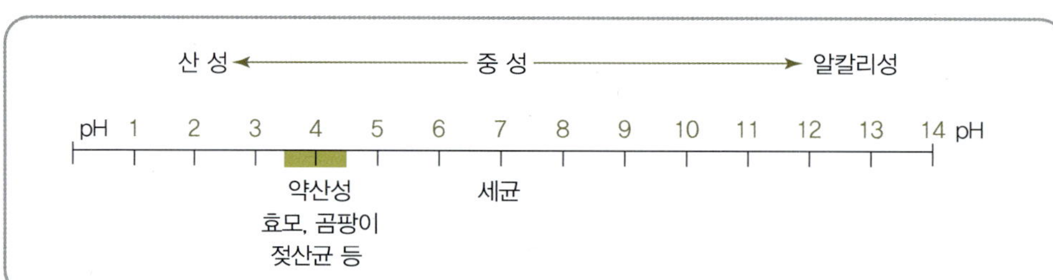

그림 10–1
pH와 발효

표 10-1 pH와 미생물

	약산성	중 성
미생물	효모, 젖산균	대부분의 세균

안정된 술 제조를 위해서는 효모의 빠른 증식과 이산화탄소의 생성이 필요하다. 효모의 증식에 따른 알코올 발효는 젖산균이나 초산균의 증식을 억제하고 이산화탄소의 생성은 술덧에 호기성균이 자라는 것을 억제한다.

다행히도 누룩을 투입하게 되면 누룩 자체의 젖산균이 당분을 이용해 빠르게 증식하여 젖산을 생성하게 된다. 젖산의 생성은 술덧을 약산성으로 만들어 술덧의 안정을 가져온다. 그러나 술덧이 약산성화되기까지 시간이 걸리고 이 기간 동안 술덧이 세균에 오염될 가능성은 커진다. 따라서 최대한 빠른 시간 안에 술덧을 약산성화 시킬 수 있어야 한다.

밀가루 투입

조선시대의 술 제조 방법이 기록되어 있는 문헌을 살펴보면 한 가지 중요한 사실을 알 수 있다. 술을 제조하는데 누룩과 함께 '밀가루'를 사용하고 있다는 것이다. 누룩은 대부분 밀을 이용해 만들지만, 누룩을 넣을 때 밀가루도 함께 넣어주는 것이 보통이다.

밀가루 투입 → 약산성화 → 세균 발육 억제 → 안정된 발효

1670년대 『음식디미방』에 기록되어 있는 발효주 제조법 중에서 누룩과 함께 밀가루를 사용하는 술이 전체 발효주의 50% 정도가 된다.

순향주, 삼해주1, 삼해주2, 삼해주, 삼오주1, 삼오주2, 죽엽주, 유화주, 사시주, 소곡주, 백화주, 벽향주1, 벽향주2, 남성주, 녹파주, 별주, 행화춘주, 시급주

1800년대 『양주방』을 살펴보면 더 많은 술에 밀가루가 투입됐음을 알 수 있다. 이렇듯 술 제조에 누룩과 함께 밀가루를 사용하는 이유는 바로 술덧의 빠른 '약산성화'에 있다. 밀가루가 투입되면 밀가루에 있는 효모, 젖산균에 의해 발효가 일어난다. 특

표 10-2 과거와 현재의 pH 조절

	과거(현재)	현재
pH 조절	밀가루 투입	젖산 투입

히, 생성된 당분을 이용해 젖산균이 젖산을 생성하게 되어 술덧을 빠르게 약산성으로 갈 수 있도록 한다.

「천연제빵 발효 Starter의 개발」(2003)이라는 논문을 살펴보면 시판되고 있는 대부분의 밀가루에 젖산균과 효모가 상당히 많이 존재하고, 그 수는 젖산균이 효모보다 100배나 더 많다는 것을 알 수 있다. 조사결과에 의하면 밀가루의 종류에 상관없이 효모와 젖산균의 수가 거의 비슷한 것으로 알려져 있다.

조선시대에 누룩과 함께 밀가루를 투입한 것은 순전히 '경험'에 의해서 넣었을 것이다. 투입된 밀가루에 의해 좀 더 안정적인 발효가 진행된다는 것을 알고 술 제조에 항상 밀가루를 투입한 것이다. 그러나 시간이 지나고 과학이 발전하면서 밀가루를 넣은 이유들이 밝혀지고 있다. 현재 대부분의 양조장에서 발효 초기의 술덧에 '젖산'을 투입해 술덧을 약산성으로 만드는 것과 같은 이치라 할 수 있다. 약산성으로 된 술덧은 pH 4 정도가 되어 중성인 환경을 좋아하는 세균들은 발육이 힘들어진다.

밀가루 투입량

우리 조상들은 계절에 따라서 밀가루의 투입량을 달리했다. 당연히 여름에 밀가루 투입량을 많이 했다. 여름에는 온도와 습도가 높아 주변에 잡균이 많기 때문에 술 제조에 어려움이 있기 때문이다. 이는 단순히 밀가루를 넣어 맛에 영향을 주려고 했다기보다 술의 안정된 발효를 위해 넣었다는 것을 의미한다. 따라서 여름에는 겨울, 봄, 가을보다 많은 양의 밀가루가 투입되었다.

이렇게 술 제조에 밀가루를 투입한 것만 봐도 우리나라의 양조기술이 얼마나 뛰어났는가를 알 수 있다. 특히, 잡균의 활성이 약할 때에는 밀가루를 적게 넣고, 여름같이 초반부터 안정된 발효가 필요할 때에는 누룩과 동량에 가까운 밀가루를 넣었다.

표 10-3 계절에 따른 밀가루 투입량

계 절	누 룩	%	밀가루
겨울	1kg	30%	300g
봄 · 가을	1kg	50%	500g
여름	1kg	100%	1kg

전통적인 발효주에 밀가루를 넣는 이유

실제로 술을 빚을 때 밀가루를 넣어주게 되면 넣지 않았을 때보다 pH가 좀 더 빠르게 떨어지는 것을 볼 수 있다. 또 밀가루를 투입하면 술 표면이 깨끗하게 끓어오르는 모습도 보게 된다. 따라서 누룩만을 이용해 이양주 이상의 전통적인 방식으로 술을 제조할 때에는 누룩과 함께 밀가루를 사용할 것을 적극 추천한다. 보통 투입되는 누룩 양의 30%의 밀가루를 넣어 술을 제조하면 된다.

2. 끓어 넘침 현상

"술이 괼 때, 넘을 것 같으면 시루를 깨끗이 씻어 항아리 위에 올려놓고 사이를 발라라. 다 괴거든(끓어올랐다가 내려가거든) 다시 시루를 떼고 항아리 입구를 싸매어 놓아라."

1670년대 『음식디미방』에는 술을 빚을 때 술 넘치는 것을 주의하라고 위와 같이 기록하고 있다. 당시에도 술이 넘치는 것에 많은 신경을 썼던 것이다.

술을 오랫동안 빚은 사람이라면 한 번쯤 술이 넘치는 것을 봤을 것이다. 술이 넘치는 가장 큰 이유는 CO_2 때문이다. 발효 과정 중에 생기는 CO_2가 밖으로 빠져 나가지 못하고 술덧 부피를 팽창시켜 발생한다. CO_2가 발효조 밖으로 빠져나가지 못하는 이유는 덧술의 가공 방법과 밑술의 발효력, 덧술 발효조의 크기에 있다. 끓어 넘침 현상은 보통 이양주에서는 일어나지 않지만, 삼양주 이상의 술을 제조할 때에는 쉽게 접할 수 있다.

표 10-4 가공 방법에 따른 넘침 현상

	1	2	3
밑술	죽	죽	범벅
덧술	죽	범벅	범벅
넘침 현상	X	XO	O

술이 가장 잘 넘치는 술은 저온에서 빚는 '호산춘' 같은 술들이다. 이 술들은 술덧 부피보다 많게는 2~3배까지 끓어올라 미리 예방하지 않으면 술이 넘치는 것을 막을 수 없다. 이렇게 잘 넘치는 술을 살펴보면 대부분 쌀의 가공 방법과 쌀과 물의 양에 많은 영향을 받는다는 것을 알 수 있다. 즉, 쌀가루를 이용해 죽, 범벅, 떡을 어떤 방법으로 가공을 하고 이때 물을 얼마큼 넣었느냐에 따라서 끓어 넘쳐 올라가는 정도가 결정된다.

〈표 10-4〉의 1번 칸을 보면 밑술을 죽으로, 덧술도 죽으로 했을 경우에는 술이 거의 넘치지 않는다. 죽은 쌀 양 대비 물의 양이 많기 때문에(묽기 때문에) CO_2가 발생하게 되면 그대로 술 표면으로 가스가 배출되기 때문에 넘치지 않는 것이다. 2번처럼 죽과 범벅으로 했을 경우에는 넘침 현상에 대해 주의를 기울여야 한다. 3번은 거의 넘친다고 생각하고 미리 예방을 해야 한다. 3번처럼 범벅과 범벅으로 밑술에 덧술을 하게 되면 밑술에서 증식된 다량의 효모에 의해서 CO_2가 빠르게 생성되고 범벅 자체가 묽지 않고 걸쭉하기 때문에 부피가 팽창해 넘치게 된다.

덧술을 하게 되면 5시간 안에 이 술이 넘칠지, 넘치지 않을지가 결정된다. 따라서 밑술은 크게 신경 쓰지 않아도 되지만 덧술부터는 술이 '넘친다'고 생각하고 미리 예방을 해야 한다. 예방을 하는 방법은 크게 3가지가 있다.

〈표 10-5〉에서 1번은 가장 일반적인 방법이다. 밑술을 하고나서 덧술을 할 때에는

표 10-5 끓어 넘침 예방법

	구 분	예방법
1	큰 용기를 사용	사전에 넘칠 것에 대비하여 마지막 덧술에 사용하는 용기를 사용한다.
2	용기 나눠놓기	용기를 둘로 나눠 놓았다가 끓어올랐다가 내려가면 다시 합친다.
3	조상들의 지혜	항아리 위에 시루를 올려 자연히 넘쳤다가 들어가는 방법을 이용한다.

마지막 덧술(삼양주의 경우)을 넣을 양을 미리 계산하여 발효조를 선택해야 한다. 술 전체의 양을 넣어도 될 만큼 큰 용기에 덧술부터 담는 것이다. 이때 2가지 정도를 주의해야 한다.

첫째는 큰 항아리라고 하더라도 덧술을 넣고 2~3배 되는 공간이 남아 있을 정도의 발효조를 선택해야 한다. 덧술을 넣었더니 발효조의 반을 채웠다고 한다면 이 또한 넘칠 가능성이 크기 때문에 잘 살펴보고 대처해야 한다.

둘째는 넘칠 것을 대비해서 밑술부터 큰 발효조에 담는 경우이다. 그러나 밑술은 가장 알맞은 발효조에 담는 것이 좋다. 밑술을 다 넣었을 때 발효조의 60~70%를 채울 수 있도록 해야 한다. 많은 사람들이 처음부터 큰 항아리에 밑술부터 마지막 덧술까지 술을 빚는 경우가 있는데, 이러한 방법은 밑술의 오염을 가져올 수 있기 때문에 좋은 방법이라 할 수 없다. 예를 들어, 밑술의 양에 대비해서 발효조가 너무 크게 되면 다음과 같은 문제가 순차적으로 생기게 된다.

> 밑술은 발효가 늦다. → CO_2 늦게 생성된다. → 발효조는 공간이 많다. → 당연히 공기 중에 수많은 잡균들이 있다. → 잡균들에 의해 술 표면에 쉽게 오염 된다. → 술 표면에 곰팡이가 피거나 젖산균의 과도한 증식으로 효모 생육까지도 억제하게 된다.

2번은 술이 넘치는 것을 미리 예방하지 못했을 경우이다. 갑자기 문제가 발생하면 넘치는 술을 떠서 다른 용기에 담아 놓았다가 술이 다 끓어올랐다가 내려가면 다시 원래의 발효조에 담아 놓는다. 이때 끓어 오른 술을 덜어 놓을 용기 또한 깨끗하게 씻고 살균해 놓아야 한다. 3번은 항아리 위에 시루를 올려놓는 방법으로 지금은 거의 사용하지 않지만 옛날에는 발효조 자체가 매우 컸기 때문에 시루를 올려놓는 방법이 매우 효과적인 방법이었다.

3. 술 표면에 곰팡이가 생기는 현상과 예방법

술 표면에 곰팡이가 생기는 이유는 간단하다. 발효조 내에 산소가 충분하기 때문이다. 이를 반대로 생각하면 문제를 쉽게 해결할 수 있다. 대부분의 곰팡이는 산소를 필요로 하기 때문에 산소가 없는 환경에서는 잘 생육하지 못한다. 따라서 술 표면에 곰팡이가 보인다는 것은 발효가 늦어 CO_2의 생성이 늦어지고 있다는 것을 의미한다고 볼 수 있다. 즉, 곰팡이가 생기지 않게 하려면 초반 발효를 빠르게 진행해 CO_2의 생성이 잘될 수 있도록 만들어 줘야 한다.

CO_2가 빨리 생성되려면 그만큼 효모 등의 미생물이 잘 증식할 수 있는 환경을 만들어 줘야 한다. 밑술의 경우 1일 1~2회 충분히 저어주는 것만으로 이 문제를 쉽게 해결할 수 있다. 수 표면에 막이 생기는 것도 밑술의 혼합으로 해결할 수 있다. 혼합을 통해 당화과정을 용이하게 하고 한쪽 술 표면이 계속해서 공기 중에 노출되는 것을 막을 수 있다. 단양주의 경우는 '단양주법'을 참고하면 된다.

4. 전통주의 산패와 감패

곡물을 이용한 술 제조에서 가장 먼저 선행되는 것은 '호화'에 있다. 호화가 잘못되면 모든 술 제조공정에 문제가 발생하게 된다. 또한, 효모에 의한 알코올 발효에 문제가 생겨도 좋은 품질의 술을 얻기 힘들다.

산패

산패(acidification, 酸敗)는 젖산균에 의해 '젖산'의 과다 생성이 가장 큰 원인이다. 술 빚기 초반 효모의 증식과 알코올 발효가 활발하지 못하면 젖산균의 수가 지나치게 많아지게 되고 자연히 젖산의 양이 많아져 술에 신맛이 강하게 나는데 이를 산패라고 한다. 이때는 단맛은 거의 없고 신맛이 매우 강하다.

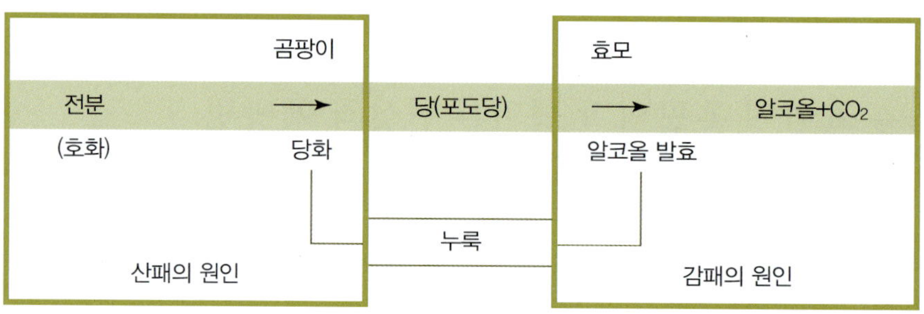

그림 10-2
산패 및 감패의 원인

표 10-6 산패의 원인

	호 화	당 화
원인	잘 익히지 않아 생기는 문제	당화제, 누룩에 문제

산패의 가장 큰 원인은 곡물의 호화와 전분 당화에 문제가 발생했을 때이다. 곡물을 잘 익히지 못하게 되면 자연히 당 생성이 일어나지 않게 된다. 당 생성이 일어나지 않게 되면 알코올 발효 또한 원활하지 못하게 되어 산패가 일어나는 것이다. 따라서 술의 산패를 예방하기 위해서는 곡물을 잘 익히는 것부터 시작해야 한다.

호화가 잘 됐는데도 불구하고 산패가 발생하는 이유는 당화에 문제가 생긴 것으로 보면 된다. 이때에는 당화를 위해 투입한 당화제의 투입량과 당화제의 품질을 살펴봐야 한다. 특히, 누룩을 사용할 때에는 누룩의 품질이 산패의 직접적 원인이 된다. 오래 묵은 누룩이나 관리가 잘되지 않아 습이 낀 누룩을 사용하게 되면 당화력이 떨어지게 되어 산패의 원인이 된다.

감패

효모의 알코올 발효에 문제가 발생했을 때 발생한다. 당화 과정이 원활하게 진행되어 포도당 생성이 잘되었지만 생성된 당을 효모가 이용하지 못하면 당량이 급격하게 증가하게 된다. 이때 '효모의 수'가 적거나 '효모의 상태'가 좋지 않으면 생성된 당을 이용한 알코올 발효가 늦어지게 되어 '당도가 높고 알코올 분은 낮은 술'이 되는데 이를 '감패(甘敗)'라고 한다. 또한, 감패는 단맛만 강한 것이 아니라 단맛과 신맛이 동시에 강한 경우가 많다.

감패의 가장 큰 원인은 '효모'에 있다. 밑술 제조 과정에서 효모가 충분히 증식되지 않았거나 누룩이나 밑술 속 효모의 상태가 좋지 않았을 때 문제가 발생한다. 밑술의 효모 증식에 문제가 생기게 되면 생성된 당을 이용하지 못하게 되어 알코올 발효가 잘 진행되지 못하게 되어 단맛이 강해진다. 또한, 효모의 알코올 발효는 저하되지만 젖산균의 젖산 생성은 많아지게 되어 신맛 또한 강하게 나게 된다. 즉, 단맛과 신맛이 강한 '감산패'가 일어나는 것이다.

표 10-7 감패의 원인

	효모의 수	효모의 상태
문제	젖산균의 증식을 억제하지 못해 발생	알코올 생성 저하로 잡균 억제 못함

감패는 주로 밑술 상태가 좋지 못하면 발생한다. 밑술의 주목적이 '효모증식'에 있기 때문에 밑술 상태가 좋지 않은 상태로 덧술을 하게 되면 알코올 발효가 늦어지게 되고 술덧의 당량은 증가하게 된다. 당량이 줄어들지 않고 계속해서 증가하게 되면 당도가 높아져 효모의 생육까지 영향을 주게 된다. 효모의 생육이 저하되고 당량이 계속해서 증가하면 단맛은 강하고 알코올 도수는 약한 술이 되는 것이다. 그러나 이 문제로 끝나게 되면 단맛이 강한 술이라 괜찮지만 대부분 젖산량이 많아져 단맛과 동시에 신맛도 강한 상태가 만들어지는 것이다.

감패를 예방하려면 밑술의 효모증식에 많은 공을 들여야 한다. 밑술 발효는 가능하면 저온에서 실행하여야 한다. 특히, 밑술에 들어가는 누룩의 품질이 좋지 않으면 효모의 발육상태가 좋지 않게 되기 때문에 좋은 품질의 누룩을 사용해야 감패를 예방할 수 있다. 또한, 누룩을 너무 곱게 갈아 사용하거나 온도를 높여 발효시키면 당량이 빠르게 증가하여 효모의 생육까지 영향을 준다는 사실을 인지해야 한다.

❖참고

보통 당도가 25Brix 이상이 되면 효모의 생육까지 억제하는 것으로 알려져 있다.

5. 술에 신맛이 나는 이유와 예방법

술을 처음부터 잘 빚으면 이런 일은 없을 것이다. 그러나 누구나 실수는 있는 법이다. 술에 신맛이 강하게 나는 이유는 여러 가지가 있다. 여기서의 신맛은 밑술에서 당연히 나야하는 신맛이 아니라, 술이 다 된 경우에 발생하는 신맛을 말하는 것이다.

술에 신맛이 많이 나는 이유는 알코올 생성이 늦었기 때문이다. 술 빚기 초반에는 효모보다 젖산균이 빠르게 증식하고 젖산발효에 의해서 생성된 산(酸)에 의해서 신맛이 강하게 나는 것이다. 젖산균은 술 빚기 초반에 pH를 약산성화시켜 주변의 잡균으로부터 술을 안정적으로 발효될 수 있도록 도와주는 역할을 하게 된다. 그러나 계속해서 젖산균이 과도하게 증식하면 오히려 효모의 생육이 억제되는 문제를 가져오게 되는 것이다. 이렇게 되면, 효모에 의한 알코올 발효가 늦어지게 되고 알코올 발효가 늦어지는 대신에 젖산발효는 더욱 진행되어 술에 신맛이 강하게 나는 문제를 가져오는 것이다. 이 문제를 해결하기 위해서는 효모증식을 목적으로 하는 밑술 제조에 각별한 신경을 써야 한다.

처음부터 술의 신맛을 억제하기 위해서는 최대한 빠른 시간 안에 알코올 도수를 10% 이상으로 올려야 한다. 보통 이양주를 제조할 경우(1:3의 비율) 밑술의 알코올 도수는 6~7% 정도 나오게 된다. 여기에 덧술을 하게 되면 10% 이상이 나오게 되면서 알코올에 약한 미생물들은 증식이 억제되거나 사멸하게 된다. 이렇게 되면 산 생성은 억제되고 알코올 도수가 상승하여 술이 안정적으로 발효될 수 있는 것이다. 따라서 신맛이 강한 술을 만들지 않으려면 알코올 발효가 잘 일어날 수 있는 환경을 만들어 줘야 한다.

누룩

누룩은 모든 술의 근원이다. 술이 잘 되거나 안 되거나 그 원인은 누룩부터 찾아봐야 한다. 보통 사람들은 누룩을 법제하지 않거나 오래된 누룩을 거침없이 사용하기 때문에 술에 문제를 가져오게 되는 것이다.

밑술

신맛이 강한 술을 만들게 되는 원인이다. 밑술에서 효모를 대량으로 증식시키지 못하고 덧술을 하게 되면 술에 문제가 발생하게 된다. 즉, 알코올 생성은 늦어지고 젖산균 등의 미생물은 과도하게 증식하여 신맛이 강한 술이 만들어지는 것이다.

덧술 시기 조절

밑술의 효모 증식이 잘 일어나도 덧술 시기를 잡지 못하면 술은 실패하게 된다. 효모가 건강할 때 덧술을 해야 함에도 그 시기를 놓치게 되면 주변의 잡균들에 의해 술에 오염현상이 생기게 된다. 밑술은 알코올 도수가 낮기 때문에 덧술 시기를 잡지 못하면 오염현상을 막을 수 없다.

֎ 온도 관리

온도를 높여 술을 빚는 것은 신맛이 나는 지름길이다. 술은 당화의 목적보다 효모의 증식과 알코올 발효에 목적을 둬야 한다. 밑술만큼은 최대한 온도를 낮춰(25℃ 이하) 술을 제조해야 한다. 온도가 높아지면 효모의 생육이 저하되고 온도가 높은 곳에서 잘 자라는 초산균이나 젖산균의 증식이 많아진다. 이렇게 되면 덧술을 해도 알코올 도수가 낮고 신맛이 강한 술이 만들어지는 것이다.

֎ 발효 관리

술독은 옮기지 않는다. 술은 미생물이 만드는 것이기 때문에 최대한 산소와의 접촉을 피해야 한다. 따라서 술을 발효시킬 때는 한 자리에 그대로 두고 천천히 발효가 일어날 수 있는 환경을 만들어 주는 것이 중요하다. 또한, 마지막 덧술을 한 이후에는 최대한 젓는 횟수를 줄여야 한다.

֎ 여과

발효가 끝나 질 좋은 술이 나왔는데 술을 거를 때 실수해서 신맛이 강한 술이 되는 경우도 많다. 대부분이 여과에 사용되는 도구를 철저하게 관리하지 못했기 때문에 발생하는 문제이다. 여과과정에서 술은 어쩔 수 없이 공기 중의 미생물들과 접하게 된다. 이때 잡균들의 침입으로 술이 실패할 수 있는 것이다. 따라서 술을 거를 때에는 청결한 환경에서 모든 도구를 철저히 살균한 후에 시행해야 발생되는 문제를 막을 수 있다.

6. 술의 갈변과 예방법

갈변이란 식품의 가공, 저장, 유통 과정에서 빛깔이 갈색으로 변하는 현상을 말하며, 술의 갈변이란 술에 사용되는 원료, 발효과정, 여과, 숙성 중에 술 빛이 갈색으로 변화는 현상을 말한다. 모든 식품이 그러하지만 술은 발효가 끝났다고 해서 술이 다 된 것은 아니다. 발효가 끝난 술은 걸러서 여과나 숙성을 하고 최종적으로는 병입을 통해 소비자에게 전달된다. 이러한 과정에서 술은 필연적으로 온도, 빛, 산소 등에 의한

외적 영향과 술을 제조하기 위해 사용한 원료와 물 등에 의한 내적 요인에 의해 영향을 받게 되고 이것은 곧 술의 품질을 저하시키게 된다.

표 10-8 술의 갈변 원인과 예방법

갈변	갈변 원인	예방법
외적 요인	산소	산소 차단 / OS_2 첨가(과실주)
	빛	청색, 갈색 병 이용
	온도	발효주 0~4도 사이 유지
내적 요인	물	철분 성분이 적은 물 사용
	단백질	단백질 함량 적은 원료 사용

산소

산소와 반응해 페놀 물질의 산화를 촉진시키는 효소적 갈변으로 술의 갈변을 예방하기 위해서는 산소와의 접촉을 차단해야 한다. 따라서 완성된 술의 여과과정이나 완성된 술을 병입하는 과정에서 산소와의 접촉을 차단해 갈변을 예방해야 한다. 또한, 완성된 술은 산소와의 접촉을 줄일 수 있는 입구가 좁은 병을 선택하는 것이 좋다.

빛

맥주 용기는 빛의 자외선을 차단해 맛과 향 성분의 변형이 오는 것을 예방하기 위해 갈색병을 이용한다. 맥주뿐만 아니라 일본의 사케도 청색이나 갈색 병을 주로 이용하는데, 이는 술이 빛에 노출되면 맛과 향을 내는 미세 성분의 응고, 산화 반응에 의해 술의 색, 맛, 향에 영향을 주기 때문이다. 따라서 우리나라에서 생산되는 약주, 청주, 과실주 등은 반드시 갈색이나 청색 병을 사용해 빛에 의한 술의 변질을 예방해야 한다.

온도

술의 일정한 품질을 유지하기 위해서는 온도 관리를 철저히 해야 한다. 아무리 좋은 술을 양조장에서 주점이나 소비자에게 전달된다 해도 보관 온도가 높으면 효소의 반응속도를 빨라져 술의 변질에 많은 영향을 주게 되는 것이다. 특히 살균되지 않은 막걸리, 약주, 청주, 과실주 등은 저장 온도에 많은 신경을 써야 한다. 과실주는 이산화황 등을 넣어 산화를 예방하지만 생 막걸리와 약주 등은 효소에 의한 반응을 최소화하기 위해 0~4도에서 보관하는 것이 좋다.

물

물은 곧 술 맛이다. 물의 품질은 곧 술의 품질로 직결된다. 물에 들어있는 철분 성분이 많으면 술의 맛이 써질 뿐 아니라 산화에 의한 술의 갈변 원인이 되기 때문에 사전에 양조용수에 대한 철저한 관리가 필요하다. 특히 일반 가정에서 사용되는 수돗물을 사용할 경우에는 오래된 수도관 등에 의해 술의 색이 빠르게 갈변하는 경우가 있다. 양조장을 창업할 경우에는 양조에 사용될 물의 성분을 면밀히 조사해 입지를 선택해야 한다.

단백질

술의 주원료인 쌀은 전분만 있는 것이 아니라 단백질을 7~8% 함유하고 있다. 단백질은 단백질 분해 효소에 의해 아미노산이 생성되고 이러한 아미노산은 술 속의 당분 등과 결합(아미노-카보닐반응, 마이야르 반응)하여 갈변을 일으키게 된다. 적절한 아미노산은 술의 맛과 향을 풍만하게 만들어 주지만 많은 경우에는 고소한 맛이 강해지고 더 오랜 시간이 지나면 간장, 된장 등의 냄새로 변한다. 이러한 현상을 예방하기 위해서는 단백질 함량이 적은 원료(쌀, 밀)를 이용하는 것이 좋다.

알고 넘어가기

막걸리와 아스파탐

현재 시중에 판매되고 있는 대부분의 막걸리에는 아스파탐, 아세설팜 등의 인공감미료와 스테비오사이드 등의 천연감미료를 이용해 술에 단맛을 낸다. 특히, 아스파탐의 경우는 방송에서도 많이 다룰 정도로 논란이 되고 있는 감미료이다. 아스파탐은 1992년 특허가 소멸되어 다양한 기업에서 아스파탐을 생산할 수 있으며 앞으로 현재보다 더 저렴한 가격의 감미료가 될 것이다. 그러나 최근 막걸리 업체에서는 아스파탐 사용을 꺼리고 있다. 방송에서 '해롭다'라는 보도를 했기 때문이다. 그뿐만 아니라 아스파탐은 열과 용액 상태에서의 안정성이 떨어진다. 막걸리에 아스파탐을 넣으면 시간이 지남에 따라서 몇 %씩 분해되어 단맛이 감소하게 된다. 또한, 열에 안정적이지 못하기 때문에 살균막걸리 제조 시 문제가 될 수 있다.

(설탕 기준)

인공감미료	당도	식물 추출 감미료	당도
아스파탐	180배	스테비오사이드	300배
아세설팜	200배	헤르난덜신	1000배
사카린	300배	토마틴	2000배

사실, 아스파탐은 아세설팜과 함께 상용했을 때 가장 효과가 좋다. 서로 당도를 높여주는 효과를 가져오기 때문이다.

이렇게 막걸리 제조에 인공, 천연감미료 등을 넣는 것은 장기적으로 막걸리가 세계화되는데 걸림돌로 작용할 것이다. 법적으로는 문제가 되지 않겠지만 국내외 소비자들의 외면을 받게 될 것이라는 것은 보지 않아도 뻔하다. 판매를 목적으로 하는 술들은 어쩔 수 없이 술에 물을 많이 희석하게 되고, 이때 부족한 단맛을 내기 위해 감미료를 사용하는데 이 때문에 스스로의 발목을 잡게 될 것이다.

오랫동안 가양주를 접한 사람들은 시판되는 막걸리를 먹지 못한다. 인공감미료의 맛이 입맛을 질리게 만들기 때문이다. 조미료가 들어가지 않은 음식들을 먹어온 사람들이 조미료가 들어가면 입에 걸려 먹지 못하는 것과 같다. 어쨌든 막걸리를 제조하는 기업들이 하나둘씩 아스파탐을 줄이거나 넣지 않는 방향으로 가는 것은 바람직한 현상이라고 본다. 개인적으로는 우리나라 술 제조에 어떠한 조미료와 감미료도 넣지 않는 것이 우리나라 술이 세계인들에게 인정받는 첫 걸음이 될 것이라 확신한다.

11

씨앗술

술 빚는 사람은 술이 실패했을 때 가장 마음이 아프다. 술을 빚어본 사람이라면 누구나 공감할 것이다. 씨앗술은 그래서 만들어졌다. 실패하지 않는 술, 그게 바로 씨앗술이다. 술을 실패하지 않으려면 밑술부터 성공해야 한다. 밑술을 실패하지 않으려면 어떻게 해야 할까. 이러한 고민에서 씨앗술을 만들게 되었다.

1. 씨앗술

씨앗술이란 술이 되기 위한 가장 근본적인 술이다. 전통주를 제조하기 위해 사용되는 누룩을 활용하여 좀 더 안전하고 완성적인 술 빚기를 위해 만들어진 것이 바로 술의 근본인 '씨앗술'이다.

씨앗술	술에 뿌리를 내리다

2. 씨앗술과 밑술

우리나라는 술을 빚는 횟수에 따라 단양주, 이양주, 삼양주 등으로 나눠진다. 특히, 이양주 이상은 가장 먼저 밑술을 제조하고 그 위에 덧하는 방식으로 술을 완성시키게

표 11-1 씨앗술과 밑술

씨앗술	밑 술
모든 술에 적용된다.	술마다 다르다.

표 11-2 이양주 제조 방법

구분	쌀	물	누룩	
밑술	2	10	1.2	멥쌀/죽
덧술	10			찹쌀/고두밥
전체 비율	12	10	1.2	

되는 구조이다. 그렇다면 밑술과 씨앗술은 어떻게 다를까?

밑술이란 반드시 덧술이 있어야 사용되는 것으로 어떤 술을 제조하느냐에 따라서 밑술의 가공방법 및 제조 비율이 다를 수밖에 없다. 그러나 씨앗술은 모든 술에 공통적으로 적용되는 것이 가장 큰 특징이다. 즉, 밑술이 시작이라면 씨앗술은 시작을 위한 술이다.

씨앗술을 이해하기 위해서 다음 이양주의 술 제조 방법을 살펴보자.

〈표 11-2〉에서 밑술의 비율을 보면 쌀 2에 물 10이 들어가고 여기에 누룩 1이 들어가게 된다. 즉, 총 쌀과 물의 양이 12가 되고 여기에 누룩이 1이 들어가게 되는 것이다. 이러한 제조법을 가진 밑술과 씨앗술은 어떠한 차이가 있을까.

다음은 씨앗술을 이용했을 때, 이양주의 술이 어떻게 달라지는지를 알아보자.

표 11-3 씨앗술 이용 시 이양주의 변화

구분	쌀	물	누룩	
씨앗술	0.3	1	0.6	멥쌀/범벅
밑술	2	10		멥쌀/죽
덧술	10			찹쌀/고두밥
전체 비율	12	10	0.6	

이렇게 이양주의 술에 씨앗술을 활용하면 마치 삼양주의 술 제조법으로 보인다. 그러나 씨앗술은 근본적으로 술을 빚는 횟수에는 포함시키지 않는다는 것을 잘 이해해야 한다. 즉, 밑술에 들어가는 누룩 대신 '씨앗술'을 사용하는 방법이기 때문이다.

씨앗술	밑술의 누룩 대신 '씨앗술'을 넣는다.

표 11-4 씨앗술과 밑술의 차이

구분	쌀	물	누룩
씨앗술	0.3	1	0.6
밑술	1	1~5	1.2

바로, 밑술에 들어가는 누룩 대신 씨앗술을 제조하여 넣는 것이다. 다음 씨앗술과 밑술의 차이에 대해서 알아보자.

씨앗술은 쌀과 물의 총량이 1.3이 들어가면서 누룩이 0.6 들어가는 반면, 밑술은 쌀과 물의 총량이 6에 누룩이 1 정도 들어간다. 즉, 씨앗술은 1.3:0.6, 밑술은 6:1.2가 들어간다. 밑술을 씨앗술에 들어가는 누룩의 양과 비율을 같게 하면 쌀과 누룩의 비율은 3:0.6이 되는 것이다. 이러한 차이가 술에 큰 변화를 가져온다. 즉, 전체 양에 비해서 씨앗술은 누룩의 양이 상대적으로 많고 밑술은 적어진다.

씨앗술이 술의 안정된 발효를 도울 수 있는 것은 바로 전체 비율에서 쌀과 물의 비율을 줄이고 누룩의 양을 늘려 안정된 효모의 배양에 목적을 두고 있는 것이다. 처음부터 대량의 곡물과 물이 투입된 상태에서 누룩을 넣어 주는 것보다는 소량의 곡물과 물, 그리고 상대적으로 많은 양의 누룩을 이용하여 효모의 안정된 배양을 첫 번째 목표로 하고 있다.

씨앗술	효모의 안정된 배양

처음부터 상대적으로 많은 누룩을 넣어 누룩 안에 있는 야생 효모와 젖산균의 대량 증식을 통해 술의 안정된 술빚기가 가능해지는 것이다. 즉, 전체 쌀과 물의 양에 비해 누룩의 양이 적을수록 실패의 확률이 높아지게 된다. 따라서 밑술 제조에 들어가는 누룩을 밑술 제조에 넣지 않고 씨앗술을 빚어 사용한다면 보다 안전하고 완벽한 술 제조가 가능하다.

3. 씨앗술 빚기

씨앗술 표준 제조법

표 11-5 씨앗술 표준 제조법

구분	쌀	물	누룩	
씨앗술	300g	1L	600g	멥쌀/범벅

① 멥쌀 300g을 10분 이내로 씻어 3시간 동안 물에 담근다.
② 3시간 후, 30~40회 헹궈내고 물기를 1시간 동안 뺀다.
③ 곱게 가루 내어 체로 친다.
④ 끓는 물 1L를 가루에 부어 혼합한다.
⑤ 20~25℃ 정도로 식혀 누룩을 혼합한다.
⑥ 작은 발효통에 담아 2일간 발효시킨다.
⑦ 밑술에 누룩 대신 넣어 준다.

이렇게 씨앗술은 쌀과 물의 양이 적어 어디서든 손쉽게 제조가 가능하며 사용하는 용기의 크기 및 공간 활용에 큰 장점을 가지고 있다.

씨앗술 지게미 걸러 내기

씨앗술은 22℃ 정도에서 발효시켜 3일 정도가 지나면 완성된다. 그러나 온도에 따라서 발효되는 정도가 다르기 때문에 항상 술 상태를 봐가며 사용하는 것이 좋다.

발효가 잘 진행되었을 경우	정상적으로 발효가 진행됐을 경우에는 씨앗술을 거름망을 이용해 걸러 지게미를 제거한 후에 그 즙을 밑술에 넣어 발효시킨다. 이때 가능하면 씨앗술을 한두 번 즙에 다시 혼합하여 완전히 착즙하여 사용하는 것이 좋다.
발효가 느리게 진행될 경우	발효상태가 느리지만 밑술을 그대로 진행해야 하는 경우에는 씨앗술을 걸러 내지 말고 그대로 밑술에 투입하여 사용한다. 단, 밑술 제조 후 덧술하기 전에 거름망을 이용해 누룩 지게미를 걸러 내고 사용하는 것이 좋다.

4. 단양주, 이양주, 삼양주에서의 씨앗술

씨앗술은 기본적으로 밑술의 개념으로 보지 않기 때문에 단양주가 이양주가 되고, 이양주가 삼양주가 되는 것이 아니라는 것을 알아 두자.

단양주

단양주는 주로 수곡(水麴)을 활용하지만 수곡 대신 씨앗술을 활용하면 알코올 도수를 높일 수 있을 뿐만 아니라 단양주의 문제인 누룩의 맛과 향을 훨씬 줄일 수 있다.

표 11-6 단양주 제조법

구분	쌀	물	누룩
부의주	10	12	씨앗술

이양주

이양주의 술은 기본적으로 밑술을 제조과정을 거치기 때문에 단양주보다 안정된 술 빚기가 가능하다. 그러나 밑술의 쌀과 물의 양에 따라서 실패할 확률이 높은 것이 사실이다. 따라서 씨앗술을 활용하여 술 빚기 초반 알코올 도수를 높여 초산발효나 젖산발효를 억제시켜 주는 것이 좋다.

표 11-7 이양주 제조법

구분	쌀	물	누룩
밑술	2	8	씨앗술
덧술	6		

삼양주

삼양주는 기본적으로 밑술 제조부터 쌀과 물에 비해 누룩의 비율을 높여주는 것이 좋다. 즉, 밑술에 들어가는 쌀과 물의 양을 적게 하고 누룩을 기본적으로 투입하여 비율적으로 누룩의 양이 많게 하는 것이다. 그러나 씨앗술을 사용하면 밑술부터 술의 양을 대폭 늘려 술 제조가 가능하기 때문에 삼양주에서도 씨앗술을 활용하는 것이 좋다.

표 11-8 삼양주 제조법

구분	쌀	물	누룩
밑술	2	6	씨앗술
덧술	2	6	
덧술2	8		

5. 씨앗술의 사용량

씨앗술로 빚을 수 있는 술의 양은 쌀 10~12kg 정도이다. 보통 10kg의 쌀로 술을 빚기 위해서는 쌀 양의 10% 정도의 누룩이 들어간다. 그러나 누룩 대신 씨앗술을 넣으면 총 쌀 양 대비 5~6% 정도의 누룩으로 술을 빚는 효과를 얻을 수 있다. 즉, 적은 양의 누룩으로 술을 빚을 수 있는 것이다. 누룩이 적게 들어간다고 무조건 술의 질이 좋아지는 것은 아니지만 누룩이 적게 들어가면서도 당화와 알코올 발효에 지장을 주지 않기 때문에 질 좋은 술을 얻을 수 있는 것이다.

만약, 쌀 5kg을 사용한다면 어떻게 해야 할까?

이때는 씨앗술을 반으로 줄여 술을 빚는 것이 아니라 씨앗술은 그대로 제조하고 씨앗술 양을 반으로 줄여 넣으면 된다. 남은 씨앗술은 냉장고에 넣어 두었다가 필요할 때 꺼내 쓸 수 있다.

또 쌀의 양이 20kg 정도 되는 술을 빚는다면 어떻게 해야 할까?

답은 간단하다. 씨앗술 제조 비율을 지키면서 두 배로 만들어 사용하면 된다. 이렇게 많은 양의 술을 빚을 때에는 좀 더 많은 양의 씨앗술을 제조해 술 빚기에 이용하면 술이 실패하는 것을 처음부터 예방해 줄 것이다.

6. 씨앗술의 효과

기존에 밑술에 누룩을 넣는 방식의 술 제조에서 씨앗술을 이용한 술 제조를 이용하게 되면 알코올 도수가 1~2% 더 높게 나온다. 이것은 씨앗술에서 증식된 효모가 밑술

표 11-9 알코올 도수의 증가에 따른 술의 변화

알코올 도수 1-2% 증가	발효 초기 산 생성균 증식의 억제
	술의 저장성 상승
	가수를 통한 술의 양 증가
	당도의 하락(2~4브릭스)
	드라이한 술 제조

제조 시 효모의 수가 급격히 증가하여 효모의 활성 중 동시에 만들어 낼 수 있는 알코올 양이 많아지기 때문이다. 이렇게 알코올 도수가 높아지면 술에는 많은 변화가 생기게 된다.

씨앗술 사용으로 마지막 덧술에서 짧은 시간 안에 알코올 도수를 상승시켜 알코올에 대한 내성이 약한 젖산균, 초산균 등의 증식을 억제해 안정된 발효에 도움을 주게 된다. 또한, 알코올 도수가 높게 나오게 되면 술의 저장성을 높이게 되고 오랫동안 숙성을 통한 고급 청주 제조가 가능해진다. 알코올 도수를 낮춰 막걸리, 약주, 청주 등을 제조할 경우 1~2%의 알코올 도수 증가로 물을 첨가하는 양(가수)이 많아지게 되어 전체 술 양을 늘릴 수 있다. 뿐만 아니라 알코올 분 1~2%의 증가는 술의 당도가 2~4브릭스 감소하기 때문에 기존 술에 씨앗술을 적용시킬 경우 단맛이 줄어들게 된다. 좀 더 드라이한 술 제조가 가능해지는 것이다.

알고 넘어가기

미생물에 의한 알코올 도수는 몇 %까지 올릴 수 있을까? 이론상으로는 25%까지 올릴 수 있지만 실제 양조에서는 22% 정도까지 올릴 수 있으며 일반적으로 제조해도 20% 정도는 어렵지 않게 나온다. 효모는 포도당이 있다고 해도 자신이 생성시킨 알코올에 대한 내성에 한계가 있기 때문에 일정 부분 알코올 도수가 올라가게 되면 자신의 세포도 파괴되기 때문에 더 이상 알코올을 생성하지 않는다. 즉, 씨앗술을 이용한다고 해서 최대치 생성된 알코올 분을 무조건 1~2% 더 높일 수 있는 것은 아니다.

12

대주모법

대주모법(大酒母法)은 한 번에 다양한 술을 빚을 때 사용한다. 우리는 지금까지 한 가지 술을 빚기 위해서 밑술부터 마지막 덧술로 끝내는 술을 배웠다. 즉, 5가지 술을 빚는다면 밑술도 5가지, 덧술도 5가지로 빚어야 하는 것이다. 이 얼마나 비효율적인가. 대주모법은 이러한 문제를 해결하기 위해서 만들어진 제조법이다. 길게 잡아 7일이면 적게는 몇 개에서 많게는 30여 개 정도의 술을 빚을 수 있다. 술이 완성되면 빚은 술만큼 다양한 술을 얻을 수 있을 것이다.

❖참고

주모는 곧 밑술이다. 한문으로는 주모라 하고 우리 말로는 밑술이라 한다. 제목 자체에 주모가 들어가지만 여기서는 주모라는 말 대신 '밑술'을 사용한다.

1. 주모

밑술이라는 것은 덧술을 빚기 위해 먼저 빚어 놓은 술을 말한다. 즉, 밑술이 있다는 것은 반드시 덧술이 있다는 것을 의미하는 것이다. 밑술의 주목적이 효모의 대량 증식에 있다는 것을 설명을 통해 숙지했을 것이다. 그러나 지금까지의 밑술은 단지 한 가지 술을 빚기 위해 한 가지 밑술을 제조하는 방법을 사용한 것이다. 즉, 술 이름에 맞는 한 가지 제조법을 이용했던 것이다. 그러나 이러한 밑술은 어떤 특정한 술을 제조하기 위해 사용되기 때문에 동시에 여러 가지 술을 제조하지는 않는다. 따라서 이번 밑술법에서는 그동안의 기술을 활용하여 밑술의 범위를 넓혀 좀 더 다양한 술을 제조하기 위한 밑술의 응용 방법에 대해 말하고자 한다.

2. 대주모의 이해

먼저, 밑술을 응용하여 새로운 제조법을 만들기 위해서는 효모에 대한 충분한 이해를 해야 한다. 효모가 좋아하는 온도와 환경, pH 등을 이용하여 최대한 많은 양의 효모를 증식시키는 것이 대주모법의 핵심이다.

표 12-1 이양주 제조법

일반적인 방법	응용 방법
밑술 + 덧술	밑술 + 덧술 + 덧술 + 덧술

일반적으로 이양주의 제조법에서 밑술과 덧술로 이루어진다. 이것은 한 가지 술을 제조하기 위한 방법으로 한 번에 많은 양의 술을 제조하기 위해서는 그 만큼의 다양한 밑술을 제조해야 하는 것이다. 그러나 한 가지 술이 아닌 동시에 많은 종류의 술을 제조할 경우에는 우리가 일반적으로 사용하는 방법으론 너무 많은 시간이 소요되게 된다. 〈표 12-1〉에서 밑술과 밑술이라는 용어를 반복해 놓았는데 엄밀히 말하면 이 전체를 하나의 큰 밑술로 보는 것이다. 그래서 대주모라고 한다.

이렇게 대주모를 제조해 다양한 술을 동시에 제조할 수 있다. 〈그림 12-1〉을 보면 기존의 밑술과 덧술로 이루어진 사양주의 개념으로 생각될 수 있으나 누룩의 양이나 술의 맑기 등 술의 질을 한 차원 높일 수 있다.

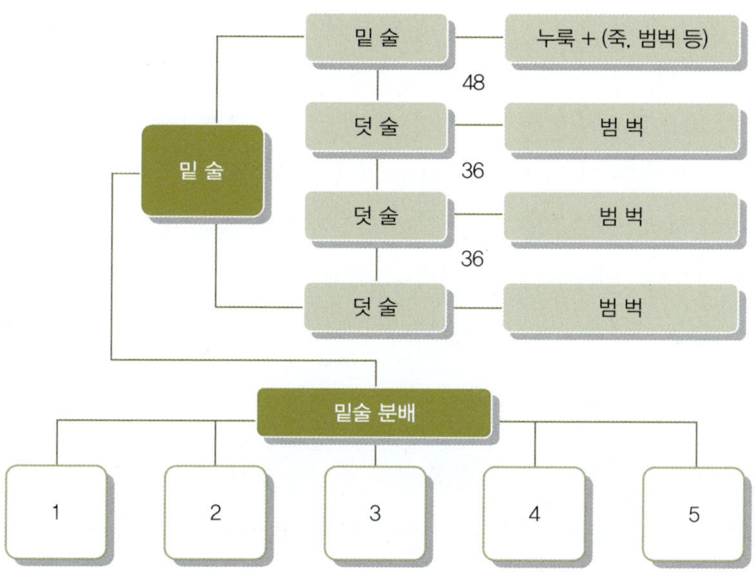

그림 12-1
대주모법

◎ 시간 조절과 젓는 횟수

밑술과 덧술의 시간 간격을 48시간으로 봤을 때, 덧술 횟수를 많이 하면 할수록 덧술 시기가 빨리 온다. 이는 효모의 양이 많아지면서 증식과 알코올 발효 활동이 빨라지기 때문이다. 따라서 덧술과 덧술의 시간 조절을 좀 더 당겨 줘야 더욱 많은 양의 효모를 증식시킬 수 있다. 보통 두 번째 덧술부터는 36시간 정도에 덧술을 하면 된다. 이렇게 4~5일 정도면 대주모가 완성된다.

대주모의 주목적은 덧술 횟수를 대량의 증식된 효모와 술의 양을 갖는 것이다. 효모의 증식을 돕기 위해서는 1일 1회씩 충분히 혼합해야 한다. 이렇게 충분히 혼합한다 해도 시간이 지나면 효모가 알코올 발효를 하게 되지만 대주모에서 알코올 생성 또한 매우 중요한 작업이기 때문에 짧은 시간 간격으로 혼합을 너무 자주 해 주는 것도 좋지 않다.

◎ 범벅과 물의 비율, 그리고 알코올 도수

대주모를 만드는데 특정한 쌀과 물의 비율이 있는 것은 아니다. 그러나 대주모법은 쌀과 물을 1:3 비율을 이용하여 대주모를 만드는 것이 좋다. 예를 들어, 물의 양이 많은 1:5 정도의 죽 형태로 가공 방법을 택할 경우 밑술의 알코올 도수가 상대적으로 낮아져 낮은 도수에서 잘 생육하는 젖산균 등에 의해 효모의 증식을 방해하는 원인이 될 수 있다. 이렇게 되면 술이 실패할 확률이 높아진다. 따라서 쌀과 물의 일정한 비율을 1:3 정도로 유지하되 여기서 물 양을 늘리는 가공법을 택하는 것은 좋지 않다.

1:3 정도의 비율로 대주모를 만들었을 때 알코올 도수가 14% 정도가 나오게 된다. 술이 안정적인 발효를 진행하기 위해서는 최대한 빠른 시간 안에 알코올 도수가 14% 이상이 되어야 한다. 삼양주와 같이 2회의 증식을 통해 술을 빚을 때에는 알코올 도수가 10% 정도가 나오는데 반해, 대주모는 대주모만으로도 알코올 도수가 14% 정도가 나와 원하는 술을 제조하기에 알맞게 된다.

◎ 대주모의 배양의 횟수

가장 일반적인 방법은 삼양주, 두 번의 효모 증식을 통해 술을 빚는 방법이다. 이렇게 두 번의 배양을 통해 술을 빚는 것은 단순히 시간적인 이유가 가장 크다. 그보다 더 큰 이유는 처음 넣은 누룩의 당화력이 떨어지기 때문에 그 이상의 술을 빚을 때에는 누룩을 추가적으로 투입해줘야 한다.

효소는 생명체가 아니다. 그러나 아무리 좋은 기계도 많이 사용하면 닳고 고장이 나는 것처럼 효소도 마찬가지다. 짧은 것은 몇 시간에서 긴 것은 며칠에서 몇 십일 정도의 능력을 발휘한다. 그렇기 때문에 시간이 지나면 지날수록 효소에 의한 당화력은 떨어지게 된다. 기계가 잘 돌아가기 위해서 기름칠을 하는데 시간이 지나면 뻑뻑해지고 다시 칠해줘야 한다. 이처럼 효소는 생명체가 아니지만 효소의 능력은 시간이 지날수록 감소하게 되는 것이다.

그렇다고 효소를 계속해서 투입할 수 없다. 누룩을 투입한다는 것은 곧 효소를 투입한다는 것이고 누룩의 투입량이 많아지면 술의 질에 영향을 주게 된다. 따라서 술 빚는 횟수는 한 번 투입한 누룩으로 한계가 있는 것이다. 보통 밑술에만 누룩을 투입한다면 삼양주나 사양주까지는 무난하지만 오양주부터는 추가적으로 누룩을 투입해줘야 한다.

❖참고
당화력(Saccharogenic power, SP, 糖化力): 효소 등이 다당류를 단당류나 이당류로 변화하게 하는 능력

3. 대주모의 활용

누룩의 투입시기

대주모는 기본적으로 덧술을 4회 실행한다. 마지막 덧술까지 실행하면 오양주의 술이 되는 것이다. 앞에서 설명했지만 사양주 이상의 술은 밑술에 넣은 누룩만으로는

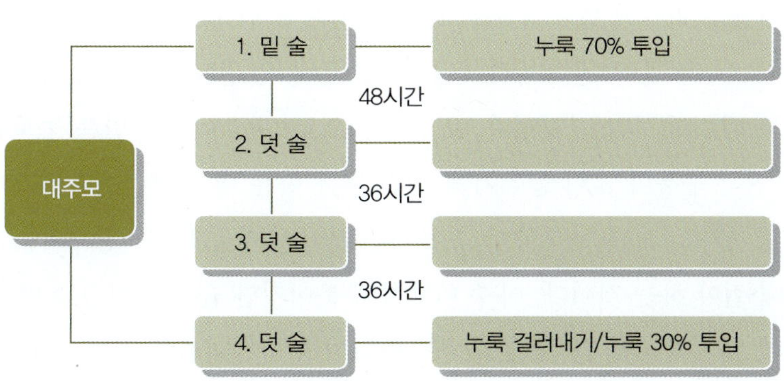

그림 12-2
누룩의 투입시기

한계가 발생한다. 즉, 처음에 넣는 누룩이 마지막에 들어오는 대량의 전분을 분해할 수 없다. 물론 아주 많은 누룩을 처음에 투입한다면 몰라도 기본적으로 전체 쌀 양의 10%의 누룩을 넣어도 마지막 들어오는 쌀을 충분히 당화시키지 못한다. 따라서 대주모를 실패 없이 만들기 위해서는 누룩을 나눠서 투입해야 한다.

〈그림 12-2〉를 보면 1번과 4번에 각각 누룩이 들어가는 것을 볼 수 있다. 모두 같은 양의 누룩이 들어가는 것이 아니라 1번에 70%, 4번에 30%의 누룩을 투입하는 것이다. 특히, 4번 투입되는 누룩을 주의 깊게 관찰할 필요가 있다. 4번의 투입된 누룩의 역할은 마지막에 들어오는 대량의 전분을 당화시키는 것이다.

누룩찌꺼기를 거르는 시점

누룩의 역할은 당화와 알코올 발효에 있다. 그리고 여기에 한 가지 더 추가 한다면 누룩의 주원료인 밀이 가지고 있는 단백질 등에서 나오는 다양한 아미노산의 향기 성분들이다. 따라서 누룩의 역할을 단지 당화와 알코올 발효로만 생각하는 것은 누룩을 너무 작은 범위 안에 가두는 것이다. 술을 제조할 때 누룩찌꺼기를 걸러 주는 것이 거르지 않은 것보다 술의 품질이 더 좋아진다고 보기 때문이다.

단양주의 경우는 수곡을 만든 후에 누룩찌꺼기를 걸러 낸다. 그리고 남은 수곡물을 이용해 술을 빚는다. 이양주 이상의 경우에는 마지막 고두밥을 넣기 전에는 누룩찌꺼기를 모두 걸러 낸다. 누룩은 앞에서 설명한 것과 같이 다양한 향기 성분을 갖는 등 좋은 역할을 수행하기도 하지만 발효되고 있는 술 안에 계속해서 있게 되면 술의 색이 진해진다.

술의 색은 봄에 막 솟아난 새싹처럼 연한 연두 빛을 내야 가장 좋은 술이다. 그 다음이 갓 태어난 오리새끼 털처럼 연한 황금빛이다. 그런데 연한 연두 빛의 술을 만들기 위해서는 누룩을 걸러 내주는 것이 좋다. 물론, 좋은 원료가 있어야 하겠지만 누룩만을 놓고 볼 때 그러하다는 것이다. 또 일반적으로 밀을 이용해 만든 누룩은 누룩향이 난다. 당연히 누룩이 많이 들어가게 되면 누룩 향은 더욱 강해진다. 그러나 술 본래의 좋은 향기가 나려면 누룩향이 죽어주는 것이 좋다. 그러기 위해서는 누룩찌꺼기를 걸러 내 줘야 하는 것이다. 아주 미세한 부분이지만 술이 완성됐을 때 큰 효과를 낸다. 따라서 마지막 덧술을 하기 전에는 반드시 누룩찌꺼기를 걸러 내고 덧술을 하는 것이 좋다.

◎ 대주모와 고두밥의 비율

대주모를 이용해 술을 제조할 때에는 쌀과 대주모의 비율을 잘 맞춰야 한다. 대주모를 다 만든 다음에는 고두밥을 혼합해 술을 제조하는데, 우리는 앞서 쌀과 물의 비율에 대해서 학습했다. 쌀과 물의 비율을 1:1로 하여 술을 제조하는 것이다. 이때, 쌀의 양이 많은 것은 단맛이 강한 술이 나오기 때문에 괜찮지만 물의 양이 많으면 술이 산패할 가능성이 커지게 된다. 대주모와 고두밥의 비율도 마찬가지다.

쌀과 물의 1:1 비율과 같이 대주모와 고두밥의 비율도 1:1로 하면 어떻게 될까. 당연히 대주모와 고두밥을 혼합한 것이 훨씬 당도가 강한 술이 나오게 된다. 대주모에는 이미 알코올이 많기 때문이다. 여기에 고두밥을 투입하면 어느 정도 알코올 도수가 높아진 후에는 당분이 그대로 술에 남아 단맛을 강하게 만들게 된다. 따라서 대주모와 쌀의 비율을 정할 때에는 대주모의 양보다 고두밥을 적게 잡아줘야 술의 맛을 맞출 수 있다. 예를 들어, 대주모의 양이 10L라면 5~8kg의 쌀을 쪄서 식힌 후에 넣어주면 된다.

13

고두밥 나눠 넣기

술을 빚다보면 다양한 현상에 직면하게 된다. 술은 발효식품이다 보니 같은 조건을 줘도 다른 결과가 나오기 마련이다. 그게 바로 술이다. 물론 완벽한 시스템을 가지고 일정한 술을 제조할 수 있으나 개인적으로 이런 술은 왠지 정이 가지 않는다. 고두밥 나눠 넣기의 방법은 한 가지의 문제를 해결하면서 생긴 재미난 술 제조 방법이면서 술의 품질을 높일 수 있는 방법이기도 하다. 사실 별거 아닌데 이 기술이 술의 질에 상당한 영향을 미치게 된다.

1. 윗막지

술을 빚고 시간이 지나게 되면 술독 안에서는 전분이 분해되고 알코올 발효가 진행된다. 즉, 화학반응이 끊임없이 일어나는 것이다. 한 알의 쌀 알갱이가 시간이 지나 발효가 일어나면 하나씩 하나씩 밑으로 가라앉게 된다. 그러다가 온도가 낮아지거나 발효력이 떨어지게 되면 쌀알이 떨어지는 속도가 늦어지게 되고 나중에는 떨어지지 않은 쌀 전체가 뭉쳐 청주 위에 떠 있게 된다. 이렇게 위에 떠 있는 쌀 뭉텅이를 '윗막지'라고 한다.

술을 빚다보면 '윗막지'는 쉽게 볼 수 있는 현상이다. 특히, 멥쌀이 아닌 찹쌀로 고두밥을 쪄 넣었을 때 두껍게 윗막지가 생기는데 그 이유는 청주 맨 위와 윗막지 맨 아

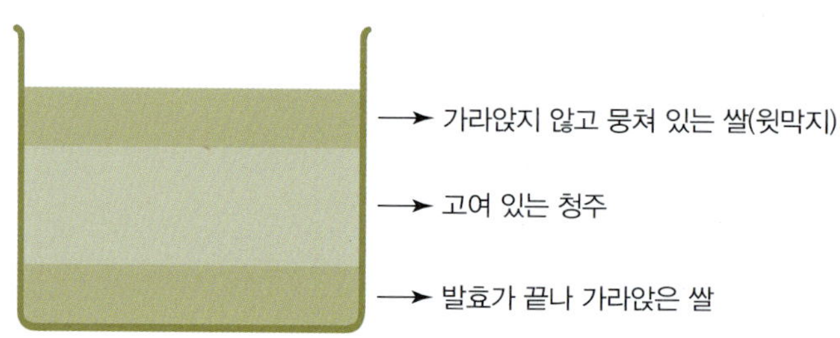

그림 13-1
윗막지

래 부분부터 발효가 하나씩 하나씩 진행되어 밥알이 떨어지는데 찹쌀은 점성이 커서 오랫동안 윗막지 형태를 유지하면서 윗막지가 하나의 큰 떡처럼 붙어 있게 되는 것이다.

발효가 지속되면 윗막지는 점차 줄어들게 되고 아래 고이는 쌀은 더욱 많아진다. 그러나 찹쌀로 빚어지는 술들은 윗막지가 어느 순간이 지나게 되면 더 이상 가라앉지 않고 그대로 떠 있는 경우가 많다. 물론, 시간이 아주 오래 지나면 덩이진 윗막지가 밑으로 꺼지게 되는데 그때까지 기다리게 되면 자칫 발효가 너무 많이 진행되어 술에서 장 냄새가 나기도 한다.

멥쌀로만 빚는 술은 이렇게 윗막지가 덩이째 생기지는 않는다. 멥쌀은 찹쌀에 비해 점도가 약하기 때문에 발효가 일어나 쌀알이 가라앉게 되면 뭉치지 않고 그대로 가라앉게 된다. 그래서 술 표면에 쌀알이 동동 떠 있는 모습을 찹쌀 술보다 멥쌀 술에서 더 쉽게 볼 수 있는 것이다. 그러나 한국의 술은 마지막 덧술을 할 때 주로 멥쌀보다 찹쌀을 이용하기 때문에 '윗막지'를 생각하며 술을 빚어야 좀 더 질 좋은 술을 만들어 낼 수 있다.

2. 윗막지 없애기

술을 제조할 때 반드시 윗막지가 생기지 않게 할 필요는 없다. 그냥 두어도 발효가 잘 일어나 원하는 술을 얻을 수 있기 때문이다. 그런데도 윗막지에 대해서 고민을 한 이유는 윗막지 자체가 색이 갈변되는 경우가 많고 술이 완성됐을 때와 걸렀을 때의 맛이 다르게 나오기 때문이다. 윗막지 갈변 현상은 맨 윗부분이 공기와의 접촉이 오랜 시간 지속되기 때문이다. 갈변 된 부분을 함께 술을 걸러 버리면 술 빛에도 영향을 주기 때문에 윗막지가 갈변되지 않는 것이 좀 더 좋은 술을 제조할 수 있는 방법이 된다. 또 윗막지에 있는 쌀 알갱이들이 갖고 있는 당분이 중간에 고여 있는 청주에는 포함되어 있지 않기 때문에 술의 맛이 완전하지 않은 상태가 된다.

윗막지를 없애는 방법은 간단하다. 그냥 하루에 한두 번씩 저어주면 된다. 그렇게 하면 점성이 강한 찹쌀이라도 붙지 않고 떨어져 발효가 일어나게 되면 밑으로 떨어지게 되는 것이다. 당연히 윗막지가 생기는 것도 어느 정도 예방할 수 있다. 술 표면의 갈변 현상도 막을 수 있다. 그러나 이렇게 저어주는 방법은 그리 바람직하지 않다. 완전한 시스템이 갖춰져 있는 않은 곳에서 저어주는 것은 자칫 술 자체를 오염시킬 수 있기 때문이다. 또한, 술과 공기의 많은 접촉은 알코올 발효와 술의 색을 진하게 하는 원인이 될 수도 있기 때문이다.

윗막지를 없애는 또 한 가지 방법은 주걱 등으로 만들어진 윗막지를 인위적으로 깨트리는 방법이다. 술 전체를 저어 주는 것이 아니라 주걱으로 윗막지만 깨트려 쌀 알갱이가 아래로 가라앉도록 하는 것이다. 실제 이 방법은 쉬우면서 술에 큰 영향을 미치지 않는다. 또한, 술 표면에 쌀 알갱이가 동동 뜰 수 있도록 하여 술 표면을 아름답게 만들 수도 있다. 그러나 여기에서 하고 싶은 이야기는 윗막지가 생기는 것을 없애는 것이 아니라 처음부터 윗막지가 생기지 않도록 만들어 주는 것이다.

3. 윗막지가 생기지 않게 하는 방법

앞에서 윗막지가 생기는 이유에 대해서 알아봤다. 실제로는 발효력이 약해서 발효가 다 일어나지 않은 부분이 굳어 생기지만, 더 핵심은 덧술 과정에서 대량의 고두밥이 투입되기 때문이다. 이양주 이상의 술을 제조할 때, 마지막 투입하는 대량의 고두밥의 양이 많아 생기는 현상이라는 것이다. 전체 수분의 양보다 고두밥의 양이 많으면 당연히 위에 고두밥이 머무는 시간이 길어지게 되고 그것이 위에 오랫동안 있으면서 점성에 의해 뭉치게 되어 아래로 떨어지지 않는 것이다. 즉, 고두밥을 한 번에 많이 넣지 않으면 윗막지 현상은 생기지 않는다.

4. 고두밥 나눠 넣기

이양주 이상의 술을 제조할 때 마지막에 들어가는 고두밥의 양은 전체 들어가는 물의 양과 거의 같다. 물론, 적게 들어갈 수도 있고 많이 들어갈 수도 있다. 쌀과 물의 비율

표 13-1 석탄주의 제조 비율

	쌀	물	누룩
밑술	2(멥쌀)	10	1.2
덧술	10(찹쌀)		
	12	10	

은 제조자가 어떤 술을 제조하느냐에 따라 다르기 때문이다. 그러나 일반적인 술 제조에서는 쌀과 물의 비율을 1:1 정도로 하여 술을 빚는데 이렇게 술을 빚으면 대부분 마지막에 대량의 고두밥이 투입되는 것이다.

〈표 13-1〉은 조선의 명주 중 하나인 '석탄주'의 제조 비율이다.

이렇게 이양주 이상의 술을 제조할 때 덧술에 대량의 쌀이 투입되면 윗막지가 두껍게 생기게 된다. 그렇다고 원래 들어가야 하는 쌀의 양을 줄여서 술을 빚을 수는 없는 일이다. 원래의 비율에서 쌀 양을 줄이면 전체적인 알코올 도수가 낮아져 산패의 원인이 되기 때문이다. 그렇기 때문에 쌀의 양은 줄이면서 전체 쌀 양은 다 넣는 방식으로 술을 제조해야 하는데 이 방법이 '고두밥 나눠 넣기'의 제조법이다. 즉, 술 제조 방법이 따로 있는 것이 아니라 내가 빚고, 빚으려는 모든 술에 적용할 수 있는 방법이다.

이 제조 비율을 조금만 조절해도 윗막지 발생을 막을 수 있다. 물론, 석탄주는 석탄주 제조 방법으로 술을 빚어야겠지만 이것은 어디까지 예를 들어 설명하기 위해서라는 것을 알아 두자.

위 제조 방법을 변형시키면 다음과 같다.

표 13-2 석탄주 변형 제조 비율

	쌀	물	누룩
밑술	2(멥쌀)	10	1
덧술	5(찹쌀)		
덧술	5(찹쌀)		
	12	10	

원래 들어가는 쌀의 양을 반반씩 나눠 넣는 것이다. 이것이 '고두밥 나눠 넣기'의 방법이다.

5. 고두밥 나눠 넣기의 기간과 응용

앞에서 설명했지만 '고두밥 나눠 넣기'는 누구나 손쉽게 할 수 있는 방법이다. 그러나 생각보다 쉽지 않다. 우리에게는 언제 두 번째 고두밥을 투입하고, 어떻게 투입하느냐의 방법이 남아 있기 때문이다. 단순히 고두밥만 나눠 넣는 것이 아니라 고두밥을 나눠 넣음으로 술 제조에서 많은 이점을 갖고 온다.

고두밥 넣는 기간

1차 고두밥을 투입한 후에 언제 2차 고두밥을 투입할 것인가의 문제이다. 1차 고두밥은 덧술 시기에 맞게 투입한다. 그리고 2차 고두밥은 3~5일 후에 투입하는데 보통 술 상태를 봐서 투입하는 것이 맞다. 술 표면에 있는 쌀 알갱이를 만져 쌀 삭은 정도를 보고 판단해야 한다. 그런데 '나는 모르겠다.'라고 하는 사람에게는 5일 후에 다시 2차 고두밥을 투입하라고 말을 한다. 이것은 어디까지나 판단의 기준이 없는 분들에게 설명할 때 하는 방법이다.

고두밥을 투입할 때에는 술독에 있는 것을 꺼냈다가 고두밥을 혼합해 다시 투입하는 것이 아니라 술독 안에 그대로 고두밥을 투입하고 긴 주걱 등으로 뭉친 밥알만 풀어주면 된다. 그렇기 때문에 처음 술을 제조할 때(삼양주 이상의 술) 고두밥을 투입할 수 있을 정도의 술독을 미리 준비해 발효를 해야 한다.

고두밥 걸러 내기

고두밥 걸러 내기란 1차 넣은 고두밥을 걸러 내는 것을 말한다. 윗막지가 생기는 것은 그만큼 쌀이 많기 때문이다. 그런데 여기에 다시 고두밥을 투입하면 전체 쌀이 많아져 다시 윗막지가 생길 수 있다. 그렇기 때문에 1차에 넣어 삭아 있는 고두밥을 한 번 걸러 내고 2차 고두밥을 투입하는 것이다.

1차 고두밥을 거를 때에는 전체를 거름망에 걸러 내는 것이 아니라 조리나 체를 이용해 액체는 빠지고 밥 알갱이는 건질 수 있는 도구를 이용하면 쉽게 고두밥을 걸러 낼 수 있다. 이렇게 1차 고두밥을 걸러 낸 후에 2차 고두밥을 투입하는 것이다.

6. 고두밥 나눠 넣기의 술은 어떻게 될까

한 번에 투입해도 되는 쌀을 힘들게 두 번에 걸쳐 나눠 넣고 그것도 모자라 1차에 넣은 고두밥을 걸러 내고 다시 2차 고두밥을 투입한다. 어떻게 보면 매우 번거로운 방법에 속하는데 꼭 이렇게 고두밥을 나눠 넣을 필요가 있는 것인가.

쌀 양이 적게 들어감

쌀과 물의 비율을 1:1로 했을 때, 고두밥 나눠 넣기로 술을 빚으면 좀 더 단맛이 강하게 난다. 그만큼 완전 당화에 고두밥 나눠 넣기가 도움이 되는 것이다. 이 말을 달리하면 고두밥 나눠 넣기로 쌀 양을 좀 줄여서 술을 빚어도 원래의 술 맛과 비교해 떨어지지 않는다는 것을 의미한다.

맛 조절이 가능

지금까지는 원래 들어가는 쌀을 반반으로 나눠 넣었지만 이 방법을 응용하면 3~4번에 걸쳐 고두밥 나눠 넣기를 할 수 있다. 정말 재미있는 제조 방법인데 조금씩 고두밥을 술독에 넣으면서 맛의 변화 과정을 살피는 것이다. 그리고 그 맛이 괜찮으면 더 이상 고두밥을 투입하지 않고 그대로 걸러 여과 과정을 거치면 된다. 이 방법이 좋은 이유는 자신에게 맞는 술 맛을 찾기 쉽기 때문이다.

14

전통주의 발효, 여과, 숙성

술을 잘 빚는 사람은 두 가지를 잘 해야 한다. 하나는 덧술 시기를 판단하는 것이고, 다른 하나는 술을 걸러 내는 시점을 찾는 일이다. 이 두 가지를 잘 하는 사람만이 좋은 술을 얻을 수 있다. 덧술 시기를 잡는 일은 앞에서 공부했고 본 장에서는 빚은 술을 언제 어떻게 걸러야 할지 결정하는 방법과 맑고 질 좋은 술을 얻기 위한 여과와 숙성 기술에 대해 알아보자.

1. 전통주의 완성

술이 다 된 것인가 안된 것인가를 판단하는 과정이다. 술이 다 됐는지 판단하는 것은 덧술 시기를 판단하는 것처럼 많은 경험을 가진 사람이 하는 일이다. 덜 익은 술을 먹는 것은 덜 익은 과일을 먹는 것과 같다. 물론 속성주처럼 반나절이나 하루 만에 만들어 먹는 술도 있지만 대부분의 술은 오랜 시간에 걸쳐 완성된다.

"술이 다 익은 것인지 모르겠어요."

학생들이 가장 많이 하는 질문이다. 그렇다면 어떤 방법으로 술이 익었는가를 판단하는지 알아보자.

술의 완성여부 판단하기

① 불을 이용하는 방법

'심지불하여 독 속에 넣어 꺼지면 익고 꺼지지 않으면 설었나니….' 1800년대 『양주법』에 등장하는 '백화주' 제조법에 기록되어 있는 내용이다. 이렇게 옛날에는 항아리 안에 촛불 심지에 불을 붙여 꺼지지 않으면 술이 다 익은 것으로 봤고 꺼지면 쌀이 덜 삭은 상태로 봐서 술이 익지 않았다고 판단했다. 촛불이 꺼지지 않는다는 것은 곧 발효가 끝난 것을 의미한다. 발효가 한참 일어날 때에는 CO_2 생성양이 많다. 이때에는 불을 붙여 술독 안으로 들여 놓으면 산소가 희박해 불이 꺼진다. 즉 발효를 더 진행해야 하는 것이다. 발효가 끝난 것은 반대로 생각하면 된다.

그러나 이 방법은 상황에 따라서 달라지기 때문에 지금은 거의 사용하지 않는다. 왜냐하면 발효조 안을 자주 열고 닫거나 술덧을 휘젓는 과정에서 가스가 밖으로 빠지게 되는데 이때 불을 넣으면 당연히 꺼지지 않는다. 또한, 발효조가 작거나 너무 많은 술덧이 들어 있으면 탄산이 쉽게 날아가고 불을 술독 안에 넣기도 힘들다.

② 쌀이 뜬 모습을 보고 판단하는 방법

옛 문헌에는 '쌀이 뜨면 사용하라', '위에 개미가 뜨면' 등의 내용을 종종 볼 수 있다. 술을 빚으면 삭은 쌀알이 하나 둘씩 밑으로 가라앉게 된다. 그리고 가라앉고 남은 쌀이 남아 있게 되는데 눈으로 보면 마치 쌀이 위에 떠 보이게 되는 것이다. 우리 조상들은 그것을 보고 흰 꽃이 핀 것 같다 하여 백화주(白花酒), 매화꽃이 핀 것 같다 하여 매화주(梅花酒), 개미의 유충이 뜬 것 같다 하여 부의주(浮蟻酒) 등으로 불렀다.

쌀이 삭아 맑은 술 위에 뜬다는 것은 쌀알이 모두 삭았다는 것을 의미한다. 쌀은 발효가 일어나면서 아래로 가라앉는다. 쌀에 있던 전분질이 분해되고 그 안에 CO_2 발생해 술덧이 위에 뜨지만 시간이 지나면서 CO_2가 날아가고 그 자리에 술이 들어가서 무거워진다. 그러면 삭은 쌀알이 밑으로 가라앉게 되는 것이다. 따라서 위에 떠 있는 쌀들은 시간이 지나면 밑으로 가라앉게 된다. 이때 맑은 술을 떠내고 용수를 박아 넣거나 술을 걸러 저온 여과에 들어가야 한다. 술에 등급을 매긴다면 가장 귀한 술은 위에 맑게 뜬 술이다. 가장 맛이 좋고 맑다.

③ 맛보고 판단하는 방법

맛보고 판단하는 것이 가장 정확하다. 누가 뭐라 해도 술은 맛이 좋아야 하기 때문에 술 맛을 보고 잘 익었는지를 판단해야 하는 것은 당연한 것이다. 맑게 뜬 술을 먹는 것이 좋으며 찹쌀로 덧술하여 윗막지가 있는 경우는 술덧 가를 술 국자 등으로 누르거나 가운데를 조금 파 놓고 기다리면 맑은 술이 고인다. 이때 술 맛을 보고 결정한다. 술 맛은 너무나 주관적이기 때문에 자신이 맛보고 입에 맞는지로 판단한다.

윗막지가 있는 술은 술의 맛을 봐도 정확히 판단하기가 힘들다. 윗막지에 함유되어 있는 당이 술에 들어가 있지 않은 상태이기 때문에 이때 술 맛과 위막지까지 걸러 냈을 때의 술맛이 다르다. 위막지가 있는 상태에서 술맛을 보니 신맛이 강했는데 나중에 보니 신맛이 없어지고 술맛이 좋아졌다는 것은 바로 이 때문이다. 즉, 신맛이 있었던 술이 걸러서 오래 두면 쌀이 가지고 있던 당 때문에 당도가 높아져 신맛과 단맛이 조화롭게 된다.

④ 삭은 쌀 알갱이를 만져서 판단하는 방법

찹쌀로 덧술한 술은 맑은 술이 뜨지 않고 윗막지가 생기는 경우도 많다. 이때에는 술맛을 봐도 정확한 판단을 내리기 힘들다. 아직 윗막지에 있는 당이 술에 함유되어 있지 않기 때문에 술 맛이 정확하지 않다. 따라서 술 표면에 있는 쌀 알갱이를 비벼보고 잘 삭았는지를 확인한다.

엄지와 집게손가락으로 윗막지의 쌀을 비벼 본다. 비벼서 술 즙이 잘 나오고 쌀밥이 뻣뻣해지면 잘 삭은 것이다. 반대로 즙이 잘 나오지 않고 비볐을 때 미끌미끌하면 완전히 삭을 때까지 시간을 좀 더 줘야 한다. 만약, 삭지 않은 술덧을 거르게 되면 잘 걸러지지도 않고 술도 많이 나오지 않는다. 또한, 걸러 낸 술도 침전이 생기고 혼탁해 맑은 술을 뜨기 힘들다.

⑤ 알코올 도수로 판단하는 방법

술은 알코올을 만드는 과정이다. 제조법마다 다르지만 보통 삼양주의 경우는 18% 이상, 이양주의 경우는 16% 이상, 단양주의 경우는 14% 이상의 알코올 도수를 갖는다. 우리가 술을 제조해 만들 수 있는 알코올 도수는 이론상으로 25% 정도까지 높일 수 있다고 한다. 실제 양조장에서는 22% 정도까지 올리고 있으며, 일반 가정에서는 18~20%까지는 무난하게 알코올 도수를 높일 수 있다. 이렇게 효모가 생성할 수 있는 알코올 도수는 한계가 있기 때문에 알코올 도수를 이용해 술의 완성여부를 판단할 수 있다. 알코올 발효가 끝났다는 것은 알코올 생성을 더 이상 하지 않는다는 것이기 때문에 그 차이를 이용해 판단할 수 있는 것이다.

여러 관능적인 평가로 술이 다 됐다고 판단하면 술을 채취해 알코올 도수를 측정한다. 알코올 도수를 측정하고 3~4일 후에 다시 한 번 측정해 그 차이로 알코올 발효가 끝난 것인지 판단하는 것이다. 예를 들어, 처음 알코올 도수를 측정했는데 16%가 나왔다. 그리고 3~4일 후에 다시 한 번 측정했는데 알코올 도수의 변화가 없다면 알코올 발효는 끝난 것이다. 그러나 알코올 도수가 높아졌다면 좀 더 발효를 진행해야 한다.

술 맛 들이기

필자가 주로 사용하는 방법이다. 술을 잘 만드는 사람은 두 가지를 잘 해야 한다. 첫째는 덧술 시기 판단, 둘째는 술 거르는 시기를 판단하는 것이다. 이 두 가지를 잘 해야 좋은 술을 빚을 수 있다. 앞에 설명하였듯이 여러 관능에 의해 술이 다 된 것을 판단한다. 그러나 술을 걸러 내지 않는다. 술 맛을 들이는 것이다.

술이 막 익었을 때와 술 맛을 들인 이후는 술 맛과 향에 많은 차이가 난다. 주로 향을 이용해 판단할 수 있는데, 막 익었을 때는 신선한 느낌을 받을 수 있다. 그러나 술을 익히고 난 후에는 잘 익은 열대 과일향을 느낄 수 있다. 처음에는 알코올향이 강하지만 시간이 지나면서 알코올향보다는 술 본래의 향이 올라온다. 이때는 바닐라나 코코넛, 잘 익은 복숭아향을 느낄 수 있다.

방법은 쉽다. 술이 다 된 것을 확인했으면 그 상태로 1~3개월 정도 더 발효를 진행한다. 물론 술을 거르지 않은 상태로 그대로 진행하는 것이다. 그리고 1주일 간격으로 술의 향과 맛을 짚어가며 거르는 시기를 조절한다. 술은 관능적으로 완성된 후에 보통 1개월 정도 더 발효를 시키는 것이 향이 더 좋아져 깊은 맛을 가지게 된다.

그러나 이때 주의해야 하는 것은 너무 오랫동안 실온에 방치한 상태로 '술 맛 들이기'작업을 진행하면 좋지 않은 향미가 올라오게 된다. 따라서 '술 맛 들이기'는 길어도 3개월을 넘겨서는 좋지 않다. 당연히 여름과 같이 온도가 높을 때에는 맛이 빨리 들기 때문에 술이 완성된 후에 1개월 이상 두는 것은 바람직하지 않다. '술 맛 들이기'가 끝나면 술을 걸러 저온여과를 실시해 맑은 청주를 얻어 사용한다.

2. 전통주의 여과

'술 거르기'를 여과(filtration, 濾過)라고 한다. 완성된 술을 거르게 되면 '술지게미'가 나오게 된다. 지게미는 발효가 끝난 쌀이나 누룩의 밀기울이 대부분이다. 이렇게 지게미를 걸러 내는 이유는 좀 더 맑고 목 넘김이 좋은 술을 제조하기 위해서이다.

용수

우리나라의 술은 맑은 술을 뜨기 위해서 '용수'라는 대나무나 싸리나무 등으로 엮어 만든 술 거르는 도구를 이용했다. 다 된 술덧에 용수를 꽂아 놓으면 시간이 지나 큰 지게미 등은 용수 밖에 있고 용수 안에 액체의 술이 고이게 된다. 이렇게 시간이 지나면 용수 안에 고인 술은 점차 침전물이 밑으로 가라앉아 위가 맑아진다.

용수는 대나무로 많이 만든다. 지금도 큰 시장에서는 용수를 어렵지 않게 찾아볼 수 있다. 용수를 사서 그대로 술에 꽂아 놓으면 술에서 대나무 맛이 난다. 따라서 용수를 이용하려면 먼저 용수를 물에 충분히 담가 놓아 용수가 가지고 있는 색을 빼야 하며 한두 번 정도 푹 삶아 냄새를 제거한 후에 사용하는 것이 좋다.

용수는 완성된 술에 박아 넣어야 하는데 완성된 술이 위에 맑게 올라와 있으면 먼저, 맑은 술을 떠낸 후에 용수를 박는 것이 좋다. 용수를 박으면 맑게 뜬 술 또한 탁해지게 되고 맛 또한 변질 될 수 있기 때문이다. 처음 용수를 박으면 용수가 위로 떠오르기 때문에 무거운 것을 용수 위에 올려놓거나 발효조 뚜껑으로 눌러 고정시켜야 한다.

맑은 술을 다 떠내면 용수를 뽑아 깨끗하게 세척한 후에 용수에 밴 술 맛이나 색을 씻어 제거하고 햇볕에 완전히 말려 먼지나 이물질이 묻지 않도록 하여 보관해야 한

그림 14-1
용수

다. 또 다시 사용할 때에도 용수를 철저하게 살균하고 세척하여 말린 후에 사용한다. 또한, 용수를 구매할 때에는 발효조의 입구 지름을 잘 알고 지름보다 작은 것을 사야 발효조 안으로 용수를 박아 넣을 수 있다.

여름에는 용수를 이용하여 여과하는 것이 좋지 않다. 여름에는 주변에 잡균이 많고 술의 변질이 빨리 오기 때문에 용수를 박는 것은 온도가 서늘한 늦가을부터 늦봄까지가 적당하다. 여름에는 술을 여과망에 걸러 저온에 놓아 청주를 뜬다.

저온침전 여과

모든 것이 완벽한 상태에서 여과할 경우, 가장 맛이 좋은 술은 용수를 박아 자연적으로 맑게 걸러진 청주다. 그 다음이 압력을 가해 저온에 넣어 무거운 물질을 침전시키고 위에 맑게 뜬 술이며 가장 맛이 덜한 술이 술에 규조토나 활성탄을 풀어 필터프레스 등으로 압을 가해 내리는 술이다. 시판되는 술은 대부분 필터프레스로 맑게 걸러진 술이다.

저온침전 여과는 보통 0~4℃ 정도에 보관하게 된다. 온도가 내려가게 되면 술 속의 단백질 등 기타 물질들이 응축하게 되어 밑으로 침전되고 위에 맑은 술이 고이게 된다. 그러나 술의 당도가 높으면 점성이 강해 침전이 잘 일어나지 않는다. 이때는 물을 희석해 점성을 낮추거나 상온에서 침전시킨 후에 다시 저온에 두어야 맑은 술을 얻을 수 있다.

술은 압을 가하지 않고 떠낸 술이 가장 맛이 좋다. 가장 순수한 술 맛을 볼 수 있기 때문이다. 압을 가하고 미세한 이물질이 잘 걸러질 수 있도록 여과제를 첨가하면 그 맛이 술에서 미세하게 나오게 된다. 또한 여과포나 여과지를 통과하면서 미세하게 맛에 영향을 주게 된다. 일반적으로 순수 분리된 술과 필터프레스에 의해 여과된 술을 마셔보면 둘의 차이를 분별할 수 있다.

필터프레스 여과

필터프레스 여과를 할 때에는 여과포나 여과지를 청결하게 관리하고 너무 많은 여과제 사용은 술맛에 영향을 주기 때문에 자제해야 한다. 여과기를 사용한 후에는 여과기와 관 등을 고압세척기 등으로 깨끗하게 씻어내고 이물질이 없도록 관리해야 한다.

또한 여과포나 여과지의 비용이 많이 들기 때문에 씻어서 말렸다가 다시 사용하는 경우가 많이 있다. 이러한 경우에는 술의 맛과 향, 주변의 냄새 등에 영향을 받을 수 있기 때문에 많은 주의가 필요하다.

❖참고

전통적으로 만든 누룩을 이용해 만든 술은 규조토 등을 이용하지 않으면 필터프레스로 여과하기 어렵다. 누룩으로 빚은 술은 술 자체에 많은 당분과 섬유질이 남아 있어 여과기를 이용할 경우 여과지나 여과포가 그대로 당질 등에 의해 막혀 버리게 된다. 따라서 누룩만을 이용해 술을 제조한 경우에는 가급적 필터프레스 여과보다 용수나 저온여과를 이용해 술을 맑게 만드는 것이 좋다.

감압 여과

보통 적은 양을 여과할 때 사용한다. 규조토와 여과지, 감압펌프를 이용하는 방법이다.

여과할 술에 적당량의 규조토를 혼합하고 10분 정도 둔다. 그리고 감압을 걸어 놓은 상태로 천천히 규조토를 혼합한 술을 붓는다. 이렇게 하면 감압이 술을 아래로 당기는 효과를 주기 때문에 규조토는 여과지에 걸리게 되고 술을 여과지를 통과해 맑은 상태로 나오게 되는 여과법이다.

감압 여과를 진행할 때에는 몇 가지 주의할 점이 있다. 첫째는 완전히 탁한 술은 감압 여과로 여과하기 힘들다. 따라서 술을 걸러 어느 정도 무거운 침전물이 가라앉은 상태에서 위에 맑아진 술을 다시 맑게 여과하는 것이 바람직하다. 또한, 여과지는 여과지 냄새가 나기 때문에 가능하면 미지근한 물에 잠깐이라도 담가 두었다가 사용하는 것이 좋다. 이 작업을 하지 않으면 여과한 술에서 여과지가 가지고 있는 냄새가 술에 배어 좋지 않다.

전통주의 가수

쌀을 이용해 이양주 이상의 술을 제조하면 보통 17~19% 정도의 술을 얻을 수 있다. 시중에 나오는 대부분의 약주는 13~15% 정도이다. 양조장에서 처음부터 이 정도의 알코올 분을 가진 술을 만드는 것이 아니라 높게 나온 알코올 분의 술에 물을 혼합해 알코올 도수를 낮춘 것이다. 이때 술에 물을 넣는 것을 '가수(加水)'라고 한다.

완성된 술은 알코올 도수가 높기 때문에 가수를 통해 알코올 도수를 낮춰 음용하기 알맞게 만드는 것이다. 또한, 가수를 통해 양조장에서는 술의 양을 늘릴 수 있어 경제적인 술을 만들 수 있다. 물론 도수가 높은 술을 선호하는 사람들은 가수를 하지 않고 그대로 걸러 마시면 된다.

물이 가장 좋은 곳은 양조장이 있는 곳이라는 말도 있다. 그만큼 양조장의 생명은 물에 있다. 특히, 막걸리 제조의 경우 상당히 많은 양의 물을 가수하기 때문에 물맛이 중요할 수밖에 없다. 실제로 여러 이유에 의해서 물맛이 나빠지면 양조장을 물 좋은 곳으로 옮기기도 한다.

일반적으로 가수하는 물은 지하수를 이용하거나 끓여 식힌 물을 이용한다. 둘 다 잡균이 들어가는 것에 주의해야 한다. 가수의 양은 술의 알코올 도수, 술의 맛 등을 종합적으로 판단해 결정한다. 이 중에서도 원하는 알코올 도수를 맞추기 위해서는 원주(元酒)의 알코올 도수를 알고 넣는 물의 양을 책정한다.

3. 전통주의 숙성

'더 좋은 맛과 향'을 위해서 숙성을 시행한다. '숙성(aging, 熟成)'이란 완성된 술에 남아 있는 물질이 미생물이나 화학적 반응에 의해 독특한 맛과 향을 갖게 하는 것을 말한다. 우리나라의 술이 가장 부족한 부분이 바로 '숙성' 기술이다. 우리나라의 발효주도 1년산, 3년산, 5년산 술들이 나와야 한다.

그림 14-2
제주도 한라산 소주 제조장

표 14-1 여과와 숙성

	여 과	숙 성
상태	침전을 통해 앙금분리 과정	완성된 술에 독특한 맛과 향미 부여

숙성은 완성된 술을 숙성시켜야 한다. 숙성은 덜 익은 술을 숙성시키는 것이 아니라 완성된 술을 숙성시켜야 더 좋은 맛이 나게 된다. 술을 저온에 두게 되면 침전물이 밑으로 가라앉게 된다. 이렇게 오랫동안 두는 것은 숙성이 아니라 여과 과정에 속하게 되는 것이다. 숙성은 여과 과정까지 마친 맑은 술을 따로 숙성 용기에 담아 저온에 보관하여 술에 독특한 향미를 부여하는 것이 바로 숙성이다.

숙성용기

발효용기와 숙성용기는 다르다. 발효용기는 공기와의 접촉을 최대한 줄이고 술이 새지 않도록 하는 용기를 사용해야 한다. 그러나 숙성용기는 미세한 공기접촉을 통해 술을 부드럽게 만들어 준다. 대부분 숙성은 발효주가 아닌 증류주를 숙성하게 된다. 오랜 시간이 지나도 알코올 도수가 높아 부패하지 않고 시간이 지날수록 술이 부드러워지기 때문이다.

증류주를 숙성시킬 때에는 주로 오크통을 이용하는데 오크통에 의해 숙성된 술은 독특한 맛과 향, 색을 갖게 된다. 증류주를 숙성시킬 때 가장 중요한 것은 공기와의 접촉이다. 증류주 숙성에 공기접촉이 없으면 그만큼 숙성이 잘 일어나지 않아 처음 상태에서 많이 변하지 않게 된다.

발효주를 숙성시키는 것은 매우 어려운 기술이다. 알코올 도수가 낮아 오랜 숙성기간에는 술이 부패할 수 있으며 살균하지 않은 술은 술 속의 아미노산이나 당분에 의해 술의 색이 진해져 술의 품질을 떨어뜨리게 된다. 따라서 발효주를 숙성시킬 때에는 최대한 공기와의 접촉을 차단시키고 저온에서 보관해야 한다.

표 14-2 발효용기와 숙성용기

	발효용기	숙성용기
공기	공기 접촉 차단	공기 접촉

표 14-3 발효주와 증류주

발효주	증류주
알코올 도수가 낮아 장기간 숙성의 어려움	알코올 도수가 높아 장기간 숙성 가능

발효주를 오랜 시간 숙성시키기 위해서는 가수를 하지 않은 상태로 숙성시켜야 한다. 물을 넣지 않은 상태의 발효주는 알코올 도수가 17% 이상이 되기 때문에 술의 저온 숙성과정에서 알코올 도수가 낮아 일어나는 문제를 최대한 줄일 수 있다. 따라서 장기저장 발효주를 만들고자 한다면 최대한 알코올 도수가 높게 나올 수 있는 가공 방법을 이용하는 것이 바람직하다. 물론 발효주를 살균하면 효소로 인해 발생할 수 있는 문제를 줄 일 수 있으나 진정한 숙성 발효주라고 하기 위해서는 생주를 장기간 보관하는 기술이어야 한다.

실제로 알코올 도수 17% 이상의 술을 0~4℃ 정도에서 1~2년 정도 숙성시키게 되면 술의 맛과 향이 훨씬 좋아지는 것을 확인할 수 있다. 그러나 시중에 나오는 대부분의 발효주는 숙성을 거치지 않는다. 그 이유는 경제성과 보관에 있다. 오랜 숙성 기간으로 가치를 부여한 술은 한 병당 더 많은 원가를 가지게 되고 그 부담은 소비자에게 간다. 특히, 우리나라의 주세법이 술의 양이나 알코올에 세금을 부과하는 것이 아니라 술과 병, 포장 등 전체 금액에 세금을 부과해 좋은 전통주의 시장 진입이 어려운 것이 현실이다.

발효주를 오랜 시간 숙성시키기 위해 높은 도수의 알코올 분을 가진 술을 만들기 위해서는 최대한 건강한 효모를 많이 배양해야 한다. 보통의 누룩으로 삼양주 정도의 술을 빚게 되면 기본 17% 이상의 술을 제조할 수 있으며 최대 19% 정도의 술을 제조

표 14-4 숙성용기

숙성용기	발효주	증류주
나무	부적당	적당
항아리	부적당	적당
유리병	적당	부적당
플라스틱	부적당	부적당

하기 위해서는 보통의 발효 온도보다 낮은 온도에서 술을 제조해야 높은 알코올 분을 가진 술을 얻을 수 있다.

⊚ 숙성 온도와 습도 편차

주류의 숙성에서 가장 중요한 것은 숙성 온도다. 숙성시키는 술은 발효주와 증류주에 따라 다르다. 보통 발효주는 저온에서 숙성시키지만 증류주는 실온에서 숙성시킨다. 또한, 발효주는 온도 편차가 없는 것이 좋지만 증류주는 온도 편차가 큰 곳이 숙성에 적합하다. 발효주는 온도 편차가 크면 술에 남아 있는 효소에 의해 술의 변질 위험이 크기 때문에 일정한 온도를 유지해 주는 것이 좋다. 그러나 증류주는 알코올 도수가 높아 술이 변질할 우려가 적으며 온도 편차가 커야 숙성률이 높아진다.

숙성에 있어 온도와 함께 중요한 것이 상대습도다. 특히, 증류주의 경우에는 습도에 따라 술의 감소율이 커지게 된다. 습도가 너무 낮으면 그만큼 신이 마시는 술이 많아지게 되어 술의 양이 줄어들게 된다. 따라서 상대습도 60~70% 정도가 증류주의 숙성 온도에 적합하다.

와인과 같은 과실주는 일반 쌀로 빚은 청주와는 숙성 온도가 다르다. 와인은 아황산을 넣어 산화와 갈변을 막고 잡균의 증식을 억제하기 때문에 동굴의 온도와 같은 14℃ 정도가 적당하지만, 청주의 경우는 아황산을 첨가하지 않고 숙성시키기 때문에 14℃ 정도에서 숙성시킬 경우 술의 변질이 빠르게 온다. 물론 살균한 청주는 과실주와 같은 숙성온도를 갖지만 살균하지 않은 청주는 최대한 저온에서 숙성시켜야 한다.

표 14-5 발효주와 증류주

	발효주	증류주
도수	17~19%	25% 이상
숙성 온도	0~4℃(청주)/14% 정도(과실주)	20~25℃
숙성 습도	60~70%	60~70%
온도 편차	적을수록 좋다.	클수록 좋다.

숙성 기간

술의 숙성 기간은 곧 술의 가치를 말해준다. 쌀을 깎을수록, 덧술 횟수를 많이 할수록, 술의 숙성 기간이 길어질수록 술의 가치는 상승한다. 몰론 술의 맛과 향, 색이 가장 중요한 요소가 된다. 살균하지 않은 청주의 경우 최소 1년 정도의 숙성이 되어야 제대로 된 청주의 맛을 가져온다. 술을 빚기 시작해서 여과를 통해 맑은 술을 얻고 이 맑은 술을 다시 저온에 숙성시키는 기간이 최소 1년은 가야 한다.

증류주의 경우는 같은 술이라도 숙성 기간이 길수록 술의 가격이 높아진다. 숙성을 하게 되면 술이 증발하여 사라지게 되고 시간이 지나면 지날수록 사라지는 양은 더 많아지게 된다. 당연히 같은 술이라도 숙성이 오래되면 술의 양이 줄어들어 가치가 상승하는 것이다.

15

막걸리

가장 한국적인 술, 그것은 막걸리다. 막걸리는 탁한 것이 아니라 흰 것이고 저렴한 술이 아니라 가장 대중적인 우리의 전통주이다. 막걸리 안에는 쌀과 물만 있는 것이 아니라 뛰어난 과학이 숨어 있다. 빠른 시간 안에 술을 제조하고 탄산에 의해 시원한 청량미를 갖으며 영양성분이 많아 건강음료로도 손색이 없는 술이 바로 막걸리다.

1. 막걸리의 정의

막걸리는 '지금 바로 걸러낸 술'이라는 의미를 가진 말로, 최초의 한글 기록은 1800년대 전후 조선시대 백과사전인 『광재물보』에 처음 등장한다. 또한, 1850년대 이후 서울 세책가에서 필사한 『춘향전』에는 '한 영감이 앉아서 막걸리 팔며', '청주 모주 막걸리 모두 합해 혼돈주를', '막걸리 한 사발 나왔구나' 등의 한글 용어들이 등장한다. 1920년대 『조선어사전』에는 막걸리가 '대충', '아무렇게나'라는 의미가 아닌 '탁주'의 의미로 해석되고 있어 당시에는 막걸리가 '지금'이라는 뜻을 가지고 있다고 볼 수 있다. 즉, 막걸리는 '지금 걸러낸 술'을 의미하며 '대충 막 걸러낸 술'을 의미하는 것이 아니다.

막걸리의 '막'어원	지금 바로

그렇다면 막걸리는 왜 막 걸러 냈을까. 대부분의 술은 술을 빚고 많은 시간이 지나 발효가 끝나게 되면 용수를 박아 넣거나 술을 걸러 내서 위에 맑은 술을 뜨는 것이 일반적이다. 그러나 막걸리는 위에 맑은 술이 아닌 술 전체 또는 맑은 술을 거르고 남은

것에 물을 혼합하여 만드는데 그것은 제조 방법상 두 가지 측면에서 볼 수 있다. 하나는 맑은 술을 뜨고 남은 술의 농도, 다른 하나는 처음부터 막걸리를 제조하기 위한 술의 특징 때문이다. 즉, 최대한 빨리 제조해 당도가 높은 술에 물을 혼합해서 먹는 것이다.

표 15-1 막걸리의 탄생

알코올 도수	도수를 낮춰 누구나 즐길 수 있는 음료가 되다.
술의 농도	걸쭉한 술을 묽게 만들어 또 하나의 술을 만들어내다.

2. 막걸리의 올바른 이해

동동주와 막걸리

동동주와 막걸리는 전혀 다른 뜻이다. 많은 사람들이 두 술을 같은 것이라 생각하지만 제조 방법상으로나 술의 전체적인 맛이나 두 술은 확연한 차이를 보인다.

동동주의 의미	부사-작은 물체가 떠서 움직이는 모양, 제조학적으로는 발효가 일어나 밥알이 밑으로 가라앉고 남은 쌀알이 위에 떠 보임

동동이란 의미 자체가 뭔가 떠 있는 모양을 말하는데 술을 제조하게 되면 시간이 지나 밥알이 하나둘씩 밑으로 떨어지게 된다. 그리고 최종적으로 남은 밥알이 위에 떠 보이는 것이다. 옛 사람들은 이 모습을 보고 동동술, 동동주라고 하였다.

반면, 막걸리는 술을 걸러 내는 제조상의 의미를 가지고 있다.

전내기와 막걸리

술을 걸러 내는 방법에 의해 물을 혼합하지 않고 걸러 낸 '전내기', 물을 혼합하여 걸러 낸 술은 '막걸리'가 된다. 즉, 막걸리의 반대말 정도가 전내기가 되는 것이다.

전내기는 물을 혼합하지 않아 알코올 도수가 높고 맛뿐만 아니라 액체의 점성과 농도가 진하다. 반면, 막걸리는 물을 혼합해 알코올 도수가 낮고 맛이 묽은 것이 특징이다.

표 15-2 전내기와 막걸리의 차이

전내기	물을 혼합하지 않고 걸러 낸 술로 도수가 높다.
막걸리	물을 혼합하여 도수를 낮춘 술로 도수가 낮다.

탁주와 막걸리

탁주와 막걸리는 같은 것일까. 대답은 그렇지 않다. 탁주는 청주의 반대말로 청주가 맑은 술이라면, 탁주는 색이 흐린 술을 의미한다. 즉, 탁주는 전내기와 막걸리를 포함하여 색이 흐린 술 모두를 탁주라고 할 수 있다.

표 15-3 탁주와 막걸리의 차이

탁 주	한자, 청주의 반대, 전내기와 막걸리 등 흐린 술 모두를 포함한다.
막걸리	순 한글, 전내기의 반대, 물을 혼합해 도수가 낮은 술이다.

현행 주세법상으로는 전내기나 막걸리 모두 탁주에 포함된다. 탁주의 알코올 도수 기준은 3% 이상으로 상한 도수 제한 규정은 없다.

주세법상 탁주의 의미는 다음과 같다.

① 곡류의 국(麴)과 물을 원료로 하여 발효시킨 술덧을 여과하지 아니하고 혼탁하게 제성한 것이다.

② 곡류 외의 전분이 포함되어 있는 물료와 국과 물을 원료로 하여 발효시킨 술덧을 여과하지 아니하고 혼탁하게 제성한 것이다.

③ 곡류 외의 전분이 포함되어 있는 물료와 국과 원료로 하여 발효시킨 술덧을 여과하지 아니하고 혼탁하게 제성한 것이다.

④ ①내지 ③의 규정에 의한 주류의 원료에 당분을 첨가하여 발효시킨 술덧을 여과하지 아니하고 혼탁하게 제성한 것이다.

⑤ ①내지 ④의 규정에 의한 주류의 발효·제성과정에 대통령령이 정하는 물료를 첨가한 것이다.

3. 막걸리의 역사와 문화

막걸리의 역사

우리 민족이 막걸리를 언제부터 음용하였는지에 대한 정확한 기록은 남아 있지 않다.

문자	언어
탁주(濁酒)	막걸리

다만, 옛 문헌에 나오는 시나 음식 관련 문헌 속에서 막걸리에 대한 내용들을 찾을 수 있다. 과거의 문헌 속에는 특히, 한글이 있기 이전에는 모두 한문으로 되어 있었기 때문에 기록상으로는 탁주로 표기되어 있다. 그러나 실제로 탁주라고 사용했는지는 정확하지 않다. 우리 조상들은 탁주와 같은 한문 용어보다도 좀 더 쉽게 부를 수 있는 언어들을 즐겨 사용하였기에 글로는 탁주로 표기했겠지만 말로는 '막걸리'란 용어를 사용했을 것으로 생각된다.

우리 문헌 속에 동동주라는 술은 없으나 한자로 부의주(浮蟻酒)는 존재하였다. 누룩이란 말도 국(麴)으로 표기되다가 한글이 나오고서야 누룩이란 말이 쓰이게 된 점들을 보면 탁주와 막걸리에 대한 추측을 할 수 있다.

『고려도경』에는 막걸리에 대한 내용이 다음과 같이 기록되어 있다.

> 일반적으로 고려 사람들은 술을 즐긴다. 그러나 서민들은 양온서에서 빚은 좋은 술을 얻기 어려워서 맛이 박(薄)하고 빛깔이 진한 것을 마셔 별로 취하지 않는다.

이러한 기록을 살펴보면 양온서에서 빚은 좋은 술이란 청주를 의미하는 것으로 보이며 빛깔이 진한 것을 마신다고 하니 지금의 막걸리를 이야기하는 것으로 보인다. 또한, '별로 취하지 않는다.'라는 기록으로 술에 물을 혼합하여 도수를 낮춘 술이라는 것을 추측할 수 있다.

또한, 이규보의 『동국이상국집』에는 다음과 같은 기록이 남아 있다.

> 젊었을 때는 백주(白酒)를 즐겨 마셨으나 벼슬길에 오르고는 청주를 마시게 되었다. 청주가 없을 때는 부득이 백주를 마시는데 위에 차서 배가 부르니 불쾌하다.

이를 통해 서민들은 물을 혼합하여 만든 막걸리를 마셨고 양반들은 맑은 술을 마셨다는 것을 볼 수 있다. 또 '배가 부르니 불쾌하다.'라는 말은 술을 최대한 빨리 빚어 발효가 덜 끝난 술을 걸러 마신 것으로, 지금도 발효가 덜 된 술을 마시면 속이 편하지 않는 것은 예나 지금이나 매한가지다.

막걸리는 단순히 술이 아닌 신분을 나타내기도 하였다. 이규보의 『동국이상국집』에는 '벼슬길에 오르고는 청주를 마셨다.'는 기록이 있는 것처럼 일반 백성들은 주로 청주가 아닌 막걸리를 즐겼으며 이것은 곧 신분의 차이를 들어내는 것으로 볼 수 있는 것이다.

『조선왕조실록』의 기록에도 청주와 탁주가 신분의 용어로 사용된 예가 있다.

> 1420년 세종대왕이 원숙에게 명하여 "술을 금지할 적마다 청주를 마신 자로는 죄에 걸린 적이 없고, 탁주를 마시거나 혹은 사고 판 자는 도리어 죄에 걸리니, 사정이 딱하다. 지금부터 술을 금하는 기간이라도 무릇 부모 형제에 대하여 환영이나 전송을 하든지, 혹 늙고 병든 사람이 약을 마신다든지, 이를 위하여 매매하는 자는 금하지 말고, 그 놀기 위하여 술을 마시는 자와 다른 사람을 맞이하거나, 전송하느라고 마시거나 매매하는 자는 일체로 금지함이 어떠할지 의정부와 육조와 대간이 의논하여 아뢰라."

기록에 의하면 '청주를 마신 자'와 '탁주를 마신 자'로 구분하는데 이는 청주를 마신 사람은 신분이 높은 사람으로 금주령이 내렸음에도 술을 마시고 죄에 걸리지 않고, 탁주를 마신 사람은 신분이 낮은 사람을 뜻하는데 죄에 걸려 잡혀오는 사람들은 모두 탁주를 마신 사람임을 알 수 있다.

우리나라 최조의 한글 고조리서인 『음식디미방』에는 '이화주' 제조법이 등장하는데 이 이화주 제조법에 다음과 같은 내용이 기록되어 있다.

"먹으면 걸쭉한 죽 같고 빛이 희니 물 타 먹으라."

이화주는 우리나라의 가장 대표적인 탁주 중에 하나이다. 술을 빚게 되면 된죽처럼 마시기에도 힘든 술이다. 문헌상에도 기록되어 있지만 빛이 희고 걸쭉한 죽 같아 물에 타서 먹는 것이 좋다. 이렇게 물에 혼합하여 걸쭉한 것을 묽게 만드는 술이 바로 막걸리라 할 수 있다.

역사 속의 막걸리는 셀 수 없을 정도로 많았을 것이다. 다 된 술은 맑은 청주를 마시고, 나머지 지게미는 물을 혼합하여 마시거나, 처음부터 막걸리를 제조하기 위해 술을 제조하였으니 그 수는 헤아릴 수 없을 정도로 많았을 것이다.

① 밀가루 막걸리의 등장 배경과 막걸리의 원료 변화

몇 년 전까지만 해도 대부분의 막걸리는 쌀이 아닌 밀가루로 만들어진 막걸리였다. 지금도 많은 막걸리 제조장에서는 밀가루를 이용한 술이 만들어지고 있다. 이것은 밀가루로 만들어진 막걸리의 맛과 품질이 우수하기 때문이 아니라 광복 후, 나라살림이 어려워 먹을 것이 부족하던 시대에 정부에서 쌀로 술 빚는 것을 금지하였기 때문이다. 그래서 쌀로 술을 만들던 제조장들은 수입산 밀가루를 이용해 술을 만들었고 그것이 지금까지 이어지고 있다.

② 막걸리와 알코올 도수

막걸리의 알코올 도수는 물을 얼마나 혼합하느냐에 따라 달라진다. 물을 많이 혼합하면 알코올 도수가 낮아지고 묽어져 맛이 좋지 않으며, 물을 적게 타면 원주만큼은 아니지만 알코올 도수가 높은 막걸리가 되는 것이다.

1949년 이전까지 막걸리는 물을 혼합했으나 알코올 도수에 대한 기준이 없었다. 그러나 해방 후, 주세법에 알코올 분에 대한 규정이 만들어지면서 막걸리를 규격화시키게 된다. 업체의 입장에서는 알코올 도수에 대한 규정이 강하면 좋지 않다. 왜냐하면, 그 만큼 물을 많이 희석시키지 못해 술의 양이 적어지기 때문이다. 현재에는 최저 알코올 분 3% 이상이며, 상한선은 없어졌기 때문에 다양한 막걸리가 출시되고 있다.

표 15-4 막걸리의 알코올 도수 변화

기 간	막걸리의 알코올 분 규정
1949년 이전	제한 없음
1949. 11. 11.~1961. 12. 31.	8도 이하
1961. 12. 31.~1963. 04. 01.	6도
1963. 04. 01.~1965. 12. 30.	7도
1965. 12. 30.~1979. 05. 01.	6도
1982. 05. 01.~1988. 12. 31.	8도
1988. 12. 31.~1990. 12. 31.	6도 이상~8도 이하
1990. 12. 31.~1999. 12. 31.	6도 이상
1999. 12. 31.~현재	3도 이상

자료: 정동효(2010). 한국의 전통주. 유한문화사

막걸리 문화

① 농경사회

농경사회–막걸리 문화가 뿌리내리다.

막걸리를 흔히 농주(農酒)라고 한다. 농사를 지을 때 주로 마시는 술이거나 농부들이 즐겨 마시는 술이기 때문이다. 신화 속에서도 이와 관련된 내용을 찾을 수 있다. 단군과 관련된 신화에는 그 해에 나온 곡식으로 떡과 술을 만들어 제사를 지냈다고 하는데 이를 '신농제'라고 한다. 한 해 동안 농부들이 열심히 일한 수확물을 이용해 신에게 감사하는 의미의 제사를 지낸 것이다. 또 내년에는 올해보다 더 풍년이 되기를 기원했을 것이다.

우리 민족은 농사를 중요시 여겼으며 이는 지금도 다르지 않다. 힘든 작업을 마친 농부들에게 막걸리는 단순한 술이 아닌 시원한 청량음료였으며, 고된 하루의 피로를 달랠 수 있는 피로회복제의 역할도 했을 것이다. 그러나 시대가 지나 농사의 비중이 줄어들게 되자 우리에게 막걸리 또한 멀어지게 되었다.

그림 15-1
막걸리 문화
자료: 김응구

② 산업사회

산업사회–막걸리의 몰락을 가져오다.

1900년대 이후, 산업사회가 급격하게 진행되면서 서양의 술들이 물밀듯이 쏟아져 들어왔다. 특히, 맥주의 등장은 곧 막걸리의 몰락을 가져왔다. 사람들은 농사를 지으면서도 막걸리 대신 맥주를 마셨고 그것은 결국 우리 막걸리의 끝을 보는 듯 했다. 사람들은 더 이상 막걸리를 찾지 않았다. 먹으면 트림이 나오고 다음날 머리가 아프다고 했다. 이렇게 막걸리는 우리에게서 멀어져갔다.

③ 정보사회

정보사회–막걸리의 부활을 꿈꾸다.

막걸리 소비가 줄어들면서 막걸리 업체들의 경쟁은 더욱 심해졌다. 더욱 싼 원료를 사용하고 더욱 많은 감미료를 넣었고 막걸리는 더 이상 막걸리가 아니었다. 술은 막걸리나 그 안에 있는 것은 우리의 막걸리와는 달랐고 이것은 소비자들에게 막걸리를 외면하게 만들었다. 그렇게 시대가 지나고 우리나라 사람들은 세계에서 들어오는 다양한 술을 접하게 되었다.

그리고 1988년 올림픽이 열리면서 국내에서는 우리 것에 대해 재조명하는 시간을 갖게 된다. 그것은 신토불이라는 의미로, '우리 것이 가장 세계적인 것'이라는 구호를 외치면서 우리 것을 찾는 노력을 하기 시작하였다. 막걸리 또한 하나 둘씩 좀 더 좋은 원료, 좀 더 좋은 맛과 향을 가진 다양한 막걸리가 출시되기 시작하였다.

④ 지식정보미디어사회

지식정보미디어사회–막걸리 세계 속에 스며들다.

미디어를 통해 이제는 실시간으로 자신이 가지고 있는 정보를 함께 공유하게 되는 시대가 왔다. 막걸리와 최첨단 미디어, 전혀 어울릴 것 같지 않은 두 단어가 실제로 만나게 되니 너무나 잘 어울리게 되었다. 미디어에서는 누가 먼저라 할 것 없이 막걸리에 대해 다루고 사람들은 미디어를 통해 우리의 막걸리를 새로운 시각으로 바라본다.

미디어에서 막걸리는 더 이상 트림이 나고 머리가 아픈 술이 아닌 알코올 도수가 낮아 손쉽게 즐길 수 있는 술로, 젊은 여성들에게는 혈액순환에 도움을 주고 피부를 좋게 만드는 건강식품으로 인식이 바뀌었다. 이것은 바로 미디어의 힘이었다. 그리고 이러한 미디어의 힘은 우리나라뿐만 아니라 세계인들 속으로 우리의 막걸리가 스며들게 만들었다.

4. 막걸리의 탄산

막걸리하면 생각나는 것이 '트림'이다. 막걸리에서 발생하는 탄산이 위장에 들어갔다가 다시 나오는 것인데 탄산이 많이 들어있는 막걸리를 마실수록 트림을 많이 하게 된다. 이는 맥주도 마찬가지다.

① 막걸리는 주로 주발효에서 여과를 통해 탄산이 발생하게 되어 시원한 청량미를 주게 된다. 그러나 미숙성된 술이기 때문에 탄산의 입자가 크다.

② 맥주는 후발효를 거치면서 발생하는 탄산을 이용한 술이다. 주발효에서 남은 당이 후발효를 거치면서 효모에 의해 탄산이 발생하게 되고 포화되어 술을 따르게

표 15-5 막걸리, 맥주, 스파클링 와인의 차이

구분	내용
막걸리	• 발효가 진행되는 술을 걸러 계속해서 탄산이 발생하게 된다. • 최근에는 완성된 술에 탄산을 주입한 막걸리가 출시되고 있다. • 탄산 주입 막걸리는 맛이 쓰고 톡 쏘는 맛이 난다.
맥 주	• 막걸리보다 발효기간이 길고 주발효를 끝낸다. • 후발효 과정에서 탄산이 자연발생하게 한다. • 0°C 이하에서 후발효와 여과를 통해 탄산이 생성된다.
스파클링 와인	• 완성된 와인을 이용한다. • 완성된 와인에 당과 효모를 투입하여 탄산을 발생시킨다. • 탄산을 주입하여 만드는 스파클링 와인도 있다.

되면 시원한 청량미를 느낄 수 있다.

③ 스파클링 와인은 완전히 발효와 숙성이 끝난 와인에 설탕과 같은 당과 효모를 넣어 탄산을 술에 포화시키는 방법을 이용한다. 오래 숙성시킬수록, 저온에서 숙성시킬수록 탄산의 입자 크기가 작고 부드럽다.

5. 전통 막걸리의 제조법

속성 막걸리

막걸리는 처음부터 막걸리를 제조하기 위한 술을 만드는 것과 일반적인 청주나 약주를 제조한 다음 맑은 술을 떠내고 남은 지게미에 물을 혼합해서 만드는 방법이 있다. 일반적으로 막걸리는 대부분 술을 다 떠내고 남은 지게미에 물을 혼합하여 만든 것으로 알려져 있으나 실제로는 처음부터 막걸리를 제조하기 위한 술이 더 많았다.

막걸리를 만들기 위한 술의 대부분은 속성주

막걸리를 제조하기 위한 술은 대부분 술을 빨리 빚어 마시는 속성주이다. 속성주란 최대한 빠른 시간 안에 발효가 일어나도록 하여 술이 빚어지는 기간을 최대한 앞당긴다. 따라서 멥쌀보다 찹쌀을, 온도가 낮은 곳보다 높은 곳에서 발효하여 당화가 빨리

표 15-6 고문헌 속 속성 막걸리

일일주	아침에 빚어 저녁에 사용하는 술이다. 이렇게 짧은 기간에 술을 만들어 마시는 이유는 술이 급하게 필요할 경우 속성으로 술을 만들어 제사나 기타 행사에 급하게 사용하기 위해서 였을 것이다.
일야주	쌀을 맷돌에 갈아 풀을 만들어 수곡과 혼합해 빚는 술로 저녁에 빚어 다음날 아침에 마시는 술이다. 문헌 속에는 '빛깔은 담담하지만 맛이 좋다.'라고 기록되어 있다.
하절주	쌀을 곱게 가루 내어 백설기를 만들어 빚는 술로 수곡을 사용하여 3일 이내에 사용하는 술이다. 술 이름처럼 더운 여름에 빚어야 하는 술이다. 삼일 내에 먹으라 했으니 이 술은 맑은 술이 아닌 어느 정도 술이 되면 막걸리의 형태로 마셨을 것이다.
삼일주	이 술 또한 여름에 빚는 술이다. 백설기와 수곡을 이용하는 술로 오늘 빚어 놓으면 다음날 먹는 술이다. 술 빚는 것을 준비하는 것에서 완성되어 마실 수 있는 기간이 총 3일 내에 끝난다 하여 삼일주이다.

일어나도록 한다. 그리고 청량미를 갖게 하기 위해서 술의 발효가 끝나지 않은 상태로 술을 걸러 술 속에 탄산이 있도록 제조한다.

이밖에도 우리나라의 고문헌 속에는 7일 이내에 빚어지는 술들이 많다. 대부분 이렇게 빠른 시일 내에 만들어 마시는 술은 맑은 청주를 뜨기 위한 것이 아니라 처음부터 막걸리의 형태로 마시기 위해 제조한 것이다.

속성 막걸리의 제조

① 수곡을 이용한다.

한 번에 빚는 술은 대부분 수곡을 이용한다. 수곡이란 술을 빚기 전에 미리 누룩을 물에 담가 놓았다가 거름망을 이용해 누룩 지게미를 제거한 즙을 이용해 술을 빚는 것이다. 이것은 미생물의 잠복 기간을 짧게 만들어 발효가 원활하게 진행될 수 있도록 하는데 그 이유가 있다.

② 따뜻하게 발효한다.

술을 빨리 빚기 위해서는 당화가 선행되어야 한다. 일반적으로 당화는 온도가 낮은 것보다는 높은 것이 잘 되는데 이는 당화 효소가 온도가 높아야 좀 더 빠르게 당을 생성할 수 있기 때문이다.

③ 멥쌀보다는 찹쌀을 이용한다.

전분 조직 자체가 찹쌀보다 멥쌀이 단단해 술을 빚게 되면 멥쌀이 잘 익지 않는다. 따라서 최대한 술을 빨리 빚기 위해서는 멥쌀보다는 찹쌀을 이용하는 것이 좋다.

④ 혼합을 자주해서 당화를 촉진한다.

술을 혼합해 당 생성이 빨리 일어날 수 있도록 하는 것이다. 당 생성이 빨리 일어나야 효모가 당을 이용해 증식을 하거나 알코올을 생성할 수 있기 때문에 술을 자주 혼합하여 당 생성을 촉진 시켜야 한다.

⑤ 빚어놓은 술을 투입한다.

술을 빚을 때, 빚어 놓은 술을 넣어 주는 것은 술 속의 효모와 효소를 넣어 주는 것이기 때문에 발효가 빠르게 진행된다.

술지게미 막걸리

막걸리가 아닌 맑은 술을 제조하기 위한 술은 술이 완성되면 용수나 기타 거름망을 이용해서 술을 거르게 된다. 그리고 맑게 고인 술을 떠내게 되는데 이때 술을 떠내고 남아 있는 술에 물을 혼합하여 걸러 낸 술 또한 막걸리라고 한다.

처음부터 막걸리를 제조하기 위한 막걸리는 걸러 내면 발효가 덜 끝난 상태이기 때문에 이산화탄소가 많이 나오게 되고 이는 청량미가 강한 막걸리를 제조할 수 있다는 것을 의미한다. 반면, 완성된 술에 맑은 술을 떠내고 남은 술에 물을 혼합한 막걸리는 탄산에 의한 청량미가 없는 부드러운 막걸리가 만들어진다.

지게미 막걸리는 도수가 낮고 맛이 부드러운 것이 특징이지만 청량미가 적고 도수가 낮아 맛이 싱겁다.

표 15-7 지게미 막걸리의 특징

지게미 막걸리의 특징	• 완전 발효된 술에 물을 혼합하여 탄산이 없다. • 트림이 나오지 않는다. • 맛이 부드럽다. • 일반 막걸리에 비해 알코올 도수가 낮다.

그림 15–2
막걸리

〈그림 15-2〉는 전통적으로 막걸리를 내리는 모습이다. 막걸리를 받을 큰 용기와 그 위에 체를 받쳐놓는 쳇다리, 체를 올린다. 체에 술을 넣고 누르게 되면 아래로 술이 나오게 되고 위에는 술지게미가 남는다.

알고 넘어가기

술 공식 모음

1. 완성된 술에 물을 넣어 알코올 도수를 낮출 때 사용하는 공식

$$\text{가수량} = \frac{\text{현재 도수} - \text{원하는 도수}}{\text{원하는 도수}} \times \text{술의 양}$$

예) 17% 술(10l)에 물을 혼합해 14% 술로 만들 때

$$\text{가수량} = \frac{17-14}{14} \times 10 = 2.14(L)$$

이렇게 하면, 술 10l에 물 2.14l를 넣으면 14%짜리 술을 만들 수 있다.

2. 두 가지 술을 혼합할 때 사용하는 공식으로 주로 과하주를 제조할 때 사용

A도수 ＼ ／ B도수와 원하는 도수 차이 $\frac{\text{결과}}{\text{각차}}$ × 필요량 = A 술 리터

원하는 도수

B도수 ／ ＼ A도수와 원하는 도수 차이 $\frac{\text{결과}}{\text{각차}}$ × 필요량 = B 술 리터

예) 술의 양과 물의 양이 정해지지 않았을 때 술과 물을 서로 얼마씩 혼합해야 원하는 알코올 도수를 만들 수 있는지 알 수 있다. 예를 들어 증류주의 알코올 도수가 40%가 있다. 여기에 40% 증류주 몇 리터와 물 몇 리터를 혼합해야 알코올 도수 25%짜리 10l를 만들 수 있을까?

40%(Alc) ＼ ／ 25　　$\frac{25}{40} \times 10(L) = 6.25(L)$

25%(Alc)　　각차=40 (25+15)　　총 10L

0%(Alc) ／ ＼ 15　　$\frac{15}{40} \times 10(L) = 3.75(L)$

이렇게 하면, 증류주 6.25l와 물 3.75l를 혼합하면 25%짜리 10L를 만들 수 있다.

3. 과실주를 제조할 때, 과실의 당도를 알고 당도를 높일 때 사용하는 공식

$$가당량 = \frac{원하는\ 당도(Brix) - 현재\ 당도(Brix)}{100\% - 원하는\ 당도(Birx)} \times (과실의\ 중량 \times 과실\ 수분\ 함량)$$

예) 딸기로 과실주를 제조할 때 당도 10Brix가 10kg 있다. 알코올도수를 높이기 위해서 당도를 24Birx로 만들려면 설탕을 얼마나 넣어야 할까?

$$\frac{24(Brix) - 10(Brix)}{100\% - 24(Birx)} \times (10 \times 0.9) = 1.657(kg)$$

즉, 딸기에 설탕 1.184kg을 혼합하면 24Brix로 당도를 높일 수 있다.

4. 3번과 반대로 당도가 높은 것을 물로 희석해 당도를 낮추는 공식

$$\frac{현재\ 당도(Brix) - 원하는\ 당도(Brix)}{원하는\ 당도(Birx)} \times 중량 = 물\ 희석량$$

예) 집에 솔잎효소를 담가 놓은 것이 있다. 당도가 40Brix가 나오고 솔잎효소즙이 10l(10kg)가 있다. 술을 제조하기 위해서 당도를 24Brix로 낮추고 싶다면 물을 얼마나 희석해야 할까?

$$\frac{40(Brix) - 24(Brix)}{24(Birx)} \times 10 = 6.666(L)$$

즉, 물 6.666g을 넣으면 24Brix가 된다. 이렇게 만들어진 당도에 효모를 넣어 알코올 발효를 시키는 것이다.

5. 도수가 다른 두 가지 이상의 술을 혼합해 원하는 도수를 만들 때 사용하는 공식

$$\frac{(A양 \times A알코올분) + (B양 \times B알코올분)}{A의\ 총량 + B의\ 총량} = 전체\ 알코올분$$

예) A 술 : 도수 40%, 10ml / B 술 : 도수 0%, 50ml

$$\frac{(10 \times 40) + (50 \times 0)}{10 + 50} = 6.66\%$$

16

한국의 청주(淸酒)

맑은 술을 '청주'라고 한다. 그렇다고 무조건 맑은 술을 청주라고 하지는 않는다. 막걸리를 저온에 두면 밑에 앙금이 가라앉고 위가 맑아지는데 이 맑은 술을 청주라고 하는 것이 맞을까. 약주도 그렇고 과실주도 그렇고 시간이 지나면 앙금이 가라앉아 색이 맑아지는데 이 또한 청주라고 하지 않는다. 그렇다면 무엇을 청주로 보고 청주는 어떻게 제조해야 할 것인지, 그리고 우리나라의 청주는 과연 무엇인지를 살펴보자.

1. 청주란 무엇인가

고려에 사신을 수행하며 왔던 서긍의 『고려도경』에는 "왕이 마시는 술을 양온(良醞)이라고 하는데 좌고(左庫)의 맑은 법주(淸法酒)다."라고 기록되어 있다. 양온이라고 하는 것은 고려시대 궁중에서 술에 관한 일을 다루는 관청의 이름인 '양온서'에서 온 것으로 짐작 된다. 또 술을 빚는 양온서에는 좌고와 우고가 있는데 왕이 마시는 술은 따로 좌고에서 빚는다. 『고려도경』의 내용에서 알 수 있듯이 왕은 좌고에서 만들어진 맑은 '법주'를 마신 것이다.

'법주'란 법대로 빚어진 술을 법주라고 하지만 『조선왕조실록』에 헌사에서 금주령을 내리자는 상소를 올리며 '술이 궁중에서 쓰는 법주가 아니라'라는 내용이 나온다. 즉, 법주라고 하는 것은 궁중에서 제례나 왕에게 올리는 술로 궁중에서 사용하는 맑은 술 청주를 의미하는 것으로 볼 수 있다.

『고려도경』에는 '고려인들은 술을 좋아하지만 좋은 술을 얻기 힘들다. 서민의 집에서 만드는 것은 맛이 싱겁고 빛깔이 진하다.'라고 기록되어 있다. 이 말은 궁중에서 빚는 '맑은 법주'가 있는 반면에 일반 백성들은 맑고 질 좋은 술이 아닌 탁하고 싱거운 술도 있는 것이다.

1420년 『조선왕조실록』에는 세종대왕이 원숙에게 금주령에 대해 말한 내용이 기록되어 있다.

> 임금이 원숙에게 명하여 말하기를,
> "술을 금지할 적마다 청주(淸酒)를 마신 자로는 죄에 걸린 적이 없고, 탁주를 마시거나 혹은 사고 판 자는 도리어 죄에 걸리니, 사정이 딱하다. 지금부터 술을 금하는 기간이라도 무릇 부모 형제에 대하여 환영이나 전송을 하든지, 혹 늙고 병든 사람이 약을 마신다든지, 이를 위하여 매매하는 자는 금하지 말고, 그 놀기 위하여 술을 마시는 자와 다른 사람을 맞이하거나, 전송하느라고 마시거나, 매매하는 자는 일체로 금지함이 어떠할지 의정부와 육조와 대간이 의논하여 아뢰라."
> 하니, 모두 말하기를,
> "임금의 말씀이 매우 합당하옵니다."
> 하였다.

자료: 국사편찬위원회, 조선왕조실록

위의 내용들처럼 1000년 전에도 술의 앙금을 가라앉게 하여 맑은 술만을 이용한 술이 있었으며 이러한 술은 궁궐에서 제조되어 왕이나 궁중의 일에 사용된 것이라 할 수 있다. 즉, 모든 사람들이 청주를 즐긴 것은 아니라는 것이다.

고려의 무신이자 문신, 이규보가 '백주시(白酒詩)'를 쓰게 된 배경을 적어 놓은 글에는 다음과 같은 내용이 남아 있다.

> 내가 예전에 젊었을 때 막걸리(白酒) 먹기를 좋아한 것은, 맑은 술을 만나기가 드물어 늘 막걸리를 마셨기 때문이었는데, 높은 벼슬을 거치는 동안에 늘 맑은 술을 마시게 되매 또 막걸리를 좋아하지 않았으니, 습관이 되었기 때문인가. 요새는 벼슬에서 물러나 녹이 준 때문에 맑은 술이 계속되지 못하는 때가 있어 하는 수 없이 막걸리를 마시는데, 금방 얹혀서 기분이 나쁘다.

청주는 단순히 술의 맑기를 뜻하는 것이 아니라 '신분의 상징'이었으며, 아무 때나 쉽게 접할 수 없는 고급술이었던 것이다. 신분이 낮은 사람은 대부분 흰 술 '백주'를 마셨으며 신분이 높아진 뒤에는 맑은 술 '청주'를 마셨다는 것은 그만큼 청주에 사용되는 원료나 제조 기간, 그리고 제조 방법이 독특했다는 것을 의미한다. 바로 이렇게 먹고 싶어도 쉽게 먹지 못하는 술, 그것이 바로 청주의 매력이다.

2. 청주의 원료

청주는 오로지 쌀과 물, 누룩만으로 빚어지는 술이다. 우리나라에 청주가 많지 않은 이유는 우리나라 술의 '목적'이 다르기 때문이다. 일본이 쌀을 깎아 더 맑고 더 깔끔한 술을 제조하기 위한 술을 제조하기 위해 노력해 왔다면 우리나라는 '약주'와 '막걸리' 위주의 발전이었기 때문에 현재 우리나라에는 질 좋은 청주가 없다. 좀 더 정확히 말하면 조선시대에는 수많은 청주가 있었다. 그러나 일제강점기 100년 동안 우리나라 술은 주로 약주와 탁주로 발전하게 되었고 이는 청주의 발전을 막았다.

이제는 어떤 쌀을 선택할 것인가, 어떤 물을 사용할 것인가, 그리고 이 두 가지를 이용해 어떤 누룩을 넣어 청주를 빚을 것인가를 고민해야 할 시기가 왔다.

◎ 쌀(米清酒清 米味酒味)

① 햅쌀과 묵은 쌀

쌀의 맑음은 술의 맑음이고 쌀의 맛은 술의 맛이다. 좋은 쌀은 좋은 술의 근본이 된다는 것이다. 청주를 빚는 목적은 쌀과 물, 그리고 누룩을 넣어 빚는 것이 목적이 아니다. 청주의 목적은 모든 '맑음'에 의미를 부여하며 빚는 술이어야 한다. 술을 빚는 사람은 내가 빚는 '이 술의 목적'이 무엇인지 정확히 인지해야 한다. 축구선수가 골대로 골을 차 넣어야지 생각하는 선수와, 골대 어디로 골을 차 넣을 것인지를 생각하는 사람은 목적 자체가 다르다.

청주의 제조에 있어 쌀의 도정은 필연적이다. 깎아도 되는 것이 아니라 깎아야 하는 것이다. 더 맑고 깨끗한 술을 빚기 위해서는 최대한 쌀 표면에 있는 지질이나 단백질 등을 제거해야 하는 것이다. 필자는 '쌀을 깎을수록 좋은 술'이라는 말에 반대한다. 쌀을 깎아 좋은 술이 있고 깎지 않아 좋은 술이 있기 때문이다. 우리나라는 예부터 '쌀을 백세한다' 했다. 그만큼 쌀을 많이 씻어 술을 빚으라는 것이다. 쌀을 씻는 것은 제2의 도정이라고 할 정도로 중요한 작업에 속한다. 그 옛날 도정기술이 지금보다 발전하지 못했을 때에도 우리 조상들은 좀 더 맑고 깨끗한 술을 얻기 위해 노력한 것이다.

청주를 제조할 때 묵은 쌀을 선택하는 것은 좋은 술을 만들려는 목적이 없는 것이다. 그리고 묵은 쌀을 사용해서는 좋은 맛과 향, 색을 가진 술 청주를 제조할 수 없다. 묵은 쌀은 깎아도 묵은 쌀이다. 겉에 있는 묵은 색을 제거한다고 맑은 쌀이 되는 것은 아니다. 쌀은 맑아졌을지 몰라도 묵은 쌀의 향과 맛은 그대로 술에 녹아들게 된다.

② 멥쌀과 찹쌀

술을 멥쌀로 제조하는 것과 찹쌀로 제조하는 것은 맛과 색, 향에서 큰 차이를 가져온다. 멥쌀로 빚은 술은 물처럼 맑고 단순, 깔끔한 술 맛을 제조하기에 적합하지만 실제로 술을 제조해 보면 쌀 찌기(증미)와 당화에 어려움이 있다. 반면에 찹쌀은 증미와 당화는 잘되지만 농도가 짙고 색이 멥쌀로 빚은 술보다 진한 것이 특징이다. 만약 단맛을 좋아하지 않고 물처럼 맑고 깔끔한 술을 원한다면 멥쌀을 이용하고, 단맛이 있는 감칠맛을 원한다면 찹쌀을 이용하면 된다. 또 이 두 가지 쌀을 어떤 비율로 넣느냐에 따라서 다양한 맛을 낼 수 있다.

멥쌀은 '아밀로오스' 함량이 15~20% 정도 되는 쌀이 좋으며 알이 굵고 맑아야 한다. 물에 담가 놓은 쌀을 씹었을 때에는 잘 부서지고 고소한 맛이 나는 것이 좋다. 또 멥쌀은 찹쌀보다 '쌀 불리기'를 오래하고 찌는 시간도 찹쌀보다 길다. 단순히 찹쌀대신 멥쌀을 넣어 술을 빚는다는 생각으로는 제대로 된 멥쌀 청주를 빚을 수 없다.

③ 멥쌀술과 찹쌀술의 차이

표 16-1 멥쌀술

	쌀	물	누룩
밑술(멥쌀)	5	5	3~10%(쌀 양 대비)
덧술(멥쌀)	10	10	
총량	15	15	
비율	1 : 1		

표 16-2 찹쌀술

	쌀	물	누 룩
밑술(멥쌀)	5	15	3~10%(쌀양대비)
덧술(찹쌀)	10		
총량	15	15	
비율	1 : 1		

이렇게 멥쌀술과 찹쌀술은 제조 방법부터가 다르다. 우리 조상들은 멥쌀의 호화와 당화의 어려움을 알고 좀 더 호화와 잘될 수 있는 방법을 이용했다. 〈표 16-1〉을 보면 덧술에 물이 들어가는 것을 알 수 있다. 멥쌀 고두밥을 찌고 거기에 끓고 있는 물을 부어 고두밥과 함께 식히는 것이다. 이렇게 하면 멥쌀 고두밥을 완전히 호화시킬 수 있어 안전한 발효를 진행할 수 있다.

3. 청주의 종류

고문헌에서는 이렇게 오랫동안의 제조 기간을 가지고 있는 술을 쉽게 찾아 볼 수 있다. 아래와 같이 장기간에 걸쳐 완성되는 술이 가장 대표적인 한국의 전통 청주라고 할 수 있다.

- 음력 1월 1일부터 해일(돼지날)날마다 빚어지는 '삼해주'
- 정월에 빚어 4월에 완성되는 '소곡주'
- 말의 날(오일)마다 빚는 '삼오주'
- 정월에 빚어 사월에 쓰는 '약산춘'
- 가장 추울 때 빚어 삼월에 쓰는 '백일주'
- 정월에 빚어 복숭아꽃이 필 때 맑은 술이 되는 '도화주'
- 정월에 빚어 단오에 익으면 사용하는 '예주'

이 술들의 공통점은 추운 겨울에 술을 빚어 여름이 되기 전에 완성되는 술이라는 것과 모두 쌀과 물, 누룩만을 이용하는 것도 같다. 또 하나의 공통점이라고 한다면 고급 청주는 단양주가 아닌 모두 이양주와 삼양주 이상의 술 제조법을 갖고 있다는 것이다. 우리나라 전통 청주는 제조 시기, 제조 방법, 제조 기간이 일반적인 술과는 다른 것을 알 수 있다.

4. 청주의 제조

과연 우리나라의 전통 청주는 어떤 술일까. 그리고 그 기준을 어떻게 잡아야 할까. 무조건 맑은 술은 청주로 불러야 할까. 이 물음에 1456년 『조선왕조실록』에서 우리나라 전통 청주에 대한 단서를 찾을 수 있다.

1456년 세조 2년 12월 23일,
내사주를 청주로 대신할 것을 청하니 그대로 따르다
예조(禮曹)에서 아뢰기를,
"전조(前朝)1282) 의 하늘에 제사하는 진설도(陳設圖)에, '삼주(三酒)1283) 의 내사주(內事酒)는 일이 있는 사람에게 주는 것인데, 제말(祭末)이라 하여 비천(卑賤)한 사람이 마실 수 있고, 석주(昔酒)는 빚은 지가 오래 되어야 익기 때문에 석주라 이름하였고, 청주(淸酒)는 지금 중산(中山)에서 겨울에 빚어 여름에 접어들어야 이루어진다.' …… 지금 하늘에 제사할 시기가 가까워 졌으나 미처 빚을 겨를이 없습니다. 또 천신(薦神)하는 술이 아니고 다만 진설(陳設)할 뿐이니, 청컨대 청주로 대신하소서."
하니, 그대로 따랐다.

자료: 조선왕조실록. 국사편찬위원회.

『조선왕조실록』에 기록되어 있는 내용을 살펴보면 청주는 '겨울에 빚어 여름에 접어들어야 이루어진다.'라고 하여 청주의 제조 기간에 대해 알 수 있다. 우리나라의 전통 고급 청주가 정월에 빚는 것을 감안하면 양력으로는 1~2월에 술을 빚어 5~6월에 완성하는 술이라고 볼 수 있다. 짧게는 3개월에서 길게는 6개월에 걸쳐서 빚는 술이 바로 청주인 것이다.

표 16-3 전통 청주 제조

	제조 시기	제조 기간	제조 방법
전통 청주	겨울	3~6개월	이양주 이상

청주의 제조에서 밑술 전까지의 공정은 다른 술과 크게 다르지 않다. 그러나 밑술 이후부터는 기존의 술과 확연한 차이를 가지게 된다. 청주는 겨울에 만들어진다. 당연히 온도가 낮을 수밖에 없다. 낮은 온도에 술을 빚으면 발효 속도가 느려지게 된다. 그렇기 때문에 덧술 시기가 기존의 술보다 훨씬 긴 것이다. 삼해주와 같은 술은 기본 12일에서 길게는 36일 간격으로 덧술을 한다. 그만큼 오래 걸리면서 정성이 많이 들어가야 하는 최고급 청주라 할 수 있다.

청주는 단양주로는 제조하지 않는다. 단양주는 주로 빨리 먹기 위한 술로 맑은 술로, 마시기보다 막걸리 형태로 즐기는 술 제조법이다. 그러나 이양주 이상의 술은 단양주보다 시간이 오래 걸리고 알코올 도수가 높아 장기 발효가 가능하다. 그래서 대부분의 청주는 이양주 이상의 술 제조 방법을 가지고 있는 것이다. 또한, 10개 중에 8~9개는 모두 세 번에 걸쳐 빚는 삼양주의 제조법을 가지고 있다.

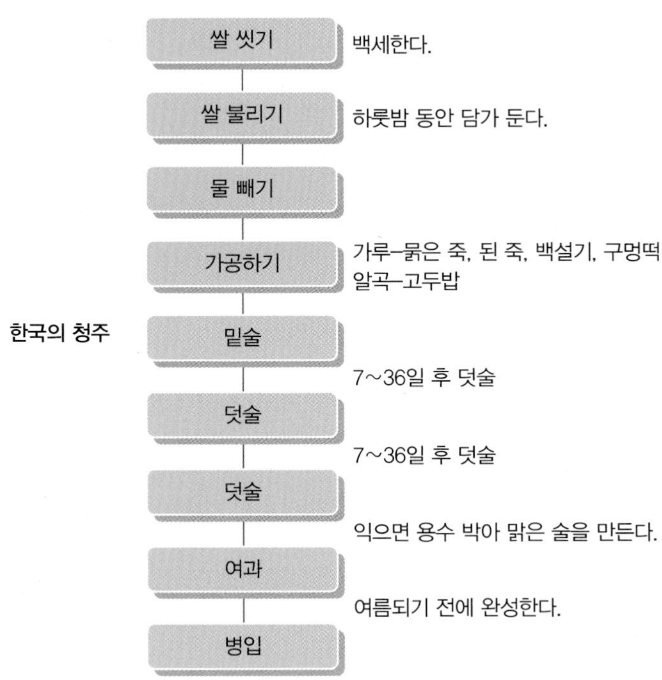

그림 16–1
우리나라 전통 청주
제조 공정도

술이 익어 위에 맑은 술이 뜬다고 청주가 다 된 것이 아니다. 여기에서 다시 한 번 맑은 술을 제조하기 위한 여과 과정을 거치게 된다. 용수를 박아 맑은 청주를 대량으로 만드는 작업이다. 용수를 오래 박아 놓을수록 술은 맑고 투명해져 아래 가라앉은 침전물까지 보이게 된다. 맑은 술을 떠내고 나면 다시 맑은 청주가 고인다. 이렇게 몇 번을 작업해야 모든 청주를 다 떠낼 수 있다. 용수를 박아 청주를 떠내면 떠내는 시기마다 청주의 맛이 다르다. 처음 떠낸 청주와 나중에 떠낸 청주의 맛이 다르기 때문이다. 이렇게 모든 청주를 혼합해 제대로 완성된 청주를 만드는 것이다.

모두 합친 청주는 한 곳에 넣어 다시 한 번 맑게 되는 과정을 거치게 된다. 용수를 박아 아무리 맑아져도 시간이 지나면 앙금이 생겨 밑에 가라앉게 된다. 그렇기 때문에 용수에서 갓 떠낸 술은 바로 사용하지 않고 다시 한 번 앙금을 분리해 맑은 술을 떠내는 것이다. 이 과정에서는 공기와의 접촉이 많으면 술의 색이 짙어지기 때문에 가급적 용기에 술을 가득 채우고 빛을 피해야 한다.

청주와 누룩

청주에 있어 가장 중요한 것 하나가 바로 누룩이다. 보통 누룩은 밀을 이용해 만들지만 특수한 누룩은 밀가루나 쌀을 이용해 만들기도 한다. 밀 누룩으로 빚은 술은 쌀이나 밀가루만으로 빚은 술보다 진하다. 반대로 말하면 쌀이나 밀가루를 이용해 만든 누룩으로 술을 빚으면 술 빛이 물처럼 투명해진다는 것이다. 물론 밀을 빻아 만든 누룩을 이용해도 맑은 술을 얻을 수 있지만 좀 더 물에 가까운 맑기를 가지려면 품질이 좋은 누룩을 선택하는 것이 좋다. 누룩의 선택이 청주의 품질에 영향을 미치기 때문이다.

5. 청주의 발효

청주 발효의 변화

예부터 청주는 겨울에 빚어 여름되기 전에 완성되는 술이라 했다. 겨울에 술을 빚으면 당연히 온도가 낮아 초반 발효가 느리게 진행된다. 초반 1~2월은 밑술~덧술까지가 진행되며 알코올 도수가 최고로 올라가게 된다. 이 시기에 효모의 증식, 확대배양,

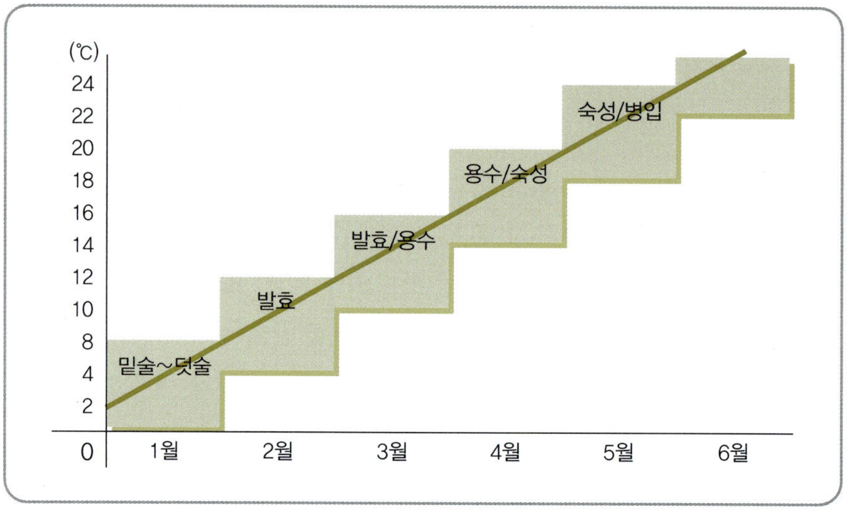

그림 16-2
온도 변화에 따른
술의 제조 과정

다량의 알코올 생성을 하게 되는 것이다. 보통의 술이 1~2주면 모든 과정이 끝나는 반면에 고급 청주는 1개월에서 길게는 3개월의 시간이 걸린다.

시간이 지날수록 온도가 상승하기 때문에 술의 발효는 빠르게 진행된다. 처음에는 거의 발효가 일어나지 않다가 1개월 정도가 지나게 되면 급격하게 당화와 알코올 발효가 진행된다. 초반 1개월은 온도가 낮아 술이 오염될 수 있는 확률이 상대적으로 낮다. 온도가 상승하면서 술이 오염될 수 있는 확률이 높아지게 되는데 이때는 술의 발효 과정 중에 생성된 알코올에 의해 잡균의 증식을 억제하게 된다.

2월은 저온발효가 진행되면서 알코올 도수가 안정권인 14% 이상이 되며 3월이 되면 최고치인 18% 이상의 알코올 분을 갖게 된다. 보통 우리나라의 술이 15% 이상 나오기 힘들다고 하지만 실제로는 전통 누룩만을 이용해도 18~20% 가까이는 쉽게 올라간다. 3월은 효모의 활성에 가장 좋은 20~25℃ 정도의 온도가 되어 알코올 도수가 최고치로 오르게 되고 술 표면에는 맑은 술이 고이게 된다.

3~4월이 되면 '용수'를 박고 맑은 술이 뜰 수 있도록 한다. 보통 20일 정도가 지나면 맑은 술이 뜨게 되지만 아래 앙금까지 보일 정도의 맑은 술이 되려면 최소 1개월 이상은 지나야 한다. 4~5월이 되면 술은 물처럼 맑아 아래 앙금이 그대로 보이게 된다. 이때 맑은 술을 떠내서 다른 용기에 옮겨 담는 과정을 반복하게 된다.

5~6월이 되면 맑은 술은 더 맑아지게 되고 술은 충분히 익게 된다. 과일로 치면 초

반 1~2월은 꽃이 피는 단계, 2~3월은 열매가 맺히는 단계, 3~4월은 과일이 최고로 커지는 단계, 4~5월은 과일에 맛이 드는 단계, 5~6월에는 잘 익은 과일이 된다.

다른 방법으로는 술을 걸러 저온에 보관하는 방법이다. 용수를 박는 시기에 술을 걸러 저온에 보관하게 되면 술을 천천히 익혀줄 수 있다. 용수를 박게 되면 술의 변화 과정에 따른 맛을 즐길 수 있지만 온도 변화가 심하면 술이 오염될 수 있다. 그러므로 일정한 온도 유지가 힘들면 술을 걸러 4℃ 정도에서 여과하고 맑은 술이 뜨면 따로 떠서 용기에 담아 숙성기간을 갖는다.

청주 알코올 도수의 변화

추운 시기에는 낮은 온도에 의해 술의 부패를 막고 온도가 자연적으로 오르게 되면 생성된 알코올이 술의 부패를 막게 된다. 어떤 술을 빚던 가장 중요한 것은 최대한 빠른 시간 안에 알코올 도수를 14% 이상 올려 술의 안정된 발효를 진행하는 것이다. 특히, 청주는 온도가 낮은 상태에서 오랜 기간을 발효시켜야 하기 때문에 저온이더라도 오염될 수 있는 가능성이 많아 최대한 깨끗한 환경과 미생물이 잘 배양될 수 있도록 노력해야 한다.

〈그림 16-3〉처럼 초반 알코올 분이 급격하게 증가하고 시간이 지나면 일정한 알코올 분이 유지되어 온도가 올라가도 술의 부패를 막을 수 있는 것이다. 그러나 온도가

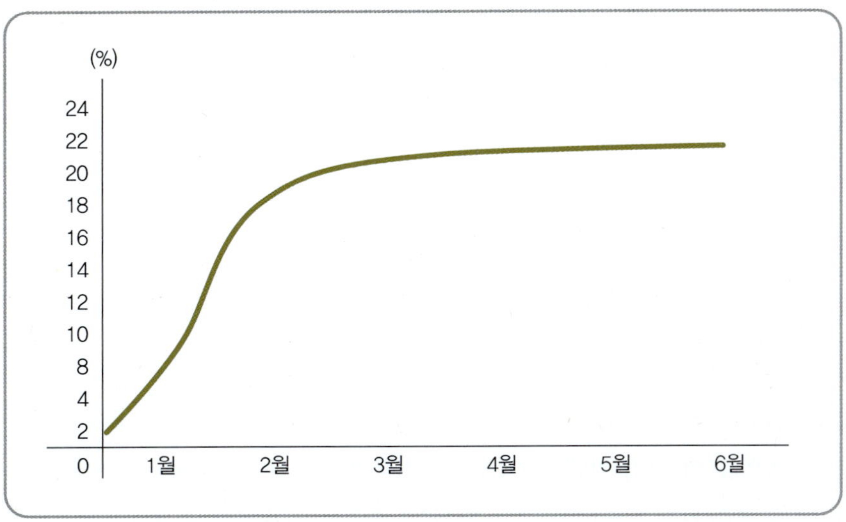

그림 16-3
청주 알코올 도수의 변화

계속 올라가 25℃ 이상이 되면 술의 갈변현상과 함께 술에 장 냄새가 나게 되어 좋지 않다. 따라서 최대한 맑게 뜬 술은 가능하면 저온에서 보관하는 것이 바람직하다.

6. 청주의 발효실

발효실은 볕이 잘 들고 공기가 잘 통하는 남동쪽 방향에 두는 것이 좋다. 북서쪽 방향은 남동쪽 방향보다 습하고 볕이 잘되지 않아 술덧의 오염을 가져오는 경우가 많다. 볕이 잘 들어야 한다는 것은 볕이 발효조에 직접적으로 들어야 한다는 것이 아니라 발효가 끝나거나 환기가 필요할 때 볕이 잘 들어야 발효실 안에 잡균들의 서식하지 않도록 청결하게 관리할 수 있기 때문이다. 볕이 들지 않으면 습한 상태가 오래 지속되어 주변에 잡균이 많아지게 되고 이것이 발효 중의 술덧에 영향을 미치게 된다.

실제로 필자가 사방에 발효조를 놓고 발효를 시켜보면 남동쪽 방향이 가장 발효가 잘 일어나고 북서쪽 방향에서 오염현상이 가장 많이 일어나는 것을 확인할 수 있었다. 이것은 단순히 공간이 있으면 발효실로 사용하는 것이 아니라 발효실 환경이 술덧에 영향을 미친다는 것이다. 따라서 작업 공간을 만들 때는 그 중심을 발효실에 두고 나머지 공간을 만들어 나가는 것이 바람직하다.

발효실의 높이는 발효조와 작업자에 맞춰 주어야 한다. 발효실이 너무 높으면 온도관리가 어려워 지나치게 온도관리 비용이 많이 들게 된다. 반대의 경우는 작업자가 술덧을 관리하는데 어려움이 많다. 따라서 발효조의 크기와 작업자의 작업 효율을 고려하여 발효실의 시설을 갖추어야 한다.

7. 청주의 조건

과거의 청주에 대한 근거를 바탕으로 필자의 매우 주관적인 생각으로 '청주'라는 말을 사용하려면 어떤 조건을 갖춰야 하는가를 기록해 놓은 것이다. 앞으로 우리나라의 청주가 세계의 술이 되기 위해서는 스스로의 통제와 기준을 마련해야 한다.

다음은 옛 문헌을 근거로 필자가 생각하는 청주의 10가지 기준이다.

① 쌀, 물, 누룩 이외의 어떤 재료도 혼합하지 않는다. 술이 될 수 있는 최소한의 원료를 사용하여 순수한 술을 만들어야 한다.
② 한국의 사계절 중 겨울에만 제조한다. 인위적인 온도 관리가 아닌 저온 장기 발효주의 가치를 갖는다.
③ 술을 여과하고 최소 100일 이상의 숙성 기간을 갖춰야 한다. 100일간의 숙성을 거쳐 가치를 상승시키고 술을 완전히 익히는 과정을 거친다.
④ 술을 여과할 때는 용수와 저온여과만을 이용한다. 규조토, 활성탄 등은 미세하지만 술의 맛과 향에 영향을 미치게 된다. 가장 자연친화적인 청주의 제조가 필요하다.
⑤ 누룩은 반드시 쌀로 만든 누룩을 이용한다. 청주의 특성에 맞게 좀 더 물처럼 맑은 술을 얻기 위해 쌀누룩을 이용한다.
⑥ 쌀, 물, 누룩 이외에 어떠한 첨가물(감미료 등)도 넣지 말아야 한다. 감미료, 색소, 향 등을 넣지 않고 순수한 청주를 제조해야 한다.
⑦ 쌀, 물, 누룩 모두 국내산 원료만 이용해야 한다. 당연히 국산 원료를 이용해야 한다.
⑧ 쌀은 햅쌀이나 전 해에 나온 것만을 이용해야 한다. 질 좋은 청주를 위해 원료를 규제해야 한다.
⑨ 청주는 삼양주 이상의 술 제조 방법을 갖춰야 한다. 안전한 발효와 전통적인 삼양주 제조법을 계승한다.
⑩ 당연히 물처럼 투명하고 맑아야 한다. 청주의 술 이름에 부합해야 한다.

이러한 10가지 정도의 규제를 통해 청주를 특별화시킬 수 있다. 현재 일본의 청주 제조기술은 한국의 전통 청주 제조기술과 유사하다. 많은 사람들이 일본의 청주 제조기술이 한국에 전해진 것으로 알고 있지만 실제로는 일본이 한국의 청주 제조기술을 받아들여 과학 기술의 발달과 함께 미생물을 분리 배양하고, 도정률을 높여 좀 더 순수한 술을 제조하는 방향으로 기술이 발전한 것이다. 즉, 일본 청주 제조 공정 자체는 한국의 전통 청주 제조기술을 기반에 두고 발전한 것은 명백한 사실이다.

지금이라도 우리나라의 전통 청주에 대한 자료를 축적하고 발효, 숙성 기술을 연구

한다면 일본이 가지고 있는 청주에 대한 명성을 가져올 수 있다. 언제나 영원한 것은 없다. 지금 일본의 청주가 세계인들에게 많이 알려져 있지만 우리나라의 청주가 그 근본에 있다는 것을 알리고, 좀 더 계획적이고, 좀 더 규제하여 질 좋은 청주를 제조한다면 그리 멀지 않은 시간에 일본을 앞설 수 있을 것이다.

8. 청주의 맛, 향, 색

단순함이 가장 복잡함을 가진다. 청주는 가장 단순한 재료만을 이용한다. 그렇다고 맛과 향도 단순한 것은 아니다. 술은 완성되어야 그 본래 원료 맛이 살아난다. 술을 처음 빚으면 처음에는 알코올 향이 강하지만 시간이 지날수록 곡물과 술 안에 잔당에서 나오는 향기로움이 나타나게 된다. 청주의 진정한 멋은 기다림에서 온다.

청주의 맛

어느 한 맛이 튀지 않아야 한다. 물론, 술의 맛이 주관적이라 필자의 생각과 독자의 생각이 다를 수 있다. 그러나 앞에서 설명하였듯이 청주를 제조하는 목적을 잘 알고 청주의 맛을 접근해 보는 것도 좋을 것이다.

맛이 튀지 않아야 한다는 것은 단맛이나 신맛, 쓴맛, 떫은맛이 맑게, 그리고 엷게, 고르게 있어야 좋은 청주가 되는 것이다. 너무 단맛이 강하거나 신맛이 강하면 술의 균형이 깨진다. 이런 청주를 마시면 쉽게 질려 청주 본래의 목적과 어울리지 않게 된다.

청주의 향

청주의 향은 누룩과 쌀에서 온다. 얼마나 좋은 누룩과 신선한 쌀을 사용했느냐가 청주의 향을 결정한다. 우리나라의 술은 맛과 색은 즐기기 쉬워도 향까지 즐기기는 어렵다. 술에서 좋은 향이 나기까지는 상당히 오랜 시간이 지나야 하기 때문이다. 청주의 향은 오랜 기다림 후에 올라온다. 좋지 않은 향이 가라앉고부터 아주 미세한 쌀, 물, 누룩의 향이 올라오게 된다.

청주는 아주 약하지만 당분이 있어야 한다. 어느 정도 당분이 있어야 좋은 향을 가지게 된다. 보통 당분이 있는 향은 꽃과 과일 향을 가지기 때문에 청주를 마시는 사람으로 하여금 기분 좋은 느낌을 받도록 만들어준다. 이러한 꽃과 과일 향기는 청주를 빚는 초기에는 거의 없었다가 시간이 지나면서 하나둘씩 피어오르게 된다. 자극적인 이산화탄소와 알코올 향이 줄어들고 술에 남아 있는 잔당과 다양한 산의 향들이 조합되어 멋진 꽃이 피는 것이다.

청주의 색

흰 백자 잔에 청주를 따르면 청주의 빛깔을 정확하게 알 수 있다. 투명도와 함께 최대한 물과 가까운 맑기를 가지는 것을 살펴볼 수 있다. 단맛이 강할수록, 찹쌀 비중이 높을수록, 밀 누룩을 사용할수록 물의 투명도에서 점차 황금빛으로 변하게 된다. 우리나라의 청주를 황금색이라고 하기도 하지만 진정한 청주의 색은 물처럼 맑은 색이다. 여기에서 약간의 연두색 빛이 도는 청주야 말로 우리나라의 전통 청주의 빛깔이라고 할 수 있다.

알고 넘어가기

술을 차갑게 마실까 아니면 따뜻하게 마실까

우리나라는 일반적으로 술은 차게 해서 마신다. 반면, 일본은 술을 데워먹는 문화가 자리를 잡고 있다. 1800년대 『규합총서』에는 '밥갱장술'이라고 해서 밥은 봄처럼 따뜻하게, 국은 여름처럼 뜨겁게, 장은 가을처럼 먹고 술은 겨울처럼 차게 해서 먹는다고 하였다. 그도 그럴 것이 우리나라는 음식을 주로 따뜻하게 해서 먹기 때문에 술은 차게 해서 먹고, 일본은 그 반대이기 때문에 술은 따뜻하게 먹는다고 한다. 그래서인지, 우리나라에서는 술을 따뜻하게 데워 마신다고 하면 일본을 따라하는 것처럼 생각하는 사람들도 많다.

1800년대 『양주방』에 기록된 창포술에는 '공복에 술을 따뜻하게 데워 마시면 좋다.'라고 기록하고 있다. 즉, 술을 따뜻하게 데워 먹는 문화는 일본에서 온 것이 아니라 우리나라에서도 약술을 마시거나 할 때에는 술을 따뜻하게 데워 마셨다는 것이다. 술을 따뜻하게 데워 마시면 술의 향이 더욱 진하게 올라온다. 그래서 향이 강한 술보다는 향이 약한 술들은 따뜻하게 데워 술의 향을 더욱 깊게 만들어주는 것이 좋다. 또한, 몸 상태가 좋지 않을 때에는 찬 술을 먹는 것보다는 따뜻하게 해서 마시는 것이 더욱 유익할 것이다.

17

약주

약이 되는 술, 그것이 바로 약주다. 허준의 『동의보감』에는 '약 기운을 돌게 하는 데는 술보다 좋은 것이 없다.'라고 기록하고 있다. 약주를 제조할 때에는 약재의 양과 처리방법, 그리고 약재를 언제 넣을 것인지가 가장 중요하다. 약재가 가지고 있는 맛과 향, 색에 따라서 약재의 양과 투입시기가 결정된다. 약재를 사용할 때에는 반드시 전문가의 조언을 받아 자신의 몸에 맞는 약재를 선택해 술을 제조해야 한다.

1. 약주란 무엇인가

약주(藥酒)란 '약(藥)이 되는 술'로 반드시 약재가 들어가야 하는 것은 아니다. '술'을 높여 부르는 말로 아래 사람이 윗사람에게 술을 청하거나 약재를 넣어서 빚은 술도 약주라고 한다. 또한 주세법에도 '약주'라는 말이 등장하는데 주세법상 약주의 정의와 일반적으로 사용되는 약주의 의미는 다르다.

일반적으로 사용되는 약주의 의미

① 약재를 넣지 않았지만 약으로서 먹는 술이다.
② '술'을 대신하여 높여 부르는 말(예: 약주 한 잔 올리겠습니다.)이다.
③ 약재를 넣어서 빚는 술(예: 솔잎술, 당귀주, 오가피주, 오미자주 등)이다.

2. 전통 약주의 종류

우리 조상들은 오래전부터 술을 빚을 때 그 지역의 특산물을 이용하였다. 그것은 지

표 17-1 약주의 종류

구분	종류
잎	송엽주, 선령비주(음양곽), 연엽주, 쑥 등
줄기/마디	송절주, 계피주, 천금주(북나무껍질), 오가피주 등
뿌 리	당귀주, 상근백피주, 지황주, 창포주, 청주(무), 산삼, 우슬주, 송근주 등
열매/씨	백자주(잣), 도인주(복숭아씨), 구기자주, 포도, 소자주(들깨), 녹두주 등
꽃	백화주, 두견주, 매화주, 국화주, 도화주, 금화주 등
동 물	무술주(개), 기응백세주(염소뼈), 호골주(호랑이), 녹용주(사슴), 녹두주 등

금도 마찬가지로 지역의 특산물을 이용하여 빚은 술이 소비자들에게 더욱 신뢰를 받는 것은 당연한 일이다.

조선시대에는 다양한 약재를 넣어 빚는 술들이 상당히 많았으며 이러한 약주는 오늘날까지 전해지고 있다. 대부분의 약주는 식물의 잎이나 줄기, 뿌리 또는 열매 등을 이용하여 다양한 술들이 빚어졌다.

잎

약주를 제조할 때 가장 흔하게 사용하는 것이 식물의 잎이다. 봄에 나오는 나물들의 잎은 물론 사계절 내내 채취할 수 있는 솔잎, 여름에 향 가득 먹은 연잎에 이르기까지 한국의 전통 약주는 거의 모든 식물의 잎을 약주 제조에 이용해 왔다. 특히, 최근에는 다양한 허브의 잎을 이용해 향은 물론 잎이 가지고 있는 약성분까지 술에 이용하고 있다.

봄에 나오는 참쑥이나 민들레잎 등은 말려서 약주 제조에 이용한다. 잎을 말리면 그 무게가 상당히 줄어들기 때문에 술 제조 시에 들어가는 양이 적어도 많은 양이라는 것을 인지해야 한다. 이렇게 말린 잎은 물을 넣고 달인 즙을 이용하거나 고두밥을 찔 때 같이 쪄서 넣어 주는 것이 보통이다. 솔잎이나 연잎은 말린 것과 생것 모두 이용하는데 솔잎은 보통 고두밥을 찔 때 같이 넣어 찌고 연잎은 발효조 바닥에 깔고 술밥을 넣고 맨 위에 연잎을 다시 덮어 주는 것으로도 훌륭한 연엽주를 얻을 수 있다.

줄기, 마디, 뿌리

소나무의 마디나 계피, 북나무 등의 껍질과 당귀, 소나무, 뽕나무 뿌리를 이용하는 경우가 많이 있다. 이러한 재료들은 가능한 달여 사용하는 것이 보통이다. 밑술을 제조하거나 곡물을 익힐 때 사용하는 물을 약재 달인 물을 이용해 술을 제조한다. 줄기나 뿌리는 약재를 그대로 넣는 것보다는 달여 사용하는 것이 그 효과를 높일 수 있기 때문이다. 만약, 위와 같은 약재를 쪄서 사용할 경우에는 가능한 잘게 쪼개서 넣는 것이 좋다.

오가피는 오래 전부터 약주로 가장 많이 사용하던 약재이다. 술을 제조할 때에는 오가피 뿌리의 껍질 말린 것을 이용한다. 껍질을 벗겨 완전히 말린 다음에 술을 제조할 때 거름망에 오가피를 넣고 그 망을 발효조 바닥에 넣은 다음에 술덧으로 덮어 함께 발효시킨다. 본 방식은 오가피에만 해당하는 것이 아니라 대부분의 약재에도 응용하여 술을 제조할 수 있다.

열매, 씨

약주는 꼭 약재의 뿌리나 줄기, 잎만 이용하는 것이 아니다. 포도, 복분자, 산딸기, 오디 등의 열매 또한 좋은 약주를 제조할 수 있다. 이러한 열매들은 기본적으로 맛과 향, 색을 가지고 있기 때문에 다양한 맛의 약주를 제조하기 적합하다. 전통적인 약주 제조에서는 곡물을 이용한 술에 함께 혼합해서 빚지만 과실 등은 기본적으로 당분을 가지고 있기 때문에 설탕 등을 이용해 당도를 조정하고, 효모를 이용해 발효시키는 단발효에 의해 제조할 수 있다.

이러한 과실 이외에 잣과 대추, 후추 등은 술 제조에 많이 사용하는 열매로 넣는 양을 잘 조절하면 아주 좋은 약주를 제조할 수 있다. 잣은 빻아서 작은 망에 넣고 그것을 발효조 안에 넣어 발효시킨다. 잣을 빻고 그대로 넣으면 술 표면에 떠서 지저분하게 되고 나중에 걸러 내기 힘들다. 또한, 잣기름이 뜨게 되는데 이 모습이 마치 옥 같다 하여 옥지주라고도 한다. 대추는 마지막 덧술할 때 함께 넣고 후추는 빻아서 고운 망에 넣어 발효조에 함께 넣어 발효시킨다. 후추를 많이 넣게 되면 매운 맛이 강해지기 때문에 쌀 10kg 기준으로 50g을 넘지 않는 것이 좋다.

◎ 꽃

매화꽃을 이용한 매화주, 진달래꽃의 두견주, 복숭아꽃의 복사꽃술, 가을 국화를 이용한 국화주, 연꽃을 이용한 연화주 등 우리나라의 옛 문헌에는 꽃을 이용한 술 제조법이 상당히 많이 기록되어 있다. 특히, 겨울 동백꽃부터 가을 국화까지를 모두 모아 술을 빚는 백화주야 말로 세상 어디에도 없는 술이다. 꽃은 모두 술 제조에 사용하는데 옥잠화, 싸리꽃, 철쭉꽃은 술 제조에 사용하지 않는다. 또 꽃은 대부분 말린 것을 사용해야 한다.

꽃을 이용해 술을 제조할 때에는 술덧 등과 가능하면 혼합하지 않고 말린 것을 그대로 넣어 주는 것이 좋다. 보통은 맨 아래 깔고 그 위에 술덧, 그리고 꽃을 까는 것을 반복하여 맨 위에 꽃을 뿌려 주는 것으로 마무리 한다. 꽃을 이용한 술은 술 맛이 약간은 단맛이 있게 제조하고 나중에 물을 혼합해 당도를 조절해 주는 것이 좋다. 술의 당도가 높을 때 향이 좋기 때문이며 여기에 꽃의 성질에 의해 독특한 향이 올라오게 된다.

◎ 동물

개를 이용한 무술주, 사슴을 이용한 녹두주, 새끼 양을 이용한 고아주 등은 우리나라의 가장 대표적인 동물을 이용한 약주이다. 허준의 『동의보감』에 등장하는 술로 우리나라의 전통 약주가 단순히 약재만을 이용한 것이 아니라 이렇게 동물을 이용한 술 또한 약으로서 사용했다는 것을 알 수 있다. 동물을 이용한 술은 주류제조면허를 받기 힘들 뿐만 아니라 시중에 판매되는 술도 없다. 그러나 일반 가정에서는 지금도 동물을 이용한 술을 제조하여 집안의 가양주로 사용하는 곳도 있다.

◎ 『동의보감』 속 약주의 종류

『동의보감』 속에 등장하는 술을 살펴보면 우리나라의 약주에 대해 알 수 있다. 『동의보감』 속에는 단순히 쌀과 물, 누룩만 넣는 것이 아니라 갖가지 잎이나 열매, 줄기, 뿌리, 동물까지 사용한 아주 다양한 술이 등장한다.

조하주, 두림주, 총시주, 포도주, 상심주, 구기주, 지황주, 무술주, 송엽주, 송절주, 창포주, 녹두주, 고아주, 밀주, 춘주, 무회주, 병자주, 황련주, 국화주, 천문동주, 섬라주, 홍국주, 동양주, 금분로, 산동추로백, 소주소병주, 남경금화주, 회안녹두주, 강서마고주, 소주, 이화주

① 조하주(糟下酒)는 용수를 박으면 맑은 술이 고이는데 이 맑은 술을 떠내고 아래 남은 술을 조하주라고 한다. 즉, 술을 걸러 놓으면 맑은 술이 위에 고이고 아래 입자가 크고 무거운 것들이 가라앉게 되는데, 이 술을 조하주라고 한다.

② 두림주(豆淋酒)는 콩과 나팔꽃의 씨를 함께 넣어서 빚는 술로 풍증으로 인한 경련에 좋다고 알려져 있다.

③ 녹두주(鹿頭酒)는 사슴 삶은 물을 이용하여 빚은 술이다.

④ 회안녹두주는 녹두로 디딘 누룩을 이용한 술이다.

⑤ 강서마고주는 샘의 이름을 따서 지은 이름이라고 한다.

⑥ 산동추로백은 가을 이슬을 받아 빚은 술이다.

⑦ 밀주(蜜酒)는 꿀을 넣어 빚은 술이다.

⑧ 고아주(羔兒酒)는 새끼 양을 고아 만든 물로 빚은 술이다.

⑨ 이화주(梨花酒)는 배꽃이 필 때 디딘 누룩(이화곡)으로 빚은 술, 배꽃처럼 흰 술이다.

3. 약재의 채취 방법

약재를 캐는 시기

약재를 캐는 시기가 음력 2월과 8월이라 하더라도 절기가 일찍 오고 늦게 오는 때가 있기 때문에 반드시 이 시기에 국한되어 채취하지 않아도 된다(본초).

표 17-2 약재를 캐는 시기

음력 2월	• 이른 봄에는 뿌리에 있는 약물이 오르려고는 하나 아직 가지와 잎으로는 퍼지지 않고 뿌리에 그대로 있기 때문이다. • 봄에는 될수록 일찍 약재를 캐는 것이 좋다.
음력 8월	• 가을에는 가지와 잎이 마르고 약물이 다 아래로 내려오기 때문이다. • 가을에는 될수록 늦게 약재를 캐는 것이 좋다.

약재를 말리는 방법

표 17-3 약재를 말리는 방법

폭건(暴乾)	• 햇볕에 쪼여 말리는 것이다. • 풀이나 나무의 뿌리, 싹은 햇볕에 쪼여 말린다. • 음력 9월 이전에 캔 것은 모두 햇볕에 말린다.
음건(陰乾)	• 그늘에서 말리는 것이다. • 풀이나 나무의 뿌리, 싹도 그늘에 말리면 좋지 않다. • 음력 10월 이후에 캔 것은 다 그늘에서 말리는 것이 좋다.
불(火)	• 불을 이용해 말리는 것이다. • 쉽게 마르고 약의 품질도 좋다. • 음력 8월 이전에 캤으면 불에 말리는 것이 좋다. • 고기(筋肉)는 불에 말리는 것이 좋다.

봄에 나는 쑥이나 잎 등은 그늘에 말리게 되면 잘못하면 썩어 버린다. 따라서 햇볕이나 불로 빨리 말려 주는 것이 좋다. 음력 10월이 지나게 되면 주변이 건조해지고 날씨가 춥기 때문에 햇볕이 아닌 그늘에서 말리는 것이 좋다.

도심에서는 황사나 기타 공기 중의 이물질이 많아 밖에서 말리는 것이 썩 좋지 않다. 따라서 햇볕이 잘 드는 거실에서 말리는 것이 좋고 밖에서 꼭 말려야 할 경우에도 비닐 등을 덮어 이물질이나 먼지, 벌레 등이 들어가지 않도록 주의해야 한다.

4. 술에 넣는 약재의 양

술을 빚을 때 약재를 많이 넣는다고 좋은 것은 아니다. 약재를 많이 넣게 되면 그 효능은 좀 더 볼 수 있을지 몰라도 술에 약재의 향과 맛이 너무 강하게 나서 사람들로 하여금 거부감이 생길 수 있길 수 있다. 따라서 전체 곡물 양(무게) 대비 약재의 투입량을 결정해야 한다.

말린 잎이나 가향재는 전체 쌀 양의 1% 이내, 약재의 기능성을 위주로 술을 제조하고자 한다면 1% 이상의 약재를 사용한다. 아무리 약재가 좋다고 하더라도 많은 약재를 사용하는 것은 좋지 않다.

5. 약재 투입 방법

약재를 넣을 때에는 약재의 종류나 계절, 얻고자 하는 효능에 따라서 다양한 가공방법을 이용한다. 가장 많이 사용하는 것은 달이는 방법, 쪄서 사용하는 방법, 그리고 직접 생것을 투입하는 방법을 이용한다.

달이기

약재를 달일 때에는 약재를 미리 끓는 물에 살짝 1분 이내로 끓여 법제해 주는 것이 좋다. 구입한 약재에는 방부제나 기타 이물질 등이 많이 묻어 있기 때문에 약재 법제를 하지 않고 그냥 달여 사용하면 달인 액의 색이 탁하고 술에 잡맛을 가져온다. 달인 액을 이용해 바로 죽이나 범벅을 만들 때에는 달인 약재는 사용하지 않고 즙만 이용한다.

찌기

솔잎 등 말린 약재를 그대로 사용하는 것보다 고두밥을 찔 때 함께 쪄 사용하는 것이 좋다. 보통은 고두밥 위에 올려 찌고, 찌고자 하는 약재도 한 번은 끓는 물에 법제를 한 후에 사용하는 것이 바람직하다. 두께가 있고 긴 약재는 잘게 잘라주는 것이 좋다. 또 향기가 좋은 약재라면 고두밥과 전체적으로 섞어 쪄주는 것도 좋은 방법이다.

표 17-4 약재 투입 방법

달이기	• 물에 달여 그 즙을 이용한다. • 달일 때에는 약한 불에 오래 달인다. • 센 불에 달이면 약기운이 약해질 수 있다(득효). • 물을 붓고 7~8할 정도 되도록 달인다.
찌 기	• 약재를 잘게 잘라 밥과 함께 쪄서 사용한다. • 오래 보관하며 사용하는 약재는 쪄서 말려 사용한다. • 약재의 뿌리나 입자가 큰 것은 찌거나 달여서 사용한다.
직접 투입	• 꽃이나 기타 향기가 있는 것은 말리거나 생것을 직접 넣어 준다. • 약재를 곱게 가루 낸 것들은 직접 넣어 준다. • 복분자나 딸기, 오디 등은 직접 넣어 혼합한다.

직접 투입

약재를 직접 투입할 때에는 법제를 마친 것을 사용해야 한다. 국화와 같은 꽃이나 연잎은 등은 발효조 바닥에 깔아주거나 덮는 방식을 이용하고 오가피 등은 망에 넣어 발효조 바닥에 놓고 그 위에 술덧을 올려 함께 발효시킨다. 또한, 직접 투입하는 약재의 양이 많으면 술이 완성된 후에 지나치게 약재의 맛과 향이 강해 전체적인 술의 조화를 잃어버리게 된다. 따라서 소량씩 넣어 알맞은 맛을 찾는 것이 중요한다.

6. 약재(가향재) 투입 시기

약주 및 가향주에서 가장 중요한 것은 필요로 하는 부재료(약재나 가향재)를 언제 투입할 것인가를 판단하는 일이다. 술을 빚는 순간부터 완성되는 시간 사이에 부재료의 무엇을 중요히 여길 것인가에 따라서 부재료의 투입 시기는 달라진다.

〈표 17-5〉를 보자. 가로줄은 술 빚는 과정이다. 크게 밑술과 덧술, 중기와 말기, 그리고 여과 후와 병입 전으로 나눠 놓았다. 이렇게 구별해 놓은 이유는 술 제조과정에서 어떤 시기에 어떤 방법으로 부재료를 투입할 것인가를 알기 쉽게 구별하기 위해서이다.

밑술과 덧술은 우리가 이양주나 삼양주 이상의 술을 제조할 때 흔히 말하는 것과 크게 다르지 않다. 중기는 마지막 덧술과 술이 완성되는 시기의 중간 쯤을 이야기하는 것이고 말기는 술의 발효가 끝난 상태 즉, 술이 완성된 상태를 말한다. 그리고 완성된 술을 걸러 내는 것을 '여과 후'라고 하였으며 숙성과 여과가 끝난 술을 소비자에게 제공하기 위해서 일정한 용기에 담는 것을 '병입 전'으로 표현하였다.

표 17-5 약재 투입 시기

	밑 술	덧술(초기)	중 기	말기(완성)	여과 후	병입 전
기능성	0	0				
맛		0		0		
색				0	0	
향					0	0

또 세로줄은 크게 기능성과 맛, 색, 향으로 구별하였는데 기능성은 약재가 가지고 있는 효능을 말하는 것이며 맛은 재료(과일 포함)가 기본적으로 가지고 있는 독특한 맛을 의미한다. 여기에서 가장 중요한 것 중 하나가 바로 색깔이다. 치자, 울금, 백련초 등 다양한 색을 가진 약재를 이용해 술에 색깔을 부여하고자 할 때를 말하는 것이다. 향은 꽃이나 잎 등의 좋은 향기를 술에 부여하고자 할 때를 말한다.

◎ 기능성: 초(草), 근(根), 목(木), 피(皮) 등이 가지고 있는 효능

기능성을 위해서 빚는 술은 보통 술 빚기 초반인 밑술과 덧술할 때 넣는다. 밑술을 제조할 때는 약재를 달여 그 달인 물을 이용하고 덧술 시에는 쌀을 찌거나 찐 밥 등을 혼합할 때 직접 투입한다. 이렇게 약재의 효능을 극대화시키기 위해서는 술 빚기 초반 기능성 약재 등을 투입하는 것이 좋다.

◎ 맛: 과실 등이 가지고 있는 맛

술은 당연히 맛이 좋아야 한다. 그러나 여기에서 말하는 맛은 전체적인 맛의 조화가 아니라 과실이나 채소, 약재 등이 가지고 있는 맛을 말하는 것이다. 쉽게 설명하면 대추를 넣으면 아주 미세하게라도 대추 맛이 날 수 있도록 술을 제조하는 것이다. 이러한 술을 제조할 때에는 밑술보다는 덧술에 넣는 것이 좋다. 여기서 말하는 덧술은 '마지막 덧술'할 때를 말하는 것이다.

◎ 색: 초(草), 근(根), 목(木), 피(皮) 등이 가지고 있는 색

술에 다양한 색을 낼 수 있다면 지금보다 훨씬 다양한 술을 제조할 수 있다. 보통 연잎술이라고 한다면 연잎을 넣는 것으로 끝난다. 이렇게 술을 빚는다고 술에서 연잎과 같은 푸른빛이 나는 것은 아니다. 술을 찾는 소비자는 술의 이름과 술에 대한 연상 이미지를 떠올리기 때문에 가능하면 술의 색도 신경을 써야 한다.

술에 색을 부여할 때에는 가능한 색이 있는 재료를 건조해 말린 것을 사용하는 것이 좋고 최대한 곱게 가루 낸 것을 사용하여 색이 잘 나올 수 있도록 해야 한다. 또한, 술 제조과정에서 가능하면 술이 완성된 후에 색을 내기 위한 재료를 투입하고 2~3일 정도 더 발효를 시킨 다음에 여과하는 것이 좋다. 최근에는 동결건조한 다양한 초근

❖참고

식물 등이 가지고 있는 색은 시간이 지나면 변하기 때문에 술에 빛이 들지 않고 저온에 보관해 색을 오래 유지하는 것이 좋다.

목피의 가루가 나오는데 이러한 가루를 이용하면 좀 더 효과적으로 술에 색을 부여할 수 있다.

❖참고

술 빚기 초반에 가향재를 투입하면 발생되는 CO_2에 의해 대부분의 향기는 사라진다.

향: 꽃이나 잎, 허브 등이 가지고 있는 향

우리나라 전통주에서 가장 간과하는 부분이 바로 술의 향이다. 이제는 입으로 마시는 술에서 향기를 마시는 술로 바뀌어야 한다. 일반적으로 곡물을 이용해 술을 제조하게 되면 과일 향보다는 식물성 향이 더 많이 나게 된다. 그러나 소량의 약재 투입만으로도 풍만한 과실향이나 꽃향기를 가진 술을 제조할 수 있다. 생강 등이 가장 대표적인 가향재이다. 이렇게 술에 향기를 부여할 때에는 여과 후나 병입 전에 투입해 술의 향을 극대화시켜야 한다.

그림 17-1
연잎

18

과실주

1540년대 『수운잡방』을 보면 '포도주' 제조법 두 가지가 기록되어 있다. 이것을 보면 우리나라에서 오래전부터 포도를 이용해 술을 제조하고 있었음을 알 수 있다. 당시의 포도주는 포도와 곡물을 혼합해 술을 빚었다. 이것은 포도의 당도가 낮기 때문에 필요한 당분을 곡물에서 얻는 방식으로 과실주를 제조한 것이다. 최근에는 원료의 품질 개량을 통해 포도뿐만 아니라 복분자, 오디, 머루 등을 이용해 과실주를 생산하고 있다.

1. 과실주

과실주란 포도나 복분자, 머루 등과 같은 열매를 주원료로 하여 빚은 술을 과실주라고 한다. 과실주 중에서 가장 대표적인 술은 포도를 이용한 포도주이며 우리나라에서는 포도주보다는 복분자나 오디 등의 술이 잘 알려져 있다.

과실주	식물이나 나무의 열매를 주원료로 사용하여 빚은 술

대부분의 과실은 단맛을 내는 당분을 함유하고 있어 자연 상태에서도 발효를 통해 알코올을 생성하여 과실주를 만들 수 있는 것이 특징이다. 즉, 과실의 당분과 과실의 과피 등에 있는 야생효모에 의해 알코올 발효가 일어나 술이 되는 것이다.

따라서 과실주는 인류가 생기기 이전부터 만들어졌을 것으로 추측할 수 있다. 이 술을 원숭이가 먹었든지 다른 동물이 먹었든지 간에 과실이 생겨났을 때부터 술은 만들어졌을 것이다.

2. 세계 과실주의 역사

과실의 종류는 곧 과실주의 종류가 된다. 다만, 과실을 이용해 술을 빚을 때에는 과실이 가지고 있는 맛과 향, 그리고 당분과 수분의 양이 술을 제조하기에 알맞아야 과실주를 제조할 수 있는데, 가장 대표적인 과실주는 포도를 이용한 포도주이다.

가장 대표적인 과실주는 포도주

인류가 술을 처음 빚은 것은 정확하게 알 수는 없으나 가장 처음으로 만들어진 술은 곡물을 이용한 곡주가 아니라 과실을 이용한 과실주였을 것이다. 과실이 가지고 있는 당분과 발효에 알맞은 수분의 양, 그리고 과실에 있는 야생 효모에 의해서 자연적으로 술이 되었을 것이다.

포도주는 중앙아시아를 기원으로 이집트를 거쳐 그리스로, 그리고 로마인들에 의해서 독일, 스페인 등 포도를 재배하기에 좋은 환경을 갖은 나라들로 전파되었고 현재 수많은 나라에서 포도주를 생산하고 있다. 또 포도 재배에 알맞은 조건을 가진 나라가 포도주의 주요 생산국이다.

그림 18-1
포도

2. 우리나라 과실주의 역사

우리나라의 과실주 역시 포도주의 역사가 가장 오래된 것이다. 1285년 『고려사』에는 원나라 세조가 사위인 고려의 충렬왕에게 포도주를 보냈다는 기록이 남아 있다. 그러나 이에 대한 제조 방법이 처음 기록되어 있는 것은 1540년대 『수운잡방』으로 여기에는 2가지의 포도주 제조법이 기록되어 있다.

1540년대 김유가 지은 전통 음식 조리서인 『수운잡방』에 포도주 제조법 2가지 기록

이 책의 저자 '김유'는 1481년에서 1552년까지 생존했던 인물이다. 포도주의 제조법이 하루 아침에 만들어지는 것이 아니기 때문에 조선 초기에 포도주 제조법이 기록되어 있다하더라도 우리나라는 조선시대 이전부터 포도를 이용한 과실주를 빚어 왔음을 미뤄 짐작할 수 있다(수운(需雲)은 격조를 지닌 음식문화를 뜻하며, 잡방(雜方)은 여러 가지 방법을 뜻한다).

수운잡방에 기록된 포도주 제조법 1

멥쌀 3말을 여러 번 씻어서 곱게 가루를 내어 죽을 만들고, 차게 식으면 누룩가루 7되를 섞어 독에 담아 둔다. 술이 익으면 멥쌀 5말을 여러 번 씻어서 온이로 쪄서 차게 식힌 후, 누룩 3되, 포도가루 1말과 함께 먼저 빚은 술독에 섞어 담아 두었다가 익으면 쓴다.

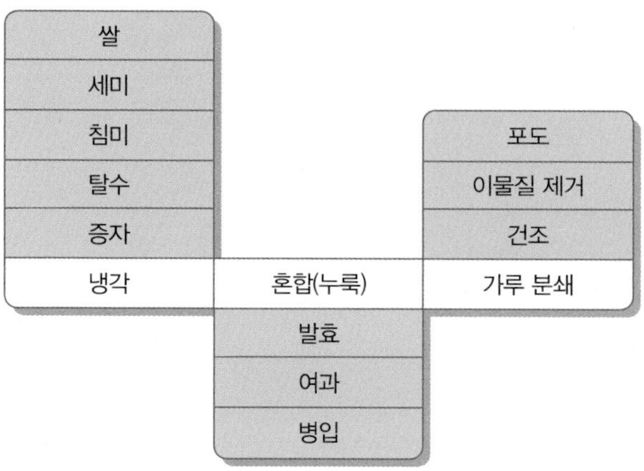

그림 18-2 전통 과실주 제조 공정도 1(포도가루)

❷ 수운잡방에 기록된 포도주 제조법 2

포도를 짓이겨 놓고 찹쌀 5되로 죽을 만들어서 식힌 다음, 누룩가루 5홉을 섞어 독에 담아 두고 맑아지기를 기다렸다가 쓴다. 양주자사의 자리도 홍정해 볼만하다.

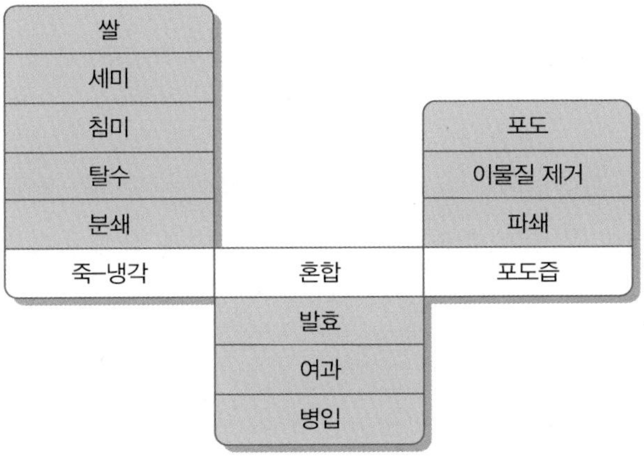

그림 18-3
전통 과실주 제조 공정도 2(포도즙)

3. 과실주의 제조 방법

'과실주 제조 공정도'를 그림으로 나타내면 다음과 같다.

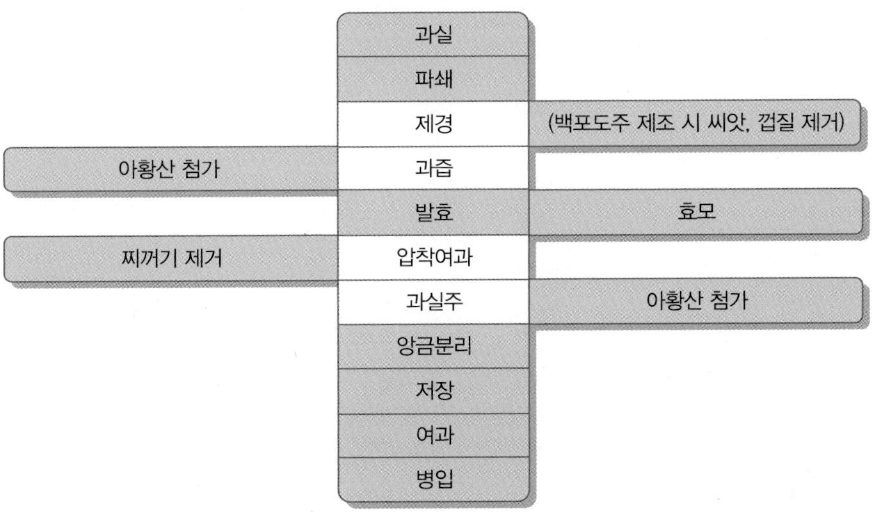

그림 18-4
과실주 제조 공정도

4. 전통 과실주의 제조 방법

앞의 『수운잡방』의 내용을 살펴보면 특이한 점을 발견할 수 있다. 바로 포도주가 포도만을 이용한 포도주가 아니라 곡물과 포도를 혼합하여 빚는 술이라는 것이다. 이렇게 포도와 곡물을 이용한 발효주를 제조하는 방법이 기록되어 있는 나라는 거의 없을 것이다. 이와 같이 과실주를 제조할 때 과실만이 아닌 곡물을 함께 넣는 이유는 무엇일까.

외국의 포도주가 과실만을 이용하는데 반해 한국의 포도주는 곡물과 함께 빚는 것이 가장 큰 차이점이다. 이렇게 한국의 포도주가 곡물과 함께 술을 빚는 이유는 발효학적으로 살펴보면 아주 큰 사건일 것이다. 즉, 포도의 부족한 당을 곡물에서 가져오는 것이다.

이러한 제조법은 어떻게 보면 포도 본래의 맛을 저해하는 이유가 되지만 다른 한 편으로는 우리나라의 술 제조기술이 상당히 높은 수준에 있었음을 알 수 있다. 보통 우리나라의 포도는 당도가 낮아(지금도 마찬가지다) 알코올 발효를 시키게 되면 도수가 낮아지고 술에서 신맛이 강해지는 단점을 가지고 있다. 이러한 단점을 수백 년 전부터 곡물을 이용해 해결했던 것이다.

외국의 포도주	한국의 포도주
포도만을 이용한 술 당도 높은 포도 이용	쌀과 포도를 혼합하여 빚는 술 포도의 부족한 당을 곡물로 보완

5. 당도와 알코올 발효

알코올 발효에 있어 당분의 양은 알코올의 생성과 직결되는 문제이기 때문에 과실의 당도는 곧 과실주의 품질에 가장 중요한 역할을 한다. 과실의 당도는 알코올 도수뿐만 아니라 술의 맛과 향에도 영향을 미친다. 품질 좋은 과실주를 위해 우리나라에서도 당도가 높은 포도 품종을 연구하고 있다.

일반적으로 당도는 Brix, B°(브릭스)로 표시하는데 당도계를 이용하여 과실의 즙에 포함되어 있는 당분의 양을 알 수 있다. 과실만을 이용할 경우 당도를 측정하게 되면 알코올 발효를 시켰을 경우 알코올 생성량을 알 수 있다. 과즙의 당도를 측정하고 당도에 0.50~0.55를 곱하게 되면 과즙의 알코올 도수를 예측할 수 있다. 만약 13%의 과실주를 제조하려면 당도를 0.50~0.55로 곱하면 된다.

서양의 포도는 당도가 높기 때문에 당분의 첨가 없이도 충분히 좋은 품질의 포도주를 생산할 수 있다. 하지만 우리나라에서 생산되는 포도는 당도가 낮아(보통 12~15B°) 술을 만들어도 알코올 도수가 낮아 신맛이 강한 술이 제조되거나 오염될 수 있는 확률이 많아진다. 특히, 우리나라에서는 복분자를 이용한 술이 많이 제조되고 있으나 복분자의 당도가 낮아(보통 7~10B°) 당도를 높여줘야 원하는 술을 제조할 수 있다. 그래서 복분자주와 같은 과실주 제조장들은 설탕과 주정(순수에탄올)을 이용해 알코올 도수를 높인다.

보통 포도를 이용한 포도주는 당도를 23~25B° 정도로 맞춰준다. 전체 알코올 도수가 12% 정도 되도록 맞춰주는 것이다. 그렇다면 당도를 더 높게 하면 알코올 도수를 더욱 높게 할 수 있지 않을까.

당도가 높다고 해서 알코올 도수가 무조건 높아지는 것은 아니다. 모든 미생물이 그러하듯 알코올을 만들어내는 효모 또한 당도가 높아지면 효모의 생육을 억제 받기 때문에 우리가 원하는 대로 알코올을 생산하지 못하게 된다. 따라서 지나친 당도 증가는 오히려 알코올 발효에 도움을 주지 못하기 때문에 당도를 25Brix 이상으로는 높이지 않는 것이다.

❖참고

당도(Brix, B°): 용액 100g에 포함되어 있는 당분의 함량(g)을 말함

당도(Brix, B°)×0.50~0.55=알코올 농도

당도(Brix, B°)=13/0.50~0.55(약 23~26B°의 당도 필요)

25Brix 이상에서는(당도가 높아질수록) 효모의 생육을 억제받는다.

6. 전통 과실주의 제조 비율

우리나라의 과실주는 곡물을 혼합하여 빚는 세계 어디에서도 찾아볼 수 없는 독특한 제조법을 가지고 있다.

표 18-1 『수운잡방』(1540년대)의 포도주 제조 비율

주명(酒名)				포도주		일 시	
시간/가공				쌀	물	누룩	기타
	죽	밑	멥	30	?	7	죽
	고두밥	덧	멥	50			건포도가루 10되
		덧					
비율				80	?		1 : 1
내용							

밑술에서는 멥쌀 죽을 사용하고 덧술에서는 고두밥을 이용한다. 그러나 밑술의 물 양이 나와 있지 않아 정확한 제조법을 알 수 없다. 그렇다면 죽을 쑨 물의 양을 얼마만큼 넣어야 원하는 포도주를 얻을 수 있을까? 전체의 비율을 추측하면 물은 최소 60~150L가 들어갔을 것이다.

복분자주 제조비율은 과실의 무게를 그대로 물 대신 사용하였다. 과실주 밑술은 밑술 제조법 그대로 사용하면 되고, 물 양만 2.5L로 표기하면 될 듯하다.

표 18-2 전통 과실주 제조 방법을 이용한 복분자주 제조

주명(酒名)				복분자주		일 시	
시간/가공				쌀	물	누룩	기타
	범벅	밑	멥	1	2.5	0.5	
		덧	찹	4	2.5(과일)		복분자
		덧					
비율				5	5		1 : 1
내용				포도즙에 죽을 넣어 빚는 포도주			

7. 우리나라의 과실주 제조

MBA, 거봉, 캠벨 얼리, 개량머루 등이 우리나라의 가장 대표적인 과실주 원료이다. 원료에 따라 다르지만 보통 12~20B° 정도의 당도를 가진다. 이러한 원료로 그대로 술을 제조하면 알코올 도수가 낮기 때문에 설탕 등의 당분으로 당도를 높여 주는 것이 대부분이다. 이 중에서도 개량머루는 안토시아닌이 많아 술의 색이 좋으며 많은 탄닌에 의해 드라이하고 좋은 떫은맛을 갖게 한다. 과실은 가능한 알이 작은 것이 좋다. 알이 작아야 과실의 껍질이 상대적으로 많아 좋은 색을 갖기 때문이다. 또한, 당도가 높고 산도는 낮은 것이 과실주 제조에 알맞다고 볼 수 있다.

복분자, 산딸기, 오디와 같은 과실들은 포도보다 당도가 낮다. 이러한 과실들로 그대로 술을 빚게 되면 알코올 도수가 낮게 나오기 때문에 설탕 등의 당분과 주정을 넣어 알코올 도수를 조절하는 것이 보통이다.

❖참고REFERENCE

복분자(12B° 전후), 개량머루(15B° 전후), MBA(19B° 전후), 거봉(16B° 전후), 캠벨 얼리(14B° 전후)

알고 넘어가기

와인과 인류 최초의 인공감미료 사파(sapa)

사파는 로마시대 때부터 음식을 만들거나 와인의 단맛을 높이고 보존기간을 늘리기 위해 사용되어 온 인공감미료이다. 사파는 포도를 이용한 주스나 와인을 만들고 난 찌꺼기를 이용해 팬에 넣고 졸여 만드는데 이때 중요한 것은 바로 납으로 된 팬을 이용해야 하는 것이다. 이렇게 납으로 된 팬으로 졸이게 되면 아세트산납이 만들어지게 되는데 이때 단맛이 난다. 아세트산납은 '초산납' 또는 '납당'이라고 부르기도 한다.

지금은 음식이나 음료를 제조할 때 사용하지 않지만 1800년 대 이전까지도 납당을 와인제조에 사용해왔다고 한다. 문제는 이렇게 만들어진 납당에 납 성분이 들어있다는 것이다. 로마인들이 음식을 만들거나 와인을 마실 때 이 당을 이용했기 때문에 납중독에 의한 다양한 건강문제가 일어난다는 것을 알고 있었다고 한다. 또 그리스인들은 이 당이 들어간 것을 먹으면 유산이 된다는 것을 알게 되어 일부에서는 낙태를 하는데도 사용했다고 전해진다.

이것은 우리나라라고 다르지 않다. 우리나라 옛 문헌을 보게 되면 술에서 신맛이 나면 콩이나 팥, 석회석 등을 넣거나 납을 넣는다고 기록하고 있다. 그런데 신 술에 납을 넣으면 왜 신맛이 줄어들까. 그것은 간단하다. 술에는 여러 가지 산이 있다. 이러한 산(酸)과 납이 만나게 되면 납이 부식되면서 새로운 단맛을 내는 화합물 아세트산납이 만들어진다. 그렇게 되면 아세트산납의 단맛에 의해 신맛이 줄어드는 효과를 보게 되는 것이다.

❖참고

납은 인체에 해롭기 때문에 절대 술에 넣어서는 안된다.

19

증류주

증류주(蒸遛酒)의 역사는 그리 오래되지 않았다. 증류기는 3500년경에 만들어졌다고 하나 이는 증류주가 아닌 향수를 제조한 것으로 알려져 있다. 인간은 술을 '끓여' 새로운 술을 만들어 냈다. 우리는 이러한 술들을 증류주라고 한다. 발효주와는 다르게 증류주를 제조하기 위해서는 증류할 수 있는 장치가 필요하다. 그것을 증류기라고 하고 이 증류기를 잘 다루기 위해서는 증류의 원리에 대해 충분히 이해해야 질 좋은 증류주를 얻을 수 있다.

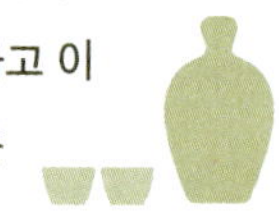

1. 증류주의 정의

증류

❖참고
물을 증류하면 증류수가 되고 술을 증류하면 증류주가 된다.

증류란 여러 성분의 액체 혼합물로부터 비점의 차이를 이용하여 목적물을 분리 또는 농축하는 조작을 증류라 한다. 액체 혼합물은 모두 끓는점이 다르기 때문에 이러한 차이를 이용해 원하는 물질을 받을 수 있다.

비점

❖참고
1기압 760mmHg는 760mm로 76cm 높이의 수은 기둥이 누르는 압력을 말한다(Hg = Hydragyrum, 수은).

비점(沸点)이란 어떠한 물질의 끓는점을 말하는 것으로 물이 100℃에서 끓는 것을 달리 말하면 '물의 비점은 100℃이다.'라고 표현한다. 각 물질의 비점은 기압에 따라서 달라지는데 1기압(1atm=760mmHg)에서 물은 100℃에서 끓지만 250mmHg에서 물은 71℃에서 끓는다.

증류주의 의미

증류주란 알코올 성분이 들어있는 액체 혼합물을 증류, 물질의 비점을 이용하여 만드는 술을 증류주라고 한다. 우리나라는 곡물을 발효시켜 증류한 술을 소주라고 하며, 중국은 백주, 러시아는 보드카라고 하여 같은 증류주라도 나라별로 다른 이름을 사용한다.

2. 증류주의 역사

증류주가 언제부터 만들어졌는지 정확하게 알 수 있는 방법은 없으나 메소포타미아에서 발견된 증류기가 기원전 3500년경의 것으로 추정하고 있으며, 이러한 증류기는 증류주가 아닌 향수를 제조하기 위한 것으로 추측하고 있다.

한국 증류주의 역사

우리나라에 증류주 제조 기술이 언제부터 전해졌는지 정확히는 알 수 없으나 아라비아에서 원나라로 전해져 1200년대 후반 증류주 제조기술이 우리나라에 전해진 것으로 보여진다. 이로서 우리나라는 발효주의 역사에서 증류주 제조기술이 보급됨에 따라 새로운 주종을 가지게 되었다.

우리 역사서는 그렇게 도입된 증류주 제조 기술 탓에 많은 사람들이 알코올 도수가 높은 술을 음용하게 됐고, 사회적으로도 큰 문제가 되었다고 기술하고 있다. 특히, 조선을 건국한 태조 이성계의 맏아들 이방우는 '성질이 술을 좋아하여 날마다 많이 마시는 것으로써 일을 삼더니, 소주를 마시고 병이 나서 죽었다.'라고 1393년 『조선왕조실록』에 기록되어 있다.

또한, 1490년 '세종조에는 사대부 집에서 소주를 드물게 썼는데 지금은 보통 연회

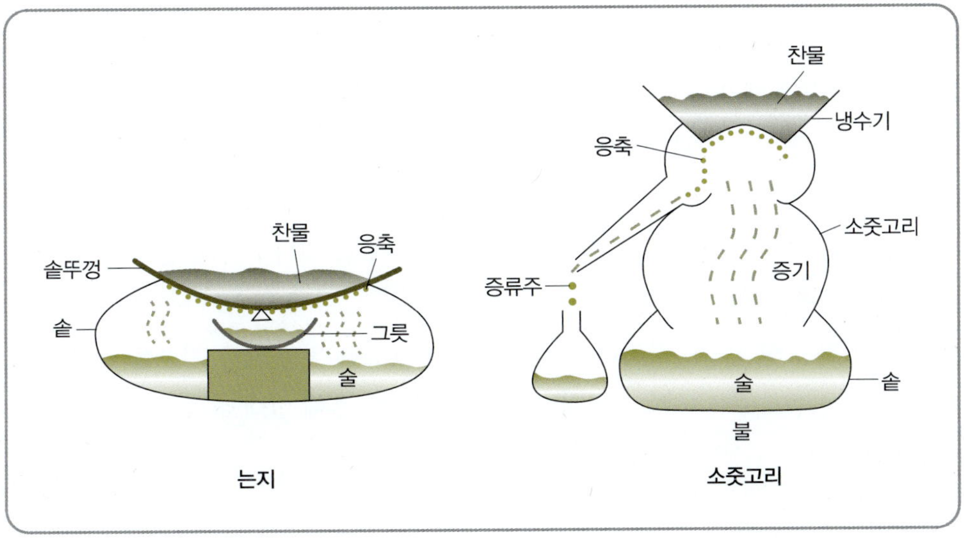

그림 19-1
한국의 증류기

표 19-1 시대별 주류

삼국시대 이전	고려시대	조선시대
발효주	발효주 증류주	발효주 증류주 과하주

에서도 모두 쓰므로 낭비가 막심하다.', 그리고 '소주는 비록 낭비한다고 하나 가난한 자는 스스로 할 수 없다.'고 『조선왕조실록』에 기록되어 있다. 이러한 내용으로 추측하면 조선시대에는 소주가 많은 사람들이 음용하는 술이었으며 이러한 소주를 음용하는 사람들은 대부분 사대부가에서 제조하였던 것으로 보여진다.

이렇게 도입된 증류기술이 조선시대에 그 제조기법이 일반인들에게까지 널리 보급되면서 1670년대 발효주와 증류주를 혼합한 과하주가 탄생하게 된다. 이는 단지 새로운 술을 선보였다는 기록이 아니라 우리나라의 양조기술이 상당히 높았음을 증명하는 것이다.

우리나라의 대표적인 증류주

문화운동가이자 사학자인 육당 최남선은 관서 감홍로(평안도와 황해도 북부지역)와, 해서(황해도) 이강고, 정읍(전라도) 죽력고를 조선의 3대 명주로 꼽고 있다. 술 이름 앞에 지역명이 있는 이유는 지역의 특산물을 이용해 오래전부터 많은 사람들에게 사랑을 받아왔기 때문이다. 이러한 술뿐만 아니라 안동의 안동소주, 진도의 홍주, 제주도의 고소리술 또한 역사 깊은 우리나라의 대표적인 증류주다.

이강고와 감홍로는 황해도 지역의 전통 증류주이다. 지금은 전라도 전주와 경기도 파주에서 그 전통의 맥을 이어오고 있다. 이강고는 배와 생강, 감홍로는 지초 등을 이용한 증류주이다. 죽력고는 전라도 정읍의 증류주로 대나무 기름인 죽력을 이용하여 만든 증류주이다. 세 술 모두 순수하게 증류한 증류주라기보다는 약재나 가향재를 넣어 빚은 술을 증류하거나 증류한 후에 부재료를 넣어 약용 기능을 높인 것이다. 반면에 안동소주나 제주 고소리술은 술을 제조한 후에 그대로 증류한 순수한 증류주이다.

3. 증류이론 I

술의 끓는점

알코올 분 97%의 순수한 에탄올의 경우는 78℃ 정도에서 끓는다. 그러나 모든 술이 78℃에서 끓는 것은 아니다. 술마다 모두 끓는점이 다르기 때문이다. 막걸리, 청주, 맥주, 와인 등을 증류하게 되면 모두 다른 온도에서 끓기 시작한다. 즉, 술에 따라서 끓는점이 달라지는 것이다. 정확히 말하면 술의 종류에 따라 끓는점이 다른 것이 아니라 술의 알코올 분에 따라서 끓는점이 달라지는 것이다.

표 19-2 증류할 술의 알코올 도수에 따른 비교

막걸리, 맥주 등 알코올 분이 낮은 발효주	청주 등과 같이 알코올 분이 높은 술
높은 온도에서 끓는다(100° C 이하).	낮은 온도에서 끓는다(78° C 이상).

즉, 맥주나 막걸리와 같이 알코올 도수가 5~7% 정도로 낮은 술은 93℃ 이상에서 끓으며 청주와 와인과 같이 알코올 도수가 13% 이상인 술을 증류하게 되면 90℃ 정도에서 끓게 된다. 만약, 알코올 도수가 높은 소주를 증류하게 되면 더욱 낮은 온도에서 끓게 되는 것이다.

술의 알코올 도수에 따른 끓는점의 비교

증류주를 제조하는 것은 쉬운 일이 아니다. 증류할 술의 알코올 분도 알아야 하고, 현재 나오고 있는 술의 알코올 분도 알아야 한다. 그래야 질 좋은 증류주를 제조할 수 있다.

표 19-3 알코올 도수에 따른 술의 끓는점의 비교

수용액의 알코올 분(%)	비점(℃)	증기의 알코올 분(%)
0	100	0
1	99	9.4
5	95.9	40.0
10	92.6	55.5
20	88.3	68.5
50	82.8	81.5
70	80.8	85.5
97.27	78.15	97.27

위의 표를 살펴보자. 수용액의 알코올 분이라는 것은 편하게 술의 알코올 도수라고 생각하면 된다. 수용액의 알코올 분이 0이라는 것은 수용액에 알코올이 들어있지 않은 것을 말하고, 수용액의 알코올 분이 10이라는 것은 알코올 분 10%의 술이라고 생각하고 표를 보면 좀 더 쉽게 이해할 수 있다. 비점은 수용액의 알코올 분에 따라서 끓는점이 달라지는 것을 알 수 있다. 그리고 증기의 알코올 분이라는 것은 술을 가열해 증발되는 증기의 알코올 분을 말한다.

만약, 알코올 분 5%짜리 맥주를 증류시킨다면 끓는점은 95.9℃ 가 된다. 그리고 이때 증류주의 알코올 분을 측정하면 이론상으로는 40% 짜리 증류주를 얻을 수 있는 것이다. 마찬가지로 10%짜리 술을 증류하면 92℃ 정도에서 끓고 이때 나오는 증류주의 알코올 분은 대략 55.5% 정도가 되는 것이다. 반대의 경우도 생각해볼 수 있다. 즉, 증류주를 제조할 때 유출되고 있는 증류액의 알코올 분을 측정하니 40%이 되었다면 증류부 안에 있는 술의 알코올 분은 5% 정도가 되는 것이다. 이렇게 한 가지 정보를 알게 되면 나머지 정보들도 대략 짐작해 알 수 있다.

알고 넘어가기

수용액의 알코올 분, 비점, 증기의 알코올 분 중에서 한 가지 정보를 알고 있으면 나머지 두 가지의 정보도 얻을 수 있다.

① 알코올 도수를 알면 끓는점을 예측할 수 있다.

② 끓는점을 알면 술의 알코올 도수를 예측할 수 있다.

③ 증기의 알코올 분을 알면 증류하는 술의 알코올 분을 할 수 있다.

4. 증류이론 Ⅱ

온도와 증기압과의 관계

표 19-4 온도와 증기압과의 관계

온도(℃)	증기압(mmHg)		
	아세톤	메탄올	에탄올
56	756	528	294
58	809	575	322
60	866	625	353
62	926	680	385
64	980	740	420
66	1,052	803	458
68	1,121	870	499
70	1,193	939	542
72	1270	1012	590
74	1352	1089	639
76	1437	1171	694
78	1526	1255	750

증류주를 제조할 때 1기압에서 순수한 에탄올의 경우 78℃에서, 메탄올의 경우는 약 64℃ 정도에서 끓게 된다. 또 아세톤은 메탄올보다도 낮은 56℃ 정도의 비점을 갖고 있기 때문에 3가지 종류의 물질을 분리할 수 있다.

표 19-5 1기압에서의 비점 비교

	아세톤	메탄올	에탄올
비점	56	64	78

메탄올과 에탄올

메탄올은 메틸알코올이라고도 한다. 메탄올은 독성이 강해 식용이 금지되어 있다. 따라서 증류주 제조 시 처음 나오는 초류에 메탄올이 혼합되어 나올 수 있기 때문에 상

표 19-6 메탄올과 에탄올

	음용	화학식	비점	주용도	인체변화(간)
메탄올(methanol)	X	CH_3OH	64	세척제, 연료	포름알데히드(formaldehyde)
에탄올(ethanol)	O	C_2H_5OH	78	음용, 살균	아세트알데히드(acetaldehyde)

당히 주의해야 한다. 전체 술 용량에서 메탄올의 함량은 0.5mg/ml 이하여야 한다.

이렇게 술의 제조에서 메탄올의 함량을 제한하는 이유는 메탄올을 음용하였을 경우 간에서 독성이 강한 폼알데하이드로 분해되어 몸에 치명적인 영향을 주기 때문이다. 따라서 보관을 철저히 해야 한다.

5. 증류이론 Ⅲ

표 19-7 비점에 따른 유출 성분

유출 성분	끓는점	분자식
아세트알데하이드(Acetealdehyde)	21℃	C_2H_4O
아크롤레인(Acrolein)	52℃	C_3H_4O
메탄올(Methanol)	64℃	CH_3OH
에틸아세테이트(Ethylacetate)	72℃	$C_4H_8O_2$
에탄올(Ethanol)	78℃	C_2H_5OH
이소프로필알코올(2-propanol)	82℃	C_3H_8O
1-프로필알코올(1-propanol)	97℃	C_3H_8O
이소부틸알코올(Isobutanol)	108℃	$C_4H_{10}O$
활성아밀알코올(Active amyl alcohol)	128℃	$C_5H_{12}O$
이소아밀알코올(Isoamyl alcohol)	131℃	$C_5H_{12}O$
푸르푸랄(Furfural)	162℃	$C_5H_4O_2$
에틸카바메이트(Ethylcarbamate)	182℃	$C_3H_7NO_2$

자료: 주조용 과실 품종 선발 및 고품질 안전한 과실증류주 제조 기술 개발(심형석, 2016)

알코올 분 98.2% 순수 에탄올은 78.3℃ 의 비점을 갖지만 실제 술 제조에서는 주로

8~20 정도의 발효주를 증류하기 때문에 비점은 달라질 수 있다. 즉 〈표 19-7〉은 순수한 물질을 증류했을 경우의 비점을 말하는 것이다. 보통 78℃ 이하의 저비점 물질들(초류에 해당)은 인체에 좋지 않은 영향을 주기 때문에 증류과정에서 제거한다.

@ 푸르푸랄과 에틸카바메이트

비점이 높은 푸르푸랄과 에틸카바메이트 등은 술에 좋지 않은 영향을 주기 때문에 세심한 증류작업이 요구된다. 푸르푸랄의 경우는 술에 탄내를 일으키는 물질로 162℃의 비점을 갖는다. 일반적으로 상압 증류방식을 이용할 경우에 푸르푸랄 성분의 함량이 많으며 재질로는 동보다 스테인리스에서 많이 발생한다. 푸르푸랄 성분을 감소시키기 위해서는 증류기의 재질과 증류기에 열을 가하는 방식에 주의해야 한다.

동은 열을 빠르게 분산시켜 열이 한곳으로 집중되는 것을 예방해 주지만, 스테인리스의 경우에는 열전도율이 낮아 열이 한곳에 집중되어 증류할 술이 높은 온도에 노출되어 푸르푸랄 성분이 상대적으로 많이 유출될 수 있다. 또한, 불로 직접적으로 가열하는 방식은 증류기의 온도를 높이게 되고 액체와 닿는 부분의 성분이 높은 온도에 노출되어 고형분이 눌러 붙거나 심하면 타게 된다. 이렇게 되면 향기 성분이 증류주에 유출되어 증류주에서 탄내, 누린내 등이 나게 되어 증류주의 품질을 저하시키게 된다.

에틸카바메이트는 1968년 발암물질로 확인되었으며 캐나다나 프랑스 등은 주류에

표 19-8 비점에 따른 에스테르 화합물

에스테르 화합물	비점	향기
Ethyl acetate	77℃	특유의 과일향
Ethyl caproate	168℃	사과향
n-Ethyl valerate	184℃	과일향
Ethyl palmitate	191℃	감칠맛
2-Phenylethyl acetate	195℃	장미향, 단향
Ethyl malonate	198℃	사과향
Ethyl caprylate	208℃	과일향
Ethyl caprate	241℃	포도주향
Ethyl laurate	273℃	꽃향

자료: 주조용 과실 품종 선발 및 고품질 안전한 과실증류주 제조 기술 개발(심형석, 2016)

표 19-9 카르보닐 화합물

카르보닐 화합물	비점	향기
Acetaldehyde	21℃	
Acetone	56℃	꽃향, 톡 쏘는 향
Butanone	79℃	민트향
Diacetyl	88℃	
Malonaldehyde	108℃	
Acetoin	148℃	요거트향
Furfural	162℃	탄 향
Acetylfuran	168℃	
Benzaldehyde	178℃	아몬드향

자료: 주조용 과실 품종 선발 및 고품질 안전한 과실증류주 제조 기술 개발(심형석, 2016)

EC의 농도를 제한하고 있을 정도로 인체에 해롭다. 동(銅)은 EC를 흡착하는 성질이 있기 때문에 증류기의 재질이 매우 중요하고 증류주 제조 과정에서 증기가 동 조각이 많이 들어있는 부분을 통하게 만들어 증류주에 EC의 함유량을 줄일 수 있다.

인간이 혀로 느낄 수 있는 5가지 맛 이외의 모든 맛은 향이다. 증류주에서도 술 제조에 사용되는 원료와 물 그리고 미생물에 의해 다양한 향을 갖게 되고 이러한 향을 가진 술을 증류하게 되면 증류주에 향기 성분이 유출된다. 좋은 향기 성분은 최대한 살리고 좋지 않은 향기 성분은 증류주에 유입되지 않도록 하는 것이 증류주의 품질에 절대적인 영향을 준다.

6. 증류기의 구조

소줏고리

증류주를 제조하기 위해서는 액체 성분에 열을 가해 그 비점의 차이로 새로운 물질을 받아낼 수 있는 '증류장치'가 필요한데 이를 증류기라고 한다. 우리나라는 예부터 '소줏고리'를 만들어 소주를 내려왔다. 소줏고리는 흙을 반죽해 만드는데, 그 모양이 매

전라도 소줏고리

경상도 소줏고리

그림 19-2
소줏고리
자료: 전주 전통술박물관

우 아름답다. 제주도에서는 소줏고리를 '고소리'라고 부른다. 또한, 술은 '빚는다'라고 하고 소주는 '내린다' 또는, '고다'라는 용어를 사용한다.

그림과 같이 지역마다 소줏고리의 모양이 다르다. 전라도 소줏고리는 아래가 좁고 위가 넓은 반면에 경상도 소줏고리는 전라도와 다르게 아래가 넓고 위가 좁은 것이 특징이다. 소줏고리는 위, 아래가 뚫어져 있기 때문에 소줏고리를 솥 위에 올리고 소줏고리 맨 위에는 오목한 자배기를 올려놓는데 자배기 위에는 찬 물을 넣어 증류액을 응축시키게 된다.

❖참고
자배기는 아가리가 넓적하게 벌어진 옹기그릇이다.

소줏고리는 반드시 솥과 같은 용기 위에 올려놓고 사용해야하기 때문에 소줏고리 아래 지름과 솥 위 지름을 정확히 알고 있어야 한다. 솥 안쪽으로 소줏고리 바닥이 들어가는 구조이기 때문에 소줏고리가 솥 지름보다는 작아야 한다. 솥에 술을 넣고 그 위에 소줏고리를 올리고 사이를 발라 증기가 새지 않도록 한다. 그리고 소줏고리 맨 위에 오목한 자배기를 올려놓고 사이를 바른다.

열을 가하고 증기가 심하게 나오면 그때부터 자배기에 찬물을 부어 증기가 응축될 수 있도록 한다. 응축된 액체는 오목한 부분 끝으로 떨어져 소줏고리 밖으로 빠져나오게 된다. 따라서 소줏고리를 솥에 올려 놓을 때 처음부터 소주가 나오는 쪽으로 살짝 기울여 증류액이 고여있지 않도록 한다.

® 눈지

고려시대에 증류주 제조기술이 도입되고 빠른 속도록 전국으로 소주 제조기술이 확산된다. 그 이유는 바로 '눈지'에 있다. 순 우리말인 눈지는 솥뚜껑을 거꾸로 엎어 놓은 모습으로 예전에는 거의 모든 집에 솥이 있었기 때문에 소줏고리가 없어도 소주를 내릴 수 있었다. 이 때문에 소주 제조기술은 전국적으로 쉽게 퍼져나갈 수 있었던 것이다.

솥 안에 술을 넣고 솥뚜껑을 덮는다. 솥 꼭지 부분에 증류액 받는 용기를 놓고 솥과 솥뚜껑 사이를 바른다. 솥을 가열하고 뚜껑에 찬물을 부어 놓으면 솥 안에서 증기가 응축되어 솥뚜껑 손잡이로 떨어지는 것이다. 소주가 얼마나 받아졌는지 솥뚜껑을 열어보기 전에는 알지 못했다. 그래서 우리 조상들은 솥뚜껑의 찬물을 몇 번 갈아 주었는가로 판단해 소주를 내렸다.

® 증류기의 재질

우리나라의 전통적인 증류기는 소줏고리와 눈지다. 소줏고리는 흙은 이용했고 눈지는 철을 이용했다. 소줏고리는 흙을 이용해 가마에 구워 만들기 때문에 여러 문제가 발생할 수 있다. 첫째는 깨지는 문제점을 갖고 있다. 증류주는 알코올 도수가 높아 화재의 우려가 있다. 제조 과정에서 문제가 발생해 깨지게 될 수 있으니 사용할 때는 많

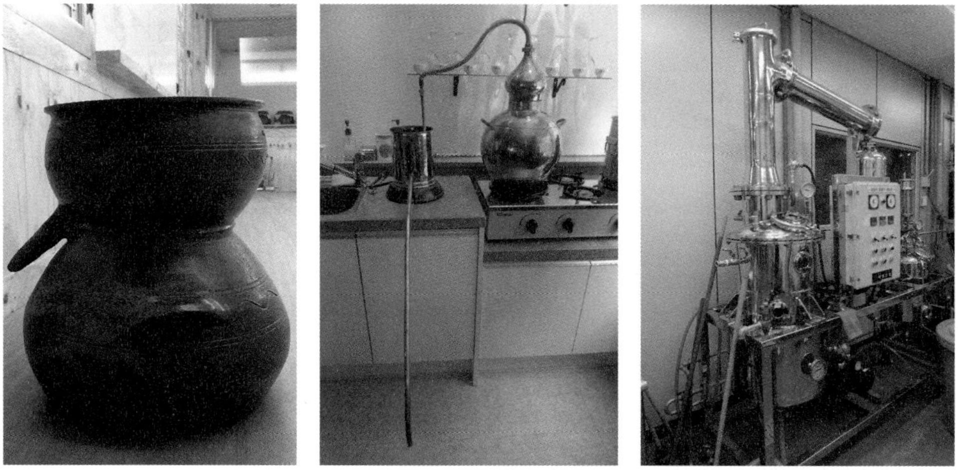

그림 19-3
증류기의 재질

흙 동 스테인리스

은 주의를 기울여야 한다. 둘째는 부피가 커서 현대식 가옥에서는 사용하기 어렵다는 것이고 셋째는 오래 사용하면 냄새가 배어 증류주의 질에 영향을 미칠 수 있다. 또한, 눈지는 솥을 이용하는데 솥은 철로 만든다. 제조 과정에서 철 성분이 나올 수 있기 때문에 사용하지 않는 것이 좋다.

현재 국내에서는 스테인리스와 동으로 만들어진 증류기를 많이 사용한다. 스테인리스는 주방에서 가장 많이 사용하는 조리도구의 재질로 인체에 무해한 것으로 알려져 있다. 또한, 내구성이 강하고 깨지지 않는 장점을 가지고 있기 때문에 상압은 물론 감압 증류기를 제조하는 데에도 많이 사용한다. 동은 스테인리스보다 내구성이 떨어지지만 다른 어떤 재질의 증류기보다 주질이 좋게 나온다. 이 때문에 지금까지도 최고급 증류주들은 동을 이용해 만든 증류기를 이용한다.

재질에 따른 증류주의 관능 평가

세 가지 재질의 증류기로 증류를 하게 되면 맛과 향에서 분명한 차이가 난다.

표 19-7 재질에 따른 증류주의 관능 평가

	향	맛
동	과실 향, 아로마 향	순한 맛, 숙성된 맛, 조화로운 맛
스테인리스	곡류 향, 약한 알코올 향	톡 쏘는 맛, 거친 맛
토기	풀 향	쏘는 맛 강함

자료: 최선주(2004). 증류기의 종류에 따른 소주의 향기성분 비교 연구.

본 관능평가는 사용하는 증류기와 증류주 제조용 술(발효주)에 따라 다소 차이가 날 수 있다. 또한, 관능이라는 것이 상당히 주관적이기 때문에 본 자료가 언제나 일정하다고는 할 수 없을 것이다. 다만, 증류기의 재질에 따라 증류한 향기 성분과 관능평가를 통해 어느 정도 재질에 따른 맛과 향은 분명히 다르다는 것을 알 수 있다.

증류기의 가열 방식

증류를 하기 위해서 증류부에 술을 넣는다. 이때, 술을 어떤 방식으로 가열할 것인지는 최종 증류액의 품질을 결정하는 중요한 요소가 된다. 술을 넣고 가열하는 증류부

표 19-8 증류기의 가열 방식

	내 용
직접 가열	• 증기를 직접 술덧에 넣어 줌 • 점성이 높은 술에 적합 • 상압 증류에 이용
간접 가열	• 코일이나 자켓 이용 • 점성이 낮은 술에 이용 • 맑은 술 증류용으로 적합
직 · 간접 가열	• 증기를 직접 불어 넣거나(초기) 코일이나 자켓을 함께 사용(중간) • 둘 중 선택 사용 가능

안쪽에 직접 뜨거운 증기를 넣는 직접 가열방식이 있고, 소줏고리처럼 솥 밖에서 솥에 열을 가하는 것을 간접가열방식이라 한다. 그리고 둘 다 이용하는 직 · 간접 가열 방식이 있다.

❖참고
액체가 기체가 되어 날아가지 않고 아주 작은 액체방울이 되어 증기와 함께 운반되는 현상이다.

점성이 높은 술은 비말동반(entrainment, 飛沫同伴) 현상을 일으키는 경우가 많고, 탁한 술은 증류 과정에서 바닥에 앙금이 가라앉아 눌어붙거나 타는 현상이 발생할 수 있다. 이러한 경우엔 증기를 직접 넣어 가열하는 방식을 택하는 것이 좋다. 간접 가열 방식은 직접 가열방식과 반대로 점성이 낮고 맑은 술을 증류하는 것이 좋다.

상압 증류와 감압 증류

증류방식은 크게 상압 증류와 감압 증류가 있다. 어떠한 증류방식이 더 좋다고는 할 수 없으나 최근에는 상압보다 감압 증류방식을 많이 이용한다. 이것은 감압 증류로 만든 술이 더 좋기 때문이 아니라 좀 더 효율적인 증류를 할 수 있기 때문이다. 실제 상압방식과 감압방식으로 관능평가를 해보면 상압방식의 증류주가 더 좋은 평가를 받는다. 어떤 방식을 선택할 것인지는 증류주를 제조하는 사람이 무엇을 목적으로 하는가에 달려 있다.

① 상압 증류

상압(常壓)은 대기압과 같이 1기압 정도의 압력을 말한다. 이때, 물은 100℃에서 끓고 순수한 에탄올(97%)은 78℃ 정도에서 끓는다. 이러한 압력에서 증류하는 것을 상압 증류라고 한다. 발효주를 이용해 증류를 하게 되면 85~98℃ 정도 범위의 끓는점을 갖게 된다. 알콜올 분 5~6% 정도인 맥주와 막걸리는 알코올 분 12~18% 정도의 와인이나 청주보다 높은 온도에서 끓게 된다.

상압 증류는 높은 온도에서 끓기 때문에 감압 증류보다 향기성분의 함량이 높게 나와 풍만한 향기를 갖게 된다. 감압 증류의 단조로움과 대비된다. 그러나 상압 증류는 술이 높은 온도에서 가열되기 때문에 자칫 증류부에 들어있는 술이 바닥에 눌러 붙어 타거나 누른 냄새가 날 수 있다. 이러한 단점을 줄이기 위해서는 탁한 술보다 맑은 술을 이용해 증류하는 것이 좋다. 또한, 감압 증류보다는 에너지 소비가 많아 경제적이지 못하다는 단점을 가지고 있다.

② 감압 증류

증류주는 기압에 따라서 제조방법 자체가 달라진다. 순수한 에탄올이 1기압에서 78℃ 정도에서 끓는다면 기압이 낮아질수록 낮은 온도에서 끓게 된다. 기술이 발달하기 전에는 거의 모든 증류주가 상압에서 제조되었는데, 현재는 기술의 발달과 함께 압력을 낮춰 증류하는 감압증류방식을 많이 이용하고 있다.

표 19-9 상압 증류와 감압 증류

상압 증류	감압 증류
• 1기압에서의 증류주 제조 • 술덧의 온도는 85~98℃ 정도 • 향기성분이 함량이 높음	• 압력을 낮춰 증류주 제조 • 술덧의 온도는 45~55℃ 정도 • 향기성분 함량이 낮음

1기압에서 물은 100℃에서 끓는다. 그러나 에베레스트산(Mount Everest) 정상에서는 71℃에서 끓는다. 이렇게 같은 물질이라 하더라도 기압에 따라서 끓는점이 달라진다. 높은 산에 올라가 밥을 지으면 설익은 밥이 만들어진다. 그래서 밥하는 용기 위에 무거운 것을 올려놓아 증기가 빠져나가지 못하게 하여 물이 높은 온도에서 끓게 만드는 것이다.

❖참고

1기압 760mmHg는 760mm로 76cm 높이의 수은 기둥이 누르는 압력을 말한다(Hg=Hydragyrum, 수은).

압력밥솥의 원리도 이와 같다. 압력밥솥과 같이 압력을 높여 물질의 끓는점을 높이는 것은 곡물을 좀 더 잘 익히기 위해서이다. 1기압에서 압력을 1.2기압으로 높이게 되면 물은 120℃에서 끓어 곡물이 더욱 잘 익게 된다. 그러나 증류주를 제조할 때는 압력을 높여 가열하면 에너지가 많이 소비되고 유출액에서 탄 냄새 등이 날 수 있기 때문에 압력을 낮추는 방식을 이용한다.

높은 산에서는 물을 100℃ 이하에서 끓는다. 술도 마찬가지다. 술에 에탄올이 얼마나 많이 들어있냐에 따라서 끓는점이 달라지겠지만, 압력을 낮춰(감압) 가열하게 되면 술 본래의 끓는점보다 낮은 온도에서 끓게 된다. 이렇게 증류주를 제조할 때 감압하여 술을 제조하는 이유는 에너지 소비를 줄여 경제성을 높이고 좀 더 깔끔한 증류주를 제조하기 위해서이다.

◎ 단식 증류와 연속식 증류

소줏고리처럼 한 번 증류한 후에 다시 증류를 하기 위해서는 증류하고 남은 것을 빼내고 다시 술을 부어주어야 한다. 이러한 방식을 단식 증류라 한다. 연속식은 한쪽에서는 계속 술이 투입되고 다른 한 곳에서는 증류하고 남은 액이 빠져 나오는 방식이다.

표 19-10 단식 증류와 연속식 증류

단식 증류	연속식 증류
• 구조가 단순(증류부, 냉각부) • 40~50% 정도의 증류주 생산	• 구조가 복잡(증류탑, 환류 등) • 95% 이상의 고품질 주정 생산

단식 증류기는 구조가 단순하고 연속식보다는 적은 양의 증류주를 제조할 때 사용한다. 주정을 제외한 대부분의 증류주들이 단식으로 만들어진다. 그러나 규모가 큰 증류회사들은 최대한의 증류 효율을 높이기 위해서 연속식 증류장치를 이용해 알코올 도수가 높은 순도 높은 에탄올을 대량으로 뽑아낸다.

7. 증류주 제조 순서

표 19-11 증류주 제조 순서

순서	내용
1. 증류기 세척	• 증류기 내부 및 외부를 청결하게 한다. • 오래 사용하지 않은 증류기는 물 증류를 통해 세척한다. • 세척이 잘되지 않으면 증류주의 품질에 큰 영향을 미치게 된다.
2. 술덧 투입	• 맛 좋은 술을 증류해야 증류주도 맛이 좋다. • 증류부에 50% 정도를 넣는다. • 너무 많이 넣으면 넘칠 수 있다.
3. 술덧 가열	• 70℃ 정도까지는 혼합하고 냉각기와 연결관을 연결한다. • 탁한 술은 밑이 탈 우려가 있으니 주의한다. • 술덧의 온도를 잘 살펴가며 증류한다.
4. 냉각수 가동	• 냉각수는 20~25℃를 유지한다. • 냉각수 온도가 높으면 증류효율이 떨어지게 된다.
5. 초류, 후류 조절	• 초류는 메탄올이나 기타 증류기의 맛과 향이 나올 수 있으니 주의한다. • 후류는 유출 알코올이 10% 정도가 되면 받지 않는다.
6. 증류기 세척	• 완료한 증류기는 깨끗하게 세척하여 물기를 제거한다. • 분해해서 완전히 건조시킨다.

8. 다양한 증류주 제조

향기가 있고 무색투명한 증류주 제조 방법

증류주의 향기는 갖고 있으나 무색투명한 술을 제조할 경우에는 증류기 외부가 아닌 증류기 내부에 여러 가향재나 약재를 넣어 증류한다. 와인이든지 맥주든지 간에 모든 발효주를 어떠한 첨가물 없이 증류를 하게 되면 무색투명한 증류주가 생산된다. 따라서 향기가 있는 증류주는 술덧에 직접 투입하여 증류한다.

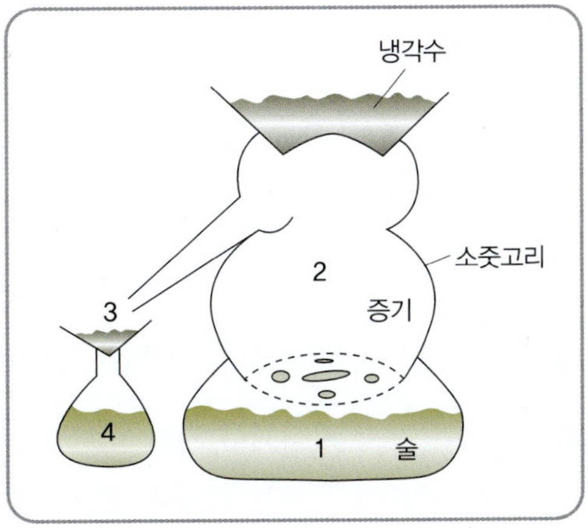

그림 19-4
증류기 내부의 부재료 위치

가향재나 기타 약재 등을 증류기 내부에 직접 투입

향기가 있고 색깔이 있는 증류주 제조 방법

증류주에 향기와 색을 동시에 얻기 위해서는 술덧 내부와 외부에 가향재나 약재를 이용하여야 한다. 특히, 향기가 있는 증류주를 생산할 경우에는 일반적인 발효주에 재료를 투입하는 것이 아니라 한번 증류한 증류주에 재료를 투입하여 증류하는 것이 좋다.

가향재나 기타 약재 등을 증류기 내부와 외부에 동시 사용

향기가 없고 무색투명한 증류주 제조 방법

일반적인 증류방식에 의해 증류하면 얻을 수 있지만 좀 더 질 좋은 증류주를 얻기 위해서는 가능한 2차 증류를 통해 좀 더 순수한 맛의 증류주를 제조하는 것이 바람직하다. 1차 증류의 경우 술덧의 향미나 맛이 과하게 증류주에 영향을 미치기 때문이다.

1차보다 2차 증류를 통해 좀 더 순수한 증류주 제조

약성분 추출을 위한 증류 방법

단식증류를 이용하여 단식 증류기 내부에 가향재나 약재를 넣는 방식으로 술덧에 투입하는 것이 아니라 술덧에서 증류한 기체가 약재에 혼합하여 약성분과 향 성분을 머금고 증발하여 나오게 하는 방식이다. 이러한 제조를 할 경우 가능한 재료를 잘게 썰어 약 성분이 잘 추출될 수 있도록 하는 것이 바람직하다.

술덧의 알코올 성분이 증발하여 약재의 성분과 함께 증발할 수 있도록 함

아름다운 색깔의 증류주 제조 방법

감홍로주와 같이 자색이나 기타 노란색, 파란색 등의 색깔을 가진 증류주를 제조할 경우에는 증류액이 직접 재료에 떨어지게 만들어 색이 용출될 수 있도록 하는 것이

다. 이러한 제조의 경우, 약재의 선택이 중요하며 약재가 좋지 못할 경우, 그대로 술의 향과 맛에 영향을 미치기 때문에 질 좋은 재료를 선택하는 것이 중요하다. 또한, 1차 증류를 이용하기보다 2차 증류를 통해 도수가 높은 술을 이용하는 것이 좋다.

증류기 외부에 놓고 증류액이 재료를 통과하여 색을 얻음

9. 소줏고리의 선택

고려시대 증류주 제조기술이 도입되고 빠른 시간에 전국적으로 퍼진 이유는 앞에서 언급하였듯이 집집마다 '솥'이 있었기 때문이다. 소줏고리를 보면 알 수 있듯이 처음부터 '솥'위에 올려놓고 사용하는 용도로 만들어진 것이다. 즉, 솥이 있다는 가정 하에 흙으로 빚어 만든 것이 바로 소줏고리다. 또한, 소줏고리가 없어도 '솥'만 엎어 놓으면 증류주를 얻을 수 있으니 빠른 시간 안에 전국적으로 퍼지게 되었다. 솥이 우리나라의 증류주 활성화의 일등공신이 된 것이다.

소줏고리로 소주만 내리는 것은 아니다. 소줏고리 안쪽에 약재나 가향재를 넣고 증숙기의 원리를 이용하여 약성분이나 향기를 추출할 수 있다. 소줏고리 중에는 고리 아래부분이 시루처럼 되어 있다. 또 안쪽에 약재나 가향재를 넣을 수 있다. 소줏고리 아래가 시루처럼 되어 있는 것이 있고, 그렇지 않은 것이 있는데 이것을 옹기 만드는 사람들에게 물어보면 가마에서 구어질 때 고열에 의해 찌그러질 수 있기 때문에 아래쪽을 시루처럼 만든다고 한다. 이것이 또 다른 모양의 증류기 구조를 갖게 한 것이다.

그림 19-5
송화백일주 소줏고리

아래가 시루처럼 되어 있지 않은 것도 증숙기의 원리로 사용할 수 있다. '솥' 위에 '시루'를 올리는 것이다. 그리고 시루 위에 소줏고리를 올리게 되면 훌륭한 증류주 제조기가 된다. 솥에 술을 넣고 시루에는 약재나 가향재를 넣는다. 여기에 소줏고리를 올려 증류하게 되면 원하는 증류액을 뽑아낼 수 있다. 이처럼 소줏고리는 가열할 수 있는 증류부가 어디든 있다고 생각하고 시루 등을 이용해 아주 다양한 증류기의 구조를 갖게 된다.

요즘 소줏고리는 모양만 예쁘고 소주를 내리는 데는 적합하지 않다. 일단 냉수를 넣는 부분이 본체와 붙어있어 내부를 청소하기 힘들고 냉수를 담을 공간이 충분하지 못해 냉각효율이 떨어진다. 또한, 본체 아래 보다는 위가 넓어야 냉각효율이 좋으나 대부분의 소줏고리는 아래가 넓고 위가 좁은 경상도식 소줏고리의 모양을 갖고 있다.

20

조선 최고의 명주, 과하주

여름을 지낼 수 있는 술, 그것이 바로 조선 최고의 명주 과하주다. 우리 조상들은 발효주와 증류주를 혼합해 새로운 술을 만들어냈다. 이 술은 발효주처럼 부드럽지만 증류주처럼 알코올 도수가 높다. 우리나라 여름의 기후가 알코올 도수가 높으면서 부드러운 술, 과하주를 만들어 낸 것이다. 포르투갈의 포트와인보다도 더 오래 전에 빚어진 명주 과하주에 대해 알아보자.

1. 과하주

과하주란?

통일신라시대 이전까지 우리나라의 주종은 발효주가 전부였다. 곡물이나 과실을 발효시켜 술을 제조하여 음용해왔다. 그러다가 고려시대 후반 아라비아에서 시작된 증류주 제조기술이 전해지면서 우리나라는 발효주와 증류주 제조기술을 보유하게 된다. 그리고 증류주 제조기술이 우리나라에 널리 퍼지면서 1600년대 드디어 새로운 주종이 완성된다. 발효주와 증류주를 혼합하여 빚는 술, 그 술이 바로 여름을 보낼 수 있는 술, 과하주이다.

과하주가 정확하게 언제부터 빚어졌는지 정확히는 알 수 없으나 문헌상으로는 1670년대 『음식디미방』에 과하주 제조법이 기록되어 있는 것으로 봐서 1670년대 이전부터 우리나라는 이미 발효주와 증류주를 혼합하여 빚는 주종이 생겼을 것으로 보인다.

표 20-1 시대별 술 제조 기술

통일신라 이전	고려시대	조선시대
발효주	증류주	발효주 + 증류주

1670년대『음식디미방』에 최초의 과하주 제조법 등장

이렇게 발효주와 증류주를 혼합하여 빚는 대표적인 세계의 명주 중 포르투갈의 '포트와인'이 있다. 이 술은 포도의 발효 과정 중에 포도주를 증류시켜 만든 브랜디를 혼합하여 빚는 술로 우리나라의 과하주 제조법과 다르지 않다. 따라서 '포트와인'은 다른 와인보다 알코올 도수가 높은 것이 특징이다. 그러나 정말 아쉽게도 포르투갈의 포트와인은 세계의 명주가 된 반면, 우리나라의 과하주는 역사 속으로 사라졌다.

한국의 과하주 = 포르투갈의 포트와인 ➡ 발효주 + 증류주

현재 주세법상에 과하주라는 술 자체가 없다. 처음부터 없었던 것이 아니라 1954년 이전까지만 해도 주세법상에 '과하주'라는 주종이 따로 있었다가 주종 통폐합으로 없어지게 된다. 우리 스스로 조선 최고의 명주를 역사 속으로 지워버리게 된 것이다. 지금이라도 주세법에 과하주 주종을 넣어야 한다고 필자는 생각한다. 우리 조상들이 발명해낸 세계 최초의 주정강화발효주가 바로 과하주다. 현재는 김천에서 과하주를 출시 중이고 최근에는 전통 과하주 제조방식으로 빚어진 '술아'라는 과하주가 출시되어 많은 관심을 받고 있다.

그림 20-1
과하주 '술아'

◎ 과하주의 등장 배경

1670년대 발효주와 증류주를 혼합한 주종이 생겨나게 되는데 그 이유는 무엇일까. 어느 나라든지 간에 한 가지 술이 그 나라에 널리 퍼지기 위해서는 몇 가지 조건이 따라야 한다. 첫째는 그 나라의 기후조건, 둘째는 그 나라의 음주문화, 셋째는 제조기술이다.

① 환경: 봄, 여름, 가을, 겨울 이렇게 계절마다 뚜렷한 온도 변화가 있다.
② 문화: 예부터 술과 노래를 좋아하는 민족이다. 도수 높은 술을 즐긴다.
③ 기술: 새로운 기술에 대한 적응력과 응용력이 우수하다.

우리나라에 새로운 주종이 퍼진 것은 바로 여름의 기후 때문이었다. 지금도 여름에 술을 빚게 되면 봄, 가을, 겨울보다 습도와 온도가 높아 주변에 잡균들이 많아 술이 실패하는 경우가 많다. 그렇기 때문에 술은 가급적 온도와 습도가 높은 여름에는 잘 빚지 않는 것이 일반적이다. 또한, 발효주는 알코올 도수가 증류주보다 훨씬 낮기 때문에 오래 보관할 수 없는 단점을 가지고 있다.

그러다 고려시대 증류주 제조기술이 보급된다. 증류주는 발효주보다 알코올 도수가 높아 온도와 습도의 영향에도 쉽게 변질되지 않으며 한 번 빚어 놓으면 오래 보관하면서 음용할 수 있었을 것이다. 이러한 자연적인 환경에 의해 발효주와 증류주를 혼합하여 빚은 과하주가 전국으로 퍼지게 된 것이다. 1670년대 이후 서술된 수많은 문헌 속에 다양한 과하주 제조법이 등장하는 것이 이러한 역사적 사실을 뒷받침하고 있는 것이다.

여름이 새로운 주종을 만들게 하다.

술을 좋아하는 우리나라 사람들은 고려시대 서긍이 저술한 『고려도경』에도 나오듯이 알코올 도수가 높아 쉽게 취하고 쉽게 깨는 술을 좋아했다. 그러다 증류주 제조기술이 보급된 것이다. 발효주보다 알코올 도수가 높아 많은 사람들이 이 새로운 주종의 술을 즐겨했을 것이다.

비벼 먹는 음식문화가 술도 비벼(혼합하여) 만들게 하다.

우리나라에는 궁중에서 사용할 술을 맡아보던 기관이 있었는데, 고려시대에는 양온서, 시간이 지나고 조선시대에는 사온서로 되었다가 조선 중엽에 없어졌다. 이처럼 술을 전문적으로 연구하고 만들어내는 기관이 있었으므로 당연히 좋은 술을 빚기 위한 다양한 제조법이 개발되었을 것이다. 양조 제조 기술이 발달하고 이러한 제조기술은 문헌 속에 기록으로 남아 지금까지 전해지고 있다. 이러한 기술력이 과하주 탄생의 초석이 된 것이다.

양조 제조 기술의 발달 과하주를 탄생시키다.

과하주의 특징

우리나라의 환경이 과하주와 같은 명주를 만들어냈지만 만약, 술 맛이 좋지 않았다면 과하주는 역사 속으로 사라지고 말았을 것이다. 발효주에서 증류주, 그리고 과하주로 넘어오면서 술의 맛과 향 제조 기술은 더욱 발전되어 갔다.

① 알코올 도수

과하주는 일반적으로 발효주보다 알코올 도수가 높고 증류주보다 낮다. 즉, 발효주와 증류주의 중간 정도라고 보면 된다. 발효주의 발효 과정에서 증류주를 혼합하기 때문에 일반 발효주보다 알코올 도수가 높다.

② 맛

과하주는 발효주의 부드러운 맛과 증류주의 높은 알코올이 만나 새로운 맛을 만들어

표 20-2 발효주, 증류주, 과하주

	발효주	증류주	과하주
도수	14~20도	22~80도	18~25도
맛	부드러운 감칠맛	자극적인 맛	부드럽고 깔끔한 맛
향	곡향, 과실 향, 꽃 향 등	알코올 향	과실 향, 꽃 향
색	황금색, 연한 연두색	투명한 맑은 색	연한 황금색
저장성	나쁨	좋음	좋음

내는데 이것이 나쁜 방향이 아니라 좋은 방향으로 맛이 바뀐다. 즉, 과하주는 증류주의 독한 맛이 사라지고 발효주의 부드러운 맛을 갖게 되는 것이다. 증류주의 장점인 저장성, 발효주의 장점인 부드러움이 만나 도수가 높으면서도 부드러운 술이 되는 것이다.

③ 향

발효주는 곡물향이나 누룩 향 등이 강하지만 과하주는 곡물의 향보다는 과실이나 기타 꽃 향 등이 강하게 난다. 이는 발효주와 증류주를 혼합하여 발효하는 과정에서 증류주의 향기가 발효주의 곡향과 만나 새로운 향미를 부여하는 것으로 보여진다. 따라서 과하주에 사용하는 증류주의 품질이 과하주의 주질에 가장 큰 영향을 미치게 된다.

④ 색

좋은 품질의 원료를 사용할수록 술의 빛이 연한 연두색이나 황금색이 나고, 그렇지 않은 원료를 사용하면 점점 갈색에 가까워진다. 여기에 맑고 투명한 소주가 발효 중인 술덧에 투입되면 술의 색깔은 더욱 맑아지게 되는데, 증류주를 많이 넣어 제조할수록 물처럼 맑은 과하주를 제조할 수 있다.

⑤ 저장성

일반적으로 알코올 도수가 낮으면(14% 이하) 젖산이나 초산발효에 의해 술에서 신맛이 강해져 산패의 원인이 된다. 따라서 술을 오래 보관하기 위해서 알코올 도수가 18% 이상은 되어야 술의 변질을 막을 수 있다. 당연히 알코올 도수가 높을수록 저장성은 좋아진다. 과하주는 발효주보다 높고 증류주보다 낮은 18~25도 정도의 알코올 도수를 갖게 되어 발효주보다는 저장성이 좋다.

2. 고문헌 속 과하주

과하주는 1670년대 『음식디미방』을 시작으로 수많은 문헌 속에 등장한다. 제조방법 또한 매우 다양해서 1700년대에는 곡물을 이용한 과하주에서 송순이나 기타 약재 등을 이용한 과하주로 발전되어 갔다.

고문헌 속 과하주 제조방법

1670년대 『음식디미방』에 우리나라 최초의 과하주 제조법이 기록되어 있다. 세계적인 명주인 포르투갈의 포트와인이 1700년대 만들어진 것으로 알려져 있으니 『음식디미방』에 기록된 과하주가 얼마나 역사 깊은 술인지 알 수 있다. 고문헌 속 과하주를 보게 되면 대부분 단양주로 빚어지고 시간이 지날수록 이양주 형식의 과하주도 등장하게 된다.

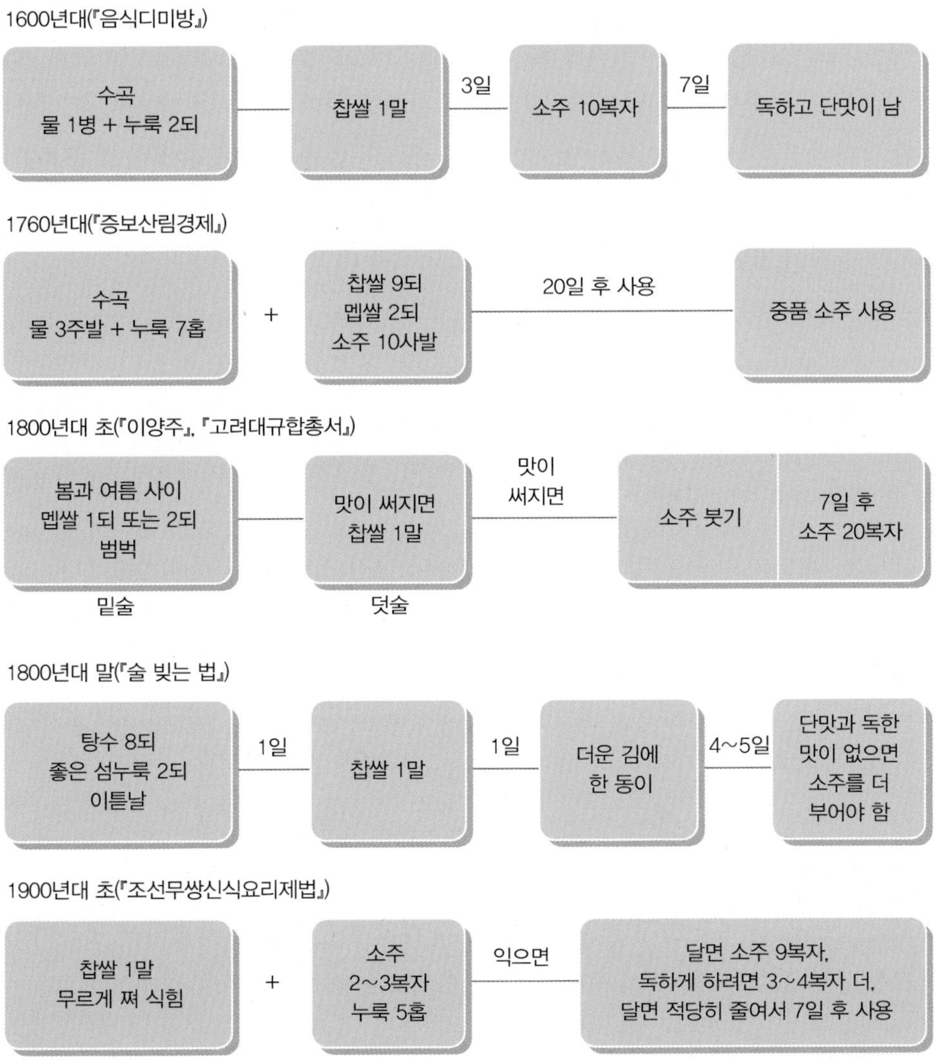

그림 20-1
문헌 속 과하주
제조법

알고 넘어가기

『음식디미방』에 기록된 최초의 과하주

누룩 두 되를 탕수 한 병을 식혀 부어 하룻밤 재워 두었다가 위에 있는 것은 따로 주물러 체에 받되, 식힌 물 더 부어 걸러 찌꺼기는 버리고 찹쌀 한 말 백세하여 가장 익게 쪄 식거든 그 누룩 물에 섞어 넣었다가 사흘 만에 좋은 소주 열 복자를 부어 두면 맵고 다니라. 칠일 후 쓰라.

『음식디미방』 속 과하주는 위와 같이 수곡을 이용한다. 수곡은 단양주를 빚기 적합한 제조법으로 대부분의 과하주는 단양주 형식으로 빚어지기 때문에 수곡을 이용해 초반 당화과정을 빠르게 진행한 것이다. 수곡과 고두밥을 혼합한 후에 바로 증류주를 투입하지 않고 3일 후에 증류주를 넣는 것은 어느 정도 발효가 일어난 후에 증류주를 투입하는 것이 발효에 의한 감칠맛과 산미를 과하주에 넣기 위함이다.

3. 과하주의 제조 원리

과하주의 제조 원리

과하주는 '효모의 생육을 억제해 잔당을 얼마나 남길 것인가'가 가장 중요하다. 발효 과 정중에 증류주를 부어 알코올 도수를 높이게 되면 효모의 생육이 억제되고, 효모가 이용하지 못한 당분은 그대로 술에 남아 술에 단맛을 들이는 것이다. 그래서 과하주는 증류주를 부어 독하며 잔당이 많이 남아 단맛이 많이 난다. 1670년경 『음식디미방』에는 과하주를 '독하고 달다'라고 기록하고 있다.

① 과하주와 효모

효모는 알코올 분이 높아지면 자기 세포가 파괴되거나 더 이상 생육하지 못하며, 또 알코올 생성 효소가 제 역할을 수행하지 못해 알코올을 생산하지 못한다.

알코올 분이 높아질수록 효모의 생육 저하와 함께 알코올 생성을 못하게 된다.

또 알코올에 대한 내성이 강한 특정한 배양 효모를 사용했을 때보다 일반적으로 사용되는 전통누룩을 이용하여 제조한 술은 알코올 도수가 상대적으로 낮다.

특정한 배양 효모 약 20~22%, 전통누룩 약 18~20%

따라서 발효과정 중에 증류주를 혼합하여 술의 알코올 분을 높여주게 되면 효모의 생육을 억제시킬 수 있다.

② 과하주와 당화 효소

발효과정 중 증류주가 투입되어 알코올 함량이 많아지게 되면 효모의 생육 저하로 인해 알코올 생성에까지 영향을 미치게 된다. 효모의 생육이 저하되면 효모의 대사 작용으로 당분의 양이 줄어들지 않고 그대로 술에 남게 된다.

당화 효소에 의해 당분이 축적된다.

반면에 당화 효소의 작용으로 당은 계속 축적되어 술에 잔당이 쌓이게 되고 이는 술의 맛을 달게 하는 원인이 된다.

알코올 생성은 줄어들고 당분은 쌓이게 된다.

과하주와 증류주의 투입 시기

과하주에서 가장 중요한 것은 발효주의 발효 과정 중 어느 시기에 증류주를 투입할 것인가이다. 밑술에 넣을 것인지, 아니면 덧술에 넣을 것인지 그것도 아니면 술이 거의 완성된 후에 넣을 것인지를 잘 판단해야 한다.

① 발효 과정 중 증류주 투입 시기가 빠를수록 생기는 변화

술을 빚을 때 증류주를 초반에 넣게 되면 상대적으로 당도가 강해져 단맛이 강한 과하주를 제조할 수 있다. 그렇다면 증류주를 초반에 넣으면 단맛이 강해지는 이유는 무엇일까?

당도는 시간이 지날수록 점차 줄어든다.

발효가 시작되면 당화가 먼저 일어나고 그 다음에 미생물 증식과 알코올 생성이 일어난다. 즉, 술 빚기 초반에는 당도가 높게 나오지만 시간이 지날수록 효모의 대사작용에 의해 술의 당도는 점차 낮아지게 된다.

증류주의 투입으로 효모의 생육이 저하된다.

그러나 술 빚기 초반 증류주를 투입하여 술 자체의 알코올 분이 증가하게 되면 효모에 의한 당 소비가 줄어들게 되어 당분이 술에 축적된다.

효모의 생육 저하로 당분이 술에 남게 된다.

따라서 술 빚기 초반에 증류주를 넣게 되면 대부분의 술은 효모의 대사작용에 의해 줄어들어야 할 당분이 그대로 술 속에 남게 되어 달고 독한 과하주가 만들어진다.

술 빚기 초반 증류주의 투입 → 달고 독한 과하주

② 발효 과정 중 증류주 투입 시기가 늦어질수록 생기는 변화

발효가 진행되면 될수록 효모의 대사작용에 의해 당분의 양은 줄어들게 된다. 따라서 단맛보다는 쓴맛과 신맛 또는 독한 맛이 강해지는 것이다.

시간이 지날수록 당도는 줄어들고 알코올 도수는 높아진다.

이렇게 늦어질수록 술의 당도는 떨어지기 때문에 당도가 낮고 도수는 높으며 다양한 맛이 혼합된 과하주를 제조하고자 할 경우에는 증류주의 투입 시기를 뒤로 늦춰주는 것이 좋다.

증류주를 후반에 넣을수록 단백한 과하주를 제조할 수 있다.

보통 과하주를 제조할 경우 증류주를 초반에 넣는 것보다는 후반에 넣는 것이 증류주의 투입량이 적어진다. 그 이유는 발효가 진행되면 점차적으로 알코올이 생성되어 전체 술의 알코올 분이 상승하기 때문이다. 따라서 일정한 알코올 도수를 가진 과하주를 제조할 경우 초반에 증류주를 투입하는 것보다 후반에 증류주를 투입하는 것이 증류주의 투입량을 줄일 수 있다.

알코올 도수가 높아져 증류주 투입량도 줄어든다.

이러한 몇 가지 이유로 과하주가 탄생하고 시간이 지날수록 증류주의 투입 시기는 초반에서 점차 후반에 증류주를 넣는 방식으로 진화해 갔다.

조선 초기에서 후기로 갈수록 증류주 투입 시기가 후반에 이뤄진다.

● 과하주에 사용되는 증류주

과하주를 제조하기 위해서는 필연적으로 증류주를 넣어야 하는데, 이때 발효 과정 중 어떤 증류주를 혼합했느냐에 따라 과하주의 맛과 향, 색이 달라진다. 증류주는 일반적으로 무색, 무미, 무취를 가지고 있지만 증류 방식에 따라서 맛과 향이 달라진다.

① 과하주의 알코올 분

과하주 제조 시 넣는 알코올 분은 고문헌상에서는 보통 '순하지도 독하지도 않은'이라고 기록된 것으로 보아 즉, 20~30% 정도의 증류식 소주를 첨가했을 것으로 추측할 수 있다.

중품 소주 = 25~30% 증류주 투입

과하주를 제조하면서 알코올 분 25%를 투입하면 투입량에 따라 술의 알코올 도수가 달라지겠지만 과하주는 보통 20% 전후의 알코올 도수를 갖는다.

② 과하주에 넣는 증류주의 양

발효주에 무조건 많은 양의 증류주를 넣는 것은 좋지 않다. 많이 넣을수록 맛이 독해지고 경제성이 떨어진다. 또한, 발효주의 특징을 살릴 수 없게 된다. 따라서 과하주를 제조할 때에는 발효 중인 술의 알코올 분을 측정하여 술이 완성될 경우의 알코올 도수를 계산하여 증류주를 투입해야 한다.

표 20-3 과하주에 넣는 증류주의 양

발효 기간	예상 알코올 분	증류주 투입량(리터)	기 타
1일	5%	30L	
3일	10%	20L	
5일	15%	10L	
7일	17%	6L	
14일	〃	〃	

(A: 술 10L, B: 증류주)

〈표 20-3〉을 보면, 시간이 지날수록 술덧의 알코올 도수가 높아지는 것을 알 수 있다. 알코올 발효가 일어난다는 것은 그만큼 당분의 양은 줄어드는 것이다. 즉, 증류주를 과하주 제조과정에서 일찍 투입할수록 당도가 높은 과하주가 만들어지고 늦게 투입할수록 과하주의 당도는 낮아지게 된다. 언제 투입할 것인지는 과하주를 마시는 사람의 기호도에 따라 달리 투입하면 된다.

③ 과하주에 넣는 증류주의 제조

과하주 제조에 사용하는 증류주를 언제나 무색투명한 증류식 소주만 넣을 필요는 없다. 질 좋은 증류주에 갖가지 약재나 향이 좋은 가향재 또는 색깔이 있는 재료를 이용해 수 없이 많은 과하주를 제조할 수 있다.

증류주를 사용하기 전에 미리 침출시켜 놓는다.

사용할 증류주에 솔잎이나 송순 등 향기가 좋은 재료를 미리 증류주에 담가 놓았다가 재료를 걸러 내고 증류주만 사용한다. 이러한 방법으로 색깔이나 향기가 적은 재료들을 이용하여 다양한 과하주를 제조할 수 있다(예: 솔잎, 송순, 솔방울, 국화, 장미, 과실(복분자, 매실, 오디 등)).

21

관능평가

술은 기호식품이기 때문에 맛에 대한 평가는 모두 다를 수 있다. 단맛을 좋아하는 사람이 있는 반면, 어떤 사람은 술이 달면 먹지 않는다. 그렇기 때문에 관능평가는 주관적일 수밖에 없다. 모든 사람이 다 좋아하는 술을 만들 수는 없지만 많은 사람들이 좋아하는 술은 만들어 낼 수 있다. 본 장에서는 술을 제조하는 데 있어 반드시 해야 하는 다양한 관능평가 방법에 대해 알아본다.

술은 관능에서 시작해서 관능으로 끝난다.

관능이란 눈, 코, 입, 귀, 촉 5가지를 이용하여 평가하는 것을 말한다. 술은 5가지 중에서 눈, 코, 입 3가지로 평가한다. 대부분은 완성된 술에 대한 관능평가를 하지만, 실제로 술을 제조할 때에는 원료의 선택부터 덧술의 판단, 술이 다 되었는지, 완성된 술의 상태는 어떤지 이 모든 것을 평가해야 한다. 그리고 이 평가를 잘 하는 사람이 술도 잘 제조할 수 있다.

① 1차 관능: 쌀의 색, 맛, 향을 평가한다(쌀의 선택과 맛).
② 2차 관능: 술의 맛과 향을 보고 덧술 시기를 판단한다(덧술의 판단).
③ 3차 관능: 술이 다 되었는지 눈과 입을 이용해 평가한다(술의 완성 판단).
④ 4차 관능: 최종 술의 맛, 색, 향을 평가한다(술의 맛, 색, 향, 종합평가).

1. 1차 관능평가 – 쌀과 물

술을 제조하는 사람이 가장 먼저해야 하는 관능평가는 술을 제조할 때 사용하는 '원료'와 '물'의 선택에 대한 평가이다. 특히 원료의 관능평가는 술의 색과 맛, 향에 결정

표 21-1 1차 관능평가-쌀

	내 용
쌀의 맛	신선하고 맑은 맛이 나야 하며 잘 씹히고 고소해야 한다.
쌀의 색	쌀이 오래되면 갈변이 오고 술의 색까지 영향을 미친다. 최대한 맑고 흰쌀을 선택한다.
쌀의 향	쌀이 오래되면 묵은 향이 나고 완성된 술에서는 짚 내와 묵은 냄새가 난다.

적인 영향을 미치는 만큼 가장 중요한 작업이다.

쌀의 색은 곧 술의 색이 되며, 쌀의 맛은 곧 술의 맛이 된다. 또한, 쌀의 향은 곧 술의 향이 되어 최종 술에 영향을 미치게 된다.

술에 결정적인 영향을 미치는 쌀의 선택이 잘못되면 최종 술에 결정적인 영향을 미치게 된다. 그런데도 대부분의 양조장이 선택하는 쌀은 관능평가에서 가장 우수한 쌀이 아닌 '저렴한 쌀'을 선택한다. 우리가 세계로 나가지 못하는 가장 큰 원인이다.

술을 제조하는 데 있어 가장 중요한 것이 원료라면 원료보다 더 중요한 것은 물이다. 물은 술의 시작이자 끝이다. 따라서 좋은 물의 선택은 술의 맛과 향에 영향을 미치게 된다. 따라서 물은 색과 냄새가 없는 것이 좋다. 그리고 가장 중요한 것은 물의 맛이다. 물은 단맛이 나고 색과 냄새가 없어야 한다.

양조장 입지를 결정하는데 가장 중요한 것은 주변의 환경, 건물의 크기, 유통에 알맞은 거리 등이다. 이러한 모든 것보다 더 중요한 것이 좋은 물이 있는 곳을 선택하는 것이다. 지금은 여러 가지 감미료 때문에 물의 맛을 감추게 되지만 그것이 술 본래의 맛이 아니라는 것을 소비자들도 알게 될 것이다. 그 후는 소비자들의 외면이라는 것을 양조하는 사람이라면 반드시 인지해야 한다.

표 21-2 1차 관능평가-물

	내 용
물의 맛	무미이거나 단맛이 나는 물이 좋다.
물의 색	색이 없고 맑고 깨끗해야 한다.
물의 향	향이 없고 느낌이 신선해야 한다.

2. 2차 관능평가 – 덧술 시기의 판단

2차 관능평가는 술의 변화 과정을 평가하는 일이다. 특히 덧술 시기를 판단하는 것은 술을 제조하는 사람에게 가장 중요한 관능평가다. 술덧은 어떻게 끓고 있는지, 어떤 냄새가 나고 있는지, 맛은 어떻게 변해가고 있는지 평가해야 한다.

표 21-3 2차 관능평가–술덧

	내 용
술덧의 색	기름기가 없어야 하며 맑고 깨끗하게 끓어야 한다.
술덧의 향	짚 냄새나 간장이나 된장 냄새가 나지 말아야 하며 향긋한 신선한 향이 나야 한다.
술덧의 맛	산뜻한 신맛과 떫은맛, 연한 단맛을 가져야 한다.

술은 '예쁘게' 끓어야 한다. 원료의 상태와 물, 그리고 원료의 가공 형태와 투입된 누룩이나 발효제의 상태에 따라서 술의 끓는 모습이 다르다. 제대로 발효가 일어나는 술은 술 표면에 기름이 뜨지 않고 먼지가 없어야 한다. 또 흰 색을 가진 것이 좋다.

3. 3차 관능평가 – 술은 다 되었는가

술을 언제 거를 것인가를 판단하는 관능평가다. 술을 처음 빚는 사람들이 가장 고민하는 단계라고 할 수 있다. 이때는 술의 색과 향도 중요하지만 가장 중요한 판단은 맛으로 판단해야 한다. 이때의 술의 향은 예상한 맛과 다른 경우가 많아 향보다 맛이 중요한 판단 자료가 된다.

이때는 잘 익은 과일을 생각하면 좋다. 익지 않은 과일은 떫고 텁텁하다. 그리고 신맛이 강하다. 완성된 술은 잘 익은 과일과 같이 맛이 부드럽고 텁텁하지 않아야 한다. 떫고 텁텁한 맛이 난다면 좀 더 발효를 진행시켜 완전히 익을 때까지 기다려주는 것이 좋다.

떫고 텁텁한 술을 거르게 되면 술 빛이 혼탁해지고 술지게미가 많이 나온다. 색은 연한 연두색이나 황금빛이 좋고 갈색은 좋지 않다. 향을 맡았을 때는 잘 익은 과일향이 나는 것이 좋으며 누룩이나 묵은 냄새, 곰팡이 냄새가 나지 않아야 한다.

표 21-4 3차 관능평가

	내 용
술의 색	맑고 투명해야 하며 먼지가 위에 뜨지 않아야 한다.
술의 향	잘 익은 과일향이 나야하며 곰팡이나 묵은 곡물 냄새가 나지 않아야 한다.
술의 맛	신맛은 적고 떫거나 텁텁하지 않아야 하며 목 넘김이 부드러워야 한다.
술의 촉	위에 뜬 쌀알을 비벼 삭은 정도를 판단한다. 즙이 잘 나오고 미끄럽지 않아야 한다.

술의 맛과 함께 술의 완성여부의 판단에 있어 술 표면의 쌀알을 직접 비벼서 판단한다. 엄지와 집게손가락으로 비벼서 즙이 잘 나오고 전분질이나 당질에 의해 미끄럽지 않아야 한다. 이때가 되면 술을 걸러 맑은 술을 얻을 수 있도록 해야 한다. 그리고 최종 판단을 기다려야 한다.

4. 4차 관능평가 - 술의 색, 향, 맛

여과, 숙성까지 끝낸 술은 소비자에게 전해지고 평가를 받는다. 대부분 훈련이 되지 않은 사람들이 우리나라의 전통주를 판단하는 기준은 색이나 향보다 맛을 중요시 한다. 주로 여성들은 단맛이 있는 술을 좋아하고 남성들은 단맛이 약한 술을 좋아한다. 그러나 술 맛은 보통 주관적이다.

우리나라는 아직까지 관능평가에 대한 객관적 자료가 마련되어 있지 않다. 술이 기호식품이기 때문이기도 하지만 이 분야 관련 전문가가 전무하기 때문이다. 막걸리소

그림 21-1
4차 관능평가

믈리에도 있고 전통주감별사도 있지만 이들을 가르치는 기준은 너무나 주관적이다. 객관적인 자료는 와인이나 일본의 사케에서 가져온 관능평가 기준이 대부분이기 때문이다. 비전문가가 또 다른 비전문가를 양성하는 것이 우리나라의 현실이다.

필자 또한 이 분야에 대해서는 부족함을 느끼고 있다. 어디서부터 손을 대야 할지 막막하기만 하다. 어려서부터 세계의 거의 모든 술을 마셔봤고 수많은 칵테일을 만들었다. 일본을 작년과 올해만 몇 번을 갔다 왔는지도 모를 만큼 사케도 많이 마셔봤다. 그래도 술의 맛과 향의 관능에 관한 교육을 하는 것에는 너무나 부족함을 느낀다. 필자가 말을 해도 먹는 사람은 다르게 느끼기 때문이다. 이는 함께 느낄 수 있는 객관적 자료가 없어서이다.

여러 사람들과 함께 관능평가를 하면 사람마다 표현하는 방법이 다르다. 그리고 맛에 대한 느낌도 다르다. 이것은 그 사람의 생활환경과 밀접한 관련이 있다. 어떤 환경에서 어떤 음식을 먹고 자랐는지에 따라서 맛에 대한 기준이 다르고 표현하는 방법 또한 다른 것이다.

5. 막걸리

막걸리의 색

막걸리의 원료와 누룩이 색을 결정한다. 막걸리를 탁주라고 하는데 탁주보다는 '백주'라고 하는 것이 맞다. 즉, 흰 술이다. 외국인에게 설명할 때도 탁하다는 것보다 흰 술이라고 하는 것이 훨씬 좋다.

막걸리를 따랐을 때 종이처럼 흰 색을 가진 술은 대부분 쌀 막걸리이다. 대부분 쌀로 빚은 술은 술 빛이 매우 희고 맑다. 그러나 밀가루로 만든 술은 '누런색'을 띠게 된다. 이것은 밀가루를 반죽하고 찌는 과정에서 원료의 색이 진해지는데 이때의 색이

	쌀 막걸리	밀가루 막걸리
색	희고 깨끗한 색	연한 아이보리

그대로 막걸리의 색이 되기 때문이다. 막걸리를 그냥 따라 놓으면 정확한 판단을 할 수 없으나 쌀 막걸리와 밀가루 막걸리를 각각 따라놓고 보면 확연히 구별할 수 있다.

쌀 막걸리라도 색이 아주 연한 갈색을 띠는 것은 누룩을 당화, 발효제로 사용하는 막걸리이다. 누룩이 많이 들어가게 되면 누룩의 색이 막걸리의 색에 영향을 준다. 색으로 구별이 되지 않을 때에는 맛을 보고 평가해야 정확한 판단을 할 수 있다.

막걸리의 향

막걸리의 향은 원료의 발효취가 되어야 하지만 실제로는 감미료에 의한 향이 강하게 난다. 아스파탐 등의 감미료가 맛에만 영향을 주는 것이 아니라 술의 향까지 영향을 미친다. 감미료가 들어가지 않은 막걸리와 들어간 막걸리를 비교하여 향을 맡아 보면 쉽게 구별할 수 있다. 미숙성 막걸리에서는 아세톤 향이 올라오고 탄산에 의해 발효취가 많이 난다. 좋은 원료를 사용해야 산뜻한 향을 느낄 수 있다.

또한, 발효조의 성질에 따라서도 향이 달라진다. 항아리에 발효시켜 만든 막걸리는 미세하게 '재' 맛이나 '짚' 내가 나고 스테인리스에 발효시킨 술은 쏴한 쇠향이 나기도 한다.

막걸리의 맛

맛의 가장 큰 요인은 원료이다. 얼마나 좋은 원료를 썼는지는 먹어서 맛을 보면 알 수 있다. 또 어떤 원료를 써는지도 맛을 보면 알 수 있다. 좋은 원료를 사용했다는 것은 고소한 맛과 신선한 목 넘김으로 알 수 있고 좋지 않은 원료를 사용한 막걸리는 오래 묵은 밥을 먹는 느낌이 나기도 한다. 또한, 비리고 역겨운 맛이 난다면 보관이 잘못된 아주 저렴한 원료를 사용한 것이다.

쌀 막걸리

쌀 막걸리는 일단 깔끔한 맛이 난다. 그 이유는 밀가루 막걸리에 비해 입자가 커 제성 과정에서 대부분의 원료 입자들이 걸러지기 때문이다. 그렇기 때문에 가벼운 느낌을 받을 수 있고 목 넘김을 좋게 한다. 쌀을 원료로 사용했어도 밀가루 입국을 사용한 경우에는 미세한 혀에 미세한 입자를 묻히게 된다. 요즘 젊은 사람들은 입에 잔감을 주는 밀가루보다 깔끔한 쌀 막걸리를 선호한다.

◎ 밀가루 막걸리

밀가루 막걸리는 일단 묵직하고 걸쭉한 맛이 난다. 그 이유는 제성 과정에서도 미세한 입자가 걸러지지 않아 막걸리에 남게 되고 그것이 혀에 남아 묵직한 느낌을 주기 때문이다. 또한, 혀를 뻣뻣하게 하고 목 넘김이 거칠다. 이것을 칼칼하다고 표현하기도 한다. 밀가루 막걸리에 길들여진 사람들은 가벼운 쌀 막걸리를 좋아하지 않는 경향이 있다.

◎ 쌀과 밀가루의 혼합 사용

밀가루에 의해 생기는 혀의 느낌으로 알 수 있다. 입에 머금고 잠시 있으면 혀를 굳게 하고 미세한 가루가 느껴지는 막걸리는 쌀과 밀가루가 혼합되어 있는 경우가 많다. 가장 정확한 판단은 세 가지 막걸리를 동시에 놓고 비교 시음하면서 관능평가를 하며 훈련을 하면 정확한 판단을 할 수 있다.

6. 청주

◎ 청주의 색

청주는 술 이름처럼 맑고 투명해야 한다. 보통은 연한 황금색을 띄는 것이 보통이지만 활성탄을 이용하여 여과하게 되면 술의 색은 물처럼 거의 색이 없어 투명하다. 그러나 자연여과를 한 전통 청주의 색은 물과 같지 않고 연한 황금색이나 연한 연두색을 띤다.

최고의 청주는 연하고 투명한 연두색 빛을 갖는다. 술에서 푸른빛이 도는 것은 그만큼 신선하고 좋은 쌀을 이용했다는 것을 말해준다. 대부분의 청주는 연한 황금색을 갖는다. 그리고 눈으로 봤을 때 이물질이 보이지 않아야 한다. 특히 미세한 먼지가 들어가면 술의 품질을 떨어뜨린다.

◎ 청주의 향

청주의 향은 쌀과 누룩에서 온다. 도정한 쌀의 향은 완성된 술의 향에 영향을 미치게 된다. 햅쌀로 술을 빚는 것과 묵은 쌀로 술을 빚는 술은 술의 색에서도 분명하게 차이를 가져오지만 특히, 술의 향에 큰 영향을 미치게 된다. 햅쌀이 고소하고 신선한 향을 가진다면 묵은 쌀은 짚 냄새와 곡물 묵은 냄새가 나기 때문에 어떤 쌀로 술을 빚느냐에 따라 술의 향이 달라진다.

또 누룩이 가지고 있는 향기가 곧 술의 향기가 된다. 우리 조상들이 삼복에 밀을 이용해 누룩을 디딘 이유를 생각해보면 알 수 있다. 삼복에는 습도와 온도가 곰팡이가 살기 적합하기 때문에 삼복에 누룩을 디디지만 더 중요한 것은 5~6월에 나오는 햅밀을 이용해 7~8월에 누룩을 디디는 것이다. 햅 밀은 색이 옅고 가운데를 잘라보면 밀이 많이 들어 있어 누룩을 디디기에 적합하다. 반면에 묵은 밀은 표면이 묵어 있어 분말이 많이 나오지 않는다. 당연히 완성된 누룩의 품질 또한 좋을 리가 없다.

순수한 전통 청주에서는 과실이나 꽃, 바닐라, 캐러멜, 사과향 등을 맡을 수 있다. 술을 어떻게 제조하느냐, 얼마나 숙성시켰느냐에 따라서 청주의 향은 달라진다. 당연히 원료의 품질이 청주의 향에도 영향을 미친다. 개인적으로 필자가 가장 좋아하는 술의 향기는 달콤한 꽃 향기이다.

청주의 맛

청주하면 일본이 생각나는 독자들이 많을 것이다. 청주는 물처럼 맑고 단순하며 깔끔한 술이다. 그래서 양조미를 이용하고 최대한 쌀을 깎는다. 또 단일균(菌)을 이용해 풍만한 맛과 향보다 단순한 맛과 향을 지닌다. 그래서 사람들은 한국의 청주보다 일본의 청주에 길들여져 있다. 그러나 한국의 청주는 일본의 청주와 근본이 다르다. 한국의 청주는 단순한 맛과 향이 아닌 풍만한 맛과 향을 지닌다. 그리고 일본의 청주가 물처럼 맑다면 한국의 청주는 연한 연두 빛을 띤다. 따라서 한국의 청주를 관능적으로 평가할 때에는 일본의 청주를 기준으로 삼아서는 곤란하다.

청주의 맛은 '맑음'에서 온다. 너무 애매한 말이지만, 청주는 마셨을 때 혀의 잔 감이 없고 목 넘김이 좋아야 한다. 또 무엇보다 깔끔해야 한다. 이런 청주를 만들기 위해서는 청주에 사용하는 쌀과 누룩, 그리고 물이 중요하다. 모든 술이 이 세 가지가 중요하지만 청주는 더욱 더 중요한데, 최대한 맑고 깨끗한 술을 제조하기 위해서이다.

7. 증류주

증류주의 색

붉은 색을 가지고 있는 와인을 증류하면 무색투명한 증류주를 얻을 수 있다. 이것은 모든 술이 마찬가지다. 그러나 우리가 시중에서 볼 수 있는 많은 증류주가 색을 가지고 있다. 이것은 증류주 자체가 색을 가지고 있는 것이 아니라 증류주를 제조하는 과정의 문제이다. 즉, 유출 된 증류주가 색을 가진 재료를 통과하거나 완성된 증류주에 침출해 놓는 방식으로 인해 무색 투명한 술에 색이 배이게 된다. 또한, 위스키 등과 같이 무색투명한 증류주를 오크통 등과 같은 용기에 숙성을 하게 되면 색이 증류주에 배게 되어 색깔을 가진 증류주가 된다.

증류주의 향

증류기는 처음에 증류주가 아닌 향수를 제조하기 위한 목적으로 만들어진 것이다. 이 증류기에 여러 가지 술을 넣고 증류하면 술 자체가 가지고 있는 향기 성분이 휘발되어 나오게 되고 완성된 증류주에서 그 향을 맡을 수 있다. 증류주는 증류주를 제조할 술, 증류기의 가열방식, 재질, 숙성 방법 등에 따라서 향에 많은 변화를 가져오게 된다. 즉, 쌀이나 고구마 등 전분이 주성분인 원료를 이용해 제조한 발효주와 와인 등의 과실을 이용해 제조된 술은 향에서 큰 차이가 난다. 또한, 증류할 술을 직접 가열하는 방식과 간접 가열하는 방식에 따라서도 달라지며 항아리, 오크통 등 숙성 방법에 따라서도 향기가 다르다. 직접 가열하는 방식은 간접가열하는 방식보다 좀 더 곡물향과 고소한 향이 강하고 항아리에 숙성하게 되면 특별한 향기 성분이 배지 않지만 오크통은 증류주에서 훈연된 향 등을 느낄 수 있다.

증류주의 맛

증류주를 시음할 때에는 바로 삼키지 말고 입 안에 혀를 적실 정도의 양을 넣고 단맛의 정도와 알코올이 퍼지는 촉감을 느낀다. 증류주를 제조하면 당분은 휘발되지 않지만 단맛을 가진 향기 성분이 유출되어 증류주에 단맛을 들이게 된다. 증류주의 단맛은 증류주를 매우 부드럽게 만들어 준다. 보통은 증류주를 제조할 술 자체에서 기인하기 때문에 증류할 술 제조가 무엇보다도 중요하다. 또한, 숙성이 되지 않은 증류주는 입술을 심하게 쏘는 것 같이 자극시키게 되고 숙성이 잘 된 술은 입 안에서 부드럽게 퍼지는 느낌을 받을 수 있다.

PART 2

누룩편

01

누룩 총론

"무릇 술 맛이 좋고 나쁨은 누룩을 잘 만드는가 여부에 달려 있다."
1760년대 『증보산림경제』에 기록된 내용으로 누룩의 중요성을 잘 말해주고 있다. 술을 잘 빚는 사람도 누룩은 구매해서 사용하는데, 그 이유는 술보다 누룩을 만드는 것이 더 어렵기 때문이다. 술은 누룩이 있어야 제조할 수 있다. 그러나 좋은 술은 좋은 누룩을 만드는 사람만이 만들 수 있다. 술을 내가 원하는 데로, 누구도 따라올 수 없는 맛으로 만들려면 나만의 누룩 제조 방법을 갖고 있어야 한다.

1. 누룩의 어원

누룩의 어원은 알 수 없으나 누룩의 모양이나 색, 만드는 방법으로 짐작할 수 있다. 즉, 누룩의 색이 누렇게 되는 것에서 누룩이라 하거나 또는 누룩을 손이나 발 등으로 꾹꾹 눌러 만든다하여 '누룩'이라 불린 것으로 보인다.

이렇듯 어떠한 사물의 모습 등을 보고 지은 이름은 아직까지도 많이 쓰이고 있다. 쌀이 술 표면 위에 동동 떠 있는 모습을 보고 지은 '동동주', 찐 밥알이 식으면서 고들고들하여 붙여진 '고두밥', 술을 대강 또는 지금 막 걸렀다 하여 '막걸리' 등은 지금까지도 일상 속에서 사용하고 있는 용어들이다.

2. 누룩의 역할

누룩을 만드는 이유는 술을 빚을 때 필요한 효소와 알코올을 생성하는 효모을 얻기 위해서이다. 즉, 당화 효소에 의한 전분 당화, 효모에 의한 알코올 생성을 위해 누룩을 사용한다. 누룩을 만들 때 사용하는 원료 자체에는 당화에 필요한 효소를 가지고 있고, 누룩을 띄우는 과정에서 생산된 곰팡이나 효모와 같은 미생물이 술을 제조하는

표 1-1 당화제와 발효제

당화제	• 밀이나 기타 식물이 가지고 있는 효소에 의한 당화 • 곰팡이 등 미생물이 가지고 있는 효소에 의한 당화
발효제	• 야생 효모의 증식 • 효모에 의한 알코올 발효

데 중요한 역할을 하게 된다.

3. 누룩의 원료

누룩은 주로 밀을 빻아 이용하는데, 이는 밀의 주성분이 전분인 것과 기본적으로 가지고 있는 당화 효소, 글루텐 성분에 의한 누룩 제조의 용이성, 젖산균에 의한 잡균의 예방 효과도 가지고 있다. 또 특정한 누룩에는 쌀이 주로 사용되고 있고 잡곡은 쌀이나 밀이 귀한 지역에서 사용한다.

표 1-2 누룩의 원료

밀	누룩 제조에 가장 많이 사용하는 원료
쌀	이화곡이나 백수환동주곡 등 특정한 술 빚기에 사용하는 누룩
보 리	겉보리 누룩이나 엿기름 제조에 사용
잡곡류	쌀이나 기타 곡물이 부족한 지역에서 이용

4. 누룩의 분류

누룩은 크게 떡 누룩과 흩임 누룩으로 나뉜다. 떡 누룩은 원료를 빻아 물을 혼합해 일정한 크기의 덩어리 형태로 만드는 누룩을 말하며 흩임 누룩은 곡물을 뭉치지 않고 널어 흩여 만드는 누룩을 말한다.

한국에서는 오래전부터 두 가지 방법 모두 사용되어 왔으나 주로 떡 누룩을 만들어 술을 빚어 왔으며 일본은 주로 흩임 누룩의 형태로 발전해 온 것으로 보인다.

표 1-3 떡 누룩과 흩임 누룩

떡 누룩	누룩에 사용하는 원료를 빻아 반죽하여 덩어리로 만드는 누룩
흩임 누룩	원료를 뭉치지 않고 흩어진 상태로 만드는 누룩

5. 누룩고리의 모양과 크기

❖참고
누룩틀은 거푸집 형태의 모양으로 바닥이 막혀 있으며 누룩고리는 앞뒤가 뚫려 있다.

그림 1-1
상주곡자 누룩고리
송학고자 누룩고리

누룩 중에서 떡 누룩은 주로 누룩을 디딜 때 사용하는 누룩고리이라는 것이 있다. 이는 누룩을 계획성 있게 만드는데 중요한 역할을 하는데, 누룩고리의 모양에 따라 누룩의 모양이 다르게 되는 것이다. 누룩고리는 주로 나무로 제작되어 사각형 형태가 가장 많고 큰 원통형의 나무에 구멍을 내어 원형으로 만들어진 누룩고리도 흔히 볼 수 있다. 나무 이외에도 얇은 철판 등을 원형으로 만들어 사용하기도 한다.

부산이나 상주에서는 누룩고리가 없이도 누룩을 만들고 있는데 그 모양은 마치 피자와 같다. 넓고 얇은 것이 특징이며 반죽한 누룩을 천에 일정한 양을 넣고 꽈리를 틀어 나무 등의 판 위에 올리고 그대로 발뒤꿈치로 밟아 모양을 낸다. 보통 누룩을 밟아 모양을 내는데 약 40초 정도가 걸린다.

6. 누룩의 크기

누룩을 띄우는데 있어 가장 중요한 것은 누룩의 크기이다. 누룩의 넓이와 높이는 누룩의 성공과 실패에 가장 직접적인 관련이 있다. 누룩이 너무 두꺼우면 수분이 발산하지 못해 썩어버리게 되고, 반대로 너무 얇으면 수분이 너무 빨리 증발하여 말라버려 그 결과 미생물의 생육에 지장을 주게 된다. 따라서 각 계절과 그 계절의 온도 등을 잘 파악하여 누룩의 크기를 조절해야 한다.

표 1-4 누룩의 두께

상	• 일조량이 많아 수분의 발산이 용이한 곳에서 만든다. • 가운데 부분의 수분 발산이 어려워 썩어 버릴 수 있다. • 주로 밀을 이용한 누룩이다.
중	• 일반적으로 서울이나 경기도에서 많이 만들어 진다. • 겨울이나 여름보다는 봄과 가을에 만들기 적합하다. • 주로 밀이나 보리 등을 이용한다.
하	• 주로 경상도나 강원도 지역에서 넓게 퍼진 모양으로 만들어 진다. • 수분이 너무 빨리 증발되는 것을 주의해야 한다. • 주로 밀이나 쌀 등을 이용한다.

7. 누룩과 수분

누룩의 모양을 내기 위해서는 물이나 기타 식물의 즙 등을 이용해 반죽을 해야 한다. 이때 사용하는 물은 반드시 끓여 식힌 물을 이용해야 하고 반죽할 때의 수분 양은 누룩의 성패에 가장 큰 역할을 한다. 수분이 많이 들어가 너무 질게 되면 수분의 발산이 어려워 누룩이 썩고, 수분이 너무 부족하면 모양을 내기 힘들며 미생물의 증식이 잘 되지 않는다.

가장 중요한 것은 누룩의 상태를 보고 수분의 발산을 조절하는 능력을 키우는 일이다.

표 1-5 수분의 양

상	• 전체 곡물 양의 50% 이상의 수분이 들어간 상태 • 반죽은 잘되지만 수분이 많아 썩어 버리게 된다. • 수분 발산을 빠르게 시킬 수 있는 방법을 선택한다.
중	• 전체 곡물 양의 30~40% 정도의 수분을 흡수시킨 상태 • 누룩을 띄우는 과정이 중요하다. • 수분이 알맞다 하더라도 수분유지가 오래되면 썩어 버린다.
하	• 전체 곡물 양의 20% 이하인 상태 • 반죽이 잘되지 않는다. • 수분이 없어 미생물 생육에 지장을 준다.

8. 누룩 미생물

누룩을 반죽하여 띄우게 되면 누룩의 원료, 누룩을 띄울 때 사용하는 쑥이나 짚 등의 재료, 주변에 서식하고 있는 미생물에 의해 다양한 곰팡이와 야생 효모들이 누룩에 달라붙는다. 이렇게 붙은 미생물은 검정색, 회색, 흰색, 노란색, 빨간색, 파란색 등 다양한 색깔의 곰팡이들이 눈에 보이고 갖가지 미생물들은 다양한 역할을 수행하게 된다.

곰팡이와 효모

누룩에 달라붙는 대부분의 효모는 야생효모이다. 일반적인 제조장에서는 주류의 일정한 품질관리를 위해 배양된 특정한 효모를 이용하지만 전통적으로 누룩을 사용하는 제조법은 주로 공기 중이나 과실 등에 붙어 있는 효모를 이용하게 된다.

표 1-6 곰팡이와 효모의 종류 및 특징

구분	특징
누룩곰팡이 (Aspergillus)	• 백색, 황색, 녹색, 흑색 등이 있다. • 당화력이 강하다. • 단백질 분해력이 강하다. • Asp. awamori: 흑색 또는 흑갈색을 띠며, 전분당화력, 단백질 분해력이 강하다. • Asp.luchuensis mut. Kawachi: 백국균, 산 생성 능력이 강하다. • Asp.usamii: 흑색, 글루코산, 개미산 등을 생성하며, 과거 증류식소주를 제조하였다. • Asp.oryzae: 황국균, 청주용, 회갈색을 띠며 강력한 효소를 생성한다.
거미줄곰팡이 (Rhizopus 속)	• 당화력이 강하다. • 대표적인 균으로는 Rhizopus delmar, Rhizopus japonicus가 있다. • 백색에서 점차 회백색, 회흑갈색으로 변화한다. • 최적온도는 25~30℃ 정도이다. • 생 전분 당화력이 강하다.
효 모	• Saccharomyces cerevisiae(맥주 상면발효 효모) • Saccharomyces coreanus(탁약주 효모) • Saccharomyces sake(청주효모) • Saccharomyces carlsbergensis(하면발효 효모) • Saccharomyces awamensis(주정효모) • Saccharomyces formosensis 396호(주정효모)

세균

막걸리에 다량 함유되어 있는 젖산균과 식초의 생산에 사용되는 초산균은 모두 세균이다. 우리가 생각하고 있는 세균은 모두 인간에 유해한 좋지 않은 균으로 생각할 수 있으나 현재에는 몸에 유익한 균을 이용해 다양한 식품을 생산하고 있다.

9. 누룩의 야생효모

누룩에 있는 효모는 특정한 효모가 아닌 공기 중이나 식물, 곡물 등에 있는 야생효모가 달라붙어 증식된 것이다. 이런 다양한 야생효모를 이용하여 빚은 술은 풍부한 맛과 향을 가지게 되지만 다양한 미생물들에 의해 술의 일정한 품질을 어렵게 하는 단점도 가지고 있다.

표 1-7 야생효모와 배양효모

야생효모	배양효모
• 과일이나 토양 중에서 많이 서식한다. • 생육 온도가 낮다. • 산에 강하다. • 건조에 강하다. • 장형 모양으로 생겼다.	• 생육 온도가 야생효모보다 높다. • 산에 대한 저항력이 약하다 • 건조에 약하다. • 원형이나 타원형이 많다. • 발효공업에 이용된다.

자료: 정동효(1999). 식품미생물학. 선진문화사

02

누룩 제조 도감

한국, 중국, 일본의 누룩이 다른 이유는 그 나라의 환경이 다르기 때문이다. 이것을 한 눈으로 볼 수 있게 만든 그림이 '누룩 제조 도감'이다. 삼국의 누룩 제조에 차이가 나는 이유를 알게 되면 누룩을 띄울 때 무엇이 중요한지 알 수 있다. 누룩을 제조하는 방법은 한 가지만 있는 것이 아니다. 누룩을 디디는 사람은 누룩을 띄우는 공간과 환경을 잘 파악하고 있어야 한다. 그래야 실수 없이 누룩을 제조할 수 있다.

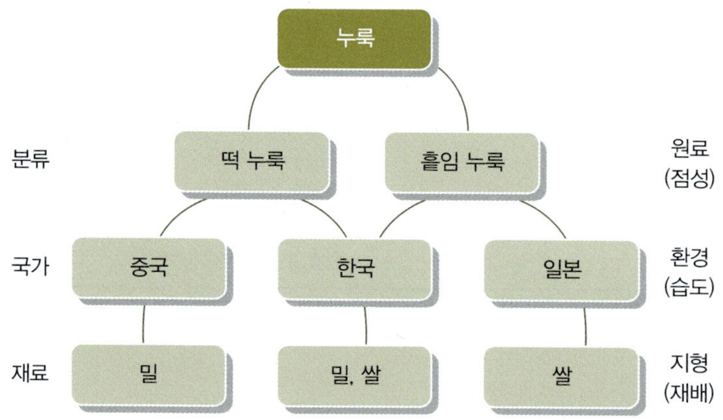

그림 2-1
누룩 제조 도감

곡물을 이용한 술로 술을 빚기 위해서는 필수적으로 곡물이 가진 전분을 당분으로 만들어야(당화 과정) 효모에 의해 알코올을 생성할 수 있는 것(알코올 발효)이다. 이렇게 당화와 알코올 발효를 하기 위해서 우리 조상들은 누룩을 만들어 사용하였다. 즉, 누룩은 훌륭한 당화제이자 알코올 발효제인 것이다.

1. 떡 누룩과 흩임 누룩

누룩은 크게 떡 누룩과 흩임 누룩으로 나눌 수 있다. 떡 누룩은 물이나 기타 식물의 즙 등으로 반죽하여 일정한 크기로 성형한 것을 떡 누룩이라고 하고, 곡물을 뭉치지 않고 적당한 수분을 주어 흩여 띄우는 방식을 흩임 누룩이라고 한다. 우리나라는 현재 전통적인 방식으로 떡 누룩이 시판되고 있으며 일반 양조장에서는 쌀을 쪄 식힌 다음 일정한 온도에서 종균을 뿌려 만든(흩임 누룩방식) 방법을 사용하는데 이를 코지(koji)라 한다. 코지는 쌀로 만든 일본 누룩으로 알코올 발효가 아닌 당화의 역할을 수행하기 때문에 따로 효모를 이용해 술을 제조해야 한다.

1965년 양곡관리법 시행으로 쌀로 술을 빚을 수 없게 되자 밀가루를 이용해 술을 제조하게 되었고, 누룩 또한 일본처럼 쌀을 이용한 코지가 아니라 밀가루를 쪄 미지근하게 식힌 후에 종균을 뿌려 만든 밀가루 입국을 만들어 사용하게 되었다. 1990년에 막걸리에 쌀로 술 빚는 것이 허용되자 밀가루가 아닌 쌀을 이용한 코지로 다시 막걸리를 제조하기 시작하였다. 그러나 현재에도 쌀을 이용한 코지가 아닌 밀가루를 이용해 막걸리를 제조하는 업체가 남아있다.

2. 중국과 일본의 누룩

술을 제조하기 위해서 곡물을 당화시킬 때는 곰팡이와 맥아를 이용한다. 한국, 일본, 중국 등은 곰팡이를 이용하고 유럽에서는 주로 보리를 발아시켜 건조시킨 맥아(엿기름)를 이용한다. 우리나라의 막걸리와 청주 등은 곰팡이를 이용한 대표적인 술이며 맥아를 이용한 술은 맥주를 예를 들어 설명할 수 있다. 이렇게 나라에 따라 당화제가 다른 이유는 그 나라의 기후조건이 다르기 때문이다. 이것은 같은 당화제를 이용하는 나라에서도 차이가 있다.

중국은 대부분 밀을 이용한 누룩을 사용한다. 밀을 거칠게 빻아 반죽해 일정한 크기로 만든 떡 누룩 형태로 제조해 술을 빚는다. 건조한 지역에서 흩임 누룩을 만들게 되면 수분이 너무 빠르게 증발하기 때문에 수분유지를 잘할 수 있는 떡 누룩으로 발전한 것이다. 일본은 섬나라이기 때문에 상대적으로 습도가 높다. 그래서 떡 누룩보다는 흩임 누룩 방식으로 발전했다. 떡 누룩은 상대습도가 높은 지역에서는 띄우기가 매우 힘들기 때문에 흩임 누룩을 제조해 술을 빚는다. 누룩을 띄울 때, 수분이 오래 남아 있게 되면 누룩이 썩어버리기 때문이다.

3. 한국의 누룩

중국이 떡 누룩, 일본이 흩임 누룩으로 발전해 왔다면 우리나라는 떡 누룩과 흩임 누룩 둘 모두를 제조해 술을 빚는다. 강원도와 경상도 등의 산간지역의 누룩은 대부분 누룩이 넓고 두께가 얇은 것이 특징이다. 전라도 지역의 누룩은 경상도 지역보다 두껍고 누룩의 크기가 작다. 특히, 제주도의 누룩은 손바닥처럼 작고 누룩의 두께도 얇아 지역마다 다양한 누룩이 만들어 지고 있다. 이렇게 지역마다 누룩의 넓이와 두께가 다른 것은 습도와 일조량의 영향이 가장 크다고 볼 수 있다.

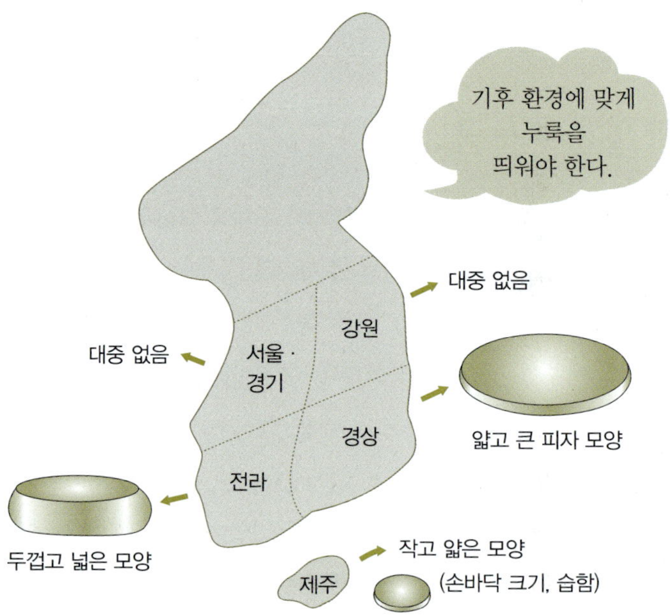

그림 2-2
지역별 누룩 모양

그림 2–3
부산산성누룩

산간지역의 누룩은 면적이 넓고 두께가 얇은 대신 반죽할 때 수분이 많이 들어가 누룩이 휠 정도가 된다. 누룩을 제조하는데 있어 가장 중요한 것은 '수분유지'에 있기 때문에 넓고 얇은 누룩을 제조할 경우 수분이 적게 들어가면 쉽게 말라 충분한 미생물을 불러 모을 수 없게 된다. 산간지역의 대표적인 누룩에는 부산 금정산성막걸리를 제조하는데 사용하는 '부산산성누룩'이 있다.

전라도 지역의 누룩은 '산성누룩'과 다르다. 면적이 작은 대신에 두께가 산성누룩의 2~3배 정도 된다. 두꺼운 상태의 누룩을 제조할 경우, 수분이 많이 들어가면 '수분발산'이 쉽지 않아 누룩이 썩어 버리게 된다. 그렇기 때문에 수분을 최대한 적게 넣어 반죽한다. 전라도 지역의 가장 대표적인 누룩은 '송학곡자'와 '진주곡자'가 있다.

지역에 상관없이 현재 생산되는 대부분의 누룩은 밀을 이용한다. 밀은 누룩을 제조하는데 있어 점성이 있기 때문에 흩임 누룩보다는 떡 누룩을 제조하기에 적합하며, 밀 자체에 있는 당화효소와 젖산균에 의해서 술 제조 시 안전한 발효를 도울 수 있는 장점이 있다. 특히, 밀 자체가 가지고 있는 야생효모는 전통적인 누룩 사용 시 알코올 발효에 많은 도움을 주기 때문에 예부터 우리 조상들은 누룩을 제조할 때 밀을 많이 이용한 것으로 보여 진다.

우리나라는 밀뿐만 아니라 쌀을 이용한 누룩도 많이 만들어 사용하였는데 쌀 누룩은 밀 누룩에 비해서 점도가 낮아(멥쌀) 밀 누룩처럼 크게 만들기 쉽지 않아 손으로 쥐어 주먹 크기로 만들어 사용한다. 이러한 대표적인 누룩은 멥쌀을 이용한 '이화곡'과 찹쌀을 이용한 '백수환동곡'이 있다. 이렇게 다양한 누룩이 만들어지는 이유는 간단하다. 누룩에 대한 이해가 높기 때문이다.

누룩을 제조하는데 정답은 없다. 좋은 누룩을 띄우기 위해서는 누룩을 띄우려고 하는 '공간'을 잘 이해해야 한다. 일조량은 어떤지, 습도는 어떤지에 따라서 누룩의 크기와 반죽 정도가 달라지기 때문이다. 겨울, 초봄, 늦가을 같이 건조한 기후에는 누룩에 수분을 많이 주어 반죽하고 여름과 같이 습도가 높을 때에는 수분을 적게 줘서 반죽하는 것이 기본이다. 자신이 만들고자 하는 공간을 잘 이해하고 다양한 누룩을 제조해 실험해야 한다. 누룩의 두께, 넓이, 반죽 정도를 다양하게 만들어 실험한 후에 가장 알맞은 누룩을 선택해야한다.

알고 넘어가기

누룩고리

누룩고리는 떡 누룩을 제조하기 위한 도구로 '누룩고리', '누룩틀'이라는 용어로 불리고 있다. 그러나 정확한 용어는 '누룩고리'다. 누룩고리는 원형과 정사각형으로 되어 있는데 두께는 지역마다 모두 다르다. 또한, 부산산성누룩처럼 누룩고리 없이 누룩판 위에 올려놓고 그대로 누룩을 밟아 성형하기도 한다.

원형

사각

자료: 대한민국술박물관

누룩고리는 물푸레나무나 소나무 등을 이용한다. 물푸레나무는 세월이 흘러도 뒤틀려지지 않고 소나무는 그 모양이 매우 아름답기 때문에 많이 사용한다. 오래된 누룩고리를 보면 고리 위와 아래에 약간의 각이 져 있다. 보통 '上', '下'로 표시되어 있는데, 이것은 누룩을 밟은 후에 넓은 쪽으로 잘 빠져나오게 하기 위함이다. 또한, 누룩고리 양 옆에는 누룩을 잡을 수 있는 손잡이가 있어서 누룩을 잘 뺄 수 있도록 만들기도 한다.

4. 한국의 대표 누룩

우리나라 누룩은 아주 단순하고 기본에 충실한 누룩이 대부분이다. 약재를 넣거나 하는 방법이 아닌 밀과 쌀을 이용해 당화와 알코올 발효가 잘 될 수 있는 최소한의 원료를 이용해 누룩을 제조한다. 특히, 누룩을 제조할 때 대부분 녹두를 이용하는데 녹두는 알칼리성 식품이기 때문에 누룩 제조에 녹두가 들어가게 되면 여름에 술 제조 시 산성화되는 것을 예방해 주는 효과가 있다.

양국법(밀 + 녹두)

양국법이란 질 좋은 누룩을 만드는 방법으로 1450년대 『산가요록』에 기록되어 있다. 누룩은 삼복(三伏)날 띄우는데, 초복이 가장 좋고 중복과 말복 순서로 좋다고 하였다. 복날은 여름 중에서도 가장 더운 시기이기 때문에 누룩을 만드는 좋은 길일(吉日)이 되는 것이다.

표 2-1 양국법 시기

시기	밀	녹두
초복	1말(斗)	1되(升)
중복	1말(斗)	2되(升)
말복	1말(斗)	3되(升)

양국법에는 삼복날 들어가는 녹두의 양이 기록되어 있다. 초복이 가장 적고 말복에 가장 많은 녹두가 들어가는데 초복에는 밀 양의 10%의 녹두가 들어가고 중복에는 20%, 말복에는 30%의 녹두를 넣어 누룩을 제조한다.

백수환동곡(찹쌀 + 녹두)

백수환동곡은 백수환동주를 제조하기 위한 전용 누룩이다. 1800년대 『양주방』에 기록되어 있으며, 이화곡처럼 쌀가루와 녹두가루를 손으로 뭉쳐 오리알 크기로 만들어 띄운다. 이 누룩으로 백수환동주를 빚으면 술에서 독특한 향과 맛을 느낄 수 있다. 이것은 다른 어떤 누룩보다 녹두의 양이 많이 들어가기 때문이다.

그림 2-4
백수환동곡

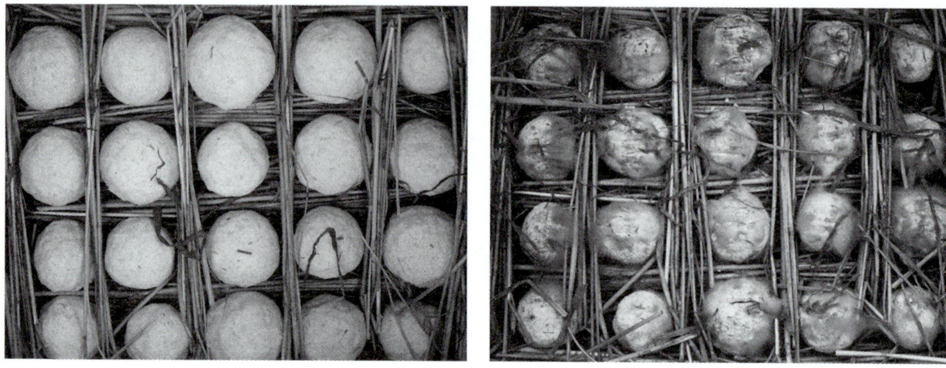

발효 전　　　　발효 후

표 2-2 백수환동곡 제조 방법

	녹두	찹쌀
비율	1말(斗)	5되(升)
가공	쪄서 식힌 후 가루 낸다.	물에 불려 곱게 가루 낸다.

보통의 누룩이 쌀이나 밀이 많이 들어가고 녹두가 적게 들어가는데 반해서 백수환동곡은 녹두의 양이 많고 찹쌀이 녹두의 절반만 들어가는 것이 특징이다. 녹두는 반드시 껍질을 벗겨 사용해야하고 절반정도로 익혀 가루 낸 다음 찹쌀가루와 혼합해 오리알처럼 만들어 띄운다.

여뀌누룩(찹쌀 + 여뀌 즙)

여뀌누룩은 우리나라의 가장 대표적인 흩임누룩이다. 1760년대 '증보산림경제'에 등장하는 누룩으로 쌀을 여뀌 즙에 하룻밤 담가 놓고 건져 물기를 빼고 밀가루에 묻힌다. 이것을 한지 종이에 넣어 매달아 띄우는 누룩이다. 이 방법은 쌀을 뭉치지 않고 띄우는 방식으로 전통적인 흩임누룩 제조기술이라 할 수 있다.

벼누룩(벼 + 녹두즙)

우리나라 고문헌 속에도 없는 누룩으로 한 집안에서 내려오는 우리나라의 가장 독창적인 누룩이다. 벼누룩을 이용한 벼누룩술은 경기도 양주의 김영자(벼누룩술 전수자)

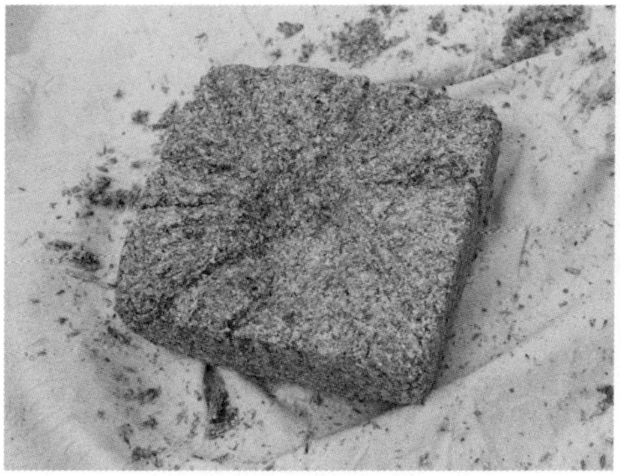
벼누룩

벼누룩술

그림 2-5
벼누룩과 벼누룩술

님 집안의 술로 '백씨가문 내림주'이다. 벼와 녹두즙을 혼합해서 누룩을 제조하는데 벼 껍질에 들어있는 규산(silicic acid) 성분 때문에 이 누룩으로 술을 빚으면 박하처럼 화한 향과 향미를 느낄 수 있다. 벼누룩술은 그림과 같이 땅에 독을 묻어 발효시킨다.

이화곡

이화곡은 이화주(梨花酒)를 빚을 때 사용하는 전문 누룩이다. 보통 배꽃(梨花)이 필 때 누룩을 만들어 봄이나 여름에 이화주를 빚는다. 이화곡은 쌀을 곱게 가루로 만들어 오리알 크기로 만든다. 시간이 지나면 누룩 표면에 흰색이나 회백색, 황색 곰팡이가 핀다. 잘못된 누룩에서는 치즈나 분유향이 나고 잘 된 누룩에서는 고소한 바닐라 향이 올라온다. 사용할 때에는 딱딱한 누룩 표면을 깎아 낸 다음에 곱게 만들어 이화주를 빚을 때 사용한다.

03

누룩의 부재료

누룩을 띄울 때 짚이나 쑥처럼 누룩 아래 깔거나 덮는 용도로 사용하는 것을 누룩의 부재료라고 한다. 또한 밑에 깔고 덮는 용도가 아닌 누룩을 싸는 용도로 연잎이나 도꼬마리잎을 이용하기도 한다. 여귀와 같이 식물의 즙을 이용해 누룩을 반죽하기도 한다. 이러한 부재료를 이용하여 좀 더 품질 좋은 누룩을 제조할 수 있다. 본 장에서는 부재료를 어떻게 이용해야 하는지 알아보자.

누룩의 부재료	볏짚, 쑥대, 솔잎, 여뀌, 닥나무잎, 도꼬마리잎, 연잎

누룩을 제조할 때 원료만큼 중요한 것이 누룩을 띄울 때 사용하는 부재료들이다. 누룩을 띄운다는 것은 누룩을 발효시킨다는 것이고 누룩이 발효가 잘되게 도와주는 것이 누룩의 부재료이다. 예를 들어, 밀로 누룩을 만들어 띄울 때 그대로 두는 것보다 볏짚이나 쑥대 등을 이용하면 좀 더 쉽게 누룩을 제조할 수 있다.

표 3-1 부재료의 사용 이유

	부재료의 사용 이유
균 착상	빠른 시간 안에 부재료의 균이 누룩에 착상할 수 있도록 함
온도 유지	온도가 너무 쉽게 내리고 오르는 것을 예방 함
수분 조절	수분이 너무 빨리 증발하는 것을 막아 미생물 증식 시간을 줌

1. 누룩의 부재료 사용 이유

균 착상

현재 양조장에서 사용하고 있는 대부분의 입국(粒麴)은 쌀을 쪄 일정한 온도로 식힌 후에 종균을 뿌려 특정한 균이 자라게 만들어 놓은 것을 사용한다. 그러나 균을 분리하여 사용하지 않는 누룩은 자연상태의 균들이 자연스럽게 누룩에 착상할 수밖에 없다. 따라서 입국에 비해 전통적인 누룩 제조 방식은 일정한 품질의 술을 제조하기에 적합하지 않다(그렇다고 입국이 더 좋다는 것은 아니다. 전통 누룩 방식의 누룩이 술의 맛과 향 측면에서 더 고급스럽기 때문이다).

이렇게 균을 접종하는 방식보다 좀 더 진보된 제조방식이 짚이나 쑥 등 과거에 손쉽게 구할 수 있는 재료들을 사용하는 것이다. 그리하여 부재료 자체에 있는 균을 직접 누룩에 접종시키는 역할도 수행하게 되는 것이다.

온도 유지

누룩을 띄울 때 가장 중요한 것 중 하나는 바닥에 부재료를 깔아 놓는 것이다. 만약, 평평한 곳에 누룩을 올려 발효시키게 되면 바닥면에 수분이 고여 몇일 지나지 않아 썩어 버리게 된다. 그렇기 때문에 바닥에는 짚이나 쑥대, 갈대발 등을 깔아 수분이 고이는 것을 방지해야 한다. 즉, 공기는 통하고 수분은 고이지 않는 부재료를 선택해야 하는 것이다.

일반 누룩을 제조하는 곳에서는 누룩 발효과정에서 누룩 위에 짚 등의 부재료를 올리지 않는다. 그러나 조선시대의 누룩이나 대량으로 생산되는 곳이 아닌 일반 가정에서 만드는 누룩은 부재료→누룩→부재료 순서로 누룩의 맨 위에 부재료를 덮어준다. 이것은 앞에서도 설명하였듯이 균 접종도 있지만 누룩의 온도가 쉽게 변하는 것을 예방하는 효과가 있다.

누룩은 술과 다르게 발효 온도가 높다. 술이 효모의 환경에 맞춘 발효 방식이라면 누룩은 곰팡이의 환경에 맞춘 발효 방식이기 때문이다. 또한, 발효 과정에서 온도가 너무 낮거나 높은 것, 온도변화가 주변의 온도에 너무 쉽게 변하는 것을 주의해야 한다. 그러기 위해서 사용하는 것이 바로 부재료다. 짚이나 쑥은 그 자체로 보온의 효과를 줄 수 있기 때문에 누룩 제조에 흔히 사용된 것이다.

수분 조절

누룩 제조에서 가장 중요한 것이 수분 조절이다. 수분이 있어야 균이 자라게 되고 균이 많이 자라야 그만큼 균이 가지고 있는 다양한 '효소'도 많이 얻을 수 있기 때문이다. 누룩을 발효시킬 때, 아래와 위가 모두 뚫려 있으면 누룩 자체의 수분이 너무 빨리 증발하여 말라 버리게 되어 좋은 누룩을 제조할 수 없다. 이렇듯 너무 쉽게 수분이 날아가는 것을 예방하기 위해 부재료를 사용하게 되는 것이다.

이때 잎이 너무 넓거나 수분을 빨아들이지 못하는 부재료는 수분이 고여 다시 누룩에 떨어지기 때문에 누룩 부재료로 사용하지 않는 것이 좋다. 부재료에서 떨어진 물로 인해 누룩이 썩어버리는 것을 너무 쉽게 볼 수 있기 때문이다. 또한, 아주 작은 한 방울의 물이 누룩에 떨어지면 누룩 전체의 냄새가 좋지 않게 되어 누룩의 품질이 떨어지게 된다.

어떤 부재료를 선택하느냐에 따라서 누룩에 피는 미생물이 달라지며 결국엔 누룩의 품질에 영향을 미치게 된다. 좋은 부재료의 사용이 곧 좋은 누룩의 첫 단추가 되는 것이다.

표 3-2 다양한 부재료의 선택과 사용

볏짚	마른 것	누룩을 발효 시 밑에 깔거나 덮을 때 사용한다.
쑥	생것, 마른 것	짚과 같은 용도, 쑥의 잎보다는 쑥대를 이용한다.
솔잎	생것	늦가을, 겨울, 초봄에 띄우는 누룩에 사용된다.
여뀌	생것	여뀌 즙을 내어 누룩 반죽에 사용한다(특별한 경우도 있다).
도꼬마리잎	생것	떡 누룩을 넓은 잎으로 보자기처럼 쌀 때 사용한다.
닥나무잎	생것	누룩을 덮거나 쌀 때 사용한다.
연잎, 연꽃	생것	즙이나 누룩을 덮거나 쌀 때 사용한다.
대마 잎	생것	즙이나 누룩을 덮어줄 때 사용한다(지금은 사용하지 않는다).

2. 다양한 누룩의 부재료

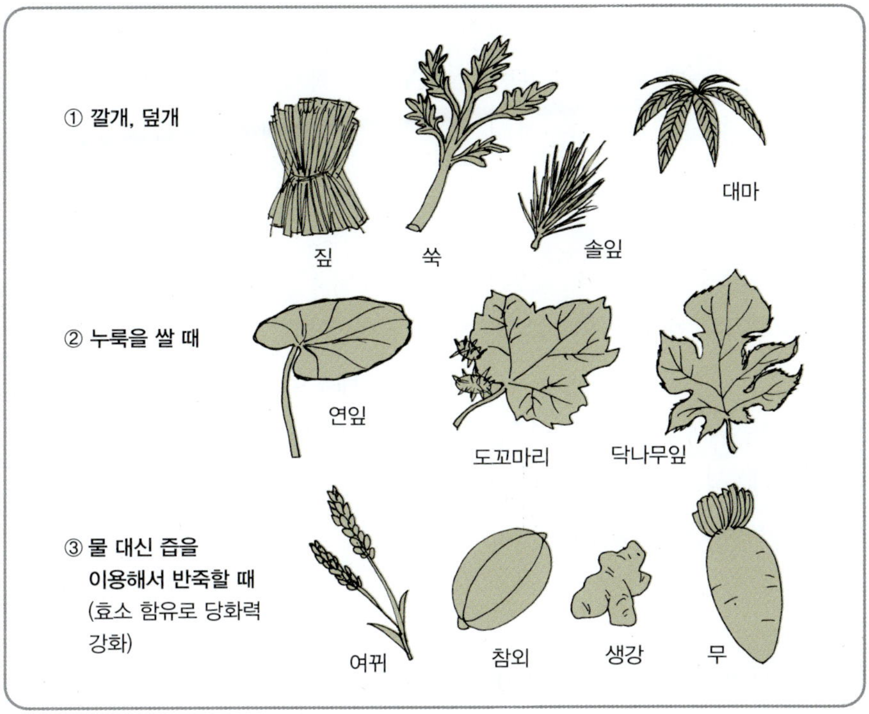

그림 3-1
누룩의 부재료들
자료: 김효실

볏짚

볏짚은 누룩 발효 시 누룩밑에 깔거나 누룩 위에 덮어 줄 때 사용한다. 이때 사용하는 볏짚은 마르고 깨끗한 것을 이용해야 한다. 완전히 마르지 않은 볏짚은 수분이 있어 자칫 누룩이 부패할 수 있기 때문에 완전히 말라 있는 것을 사용해야 한다. 특히 다른 모든 부재료도 마찬가지지만 짚에서 묵은 냄새나 거름 냄새가 심하게 나는 것은 사용하지 말아야 한다. 누룩 부재료의 냄새가 고스란히 누룩에 배일 뿐만 아니라 냄새가 좋지 않은 부재료는 그 자체로 좋지 않은 잡균들이 많아 누룩이 쉽게 부패할 수 있다.

쑥

쑥은 잎보다는 줄기(대)가 많은 것을 사용하는 것이 좋다. 길가에 있는 것이나 먼지가 많은 것은 절대로 사용하지 말아야 한다. 쑥잎이 많은 것을 사용하면 수분이 고여 누룩이 썩어 버리게 된다. 따라서 쑥을 사용할 때에는 잎 부분이 너무 뭉쳐 있지 않게 다듬어 사용하고 쑥대와 쑥대 사이에 조금씩 넣어 균이 잘 달라붙게 만들어 주는 것이 좋다. 또한, 자주 살펴서 수분이 고여 썩는 것을 예방해야 한다. 쑥은 생것과 마른 것 모두를 이용하는데 생것은 수분이 많아 누룩을 썩게 만드는 경우가 많고 마른 것은 누룩의 수분을 너무 빨리 흡수하여 누룩에 충분한 미생물이 자라는 것을 방해하기도 한다.

솔잎

우리나라의 누룩은 대부분 여름(삼복)에 많이 디디는데 특수한 누룩은 봄과 가을에 만들어진다. 특히 쌀로 만드는 누룩인 이화곡은 배꽃이 필 때 누룩을 만들게 되는데 이때 사용하는 부재료로 솔잎을 이용한다. 봄에 솔잎을 이용하는 것은 어떻게 보면 당연한 것이다. 이른 봄에는 짚이나 쑥, 도꼬마리, 여뀌 등 생 부재료를 구하기 힘들기 때문에 솔잎을 선택하게 되는 것이다.

여뀌

도심에서는 보기 힘들지만 시골의 냇가나 습지 등에서 손쉽게 볼 수 있는 식물이다. 여뀌는 항산화, 항노화 등의 효과가 있는 것으로 알려져 있으며 옛날에는 냇가에 여뀌즙을 풀어 고기를 잡는 등 독성이 있는 식물이다. 그러나 누룩 발효 과정에서 이러한 독성은 사라지기 때문에 크게 염려하지 않아도 된다. 여뀌를 누룩에 사용할 때에는 절구나 녹즙기를 이용하여 즙을 취하고 그 즙으로 누룩을 반죽한다.

도꼬마리잎

도꼬마리는 잎을 사용하는데 쑥이나 짚처럼 바닥에 깔거나 덮는 용도가 아니라 보자기처럼 누룩을 쌀 때 사용한다. 도꼬마리 또한 도심에서는 얻기 힘들고 야생의 상태에서 많이 찾아 볼 수 있다. 씨앗은 창이자라해서 약용으로 많이 사용되기도 한다. 누룩에 이용할 경우에는 잎이 넓은 것만을 채취해서 사용하고 누룩 하나를 싸는데 보통 넓은 잎 6~8장 정도의 잎이 필요하다. 이때 짚 등으로 싼 잎이 풀어지지 않도록 묶어 주어야 하며 묶은 후에는 처마 등에 매달아 누룩을 띄우는데, 7~8월에 매달아 놓으면 9~10월에 완성된다.

◎ 닥나무잎

닥나무는 주로 종이를 만들 때 많이 사용하지만 닥나무잎은 예부터 누룩을 띄울 때 부재료로 많이 사용되어 왔다. 그만큼 닥나무잎이 쉽게 구할 수 있고 누룩을 제조하는데 알맞기 때문일 것이다. 닥나무잎은 깔고, 덮는 용도로 많이 사용되지만 도꼬마리나 연잎처럼 누룩을 싸서 띄울 때에도 사용된다. 도꼬마리나 연잎보다 잎이 작지만 많이 채취할 수 있고 다량으로 사용하여 누룩의 보온, 습도 유지, 균 착상 등을 손쉽게 할 수 있는 부재료에 속한다.

◎ 연잎과 연꽃

연잎은 방수 효과가 있어 자칫 누룩에 잘못 사용하게 되면 수분이 오래 지속되어 썩어 버리게 된다. 따라서 안쪽을 짚 등으로 먼저 싸고 그 다음에 연잎 등으로 덮어 싸주는 것이 바람직하다. 누룩에 사용하는 부재료 중에서 잎이 가장 크기 때문에 누룩을 쌀 때 편리하며 보통 2~3장이면 충분하다. 연잎은 여름에 많이 얻을 수 있기 때문에 여름에 누룩을 제조할 때 쉽게 이용할 수 있으며 매달아 띄우는 누룩 제조에 적합하다. 연꽃 또한 누룩을 쌀 때 사용하지만 연꽃은 즙을 내어 누룩을 반죽할 경우에도 사용할 수 있다.

◎ 대마잎

실제로 사용해본 적은 없다. 대마 재배가 금지되어 있기 때문이지만 예전 경상도 산간 지역에서는 많이 사용했다고 한다. 대부분 누룩을 쌀 때 사용하였으며 대마잎으로 제조한 누룩으로 술을 빚으면 술에서 복숭아 향이 난다고 한다. 대마는 잎이 넓지 않기 때문에 대마 즙이나 대마 줄기를 잔가지째로 잘라 밑에 깔거나 덮는 용도로 사용했을 가능성이 크다. 이처럼 대마 등을 누룩 제조에 사용하는 것은 대마잎이 누룩 제조에 좋았다기보다는 그 지역에서 손쉽게 구할 수 있는 부재료로 누룩 제조에 사용했기 때문으로 보인다.

04

누룩의 발효 원리

누룩은 어떻게 발효될까. 술을 발효시킬 때 발효조가 있는 것처럼 누룩을 발효시키기 위해서는 누룩을 띄울 수 있는 공간이 필요하다. 발효 공간을 만드는 방법과 발효 공간 안에서 어떤 변화가 일어나며 시간이 지남에 따라서 누룩을 어떻게 관리해야 하는지 알아보자.

1. 바닥 깔기

누룩을 띄우기 위해서는 띄우는 공간 바닥에 짚이나 쑥대 등을 깔아주어야 한다. 평평한 바닥은 수분이 고여 누룩이 썩어 버리기 때문이다. 발효가 일어나게 되면 내부 품온이 상승하게 되고 수분이 증발한다. 증발한 수분은 다시 아래로 내려와 바닥에 고이게 된다. 이때, 수분이 누룩과 닿은 상태로 발효가 지속되면 썩어버리기 때문에 바닥에 부재료를 충분히 깔아 주어야 한다.

누룩을 전문적으로 생산하는 곳에서는 대나무나 싸리나무 등을 바닥에 깔고 그 위에 누룩을 놓아 수분이 고이는 것을 처음부터 차단한다. 그러나 일반 가정에서는 누

표 4-1 누룩의 발효 원리

	이 유
바닥 깔기	짚, 쑥을 바닥에 깔아 공기가 통하도록 하고 수분을 유지시킨다.
누룩 놓기	짚이나 쑥 등 위에 누룩을 올려놓는다.
누룩 덮기	누룩 위에는 짚이나 쑥 등 보온할 수 있는 부재료로 누룩을 덮어 준다.
전체 덮기	전체 누룩 덮는 공간을 수분이 날아가지 않도록 덮어 준다.

그림 4-1
누룩 발효실의 바닥

룩을 띄우는 전문적인 공간이 없어 종이박스 등을 이용하기 때문에 수분이 고여 썩는 경우가 많다.

바닥에 깔아주는 부재료는 잎이 넓지 않은 것을 이용해야 한다. 잎이 넓은 것을 이용하면 수분이 고여 썩기 때문이다. 그렇기 때문에 짚이나 쑥대, 솔잎 등을 이용해 바닥에 깔아주는 것이 좋으며 부재료를 깔기 전에 갈대나 대나무 발 등을 아래 깔고 그 위에 부재료를 덮어 주는 것이 더욱 좋다. 이렇게 하면 수분이 고이지 않고 흡수되거나 그대로 아래로 빠져버리기 때문에 누룩이 수분에 닿아 썩어 버리는 것을 예방할 수 있다.

2. 누룩 놓기

부재료를 깔았으면 그 위에 누룩을 올려놓는다. 누룩은 겹치거나 옆으로 붙지 않게 사이를 둬야 한다. 누룩이 겹치게 되면 그 사이에 수분이 고이게 되고, 누룩과 누룩이 옆으로 붙어 있어도 닿는 부분에 수분이 뭉쳐 썩어버리게 된다. 그렇기 때문에 누룩을 위로 쌓아 올리는 것은 좋지 않다. 또한, 누룩과 누룩 사이는 두 손가락 들어갈 정도의 사이를 두고 누룩을 놓아야 한다. 얇게 만들어진 누룩이나 수분을 많이 넣어 반죽한 누룩은 한손으로 들면 쪼개지기 때문에 꼭 두 손으로 들어 누룩을 놓도록 한다.

3. 누룩 부재료 덮기

누룩 제조장에서는 누룩을 덮지 않는다. 온도와 습도를 조절할 수 있는 공간이 있기 때문에 누룩을 덮지 않아도 된다. 그러나 일반가정에서 소량 누룩을 띄울 때에는 누룩 위로 수분이 떨어지거나 맺히지 않도록 주의해야 한다. 누룩을 덮을 때에는 잎이 넓지 않은 부재료를 선택해야 한다. 잎이 넓으면 수분이 증발하지 못하고 누룩과 접촉해 썩어 버리게 된다. 따라서 잎이 적은 부재료를 선택하고 수분이 맺히더라도 가능하면 수분을 흡수할 수 있는 부재료를 선택하는 것이 좋다. 누룩을 덮어주는 부재료는 항상 깨끗하고 완전히 말린 것을 사용해야 한다.

4. 전체 덮기(수분 증발 방지 장치)

누룩 위에 부재료를 덮어 놓고 발효시키면 누룩이 모두 말라버리게 된다. 누룩이 말라버리면 미생물이 자라지 못해 실패하게 된다. 누룩 제조장은 누룩 발효실 자체가 수분 증발 방지 장치라고 볼 수 있다. 발효실 위에 숨구멍이 있어서 이것을 열고 닫는 것만으로 수분 조절을 할 수 있는 것이다. 그러나 일반적으로 적은 양을 발효시킬 때에는 특별한 발효공간이 있는 것이 아니기 때문에 수분이 날아가지 않도록 해줘야 한다. 이 부분을 잘못하면 누룩은 실패하게 된다.

수분 증발을 막기 위해서는 누룩을 위로 쌓는 것 보다 옆으로 펼쳐 띄우는 것이 유리하다. 위로 쌓아 올리는 것은 적은 공간에서 누룩을 띄우기에는 적합하나 수분을 유지했을 때, 위아래 차이 때문에 미생물이 고르게 피지 않는 문제가 발생한다. 따라서 소량 띄울 때에는 누룩을 넓게 펼쳐 띄우고 맨 위에 비닐과 같이 수분 증발을 막을 수 있는 장치를 설치하는 것이 수분 조절에 용이하다.

5. 누룩의 온도, 습도관리

술은 효모, 누룩은 곰팡이에 온도를 맞춰준다. 누룩은 미생물의 집이다. 미생물이 잘 번식될 수 있도록 하기 위해서는 미생물이 좋아하는 온도에 맞춰줘야 한다. 누룩은 곰팡이가 좋아하는 온도에 맞춰주는 것이 유리하다. 보통 온도는 25~30℃, 습도는 60~70% 정도가 되면 누룩에 곰팡이가 잘 자라게 된다. 물론, 발효가 일어나면 누룩 내부 온도는 거의 35~40℃ 가까이 올라가게 된다. 온도가 올라가게 되면 수분이 증발해 누룩 띄우는 공간의 습도가 70% 넘게 올라가는데 습도가 높아질수록 검은 곰팡이가 많이 핀다. 따라서 처음부터 곰팡이가 좋아하는 온도와 습도에 맞춰주는 것보다는 온도와 습도가 올라갈 것에 대비해 발효 환경을 만들어 주는 것이 좋다.

6. 누룩의 발효 원리 이해하기

그림보고 이해하기 1

① 공기 중이나 밑에 깔거나 덮어 주었던 부재료에 있는 미생물이 누룩에 착상하게 된다. 그리고 누룩의 원료 자체가 가지고 있는 미생물도 서서히 활동하게 된다. 누룩을 발효시키는 공간이나 부재료에 어떠한 미생물이 있냐에 따라 처음 누룩에 자라는 미생물이 결정 난다.

② 발효가 일어나 미생물의 수가 많아지게 되면 열이 발생하게 된다. 열이 발생하지만 수분을 유지하는 장치 때문에 열이 밖으로 빠져나가지 못하고 발효공간 내부에 쌓여 온도가 점차 상승하게 된다.

그림 4-2
누룩의 제조 원리

③ 발효 공간 내부의 온도가 상승하게 되면 누룩이 가지고 있는 수분이 증발하기 시작한다. 그러나 수분을 유지하는 장치가 있어 수분이 밖으로 빠져나가지 못하고 발효공간 내부의 습도가 높아진다.

④ 내부의 습도가 높아지게 되면 미생물의 활성이 더욱 많아지게 된다. 곰팡이가 매우 빠른 속도록 번식하게 되고, 눈으로 보면 누룩 표면에 곰팡이가 핀 모습을 볼 수 있으며 누룩을 만져보면 따뜻하다.

⑤ 처음 발효 조건이 온도 25℃, 습도가 50%라고 했을 때, 발효가 진행되면서 온도와 습도가 곰팡이가 잘 자랄 수 있는 조건이 갖춰지게 되는 것이다. 처음에는 흰 곰팡이가 피다가 시간이 지나면 회백색이나 황색, 황록색으로 변하고 습도가 높은 곳에서는 검은색 곰팡이가 많이 자라게 된다.

⑥ 1일 1회씩 계속해서 누룩 뒤집기를 해주면서 누룩을 관찰해 나간다. 2~3일 후면 누룩 표면에 곰팡이가 피는 것을 볼 수 있고 시간이 더욱 지나게 되면 곰팡이가 군집을 형성에 대량으로 번식된 것을 눈으로 확인할 수 있다.

⑦ 5일 정도 후에 누룩에 곰팡이가 많이 보이면 조금씩 수분 조절에 들어가야 한다. 눈으로 봐서 곰팡이가 많이 보이고, 냄새를 맡았을 때 된장이나 묵은 냄새가 나지 않는다면 1~2일을 더 발효를 시키고 수분을 유지하는 장치를 조금씩 열어줘야 한다.

⑧ 5~7일 사이가 되면 수분 유지 장치를 제거해 준다. 이때, 수분 유지 장치를 한 번에 제거하면 누룩이 너무 빨리 말라버리게 된다. 누룩이 너무 빨리 말라 버리면 겉은 마르고 누룩 속은 마르지 않는다. 이런 누룩을 반으로 쪼개면 안이 검게 되어 있고 좋지 않은 냄새가 난다. 그렇기 때문에 수분을 증발시킬 때에는 7일에 걸쳐 천천히 증발될 수 있도록 수분 유지 장치를 조절한다.

⑨ 누룩을 만져서 열이 발생하지 않고 딱딱해지면 반을 쪼개본다. 누룩 안쪽에 문제가 있는지 확인하는 것이다. 문제가 없으면 그대로 말려주고, 누룩 안쪽에 수분이 많이 남아 있으면 열십자(+) 모양으로 쪼개서 천천히 말려준다.

⑩ 말린 누룩을 확인하는 작업이다. 누룩 겉에 어떤 색깔의 곰팡이가 있는지를 살펴본다. 그리고 반을 쪼개 냄새를 맡는다. 특별한 냄새가 나지 않거나 고소한 향이 나는 것이 좋다. 그 다음 법제로 들어간다.

7. 누룩의 품질 향상시키기

처음 누룩을 띄울 때 수분 조절이 되지 않을 경우 누룩 표면에 곰팡이가 피지 않거나 반죽이 질어 누룩 안쪽이 썩어 버리는 경우가 생긴다. 이런 누룩으로 술을 빚으면 당화와 알코올 발효력이 떨어져 원하는 술을 제조할 수 없다.

잘 띄운 누룩을 이용

누룩을 반죽하거나 띄울 때 잘 만들어진 누룩을 활용하는 것이다. 질 좋은 누룩을 곱게 가루내어 반죽할 때 넣거나 띄울 때 누룩 위에 뿌려 놓으면, 잘 된 누룩과 같은 곰팡이가 필 확률이 높아져 누룩의 품질을 향상시킬 수 있다. 따라서 누룩이 잘 되면 모두 술 빚는데 사용하지 말고 조금 남겨 놓았다가 누룩을 띄울 때 사용하면 된다.

❖참고

밀 1kg 정도에 좋은 누룩가루 10g이면 충분하다.

녹두와 식물 즙의 활용

녹두는 알칼리성 식품이다. 산성과 만나면 중화되어 신맛을 줄 일 수 있다. 우리 조상들은 누룩 제조에 녹두를 넣어 술이 너무 산성화되는 것을 예방해 주었다. 녹두는 물과 섞어 즙을 내거나 생것을 갈아서 사용한다. 또한 연잎이나 연꽃, 그리고 여뀌의 즙을 내어 사용하는 것이 좋다. 이렇게 물로 반죽하는 것보다 식물의 즙을 이용하게 되면 식물에 있는 효소와 야생효모를 직접 누룩에 넣어주는 효과가 있어 누룩의 당화력이 상승한다.

❖참고

백수환동곡에는 녹두를 쪄서 사용한다.

누룩의 숙성

누룩을 만든 다음 바로 사용하는 것은 좋지 않다. 누룩의 법제까지 모두 끝낸 다음 최소 3개월 정도 숙성시킨 후에 사용하는 것이 좋다. 누룩을 한지에 싸서 바람이 잘 통하는 곳에 매달아 두고 3개월 후에 사용한다. 간단하지만 효과는 매우 크다. 한지는 찢어질 수 있으니 두세 겹 정도로 하고 양파 망 같은 것에 넣어 매달아 두면 누룩이 수분을 흡수하고 발산하면서 자연적으로 숙성이 되는 것이다. 숙성된 누룩은 향은 물론 당화와 알코올 발효에 있어 큰 도움을 준다.

❖참고

누룩의 숙성은 짧게는 3개월 길게는 1년을 넘지 않는 것이 좋다.

05

누룩의 제조 순서

누룩의 실패 원인은 수 없이 많을 것이다. 좋지 않은 곡물을 사용한 경우, 반죽이 너무 많이 된 경우, 반대로 너무 반죽이 안 된 경우, 수분이 고여 썩어 버리는 경우, 수분 조절이 힘들어 간장 냄새가 나는 경우 등 가장 많이 하는 실수를 알아보고 어떻게 대처해야 하는지 누룩의 제조 순서와 함께 그 방법을 찾아보자.

1. 밀의 선택

누룩을 제조하기 위해서 밀을 선택할 때는 반드시 눈으로 확인하고 먹어 본 후에 구매해야 한다. 눈으로는 가능한 밀의 색깔이 맑고 깨끗한 것을 선택하는 것이 좋고 반드시 이를 이용해 반으로 깨물어 '밀 안에 흰 부분이 많은 것'을 선택해야 좋은 누룩을 제조할 수 있다. 그렇지 않고 아무 밀이나 구매해 누룩을 제조하면 반죽도 잘되지 않고 누룩에서 묵은내가 난다.

2. 원료 씻기

우리가 술을 제조할 때 누룩에 보이는 이물질은 제거할 수 있지만 나머지 부분은 그대로 술 제조과정에 들어가 술의 품질에 영향을 주게 된다. 따라서 구매한 밀은 물에 깨끗하게 씻어 이물질을 제거해 주는 것이 좋다. 주의해야 하는 것은 최대한 이물질을 제거하고 씻는 시간을 최대한 단축시키는 것이다. 오래 씻게 되면 건조 과정이 길어지고 자칫 성형 과정에 수분이 많이 들어가 누룩이 썩어 버리는 결과를 낳는다.

표 5-1 누룩의 제조 순서

단계	내용
1. 원료 선택	• 전분이 주성분인 원료를 이용한다. • 밀, 쌀, 보리 등을 이용한다. • 짚이나 쑥대 등을 준비한다. • 좋은 원료가 좋은 누룩의 시작이다.
2. 원료 가공	• 부피 면적을 넓혀줘야 미생물의 서식 면적이 많아진다. • 거칠게 분쇄한다. • 너무 곱게 분쇄하면 술이 써지고 색이 진해진다. • 밀은 밀 껍질이 2~3mm 정도 나도록 거칠게, 쌀은 곱게 가루 낸다.
3. 누룩 반죽	• 수분은 전체 곡물양의 30% 전후로 넣어 준다(탕수). • 질면 썩어서 좋지 않다. • 마르면 미생물 생육이 어렵다. • 손으로 움켜쥐어 모양이 잘 나오도록 반죽한다.
4. 누룩 성형	• 누룩의 넓이와 크기를 정한다. • 반죽한 누룩을 성형할 수 있는 누룩 틀과 천 등을 준비한다. • 단단하게 디뎌야 수분이 빨리 증발하지 않는다. • 약하게 디디면 수분이 빨리 증발하여 말라 버린다.
5. 누룩 발효	• 약 25~30℃ 정도의 온도가 좋다. • 바닥에 쑥대나 짚 등을 펴 준다. • 그 위에 누룩을 올리는데 누룩과 누룩 사이를 띄어 준다. • 쑥대나 짚 등을 그 위에 덮어 준다. • 수분이 빨리 증발되지 않도록 천이나 비닐 등으로 덮어 준다.
6. 뒤집기	• 1일에 1회씩 전체적으로 뒤집어 준다. • 위, 아래가 고르게 균이 퍼질 수 있도록 한다. • 수분이 많은 누룩은 위로 올려 준다. • 1주일 정도 본 작업을 계속 한다.
7. 건조	• 777법칙에 따른다. • 그늘에서 천천히 말려 준다. • 완전히 마르면 밖에서 말려 준다. • 비를 맞지 않게 한다.
8. 법제	• 낮에는 볕에 밤에는 이슬을 맞게 한다. • 완전히 건조시켜 저장성을 높인다. • 밤알 만하게 빻아 말린다. • 1주일간 충분히 법제를 행한다.

3. 분쇄 정도

누룩을 제조할 때 누룩을 빻는 것만큼 중요한 것도 없을 것이다. 밀을 이용해 누룩을 제조할 때 빻은 밀의 분쇄 정도에 따라 물의 양뿐만 아니라 나중에 완성된 술의 맛에도 큰 영향을 주게 된다. 너무 빻아지지 않아 덩어리져 있는 경우에는 글루텐 성분이 많이 나오지 못해 누룩을 단단하게 만들기 힘들다. 반대로 너무 곱게 갈아지게 되면 반죽과정에 수분이 많이 들어가게 되고 술 빛이 진해지고 술이 써지며 누룩을 띄우는 과정에서 수분이 잘 날아가지 못해 누룩 안쪽이 썩어 버리게 된다.

분쇄 정도는 빻은 밀 껍질이 2~3mm 정도 되는 것이 적당하다.

4. 반죽 정도

반드시 끓여 식힌 물로 반죽해야 하며 반죽한 물의 온도는 35℃ 전후, 물의 양은 전체 곡물 양의 30% 전후 정도가 좋다. 물의 온도가 너무 낮으면 반죽이 잘되지 않고 너무 온도가 높으면 점성이 강해서 떡처럼 되어 버린다. 또한, 물의 양이 많으면 밀가루가 떡이 되고 그 부분이 썩어 버리게 된다. 물을 혼합한 후에는 충분히 혼합해 주는 것이 좋은데 그 이유는 밀에서 글루텐이 많이 흘러나와야 누룩을 단단하게 만들 수 있기 때문이다.

5. 성형 정도

누룩고리를 이용하는 것과 부산 산성 누룩처럼 천만을 이용하여 디디는 경우가 있다. 그러나 가장 중요한 것은 누룩의 두께다. 보통은 3~4cm 정도가 되지만 지역에 따라서 2cm 전후가 있고 어떤 곳은 5cm가 넘는 누룩도 있다. 제주도의 오메기 누룩은 1cm 정도밖에 되지 않는다. 이처럼 누룩의 두께에 다른 이유는 다양한 원인이 있겠지만 그 지역의 습도가 누룩의 두께에 가장 큰 영향을 주게 된다. 따라서 일반 가정에서 누룩을 성형할 경우에는 띄우는 공간의 환경을 잘 살펴보고 그곳에 맞게 누룩의 두께

부산산성누룩

제주도의 오메기곡

그림 5-1
누룩의 종류

를 조절해야 실패 없이 누룩을 띄울 수 있다(많은 경험을 하다보면 누룩의 두께는 띄우는 방법으로 조절이 가능하다). 경험상으로 보면 누룩의 두께는 두꺼워도 3cm가 넘지 않는 것이 좋고 적어도 1.5cm 이상은 되는 것이 좋다.

6. 발효 공간

일반 가정에서는 대부분 박스 등을 활용하는데 발효는 한 공간에 4~6개 정도 들어가는 정도가 좋다. 박스 안에 짚을 깔고 누룩을 올리는 순서로 작은 발효 공간을 만들어 사용한다. 그러나 박스를 잘못 이용하게 되면 누룩에 있는 수분이 빨리 증발하여 겉이 마르게 되고 곰팡이가 피다가 마는 경우가 생기게 된다. 특히 겉은 마르고 속은 마르지 않아 썩어 버리게 된다. 따라서 박스에 누룩을 띄울 때에는 늦은 봄부터 이른 가을쯤이 좋으며 습도가 낮은 겨울에는 좋지 않다.

7. 띄우기

우리 조상들은 누룩을 '매달아 띄우기'와 '눕혀 띄우기' 방법을 이용하였는데 보통 매달아 띄우는 방법은 여름(삼복)에 주로 사용하였으며 그 이외에는 눕혀 띄우는 방법으로 누룩을 발효시켰다. 발효 기간도 눕혀 띄우기가 21일 정도 걸리는 반면, 매달아 띄우는 방법은 보통 2~3개월 정도가 소요된다. 즉, 매달아 띄우기는 삼복에 만들

표 5-2 눕혀 띄우기와 매달아 띄우기

	계 절	이 유
눕혀 띄우기	봄, 가을	수분 조절을 위해 눕혀 띄우는 방식이 좋다.
매달아 띄우기	여름	주변 습도가 높아 넓은 잎으로 싸서 매달아 띄운다.

어 햅쌀이 나올 때까지 매달아 두었다가 햅쌀이 나오면 그 누룩을 이용해 술을 빚는 순서로 되어 있는 것이다.

8. 부재료의 사용

짚, 쑥, 솔잎, 도꼬마리, 여뀌, 연잎, 닥나무잎, 마잎 등이 누룩을 띄울 때 많이 사용하는 재료들이다. 짚은 완전히 마르고 마른 건초 냄새가 나고 깨끗한 것을 사용해야 한다. 세월이 흘러 지금은 인터넷에서도 짚을 판매한다. 쑥은 가능하면 쑥대가 있는 것을 사용해야 하고 쑥잎이 많으면 띄울 때 생긴 수분이 누룩에 묻어 묻은 부분이 썩게 된다. 솔잎은 송진이 없도록 끝을 잘라주거나 송진이 없는 계절에 따는 것이 좋다. 도꼬마리나 연잎, 닥나무잎, 마잎은 잎이 넓어 여름에 누룩을 매달아 띄우기 위해서 누룩을 보자기 싸듯 쌀 때 사용하는데, 마지막에는 짚 등으로 풀어지지 않도록 묶어 주어야 한다. 여뀌는 주로 즙을 내어 누룩을 반죽할 때 사용하는데 독성이 있어 먹어서는 안 된다. 그리고 마잎은 경상도 지역에서 누룩을 제조할 때 많이 사용했었다고 한다. 이러한 부재료 이외에도 제조 원리에 맞게 응용하여 사용할 수 있다.

9. 온도와 습도 정도

술이 효모에 집중된 발효법이라면 누룩은 곰팡이가 좋아하는 환경에 집중되어 있다. 누룩의 성형까지 잘되었다는 전제하에 누룩을 발효시킬 때에는 술을 제조하는 온도보다 높은 30℃ 전후가 좋으며 습도는 60~70%가 적당하다. 특히, 누룩을 제조할 경우에는 온도도 중요하지만 습도가 더욱 중요한데 그 이유는 다음과 같다.

습도 50% 이하가 되면 누룩이 너무 빨리 말라버리고 습도가 70% 이상이 되면 누룩에 수분이 많은 상태로 오래 지속되어 누룩에서 '장' 냄새가 나게 된다. 또한, 습도가 높으면 누룩 표면에는 곰팡이가 잘 피지만 누룩 안쪽은 썩어 버리는 경우가 생기게 된다. 즉, 누룩 표면에 수분이 너무 오래 지속되어 곰팡이들이 누룩 안쪽까지 들어가지 않고 겉에만 잔뜩 피는 경우들이 생기게 되는 것이다.

일반 가정에서는 보통 적은 양을 띄우기 때문에 온도 조절을 위해서 전기장판이나 방석 등을 이용하는데 전기장판의 온도가 아닌 전기장판 위의 누룩이 있는 공간의 온도를 잘 맞춰 줘야 한다. 또한, 습도 조절을 위해서 띄우는 과정 중에 스프레이를 누룩에 뿌려주는 경우도 있으나 누룩 표면에는 효과가 있을 수 있으나 누룩 안쪽에는 도움이 되지 않는다. 따라서 누룩이 빨리 마른 것 같아 습도 조절을 인위적으로 하고 싶다면 누룩을 밤알 만하게 자르고 그 위에 수분을 공급해 주는 것이 좋다.

10. 뒤집기

누룩을 발효시키는 과정에서 뒤집지 않으면 한 쪽만 수분이 마르게 된다. 그렇게 되면 마른 부분은 곰팡이가 피지 않아 누룩의 품질이 떨어지게 된다. 따라서 누룩을 띄우는 과정에 1일에 1회 정도는 뒤집어 주는 것이 좋다. 이때 누룩 상태를 잘 살펴봐서 곰팡이가 보이는지, 누룩이 너무 빨리 말라가고 있는 것은 아닌지 주의깊게 살펴봐야 한다.

11. 멈추는 정도

누룩이 다 됐는지 확인하는 방법은 누룩을 반으로 쪼개보면 정확히 알 수 있다. 반으로 쪼갰을 때 안쪽까지 수분이 없고 포자가 없으며 좋은 향기가 난다면 더 이상 띄울 필요 없이 완전히 건조시키면 된다. 그러나 안쪽에도 아직 수분이 많이 남아 있다면 발효가 잘되지 않은 것이고 더 이상 띄워봐야 안쪽은 점점 썩어 버리게 된다. 이런 경우 냄새를 맡아보면 거의 장내가 나게 된다. 따라서 그대로 건조시키는 것보다는 밤알만큼 쪼개 그늘에서 서서히 말리는 것이 좋다.

06

누룩의 777 법칙

누룩의 777 법칙은 수많은 시행착오 끝에 만들어진 어떠한 규칙을 말하는 것이다. 누룩 빚는 것을 배울 때 좀 더 쉽게 내용을 전달하고자 만든 것도 있지만 실질적으로는 누룩을 제조하는 데 있어 가장 중요한 과정을 7일 단위로 끊어 이해의 폭을 넓힌 것이다. 이러한 자료가 외부로 나가 단순한 내용으로 바뀌어 전달되는 것을 보면서 누룩의 777 법칙을 만든 배경과 그 상세 내용을 이곳에서 밝히려 한다.

사실 술을 잘 빚는 사람들도 누룩을 잘 만들지는 못한다. 이 말은 술 만드는 방법은 잘 알고 있으나 누룩 만드는 방법은 잘 모르고 있다는 이야기이다. 대부분이 '왜?'라는 물음 없이 책에 쓰인 그대로 띄우곤 하는데 그 책에 쓰인 내용이 또 충분한 경험 없이 듣는 그대로 쓰여 있는 것이 많아 다양한 환경에서 적용시키기 쉽지 않은 것이 대부분이다. 그렇기 때문에 누룩이 생각보다 쉽게 떠지지 않고 여러 가지 조건을 갖춰야 그나마 괜찮은 누룩을 제조할 수 있다.

표 6-1 777 법칙의 요약

	이 유	목 적	해 설
7	수분 유지	미생물 부르기	어느 일정한 시간 동안은 수분이 유지되어야 함
7	수분 발산	미생물 가두기	천천히 수분을 날려 누룩 안쪽까지 미생물이 고르게 자리 잡을 수 있도록 함
7	건조	미생물 재우기	수분을 증발시켜 부패를 막고 저장성을 높임

1. 첫 번째 7-수분 유지

어떤 원료를 사용하든지 어떤 방법으로 띄우든지 간에 일정한 시간 동안은 '수분을 유지' 해야 한다. 우리가 누룩을 띄우는 이유는 곰팡이를 이용한 당화 효소 등을 얻는 것이고 알코올을 생성하기 위한 효모를 얻는 것이 가장 큰 목적이라 할 수 있다. 특히, 곡물을 이용한 술은 무엇보다 당화가 잘되어야 하는 것이 첫 번째 조건이고, 당화가 잘되려면 당화를 잘 시킬 수 있는 효소를 가진 곰팡이를 길러야 한다.

곰팡이는 건조한 것보다 습도가 높은 곳을 좋아하기 때문에 누룩 자체도 어느 시간 동안 습도를 유지해 줘야 한다. 누룩이 빨리 말라버리면 곰팡이는 피지 않을 것이다. 그렇기 때문에 우리의 주목적(당화)을 위해서는 곰팡이가 자랄 수 있는 충분한 시간을 주는 것이다. 이것이 최대 7일이 걸린다. 즉, 첫 번째 7은 최대한 7일 동안은 수분이 날아가지 못하게 하여 곰팡이가 자랄 수 있도록 신경을 써줘야 하는 것이다.

이렇게 수분이 날아가지 못하게 하는 방법은 간단하다. 각 누룩 제조장에는 숨구멍이 있어서 습도가 너무 높으면 숨구멍을 열어 수분이 밖으로 빠지도록 하는 것이다. 이 숨구멍을 막아 놓으면 되는 것이다. 일반 가정에서는 비닐이나 생잎 등을 이용해 수분을 유지시켜 줄 수 있다.

첫 번째 7은 최대 '7일 동안은 수분을 유지해 곰팡이를 키운다.'라고만 정확히 알고 있도록 한다.

2. 두 번째 7-수분 발산

우리가 오징어를 말려 보관하는 이유는 마른 오징어가 맛도 있겠지만 말려야 부패 없이 오래 보관할 수 있기 때문이다. 마찬가지로 누룩도 수분이 너무 오래 머물러 있으면 잡균들에 의해서 부패한다. 따라서 곰팡이가 충분히 자랄 시간(7)을 주었으면 이제는 천천히 곰팡이를 가두는 시간을 가져야 한다. 즉, 부패를 막고 들어온 곰팡이를 가두는 작업이다.

수분을 날리는 방법은 수분이 날아가지 않게 한 장치를 제거하면 된다. 제조장에서는 숨구멍을 열어 놓거나 일반 가정에서는 발효조는 그대로 두고 위만 열어 수분이 날아가도록 도와주는 것이다. 이때 주의해야 하는 것은 수분이 너무 빨리 날아가지 못하게 해야 한다. 수분이 너무 빨리 날아가면 누룩 표면이 말라 버리고 그렇게 되면 안쪽은 잘 마르지 않아 부패한다. 따라서 수분이 날아가되 천천히 날아가는 시간을 주어야 하는 것이다. 그것이 두 번째 7이 된다. 수분을 날리는 상태에서도 뒤집기는 1일 1회 정도 뒤집어 줘야 고르게 수분이 날릴 수 있다.

수분을 천천히 날리는 이유가 앞서 설명하였듯 누룩이 부패되는 것을 방지하는 것도 있지만, 더욱 큰 이유는 수분을 천천히 날리면서 곰팡이는 안쪽까지 자리 잡을 시간을 주는 것이다. 즉, 겉이 마르면서 곰팡이는 점점 수분이 있는 쪽으로 균사를 뻗게 되는데 이렇게 되어야 누룩 전체에 곰팡이가 피게 되고 당화력이 높은 누룩을 만들 수 있는 것이다. 누룩이 빨리 말라버리면 표면에는 곰팡이가 많이 피지만 안쪽은 잘 피지 않는 경우가 많은데 이것을 해결하기 위해서는 천천히 수분을 날려줘야 하는 것이다.

부패를 막고 중심까지 곰팡이가 피는 시간(7)을 주자.

3. 세 번째 7-건조(그늘)

어부가 그물을 놓고(수분 유지) 고기가 그물 안쪽으로 들어오면(수분 발산) 이제는 그물을 완전히 걷고 고기를 잡아(건조)야 하는 것처럼 누룩을 제조할 때 곰팡이가 잘 피었으면 이제는 완전히 말려 더 이상 발효가 진행되는 것을 막아야 하는 것이다. 바로 이 부분이 건조에 해당하는데 절대로 빨리 말려서는 안 된다. 이 말리는 시간이 7이다. 즉, 7일 동안 서서히 마르게 해야 하는 것이다. 이때는 누룩을 완전히 꺼내서 바람이 잘 통하는 소쿠리 등에 담아 말린다.

건조 시 주의해야 하는 것은 습도가 70% 이상 되는 곳에서 말리게 되면 누룩의 수분이 마르지 않아 벌레 등이 생기게 되며 오래 지속되면 묵은내나 간장취가 난다. 그렇기 때문에 누룩을 건조시킬 때에는 바람이 잘 통하는 곳에 둬야 한다. 특히, 누룩 안쪽까지는 수분이 잘 날아가지 않아 밖은 마르고 안은 썩는 경우가 생기게 되는데 이러한 것을 막기 위해서는 누룩을 4등분하여 말리는 것도 좋다. 완전히 건조된 누룩은 손으로 눌러도 눌러지지 않고 딱딱해지며 던져도 깨지지 않는다.

처음 777법칙에 대한 내용을 만들었을 때에는 경험에 의해서 만들어진 것이었다. 그러나 시간이 지나고 1800년대 『양주방』의 문헌에서 우연히 777을 뒷받침할 수 있는 자료를 찾게 되었는데 그것은 백수환동주 제조에 사용하는 백수환동곡을 만드는 과정에 777 관련 자료를 찾을 수 있었다. 우리나라는 누룩뿐만 아니라 술 빚는 날짜도 대부분 7일 간격으로 하는 경우가 많은데 이는 7일이 특별해서라기보다는 1주일, 1개월, 1년처럼 발효에 있어 중요한 '절기'를 나타내는 표현 수단이었기 때문이다. 가장 짧은 절기인 7일, 중간인 1개월, 긴 1년 등의 '한 절기'를 이용한 발효기록 수단이다.

07

누룩의 법제와 보관

누룩을 잘 만들었다고 끝난 것이 아니다. 진정한 주인(酒人)은 누룩이 다 만들어진 후부터이며, 이는 누룩 발효의 시작이 된다. 10명에게 같은 누룩과 같은 제조법을 주고 술을 빚으라 하면 법제를 한 사람과 그렇지 않은 사람의 술은 하늘과 땅 차이가 난다. 술을 빚을 때 가장 먼저 해야 하는 것은 원료의 선택 이전에 누룩을 법제하는 것에서 시작한다. 술을 빚는 사람이라면 '누룩'을 잘 다스려야 한다.

1. 누룩의 법제

법제(法製)란 어떠한 약효의 기능을 더욱 좋게 만드는 것으로 한방에서는 주로 물과 불, 햇볕을 이용하는 경우가 많다. 봄에 나오는 나물을 삶아 말려 보관하는 것도 오징어를 다듬어 태양에 말리는 것도 약재를 말리는 모든 작업들도 법제에 해당한다. 어떤 약재를 어떻게 법제하느냐에 따라 그 효능은 달라질 수밖에 없는 것이다. 누룩의 경우에는 다음 세 가지 방식으로 법제를 시행한다.

발효가 끝난 누룩을 살펴보면 겉으로는 마른 것처럼 보이지만 누룩 안쪽은 마르지 않은 경우가 많다. 따라서 법제를 할 경우에는 누룩을 밤알만하게 부숴 누룩 안쪽에 있는 수분을 완전히 없애야 부패하고 냄새나는 것을 예방할 수 있다. 특히 누룩을 법

표 7-1 누룩의 법제

	낮	밤
태양	탈색, 살균	
바람	탈취	탈취
수분	수분 건조	수분 흡수, 미생물 활성

제하는 이유는 수분 증발을 막아 저장성을 높이는 것보다 더 큰 이유가 있다.

발효력 증진과 누룩 냄새 제거

누룩을 법제하는 가장 큰 이유는 건조와 수분 흡수를 반복하면서 누룩의 발효력을 높이는데 있다. 낮에 볕을 쪼이게 되면 누룩의 색이 밝아지며 건조되고, 바람에 의해 누룩의 냄새가 점차 사라지게 되어 술을 제조할 경우 원료 자체의 맛과 향이 더 살아나게 된다. 또한 밤에는 마른 누룩이 주변의 수분을 흡수하여 누룩에 있는 미생물이 다시 활성화된다. 이렇게 낮과 밤에 수분을 증발시키고 흡수하고를 반복하면서 누룩 속 미생물이 활성화되고 이것이 술 제조에 당화와 알코올 발효를 강화시켜 좀 더 안정된 술 제조를 할 수 있게 한다.

누룩의 법제 순서

누룩을 법제할 경우에는 단순히 햇볕에 널어놓는 것이 아니다.

그림 7–1
법제
자료: 김응구

표 7–2 누룩의 법제 순서

	내 용
① 누룩 표면 털기	누룩 표면에 있는 이물질이나 기타 먼지를 제거한다.
② 누룩 부수기	밤알 정도로 잘라 수분이 잘 증발되도록 한다.
③ 누룩 건조	누룩이 완전히 건조되도록 햇볕에 잘 널어놓는다.
④ 누룩 수분 흡수	밤에는 수분을 흡수하여 미생물 활성이 생기도록 한다.
⑤ 반복 작업	1주일 동안 법제를 하고 완전히 말려 보관한다.

① 누룩 표면 털기

누룩 표면에는 누룩을 발효시키면서 생긴 이물질이나 먼지가 누룩 표면에 있기 때문에 이것을 그대로 사용하여 술을 제조하게 되면 술 표면에 미세한 먼지 같은 것들이 뜨게 되어 술의 품질을 저하시킨다. 따라서 누룩을 법제하기 전에 자신이 직접 만든 누룩이나 구매한 누룩은 반드시 솔 같은 것으로 누룩 표면을 털어 법제를 시행해야 한다.

② 누룩 부수기

발효가 끝난 누룩은 수분이 완전히 날아가지 않은 상태이기 때문에 누룩을 밤알만큼 쪼개 법제를 해야 한다. 보통 밀을 이용해 만든 누룩은 단단해서 쪼개기 힘들기 때문에 절구 등을 이용하게 된다. 이때 주의해야 하는 것은 너무 곱게 빻지 않도록 하는 것이다. 누룩을 너무 곱게 빻으면 바람에 의해서 누룩이 날아가기 쉽고 술을 제조할 때 발효가 너무 빨리 진행되서 감패 현상이 올 수 있다.

③ 누룩 건조

법제 과정에서 누룩을 건조시킬 때에는 비가 내리는 것에 각별히 주의해야 한다. 따라서 누룩을 햇볕에 말릴 때에는 가급적 처마 밑, 마루 등에 놓아 햇볕은 쪼이고 비는 막아주는 곳이 좋다. 특히, 바람이 잘 통하게 하여 누룩 냄새를 최대한 줄여 주어야 한다. 도심에서 법제를 할 경우 주변 환경이 좋지 않으면 오히려 법제를 하지 않는 것이 좋다. 낮에 앉은 미세 먼지가 술에 그대로 들어가기 때문이다. 따라서 도심에서는 밖이 아닌 실내에서 건조시키는 것이 바람직하다.

④ 수분 흡수

누룩은 숨을 쉰다. 건조된 누룩은 밤이 되면 공기 중의 수분이나 이슬에 의해 수분을 흡수하고 그것은 미생물에게 좋은 환경을 만들어 준다. 이때 주의해야 하는 것은 누룩을 바닥에 뉘어 놓으면 바닥면에 수분이 고여 썩어 버리게 된다는 것이다. 따라서 갈대발이나 대나무 발 등을 아래에 깔고 그 위에 누룩을 올려놓아야 한다.

⑤ 반복 작업

1주일 정도 낮과 밤을 이용해 법제를 하는 것이 좋다. 특히, 반복적인 작업을 할 때에도 누룩을 뒤집어 주는 작업을 계속해야 하며 공기 중의 먼지나 이물질이 들어가지 않도록 각별히 주의해야 한다. 법제 과정에서 들어간 먼지나 이물질은 따로 제거하기 힘들기 때문에 깨끗한 곳을 찾아 법제를 해야 하고 집 안에서 법제 과정을 거칠 때에도 먼지 등이 누룩에 앉지 않도록 하는 것이 좋다.

2. 누룩의 보관

1760년대『증보산림경제』에는 '1년 묵은 누룩은 좋고 2년 묵은 누룩은 좋지 않다.'라는 내용이 기록되어 있다. 즉, 누룩을 만들어 바로 사용하는 것보다 최소 3개월 정도 숙성을 시켜 사용하는 것이 좋다. 대부분의 사람들이 누룩을 구매하면 바로 사용하지만 좀 더 발효력이 좋은 누룩으로 형질 변경을 시키고자 한다면 구매한 후에 한지 등에 넣고 공기가 통하는 곳에 매달아 두면 좀 더 발효력이 좋은 누룩으로 만들 수 있다.

누룩에는 살아 있는 미생물이 있기 때문에 누룩을 만든 후에 냉동이나 냉장실에 넣어 두는 것은 결코 좋은 방법이 아니다. 어쩔 수 없이 주변 환경이 너무 습해 빨래도 잘 마르지 않는 정도가 되면 그때서야 냉동실에 보관하는 것이 좋다.

법제까지 끝낸 누룩은 가급적 한지에 싸서 공기가 잘 통하는 곳에 매달아 3개월 정도 숙성 과정을 거쳐야 누룩의 품질(겉으로 보는)뿐만 아니라 발효력 또한 높일 수 있다. 이때 주의해야 하는 것은 앞에서 설명한 것처럼 주변의 습도가 너무 높을 때에는 한지에 넣어 두어도 누룩의 발효가 과하게 진행하여 누룩에서 간장 냄새가 나게 된다는 것이다. 따라서 7월과 8월은 한지에 싸 매달아 두는 방법은 피하는 것이 좋다.

냉동실에 보관할 경우에는 한지에 싸 그것을 비닐봉지에 다시 넣어 냉동실에 보관한다. 냉동실에 보관한 누룩을 다시 사용할 경우에는 다시 1~2일 정도 법제 과정을 거쳐 사용하는 것이 좋다.

표 7-3 누룩의 보관

	방 법
실온 보관	완전히 마른 누룩을 한지에 싸서 바람이 잘 통하는 곳에 매달아 둔다.
냉동 보관	누룩을 한지로 싸서 비닐봉지에 넣어 냉동실에 보관한다.

08

누룩의 선택과 사용

모든 사람들이 누룩을 만들어 사용하지 않는다. 과거와 달리 요즘에는 술 제조장도 자체 누룩을 사용하는 것이 아니라 누룩을 전문적으로 만드는 곳에서 구매해 사용한다. 그래서 양조장만의 독특한 술을 찾기 힘들 뿐만 아니라 장기적으로 한국 술을 망가뜨리는 원인이 될 것이다. 양조장은 경제적으로 힘들더라도 자체 누룩을 사용해야 하며 그것이 어렵다면 양조장을 운영하지 않는 것이 국가에 더 도움을 줄 것이다. 술을 만드는 근본을 다른 곳에서 가지고 온다는 것은 좋은 술을 만들기보다 돈을 벌기 위해 술을 제조하는 것으로밖에 생각할 수 없기 때문이다.

현실에서는 어쩔 수 없이 누룩을 구매하여 사용한다. 누룩을 구매할 때에는 반드시 판매하는 곳에서 구매하는 것이 좋다. 누룩은 만드는 시기에 따라서 보관 방법에 따라서 유통 과정에 따라서 손쉽게 누룩의 품질이 달라지기 때문에 가급적 판매하는 곳에서 직접 눈으로, 코로 확인한 후에 사용해야 한다.

1. 전통 누룩의 선택

누룩을 만들어 사용하면 좋지만 그리 쉬운 작업이 아니기 때문에 대부분은 시중에 판매되고 있는 누룩을 사용한다. 이럴 경우, 질 좋은 누룩의 조건은 무엇인지 어떠한 누룩을 선택할 것인지가 중요하다.

표 8-1 누룩의 선택

	내 용
역가(sp)	역가가 높은 것이 좋다. 역가(당화력)가 큰 것을 구매한다(대부분 300sp 이상).
눈	검정색이나 빨간색, 파란색보다 흰색이나 황색 곰팡이가 있는 누룩을 구매한다.
코	짚 내나 묵은 냄새, 간장이나 된장 냄새가 아닌 고소한 냄새가 나는 것으로 구매한다.

누룩이나 기타 당화 · 발효제를 선택할 경우에는 당화력을 살펴보고 당화력이 높은 것을 구매하는 것이 좋으며 눈으로 보고 흰색이나 노란색 곰팡이가 피어 있는 것이 좋다. 또 고소한 냄새가 나는 것을 선택해야 질 좋은 술을 제조할 수 있다. 그러나 무엇보다 가장 좋은 누룩은 누룩 냄새가 나지 않아야 한다. 그래야 술 본래의 향기를 높일 수 있다.

2. 누룩의 사용

법제까지 끝난 누룩은 누룩 입자가 크기 때문에 그대로 사용하지 않고 일정한 크기로 빻아서 사용한다. 누룩이 너무 크면 그만큼 고르게 발효가 일어나지 않고 너무 곱게 빻으면 당화가 너무 빨리 일어나 효모의 증식에 영향을 준다. 따라서 가장 좋은 누룩의 사용 크기는 '적당히' 빻아야 하는 것이다. 적당히 빻는다는 것은 계절과 발효 기간, 원료의 상태에 따라 다르기 때문에 어떤 크기가 가장 좋다고 말할 수 없다.

빻는 정도

표 8-2 누룩의 빻는 정도

원료에 따른 정도	내 용
밀 누룩	밤알만하게 법제한 것을 검정콩 정도로 빻아 사용한다.
쌀 누룩	쌀 누룩은 절구를 이용해 아주 곱게 빻아 사용한다.
계절에 따른 정도	**내 용**
봄, 가을	검정콩 정도의 크기로 빻아 사용한다.
여름	쌀알 크기로 빻아 사용한다.
겨울	아주 곱게 빻아 사용한다.
당화 속도에 따른 정도	**내 용**
거칠수록	당화가 천천히 진행된다.
고울수록	당화가 빨리 진행된다.

❖참고

밀 누룩을 제조하여 사용할 경우 믹서기에 아주 곱게 갈아 사용하는 것은 바람직하지 않다. 믹서기에 밀 누룩을 갈게 되면 술 발효 과정에서 술의 색이 진해지고 짚 내가 많이 나게 되며 초반 당화 과정이 빨라 효모의 증식이 더디게 된다. 이것은 곧 알코올 도수가 낮고 신맛이 강한 술을 만들게 되는 원인이 된다.

술을 빚게 되면 천천히 발효시켜야 할 때와 빨리 진행시켜야 할 경우가 생긴다. 이때 가장 쉽게 사용할 수 있는 방법이 누룩의 크기를 조절하는 일이다. 물론, 온도로 발효 속도를 조절할 수 있지만 상황에 따라서는 온도 조절보다 누룩의 크기 조절이 용이할 경우가 생기기 마련이다.

누룩의 사용량

누룩은 당화와 알코올발효를 위해 넣기 때문에 술을 제조할 때 누룩을 얼마나 넣을 것인가는 매우 중요하다. 특히 전통적인 제조법을 이용할 경우에는 누룩의 품질에 따라서 누룩의 사용량이 정해지기도 한다. 조선시대에는 전체 쌀 양의 3~5% 정도의 누룩을 이용해 술을 제조해 왔으나 현재는 8~10% 정도의 누룩을 사용한다.

현재 술 제조에는 누룩, 개량누룩, 조효소제, 정제효소제 등을 사용한다. 이러한 누룩이나 효소제 등은 당화력(SP, Saccharogenic Power)에 따라 누입량이 정해진다. 당화력이란 전분 1g을 포도당으로 만드는 힘을 말하는 것으로, 보통 쌀 100kg을 당화시키기 위해서는 당화력(SP)이 2,400,000~2,700,000sp가 필요하다.

그림 8-1 쌀누룩을 이용한 다양한 제품들

자료: 농업회사법인 술샘

$$\text{당화제 투입량(\%)} = \frac{2{,}400{,}000}{SP} \times 100$$

	입국	전통누룩	개량누룩	조효소제	정제효소제
당화력(SP)	50	300	1200	3,000	30,000
투입량	48%	8%	2%	0.8%	0.08%

전통 누룩을 이용해 술을 제조할 경우 당화력이 300이기 때문에 원료의 양 대비 8%의 누룩을 넣으면 된다. 즉, 쌀 10kg을 이용해 술을 제조할 경우 800g의 누룩을 넣는 것이다. 그러나 입국, 개량누룩, 조효소제 정제효소제 등은 각각의 당화력이 다르기 때문에 넣는 양이 다르다. 또한, 이러한 것들을 섞어 사용할 경우에는 각각의 투입량과 당화력을 산출하여 넣으면 된다.

일반적으로 전통누룩은 당화력이 표시되어 있지 않은 누룩이 대부분이다. 밀을 이용해 누룩을 제조할 경우 보통 200~300sp 정도 나오는 것이 보통이지만 최근 전통 누룩에 대한 연구가 진행되면서 600sp 이상 나오는 전통 누룩도 사용이 가능하다. 이런 누룩은 전체 쌀 양 대비해서 4% 정도의 누룩만으로 충분히 술을 제조할 수 있기 때문에 술의 품질(맛, 향, 색) 등에 많은 영향을 준다.

❖참고

원료 100kg을 당화시키기 위해서는 2,400,000sp가 필요하다. 즉, 2,400,000(sp)/100,000(g) × 100 = 2,400 이기 때문에 2,400을 당화력으로 나누면 계산이 훨씬 쉽다.

$$\text{전통누룩 투입량(8\%)} = \frac{2{,}400}{300(sp)} \times 1$$

누룩 사용 시 주의점

누룩에는 눈에 보이지 않지만 많은 먼지와 이물질이 있다. 이러한 것들이 술에 들어가게 되면 완성된 술 표면에 먼지와 이물질이 떠서 술의 품질에 영향을 미치게 된다. 그렇기 때문에 누룩을 사용할 때에는 반드시 누룩의 이물질을 제거해 줘야 한다.

① 물을 이용해 제거

누룩을 물에 담그면 먼지와 이물질이 바로 물 위에 뜬다. 좋지 않은 누룩에서는 누룩 벌레 등이 뜨는 경우도 있다. 이렇게 뜬 것을 조리 등을 이용해 제거하고 사용하는 것이다. 수곡과 비슷한 방법을 이용하는 것이다. 수곡이 누룩을 물에 오랜 시간 동안 담가 놓는데 반해서 본 방법은 누룩을 물에 담고 바로 이물질을 제거한 후에 술 빚을 때 넣는 것이다.

② 믹서로 빻지 않기

밀 누룩을 믹서에 갈면 밀기울까지 함께 누룩에 들어가게 된다. 곱게 갈린 밀기울은 술의 색깔과 맛에 영향을 미치게 된다. 술의 색은 더 진해지고 술에 잡 내와 맛이 들어 좋지 않다. 따라서 누룩을 빻을 때에는 누룩 표면에 있는 먼지와 이물질을 먼저 털어내고 절구 등을 이용해 빻아 주는 것이 좋다. 이런 작은 차이가 완성된 술에 큰 영향을 미친다.

PART 3

실습편

술 빚기 전에 생각해야 할 16가지

범벅

죽 쑤기

구멍떡

백설기

술 빚기 전에 생각해야 할 16가지

① 준비
1단계: 목표
2단계: 목표량
3단계: 전체 설계(단, 이, 삼 비율 조절)
4단계: 원료, 도구 선택과 구매

② 제조 및 발효 관리
5단계: 원료가공
6단계: 당화제와 발효제
7단계: 덧술 시기 판단
8단계: 발효 완료 판단

③ 여과 및 살균 관리
9단계: 술 맛 들이기 기간
10단계: 여과 방법 결정
11단계: 살균 여부 결정
12단계: 숙성 여부 판단

④ 숙성 및 관능평가
13단계: 숙성 방법 및 용기 선택
14단계: 숙성 기간 선택
15단계: 가수량 및 알코올 도수 조정
16단계: 관능평가 및 병입

술 빚는 과정에 대해 간략하게 요약하였다. 술의 목표에서부터 관능평가까지 총 16단계의 술 제조과정을 정리하여 술을 제조하는 사람들이 좀 더 쉽게 이해할 수 있도록 하였다.

①번에 있는 내용은 술 빚기 전에 미리 준비해야 할 것들이다. 1단계와 2단계에서는 어떤 술을 만들 것인가, 그리고 술을 얼마나 만들 것인지를 미리 계획해야 한다. 1단계에서는 막걸리, 청주, 약주, 과실주, 과하주, 증류주 등 어떤 주종의 술을 제조할 것인지를 선택하는 것이다. 2단계는 1단계에서 선택한 술을 얼마나 만들어 낼 것인가를 알아야 한다.

3~4단계는 큰 그림을 그리는 단계다. 술을 몇 번에 걸쳐 빚을 것인지, 그리고 누룩은 얼마나 사용할 것인지 쌀과 물의 비율은 어떻게 할 것인지를 정해야 하는 단계다. 이때는 술 빚는 원료와 발효제, 그리고 도구와 발효조 등을 준비해야 한다.

③번은 완성된 술을 여과하고 살균 여부를 판단해야 하는 과정이다. 9단계는 ②번 8단계에서 조금 더 진척된 부분이다. 술이 완성돼도 완성된 상태에서 맛 들이는 시간을 갖는 것이 좋다. 맛이 다 들면 그 후 10단계로 넘어가야 한다. 10단계에서는 여과 방법을 선택한다. 막걸리라면 그대로 짜거나 제성기 등을 이용하여 막걸리를 걸러 내고 청주 등 맑은 술을 원할 때에는 용수나 저온여과, 필터프레스 등을 선택하여 목표에 맞는 여과방법을 선택한다.

11~12단계는 살균을 할 것인지와 언제 숙성에 들어갈 것인지를 판단하는 과정이다. 11단계에서는 여과한 술을 살균할 것인지 아니면 생주로 갈 것인지 선택해야 한다. 12단계에서는 11단계에서 완성된 술을 언제 숙성실로 옮길 것인가를 판단하는 과정이다. 청주의 경우를 예로 들면, 술을 걸러 저온에 두고 시간이 지나면 밑에 앙금이 가라앉는다. 이때 맑은 술을 떠서 그대로 사용하는 것이 아니라 맑은 술을 떠서 따로 숙성과정을 거쳐야 하는데 앙금을 분리하지 않은 상태로 시간이 오래 지나면 술의 품질을 저하시킬 수 있다.

④번은 침전을 통해 맑게 된 술을 따로 저온에 숙성시키며 술의 가치를 부여하고 완성된 술의 맛을 보는 시간이다. 13~14단계에서는 숙성 용기, 숙성 기간, 숙성 온도와 습도 등을 결정해야 한다. 또한, 숙성이 완성된 술은 관능평가를 거쳐 최종 목표한 술이 되어 완제품으로 나오게 된다. 15단계에서는 가수량을 조절해 알코올 도수를 맞추는 단계다. 이때는 이 술을 소비하는 사람들이 누구인가를 판단하여 최종 알코올 도수를 결정해야 한다.

16단계는 가장 중요한 관능평가다. 완성된 술은 최종 병입 전에 술의 맛과 향, 색 등을 면밀히 관찰해야 한다. 이 단계에서는 1단계의 목표에 맞는 술이 나왔는지를 확인해야 하고 미세 조정을 거치게 된다.

이렇게 술을 제조하는 데는 다양한 과정을 거치게 된다. 무엇 하나 뺄 수 없는 중요한 과정들이다. 무턱대고 술을 제조하다보면 지금 무엇을 하고 있는지도 잘 모를 때가 있다. 이때는 위 단계를 하나씩 써보고 기록하는 습관을 들이는 것이 좋다. 하나씩 동그라미를 치면서 내가 아직 생각하지 못한 부분은 없는지 면밀히 검토하고 술 제조에 들어가는 것이 바람직하다.

범벅

조선시대 초기에는 주로 '죽'을 이용하였는데 시간이 지나면서 조선후기로 가면 '죽' 형태의 가공형태보다 '범벅' 형태의 밑술을 즐겨 빚었다. '죽'은 끓는 물에 가루를 풀어 오랫동안 저으면서 만들어야 하고 자칫 타는 경우가 많다. 또한, 조선후기로 가면 찹쌀로 빚는 술이 많아지면서 좀 더 간단한 술 빚기 방법이 전해진다. 죽이 완전 호화라면 범벅은 죽보다 좀 덜 호화된 상태이다.

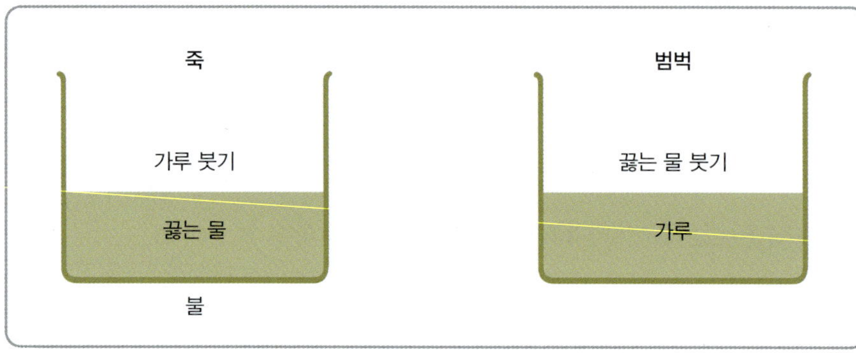

죽과 범벅

범벅 만들기 1

가장 일반적인 방법은 곱게 내린 쌀가루에 끓고 있는 물을 붓고 저어주는 것이다. 가루에 끓는 물을 부어 줄 때에는 한 번에 다 붓고 흰 쌀가루가 없도록 열심히 혼합해야 한다. 범벅은 쌀 양에 비해 물의 양이 3배 이하이기 때문에 '된죽'처럼 된다. 물의 온도가 낮거나 끓는 물을 천천히 넣으면 된죽처럼 될 것이 진죽처럼 나오게 되어 좋지 않다.

범벅 만들기 2

많은 양의 범벅을 만들 때 사용하는 방법이다. 소량의 범벅을 만들 때에는 쌀가루에 물을 붓고 혼합하면 되지만 많은 양을 제조할 때에는 혼합하는 것이 매우 힘들다. 따라서 '죽 쑤기' 방법을 이용하여 범벅을 제조하면 쉽게 많은 양의 범벅을 제조할 수 있다.

① 쌀가루와 같은 양의 찬물을 준비한다.
② 여기에 쌀가루를 푼다.
③ 범벅을 만들 나머지 물을 끓고 있는 상태로 쌀가루 물에 붓고 저어준다.
④ 식혀 누룩을 혼합한다.

1. 멥쌀

2. 쌀 씻기

3. 물 흘리기

4. 불리기

5. 물 빼기

6. 가루 내기

7. 가루 치기

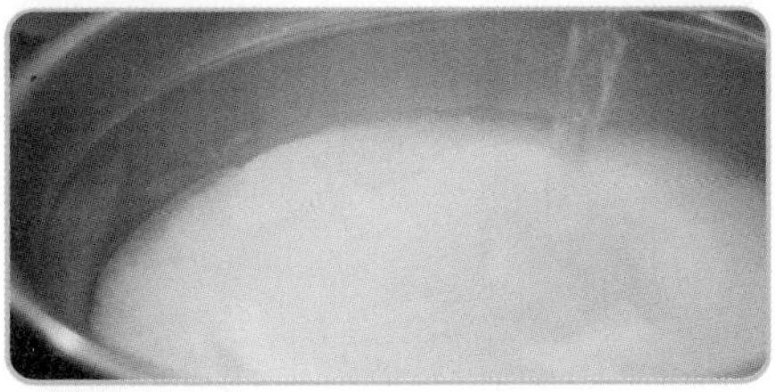
8. 끓는 물 넣기

9. 반죽하기

10. 식히기

죽 쑤기

공정이 까다로워 자주 사용하지 않는 방법이지만 우리나라의 전통 명주 중에는 밑술을 죽으로 하는 제조 방법이 전해지고 있다. 범벅이 쌀가루에 끓는 물을 부어 익힌 것이라면 죽은 끓고 있는 물에 쌀가루를 넣어 오랫동안 익힌 것으로 범벅보다 훨씬 잘 익힌 상태(호화)의 가공 방법이다.

죽을 쑬 때 가장 주의해야 하는 것은 바로 밑이 타는 것이다. 끓는 물에 오랫동안 저어 익혀야 하기 때문에 온도가 높은 아래 부분이 타게 된다. 타는 것을 예방하기 위해서는 다음 방법이 이용된다.

쌀과 물이 1:5 정도 들어가는 죽을 쑬 때를 예를 들어 설명하면 다음과 같다.

① 쌀 1과 찬물 0.5~1을 먼저 혼합한다.
② 나머지 물 4~4.5를 끓인다.
③ 쌀가루 물을 끓고 있는 상태의 물에 붓는다.
④ 불이 닿는 부분 위주로 저어 준다.
⑤ 묽어져 기포가 터지면 식혀 사용한다.

이 방법을 이용하면 죽이 타는 것을 어느 정도 예방할 수 있다. 또 쌀가루가 뭉치지 않기 때문에 잘 익힐 수 있다. 그러나 죽은 조금만 시간이 지체되면 밑이 타기 때문에 항상 주의해야 한다. 탄 죽을 이용해 술을 빚으면 술에서도 탄 맛과 향이 난다.

죽은 쌀과 물의 비율에서 물의 양이 쌀보다 5배 이상 되기 때문에 범벅보다 같은 양의 누룩을 이용해도 죽이 발효가 빨리 일어나게 된다. 죽은 완전히 익은 상태이기 때문에 당화가 빠르게 진행되는 것이다. 만약, 발효 온도가 낮고 아주 적은 누룩으로 효모를 배양해 술을 빚고자 한다면 '죽' 또한 훌륭한 가공 방법이 된다.

죽은 밑이 넓은 용기를 이용해야 고르게 잘 익고 열전달이 잘 된다. 또 밑이 너무 얇은 용기는 바로 탈 수 있기 때문에 밑이 두껍고 코팅 처리가 되어 있는 용기를 이용해야 한다.

1. 멥쌀

2. 쌀 씻기

3. 물 흘리기

4. 불리기

5. 물 빼기

6. 가루 내기

7. 가루 치기

8. 물+가루

9. 죽물 끓이기

10. 죽 쑤기(1)

11. 죽 쑤기(2)

12. 식히기

구멍떡

술을 빚다 보면 수를 헤아릴 수 없을 정도로 다양한 제조 방법이 있다. 고두밥, 백설기, 범벅, 떡 등 곡물을 익혀 사용하는 가공 방법을 이용할 수 있기 때문이다. 특히 구멍떡의 떡 형태로 빚어지는 술은 만드는 방법도 힘들 뿐만 아니라 지금도 제 맛을 볼 수 있는 곳을 찾아보기 힘들 정도로 까다로운 술이다.

우리가 술을 빚을 때에는 좀 더 색다른 사고방식을 할 필요가 있다. 죽으로 빚기 때문에 맛이 어떻고, 백설기로 빚기 때문에 맛이 어떻고 하는 방식의 생각보다 '이 술은 죽으로 할 수밖에 없었고, 저 술은 백설기로 할 수밖에 없었던 것이다.'와 같은 생각 말이다.

가공 방법에 따른 제조 비율

	쌀	물	범위
고두밥	1	1 이하	
백설기	1	1 이하	
떡	1	1	0.5~1
범벅	1	3	1~3
죽	1	5	5~

위 표와 같이 고두밥이나 백설기는 물이 적게 들어가야만 할 수 밖에 없는 술에 사용되는 방법들이고 반대로 죽이나 범벅은 쌀 양에 비해 물이 많이 들어가야 하는 가공방법을 선택할 수밖에 없다. 그렇기 때문에 고두밥이나 백설기는 밑술보다 마지막 덧술에 투입하여 전체 쌀과 물의 양을 맞춰 줄 수 있고 죽이나 범벅은 마지막보다는 밑술 제조에 다양하게 사용되는 것이다.

그렇다면 떡 형태는 어떨까?

떡 형태의 가장 대표적인 술은 이화주로 그 역사를 알 수 없을 정도로 오래된 전통적인 술 제조 방법이다. 이화주는 봄에 누룩을 만들어 봄과 여름에 빚는 술로 쌀을 가루내어 반죽해 삶아 익히는 방법으로 흔히 '구멍떡'이라고 한다. 구멍떡 제조 과정을 보면 왜 이렇게 어렵게 술을 빚었는지 잘 이해가 가지 않을 것이다. 죽이나 범벅으로 하면 쉬운 것을 왜 굳이 힘들게 쌀을 익히고 삶아 떡을 만들어 식히고 치대고 하는 방법으로 술을 빚었을까. 그 이유는 간단하다. 단맛이 강한 술을 제조하기 위한 최고의 가공 방법이 바로 '떡' 형태의 술이기 때문이다.

1644년 『유원총보』에 처음 등장하는 '동정춘' 또한 '구멍떡'으로 빚는 가장 대표적인 술 중 하나이다. 그러나 동정춘은 밑술을 구멍떡, 덧술은 찹쌀 고두밥을 이용하는 이양주의 제조법을 갖고 있다. 이렇게 구멍떡으로 빚는 술은 단양주와 이양주 외에 그 이상의 술 제조 방법에도 많이 사용되어 왔다. 앞에서도 언급하였듯이 이렇게 구멍떡을 이용하는 술들을 보면 대부분 물이 아주 적게 들어가는 술이다.

이화주

	쌀	물	누룩	가공
밑술	1말		3되(이화곡)	구멍떡
비율	1	~1		

위의 제조 방법을 보면 한 번에 빚는 단양주이면서 고두밥이나 백설기가 아닌 삶아 익히는 구멍떡 가공 방법을 이용하였다. 전체적으로 보면 물이 들어가지 않지만 삶는 과정에서 수분을 많이 흡수하게 되는데, 그 비율이 1:1 정도가 된다. 또한, 이렇게 빚어지는 단양주의 경우는 누룩의 양이 좀 많이 들어가는데, 이화주는 전체 쌀 양의 30%에서 많게는 50% 정도의 누룩이 들어간다.

동정춘

	쌀	물	누룩	가공
밑술	1되(멥쌀)	삶은 물	1되(일반 누룩)	구멍떡
덧술	1말(찹쌀)			고두밥
비율	11	~2		

반면에 이양주의 동정춘을 보면 밑술은 구멍떡, 덧술은 고두밥 형태를 보인다. 밑술을 보면 쌀 1되로 구멍떡을 만드는데 이화주의 구멍떡보다 수분이 많이 들어가는 형태로 되어 있다는 것을 알 수 있다. 이것은 덧술에 대량의 고두밥이 들어가기 때문에 밑술에 수분의 양을 좀 늘려줘도 술의 맛에는 크게 지장을 주지 않기 때문이다. 즉, 이화주와 같이 한 번에 빚는 술은 최대한 물의 양이 적게 들어가는 방법으로 빚고

동정춘과 같은 이양주의 경우에는 덧술을 감안하여 구멍떡으로 제조를 하더라도 좀 더 쉽게 제조할 수 있도록 물의 양을 충분히 잡아 주는 것이 좋다.

동정춘 이외에도 하향주, 감향주와 같이 밑술을 구멍떡으로 덧술을 찹쌀 고두밥으로 하는 술은 문헌상에 상당히 많이 존재한다. 즉, 물의 양을 최소화하면서 곡물을 익히는 방법을 선택(구멍떡)하고 여기에 대량의 전분(고두밥)을 투입하여 술을 빚는 것이다. 이리하면 아주 단맛이 강한 술을 제조할 수 있다.

◎ 구멍떡을 빚는 술의 온도 관리

대부분 구멍떡으로 빚어지는 술은 온도를 높게 해서 빚는 것이 좋다. 그렇다고 한 여름에 30℃ 이상에서 빚는 것은 그리 바람직하지 않다. 실제로 동정춘이나 이화주를 빚어보면 한 여름보다는 봄과 가을에 술이 잘되고 특히, 술 맛으로는 겨울에 빚는 동정춘이 제일이다. 즉, 온도를 높여 빨리 빚는 방법보다는 저온이어도 충분히 오랜 시간을 두고 발효시킨 술이 훨씬 맛이 좋고 향 또한 우수하다.

가공 방법	적정 온도	발효 기간
구멍떡	20~30	1~8주

위의 표와 같이 온도가 20℃ 정도에서 발효를 시키면 술 맛이 좋게 나오는데 보통 2달 이상은 걸리게 된다. 그러나 시간을 기다린 보람은 있을 것이다. 또한 30℃ 가까이에서 빚는 술은 익을 수 있지만 잘 삭지 않아 술이 잘 걸러지지 않고 자칫 온도가 너무 높아지면 술이 산패하는 경우도 많이 있다. 따라서 구멍떡으로 빚고 온도가 높은 곳에서 빚는 술은 철저하게 용기 살균을 포함하여 술에 잡균이 드는 것을 한 순간도 마음을 놓아서는 안 될 것이다.

◎ 구멍떡으로 빚는 술의 여과

한 번에 빚는 이화주 같은 술은 상당히 걸쭉하여 술이라고 해도 사람들이 잘 믿지 않는다. 문헌상에도 이러한 술은 걸쭉하니 물에 타 먹으라고 하였듯이 이화주는 용수를 박거나 걸러 마시는 것이 아니라 술 자체를 그대로 먹으면 된다. 여기에 맛을 봐 가며 물을 혼합해 물을 타서 막걸리 형태로 먹어도 좋은 맛을 느낄 수 있다.

그러나 동정춘처럼 밑술을 구멍떡, 덧술을 찹쌀 고두밥으로 하는 술은 걸러 마시기보다는 용수를 박아 사용하는 것이 좋다. 그래야 용수 안에 맑은 술을 떠 마실 수 있고 나머지는 물을 혼합해 마신다. 특히, 동정춘의 청주를 떠내고 나머지에 물을 혼합한 막걸리는 그 어디에 내 놓아도 손색이 없고 맛을 보면 그 맛을 잊을 수 없을 것이다.

구멍떡으로 빚는 술의 누룩

이화주는 쌀로 만든 이화곡을 이용하지만 나머지 술은 밀 누룩을 이용하는 것이 술 맛이 좋다. 특히, 동정춘이나 하향주처럼 이양주의 술은 당화가 상당히 중요하기 때문에 밀 누룩을 이용하고 누룩을 곱게 빻아 밑술에 혼합하고 덧술을 해 넣으면 그리 어렵지 않게 술을 제조할 수 있다.

구멍떡으로 빚은
이화주(백설공주)
자료: 농업회사법인 술샘

1. 멥쌀

2. 쌀 씻기

3. 물 흘리기

4. 불리기

5. 물 빼기

6. 가루 내기

7. 가루 치기

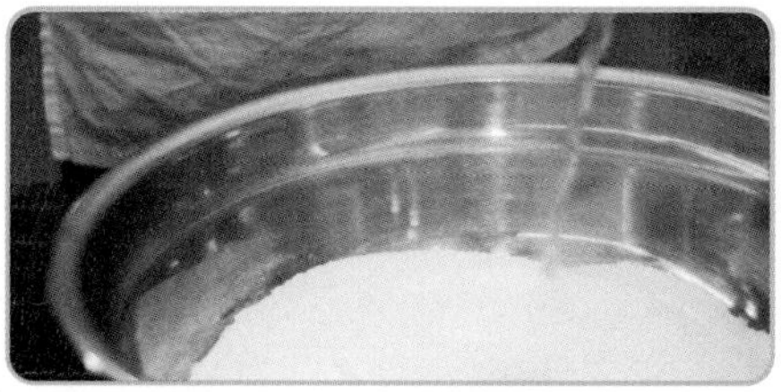
8. 뜨거운 물 붓기

9. 반죽하기

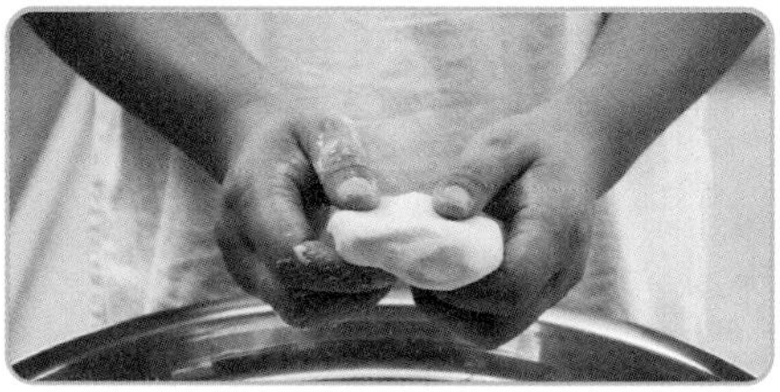
10. 모양 내기

11. 구멍떡

12. 구멍떡

13. 끓는 물에 넣기

14. 구멍떡 삶기

15. 건지기

16. 으깨기

17. 식히기

백설기

'흰무리'라고도 한다. 주로 멥쌀로 빚는 술 빚기에 많이 사용된다. 멥쌀은 찹쌀에 비해 호화나 당화가 잘되지 않기 때문에 멥쌀을 가루 내 죽이나 범벅, 구멍떡, 백설기 형태로 만들어 술을 빚는 것이다. 특히, 백설기는 구멍떡과 같이 물이 적게 들어가는 가공 방법이다.

백설기를 잘 찌기 위해서는 쌀가루에 물을 혼합한 후에 쪄주는 것이 좋다. 일반적으로 쌀의 물을 빼고 가루 낸 후에 그대로 찌면 설익어 좋지 않다. 물의 양은 총 쌀 양의 10%를 혼합한 후에 찐다.

백설기 술의 특징

	쌀	물	누룩	가공
밑술	3	3	900g	백설기
덧술	6	6		고두밥
비율	1	1		

위 표를 보면 밑술의 비율이 1:1, 덧술도 1:1이다. 이렇게 물이 적게 들어가는 가공 방법으로 밑술을 제조할 때에는 쌀을 가루내 백설기로 만들어, 백설기에 물을 부어 더 익힌 후에 술을 빚어야 한다. 이때 주의해야 하는 것은 백설기를 만든 후에 고두밥처럼 차게 식히는 것이 아니라 뜨거운 상태로 찬물에 백설기를 뜯어 넣어야 잘 풀리게 된다는 것이다. 백설기가 덩어리 상태로 차게 식으면 물에 풀어지지 않아 떡처럼 굳어지게 되기 때문이다.

1. 멥쌀

2. 쌀 씻기

3. 물 흘리기

4. 불리기

5. 물 빼기

6. 가루 내기

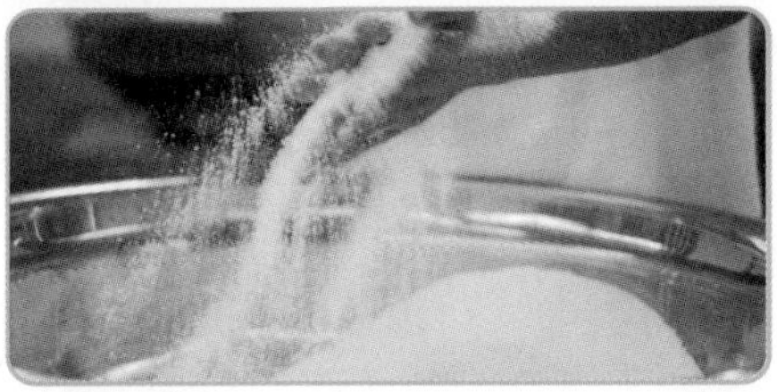

7. 가루 치기

8. 시루 넣기

9. 찌기

10. 풀기

4
PART

제조법편

삼양주(밑술, 덧술1, 덧술2)

이양주(밑술, 덧술)

단양주(찹쌀막걸리)

씨앗술

오양주(밑술, 덧술1, 덧술2, 덧술3, 덧술4)

이화곡과 이화주

백수환동곡과 백수환동주

복분자주(밑술, 덧술)

류가향(밑술, 덧술)

햅쌀술(밑술, 덧술)

백화주(밑술, 덧술)

과하주

알코올 도수 측정

삼양주

술을 처음 빚는 사람은 단양주보다 삼양주부터 시작하는 것이 바람직하다. 밑술을 제조해 효모의 배양을 시키고 덧술을 제조해 배양된 효모를 확대 배양한다. 그리고 마지막에 대량의 쌀을 투입해 술을 빚는 것이 삼양주의 기본 제조법이다. 여기에서는 가장 기본적인 삼양주를 기록해 놓았다. 술의 양을 늘리고자 한다면 비율대로 늘리면 된다.

술을 제조할 때는 항상 '설계'를 먼저하고 시작하는 것이 좋다. 술을 얼마나 만들 것인지, 그리고 어떤 용기를 선택할 것인지, 누룩 투입량은 얼마나 사용할 것인지 알아야 한다. 그러기 위해 아래와 같은 표를 이용하면 편하다.

기본 삼양주 제조법

시간	가공	쌀	물	누룩	밀가루	가공방법
48시간 48시간	밑술	1	3	600g	180g	멥쌀/범벅
	덧술1	1	3			멥쌀/범벅
	덧술2	4				찹쌀/고두밥
	총량	6	6	600g	180g	12L
	비율	1	1	0.1	누룩 양의 30%	

술을 제조할 때는 언제나 기록을 철저하게 해야 한다. 쌀을 씻는 시간, 물에 담가두는 시간, 빼는 시간, 찌는 시간, 덧술 시간, 냉각 시간 등 모든 것을 기록해야 한다.

제1실습

삼양주-밑술

목적 효모의 배양
재료 멥쌀 1kg, 물 3L, 누룩 600g, 밀가루 180g
도구 혼합용기 및 발효조 등

쌀 씻기

1. 멥쌀에 물을 넣고 한 번 씻어 낸다.
2. 물을 채우고 100번 저어 씻어 준다.
3. 물로 쌀뜨물을 가셔 낸다.
4. 맑은 물이 나오면 씻는 것을 멈춘다.

쌀 물에 담가 물 빼기

1. 쌀을 씻어 맑게 되면 물이 쌀 위로 충분히 올라오게 한다.
2. 물에 3시간 동안 담가 둔다.
3. 3시간 후 새 물로 한 번 씻어 내고 물기를 뺀다.
4. 1시간 후 물기를 뺀다.

쌀가루 내기

1. 쌀을 분쇄기나 믹서에 갈아 곱게 가루 낸다.
2. 쌀가루를 체로(중간체) 곱게 만든다.
3. 용기에 담아 둔다.

범벅 만들기

1. 물 3L를 끓인다.
2. 쌀가루를 준비한다.
3. 끓고 있는 물 3L를 쌀가루와 혼합한다.
4. 멍울이 없도록 으깨어 준다.
5. 차게 식도록 둔다(전통적으로는 밤에 만들어 아침까지 식힌다).
6. 25℃ 정도로 차게 식힌다.
7. 누룩과 밀가루를 혼합한다.

발효시키기

1. 22~25℃ 정도에서 발효시킨다.
2. 1일 1~2회씩 발효조 안의 술덧을 저어준다.
3. 48시간 후에 덧술한다(덧술 시기 판단 참고).

제2실습

삼양주-덧술 1

목적 효모의 확대 배양
재료 멥쌀 1kg, 물 3L, 밑술
도구 혼합용기 및 발효조 등

쌀 씻기

1. 멥쌀에 물을 넣고 한 번 씻어 낸다.
2. 물을 채우고 100번 저어 씻어 준다.
3. 물로 쌀뜨물을 가셔 낸다.
4. 맑은 물이 나오면 씻는 것을 멈춘다.

쌀 물에 담가 물 빼기

1. 쌀을 씻어 맑게 되면 물이 쌀 위로 충분히 올라오게 한다.
2. 물에 3시간 동안 담가 둔다.
3. 3시간 후 새 물로 한 번 씻어 내고 물기를 뺀다.
4. 1시간 후 물기를 뺀다.

쌀가루 내기

1. 쌀을 분쇄기나 믹서에 갈아 곱게 가루 낸다.
2. 쌀가루를 체로(중간체) 곱게 만든다.
3. 용기에 담아 둔다.

범벅 빚기 및 누룩 걸러 내기

1. 물 3L를 끓인다.
2. 쌀가루를 준비한다.
3. 끓고 있는 물 3L를 쌀가루와 혼합해 25℃ 정도로 식힌다.
4. 거름망을 이용해 밑술의 누룩을 걸러준다.
5. 밑술과 식힌 범벅을 혼합한다.

발효시키기

1. 밑술 22~25℃ 정도에서 발효시킨다.
2. 1일 1~2회씩 발효조 안의 술덧을 저어준다.
3. 48시간 후에 덧술한다.

제3실습

삼양주-덧술 2

목적 알코올 생성, 맛과 향의 조화
재료 찹쌀 4kg, 덧술
도구 혼합용기 및 발효조 등

쌀 씻기

1. 찹쌀에 물을 넣고 한 번 씻어 낸다.
2. 물을 채우고 100번 저어 씻어 준다.
3. 물로 쌀뜨물을 가셔 낸다.
4. 맑은 물이 나오면 씻는 것을 멈춘다.

쌀 물에 담가 물 빼기

1. 쌀을 씻어 맑게 되면 물이 쌀 위로 충분히 올라오게 한다.
2. 물에 3시간 동안 담가 둔다.
3. 3시간 후 새 물로 30번 정도 씻어 내고 물기를 뺀다.
4. 1시간 후 물기를 뺀다(쌀이 25% 정도의 수분을 흡수할 수 있도록 한다).

고두밥 찌기

1. 찜통을 준비한다.
2. 찜통에 물을 채워 끓인다.
3. 시루에 물 뺀 쌀을 켜켜로 안친다.
4. 시루 입구에 증기가 나오면 40분 동안 충분히 찐다.
5. 찜기를 열어 잘 익었는지 확인한다.
6. 잘 익었으면 20분 정도 뜸 들인 후에 식힌다.
7. 25℃ 정도로 차게 식힌다.

발효시키기

1. 전에 빚은 술과 식힌 고두밥을 혼합한다.
2. 발효조에 담는다.
3. 발효조 안과 밖을 깨끗하게 닦는다.
4. 천이나 종이로 발효조 입구를 잘 덮어 준다.
5. 22~25℃ 사이에서 발효시킨다.
6. 3~4주 후에 맑은 술이 뜨고 쌀알이 다 삭았으면 사용한다.

이양주

이양주는 밑술과 덧술로 이루어진 술이다. 밑술에 최대한 많은 양의 효모를 배양하고 덧술에 대량의 고두밥을 투입하여 이양주를 완성한다. 삼양주와 이양주는 밑술에서 차이를 보인다. 밑술을 제조할 때 삼양주보다는 많은 물을 사용하는 것이 보통이다. 가장 대표적인 이양주는 석탄주(惜呑酒)이다. 밑술 제조 시 쌀과 물의 비율이 1:5 정도로 1:3 정도의 삼양주 밑술보다 많은 양의 물을 사용한다.

기본 이양주 제조법

시간	가공	쌀	물	누룩	밀가루/약재	가공방법
48시간	밑술	1	5	500g	150g/당귀 20g	멥쌀/죽
	덧술	4			당귀 10g	찹쌀/고두밥
	총량	5	5	500g	150g	10L
	비율	1	1	0.1	누룩양의 30%	

밑술은 쌀 1과 물 5의 비율로 죽을 쑨다. 이때 당귀를 넣어 먼저 달이고 달인 물로 죽을 쑤어 밑술을 완성시킨다. 달인 당귀는 넣지 않고 달인 물만을 이용한다. 덧술은 여기에 고두밥을 넣는다. 고두밥을 찔 때, 당귀를 넣어 함께 쪄서 식혀 밑술과 혼합하는 방식이다. 본 방문을 응용하면 좀 더 다양한 약주를 제조할 수 있다. 즉, 단양주나 삼양주도 사용하는 물이나 고두밥을 찔 때 본 방문과 같은 방법으로 약재를 처리하면 어렵지 않게 약주를 제조할 수 있다.

❖참고

당귀는 마른 것을 이용한다. 사용하기 전에 끓는 물에 20초 정도 데쳐서 방부제나 이물질을 제거한 후에 사용하는 것이 좋다.

이양주-밑술

목적 효모 증식
재료 멥쌀 1L(1kg), 물 5L, 누룩 500g, 밀가루 150g, 당귀 20g
도구 술 빚는 도구

쌀 씻기

1. 멥쌀에 물을 넣고 한 번 씻어 낸다.
2. 물을 채우고 100번 저어 씻어 준다.
3. 물로 쌀뜨물을 가셔 낸다.
4. 맑은 물이 나오면 씻는 것을 멈춘다.

쌀 물에 담가 물 빼기

1. 쌀을 씻어 맑게 되면 물이 쌀 위로 충분히 올라오게 한다.
2. 물에 3시간 동안 담가 둔다.
3. 3시간 후 새 물로 한 번 씻어 내고 물기를 뺀다.
4. 1시간 후 물기를 뺀다.
5. 곱게 가루 낸다.

당귀 달이기 및 약 죽 쑤기

1. 물 6L를 법제한 당귀를 넣고 가열한다.
2. 물이 5L가 될 때까지 달인다.
3. 끓고 있는 물을 쌀가루에 부어 익힌다.
4. 멍울 없이 풀어주고 차게 식힌다.
5. 누룩과 밀가루를 넣고 혼합한다.

발효시키기

1. 혼합한 것을 깨끗한 발효조에 담는다.
2. 항아리 안과 밖을 깨끗이 한다.
3. 종이나 천 등을 이용해 항아리 입구를 덮어 주고 뚜껑을 닫는다.
4. 1일 1~회씩 충분히 저어준다.
3. 25℃ 정도에서 48시간 이내에 덧술한다(덧술 시기 판단).

이양주-덧술

목적 알코올 생성, 맛과 향의 조화
재료 찹쌀 4L(4kg), 당귀 10g, 밑술
도구 거름망 외

쌀 씻기

1. 쌀에 물을 넣고 한 번 씻어 낸다.
2. 물을 채우고 100번 저어 씻어 준다.
3. 물을 흘려 쌀뜨물을 가셔 낸다.
4. 맑은 물이 나오면 씻는 것을 멈춘다.
5. 쌀을 깨끗하게 씻어 물에 3시간 동안 담가 둔다.
6. 깨끗한 물로 다시 씻어 주고 물기를 1시간 뺀다.

쌀 찌기

1. 시루에 물을 끓이고 첫 김이 올라오면 쌀을 올린다.
2. 쌀과 법제한 당귀를 섞어 찐다.
3. 쌀을 올리고 첫 김이 나온 후, 40분 동안 찐다.
4. 익었는지 확인하고 다 익었으면 불을 끄고 20분 동안 뜸을 들인다.
5. 넓게 펴 25℃ 정도로 식혀준다.

밑술 걸러 내기

1. 밑술을 준비한다.
2. 거름망으로 지게미를 제거한다.

밑술과 혼합하여 발효시키기

1. 밑술과 식힌 고두밥을 혼합한다.
2. 22~25℃ 사이에서 발효시킨다.
3. 2~3주 후에 술이 다 익었는지 확인한다.
4. 술이 잘 익었으면 사용한다.

단양주

한 번에 빚는 단양주는 생각만큼 간단한 술이 아니다. 대부분의 단양주는 수곡(水麴)을 만들어 사용한다. 본 방문을 시도하기 전에 수곡 만드는 방법을 먼저 학습해야 한다. 본 방문은 찹쌀을 이용해 10일 이내에 걸러 막걸리로 마시는 제조법이다. 가능한 따뜻하게 발효시키고 발효가 끝난 술에 물을 첨가하여 막걸리 형태로 즐길 수 있다. 첨가하는 물은 자신의 입맛에 맞게 조절하는 것이 좋다.

기본 단양주 제조법

가 공	쌀	물	누 룩	가공방법	기 타
밑술	5	3	1kg	고두밥/수곡	7시간
				물첨가	10L
총량	5	13	1kg		18L

단양주는 보통 술보다 좀 더 따듯하게 발효시킨다. 본 방문도 30℃ 정도에서 발효시켜 당화가 잘될 수 있도록 해주고 나중에 쌀이 다 삭으면 물을 혼합하는 방식으로 막걸리를 제조한다. 막걸리를 만든 후에는 가능한 빨리 즐기고 소비하지 못할 경우에는 냉장고에 넣어 두었다가 사용하도록 한다.

단양주-찹쌀막걸리

목적 알코올 생성, 맛과 향의 조화
재료 찹쌀 5kg, 수곡(물 3L, 누룩 1kg)
도구 혼합용기 및 발효조 등

쌀 씻기

1. 찹쌀에 물을 넣고 한 번 씻어 낸다.
2. 물을 채우고 100번 저어 씻어 준다.
3. 물로 쌀뜨물을 가셔 낸다.
4. 맑은 물이 나오면 씻는 것을 멈춘다.

쌀 물에 담가 물 빼기

1. 쌀을 씻어 맑게 되면 물이 쌀 위로 충분히 올라오게 한다.
2. 물에 3시간 동안 담가 둔다.
3. 3시간 후, 새 물로 한 번 씻어 내고 물기를 뺀다.
4. 1시간 후 물기를 뺀다.

고두밥 찌기

1. 찜통을 준비한다.
2. 찜통에 물을 채워 끓인다.
3. 시루에 물 뺀 쌀을 켜켜로 안친다.
4. 시루 입구에 증기가 나오면 40분 동안 충분히 찐다.
5. 찜기를 열어 잘 익었는지 확인한다.
6. 잘 익었으면 20분 동안 뜸 들인 후에 식힌다.
7. 25℃ 정도로 차게 식힌다.

수곡 만들기

1. 끓여 식힌 물을 준비한다.
2. 식힌 물에 누룩 1kg을 넣고 7시간 동안 담가 둔다.
3. 거름망으로 누룩찌꺼기를 걸러 낸다.
4. 누룩 즙과 찹쌀 고두밥을 충분히(10분) 혼합해 발효조에 담는다.
5. 30℃ 정도에서 발효시켜 10일 후에 물을 혼합해 걸러 사용한다.

단양주 2-찹쌀막걸리

재료 찹쌀 5kg, 물 5리터, 씨앗술(미리 준비)

쌀 씻기

1. 찹쌀에 물을 넣고 씻어 쌀뜨물을 제거한다.
2. 다시 물을 넣고 손으로 100번 원을 그려가며 쌀과 쌀의 마찰로 씻어 낸다.
3. 쌀뜨물을 가셔 내고 새 물을 받아 2~3번 헹궈 가셔 낸다.
4. 쌀 씻는 용기를 기울여 놓고 맑은 물이 될 때까지 새 물을 조금씩 흘려준다.

쌀 물에 담가 물 빼기

1. 깨끗해진 쌀을 물에 담가 7시간 불린다.
2. 30번 정도 손으로 원을 그려가며 헹궈 낸다.
3. 소쿠리 등을 이용해 1시간 물을 뺀다. (뚜껑을 덮어 먼지 등이 들어가지 않도록 한다.)

고두밥 찌기

1. 시루 보자기를 깨끗하게 씻어 준다.
2. 찜기에 증기가 올라오면 쌀을 올린다.
3. 찜기 밖으로 증기가 나오면 40분 찌고 불을 끄고 20분 뜸 들인다.
4. 고두밥을 30도 정도로 식힌다.

씨앗술과 혼합하기

1. 씨앗술을 꽉 짜서 즙을 낸다.
2. 물 5리터를 끓여 25도로 식힌다.
3. 식힌 고두밥과 씨앗술 즙, 물 5리터를 함께 섞어 30분 정도 혼합한다.
4. 발효조에 담는다.

발효시키기

1. 3일간은 매일 1~2회 혼합해 준다.
2. 4일부터는 혼합하지 않는다.
3. 7일 후에 걸러 낸다.
4. 내압 용기에 담아 냉장실에 넣어 두고 2~3일 후에 사용한다.

씨앗술

목적 누룩 대신 사용, 밑술의 안정된 발효
재료 멥쌀 300g, 물 1L, 누룩 600g
도구 혼합용기 및 발효조 등

쌀 씻기

1. 쌀에 물을 넣고 한 번 씻어 낸다.
2. 물을 채우고 100번 저어 씻어 준다.
3. 물로 쌀뜨물을 가셔 낸다.
4. 맑은 물이 나오면 씻는 것을 멈춘다.

쌀 물에 담가 물 빼기

1. 쌀을 씻어 맑게 되면 물이 쌀 위로 충분히 올라오게 한다.
2. 물에 3시간 동안 담가 둔다.
3. 3시간 후 새 물로 한 번 씻어 내고 물기를 뺀다.
4. 1시간 후 물기를 빼고 곱게 가루 낸다.

된죽 쑤기

1. 쌀가루를 준비한다.
2. 쌀가루에 끓고 있는 물을 붓는다.
3. 멍울 없이 풀어준다.
4. 차게 식힌다.

누룩 혼합해 발효시키기

1. 식은 된 죽(범벅)을 준비한다.
2. 누룩을 넣어 혼합한다.
3. 발효조에 담고 1일 1회 혼합한다.
4. 3~5일 후에 사용한다.

오양주

다섯 번 빚는 고급 청주를 제조할 때 사용한다. 이양주와 삼양주 맛이 다르고 삼양주와 오양주의 맛이 다르다. 오양주의 특징은 누룩을 나눠서 넣는 것이다. 밑술에 한 번, 그리고 고두밥 넣기 전에 다시 한 번 누룩을 넣어 준다. 마지막에 넣어주는 누룩은 덧술 3과 4에 들어오는 고두밥을 당화시키는 목적이 크다.

기본 오양주 제조법

시 간	가 공	쌀	물	누 룩	밀가루	가공방법
48시간	밑술	1	3	1.2kg	340g	멥쌀/범벅
	덧술 1	2	6			〃
36시간	덧술 2	3	9	400g	120g	〃
	덧술 3	5				고두밥
	덧술 4	5				고두밥
	총량	16	18	1.6kg	460g	34L

삼양주 이상의 술을 제조할 경우 누룩을 밑술에만 넣게 되면 마지막에 들어오는 고두밥을 당화시키지 못하게 된다. 따라서 오양주 이상의 술을 제조할 때에는 전체 들어가는 누룩을 나눠서 넣어 주는 것이 좋다. 또한, 마지막 고두밥을 넣는 덧술 4에서는 덧술 3의 맛을 보고 최종 고두밥 양을 조절해서 내 입에 맞는 술을 제조한다.

제 1실습

오양주-밑술

목적 효모의 배양
재료 멥쌀 1kg, 물 3L, 누룩 1.2kg, 밀가루 340g
도구 혼합용기 및 발효조 등

쌀 씻기

1. 멥쌀에 물을 넣고 한 번 씻어 낸다.
2. 물을 채우고 100번 저어 씻어 준다.
3. 물로 쌀뜨물을 가셔 낸다.
4. 맑은 물이 나오면 씻는 것을 멈춘다.

쌀 물에 담가 물 빼기

1. 쌀을 씻어 맑게 되면 물이 쌀 위로 충분히 올라오게 한다.
2. 물에 3시간 담가 둔다.
3. 3시간 후 새 물로 한 번 씻어 내고 물기를 뺀다.
4. 1시간 후 물기를 뺀다.

쌀가루 내기

1. 쌀을 분쇄기나 믹서에 갈아 곱게 가루 낸다.
2. 쌀가루를 체로(중간체) 곱게 만든다.
3. 용기에 담아 둔다.

범벅 만들기

1. 물 3L를 끓인다.
2. 쌀가루를 준비한다.
3. 끓고 있는 물 3L를 쌀가루와 혼합한다.
4. 멍울이 없도록 으깨어 준다.
5. 차게 식도록 둔다(전통적으로는 밤에 만들어 아침까지 식힌다).
6. 25℃ 정도로 차게 식힌다.
7. 누룩과 밀가루를 혼합한다.

발효시키기

1. 25℃ 정도에서 발효시킨다.
2. 48시간 후에 덧술한다.

제2실습

오양주-덧술 1

목적 효모의 확대 배양
재료 멥쌀 2kg, 물 6L, 밑술
도구 혼합용기 및 발효조 등

쌀 씻기

1. 멥쌀에 물을 넣고 한 번 씻어 낸다.
2. 물을 채우고 100번 저어 씻어 준다.
3. 물로 쌀뜨물을 가셔 낸다.
4. 맑은 물이 나오면 씻는 것을 멈춘다.

쌀 물에 담가 물 빼기

1. 쌀을 씻어 맑게 되면 물이 쌀 위로 충분히 올라오게 한다.
2. 물에 3시간 동안 담가 둔다.
3. 3시간 후 새 물로 한 번 씻어 내고 물기를 뺀다.
4. 1시간 후 물기를 뺀다.

쌀가루 내기

1. 쌀을 분쇄기나 믹서에 갈아 곱게 가루 낸다.
2. 쌀가루를 체로(중간체) 곱게 만든다.
3. 용기에 담아 둔다.

범벅 만들기

1. 물 6L를 끓인다.
2. 쌀가루를 준비한다.
3. 끓고 있는 물 6L를 쌀가루와 혼합한다.
4. 멍울이 없도록 으깨어 준다.
5. 차게 식도록 둔다.
6. 25℃ 정도로 차게 식힌다.

발효시키기

1. 25℃ 정도에서 발효시킨다.
2. 36시간 후에 덧술 한다.

제3실습

오양주-덧술 2

목적 효모의 확대 배양
재료 멥쌀 3kg, 물 9L, 누룩 600g, 덧술 1
도구 혼합용기 및 발효조 등

쌀 씻기

1. 멥쌀에 물을 넣고 한 번 씻어 낸다.
2. 물을 채우고 100번 저어 씻어 준다.
3. 물로 쌀뜨물을 가셔 낸다.
4. 맑은 물이 나오면 씻는 것을 멈춘다.

쌀 물에 담가 물 빼기

1. 쌀을 씻어 맑게 되면 물이 쌀 위로 충분히 올라오게 한다.
2. 물에 3시간 동안 담가 둔다.
3. 3시간 후 새 물로 한 번 씻어 내고 물기를 뺀다.
4. 1시간 후 물기를 뺀다.

쌀가루 내기

1. 쌀을 분쇄기나 믹서에 갈아 곱게 가루 낸다.
2. 쌀가루를 체로(중간체) 곱게 만든다.
3. 용기에 담아 둔다.

범벅 만들기

1. 물 9L를 끓인다.
2. 쌀가루를 준비한다.
3. 끓고 있는 물 9L를 쌀가루와 혼합한다.
4. 멍울이 없도록 으깨어 준다.
5. 차게 식도록 둔다.
6. 25℃ 정도로 차게 식힌다.

발효시키기

1. 밑술을 걸러 내고 새로운 누룩 600g을 투입해 25℃ 정도에서 발효시킨다.
2. 36시간 후에 덧술한다.

제4실습

오양주-덧술 3

목적 알코올 생성, 맛과 향의 조화
재료 찹쌀 5kg
도구 혼합용기 및 발효조 등

쌀 씻기

1. 찹쌀에 물을 넣고 한 번 씻어 낸다.
2. 물을 채우고 100번 저어 씻어 준다.
3. 물로 쌀뜨물을 가셔 낸다.
4. 맑은 물이 나오면 씻는 것을 멈춘다.

쌀 물에 담가 물 빼기

1. 쌀을 씻어 맑게 되면 물이 쌀 위로 충분히 올라오게 한다.
2. 물에 3시간 동안 담가 둔다.
3. 3시간 후 새 물로 한 번 씻어 내고 물기를 뺀다.
4. 1시간 후 물기를 뺀다.

고두밥 찌기

1. 찜통을 준비한다.
2. 찜통에 물을 채워 끓인다.
3. 시루에 물 뺀 쌀을 켜켜로 안친다.
4. 시루 입구에 증기가 나오면 40분 동안 충분히 찐다.
5. 찜기를 열어 잘 익었는지 확인한다.
6. 잘 익었으면 20분 동안 뜸 들인 후에 식힌다.
7. 25℃ 정도로 차게 식힌다.

발효시키기

1. 밑술을 준비한다.
2. 거름망을 이용해 누룩 지게미를 걸러 낸다.
3. 발효조에 밑술과 고두밥을 넣는다.
4. 밥알이 삭으면 덧술한다(보통 3~7일 이내).

제5실습

오양주-덧술 4

목적 알코올 생성, 맛과 향의 조화
재료 찹쌀 5kg
도구 혼합용기 및 발효조 등

쌀 씻기

1. 찹쌀에 물을 넣고 한 번 씻어 낸다.
2. 물을 채우고 100번 저어 씻어 준다.
3. 물로 쌀뜨물을 가셔 낸다.
4. 맑은 물이 나오면 씻는 것을 멈춘다.

쌀 물에 담가 물 빼기

1. 쌀을 씻어 맑게 되면 물이 쌀 위로 충분히 올라오게 한다.
2. 물에 3시간 동안 담가 둔다.
3. 3시간 후 새 물로 한 번 씻어 내고 물기를 뺀다.
4. 1시간 후 물기를 뺀다.

고두밥 찌기

1. 찜통을 준비한다.
2. 찜통에 물을 채워 끓인다.
3. 시루에 물 뺀 쌀을 켜켜로 안친다.
4. 시루 입구에 증기가 나오면 40분 동안 충분히 찐다.
5. 찜기를 열어 잘 익었는지 확인한다.
6. 잘 익었으면 20분 동안 뜸 들인 후에 식힌다.
7. 25℃ 정도로 차게 식힌다.

발효시키기

1. 술독에 넣었던 고두밥을 걸러 낸다.
2. 쪄서 식힌 고두밥을 다시 투입한다.
3. 발효조에 담는다.
4. 밥알이 삭으면 맛을 본다.
5. 익으면 사용한다.

이화곡

목적 이화주 전용 누룩 제조
재료 멥쌀 1kg, 물 250ml
도구 분쇄기, 거름망, 체

쌀가루 준비하기

1. 쌀을 깨끗이 씻는다.
2. 물에 3시간 정도 담가 둔다.
3. 1시간 정도 물기를 뺀다.
4. 곱게 가루 낸다.
5. 체를 이용해 다시 곱게 내린다.

물과 쌀가루 혼합하기

1. 체로 곱게 내린 쌀가루에 물을 뿌려가며 혼합한다.
2. 고르게 혼합하여 뭉치지 않도록 한다.
3. 체를 이용해 다시 한 번 내려 준다.

뭉치기

1. 체로 곱게 내린 쌀가루를 뭉친다.
2. 손이 제일 큰 사람이 가장 먼저 뭉친다.
3. 돌려가며 꾹꾹 손으로 눌러 준다.
4. 아주 단단해 지게 만든다.

누룩 띄우기

1. 솔잎이나 쑥대발 위에 쌀누룩을 올린다.
2. 위에 솔잎이나 쑥대, 짚 등으로 덮어 준다.
3. 수분이 빨리 증발되지 않도록 주의한다.
4. 5~7일 후에 수분을 천천히 날려 준다.
5. 완전히 말린다.
6. 겉을 깨끗이 정리하고 곱게 빻아 사용한다.

이화주

목적 이화곡을 이용해 최대한 물을 적게 잡아 걸쭉하고 달콤한 술
재료 멥쌀 1kg, 물 500ml, 이화곡 300g
도구 삶는 통, 주걱 등

쌀가루 내기

1. 멥쌀을 깨끗하게 씻는다.
2. 물에 3시간 정도 불린다.
3. 1시간 정도 물기를 뺀다.
4. 곱게 가루 낸다.

쌀가루 반죽하기

1. 물을 끓인다.
2. 곱게 가루 낸 쌀에 끓는 물을 조금씩 붓는다.
3. 큰 덩어리를 만들어 반죽한다(칼국수 반죽하듯 한다).
4. 많이 치대어 반죽을 완성한다.

구멍떡 만들기

1. 반죽한 것을 손바닥 크기로 구멍떡을 만든다.
2. 너무 두껍지 않게 만든다.

구멍떡 삶기

1. 삶는 통을 준비한다.
2. 물을 끓인다.
3. 구멍떡을 함께 넣는다.
4. 삶아서 뜨면 건져낸다.
5. 주걱으로 덩이가 없이 만든다.
7. 온기가 있게 식힌다.
8. 이화곡 300g을 넣고 혼합한다. 물을 최대한 적게 넣어 주는 것이 좋다.
9. 1일 1회 혼합하여 발효시킨다.
10. 7일 정도 후에 사용한다.

백수환동곡(白首還童麴)

목적 대량의 곰팡이와 효모 확보
재료 녹두 10kg, 찹쌀 5kg, 누룩 부재료(솔잎 등)
도구 찜기, 체, 누룩 발효 도구 등

녹두 찌기

1. 껍질 벗긴 녹두 1말을 준비한다.
2. 깨끗하게 씻어 물에 7시간 동안 담가 둔다.
3. 1시간 동안 물기를 빼고 찜기에 올린다.
4. 증기가 나오고 10분 정도 찐다(반만 익힌다).

찹쌀 준비하기

1. 찹쌀 5되를 깨끗하게 씻는다.
2. 물에 3시간 동안 담갔다가 1시간 가량 물기를 뺀다.
3. 곱게 빻는다.

누룩 성형하기

1. 가루 낸 녹두와 쌀가루를 혼합한다.
2. 중간체를 이용해서 내려준다.
3. 두 손으로 움켜쥐어 오리알 크기로 만든다.

누룩 띄우기

1. 항아리 등을 이용한다.
2. 솔잎을 밑에 깐다.
3. 그 위에 누룩을 올린다.
4. 다시 위에 솔잎 넣기를 반복하여 띄운다.
5. 1주일 후에 열어 수분을 날려 준다.
6. 2주 후에는 완전히 꺼내 바람을 쏘인다.
7. 3주 후에는 완전히 말린다.
8. 다 되면 술 빚을 때 곱게 빻아 사용한다.

백수환동주(白首還童酒)

목적 백수환동곡을 이용하고 시루 째 식혀 사용
재료 찹쌀 5kg, 백수환동곡 800g, 깨끗한 찬물 20L 정도
도구 찜기, 혼합용기, 발효조 등

찹쌀 고두밥

1. 찹쌀을 깨끗하게 씻는다.
2. 물에 3시간 동안 담가 둔다.
3. 30번 헹궈 1시간 후 물을 뺀다.
4. 시루(찜기)에 올려 찐다.

고두밥 식히기

1. 찐 쌀을 시루 채 놓는다.
2. 끓여 식힌 물을 준비해 놓는다.
3. 찐 쌀에 찬 물을 부어 씻는다.
4. 더운 기운이 없으면 누룩을 혼합한다.

백수환동곡 사용하기

1. 누룩을 곱게 빻는다.
2. 체로 쳐서 아주 곱게 한다.
3. 식은 고두밥에 누룩을 혼합한다.
4. 발효조에 담아 찬 곳에서 발효시킨다.
5. 21일 뒤에 사용한다.

❖참고

백수환동주는 이러한 기록이 남아 있다.
"이 술의 딴 이름은 상천삼원춘이라고 하니 하늘 나라의 세 가지 으뜸가는 봄이라 한다. 술맛이 입에 머금은 후는 삼키기도 아깝고 사람에게 몹시 보익하여 온갖 병을 물리치고, 골수를 꼭 차게 하니 허약한 사람에게 좋으니 기운이 쇠한 이에겐 얻기 어려운 큰 약이다.
한말에 한기의 수를 더한다 하였으니, 한기는 열두 해다. 하늘 나라에서도 비밀 방문이니 너무 헛되게 전하여 세상의 더러운 사람으로 하여금 배우게 하지 마라."

복분자주-밑술

목적 씨앗술을 이용한 대량의 효모 증식
재료 멥쌀 1kg, 물 2.5L, 씨앗술
도구 발효조 및 혼합용기 등

쌀 씻기

1. 멥쌀에 물을 넣고 한 번 씻어 낸다.
2. 물을 채우고 100번 저어 씻어 준다.
3. 물로 쌀뜨물을 가셔 낸다.
4. 맑은 물이 나오면 씻는 것을 멈춘다.

쌀 물에 담가 물 빼기

1. 쌀을 씻어 맑게 되면 물이 쌀 위로 충분히 올라오게 한다.
2. 물에 3시간 동안 담가 둔다.
3. 3시간 후 새 물로 한 번 씻어 내고 물기를 뺀다.
4. 1시간 후 물기를 뺀다.

쌀가루 내기

1. 쌀을 분쇄기나 믹서에 갈아 곱게 가루 낸다.
2. 쌀가루를 체로(중간체) 곱게 만든다.
3. 용기에 담아 둔다.

범벅 만들기

1. 쌀가루에 끓고 있는 물 2.5L를 붓는다.
2. 멍울지지 않도록 혼합한다.
3. 25℃ 정도로 식힌다.
4. 씨앗술 1L(1kg)를 혼합한다.

발효시키기

1. 발효조에 담는다.
2. 25℃ 정도에서 발효시킨다.
3. 2~3일 후에 덧술한다(덧술 시기 판단).

복분자주-덧술

목적 대량의 알코올 생성과 복분자의 맛과 향 조화
재료 찹쌀 4kg, 복분자 2.5kg
도구 발효조 및 혼합용기 등

복분자 준비하기 1-생 복분자

1. 잘 익은 복분자 2.5kg을 준비한다.
2. 손으로 이물질을 제거해준다.

복분자 준비하기 2-냉동 복분자

1. 술 빚기 전에 실온에 맞게 해동시켜 놓는다.
2. 해동시킬 때 먼지 등 이물질이 들어가지 않도록 주의한다.

고두밥 찌기

1. 찹쌀을 씻는다(모든 쌀은 깨끗하게 10분 이내로 씻어 준다).
2. 물에 3시간 정도 담가 둔다.
3. 1시간 후 물을 빼준다.
4. 찜기에 올려 충분히 찌고 차게 식힌다.

밑술과 혼합하기

1. 밑술을 걸러 누룩을 제거한다.
2. 지게미는 버리고 즙만 취한다.
3. 찹쌀 고두밥과 밑술을 충분히 혼합한다(밑술 양이 적어 혼합을 많이 해준다).

복분자와 혼합하기

1. 밑술과 고두밥 혼합을 충분히 한 후에 복분자를 넣는다.
2. 흰 쌀알이 보이지 않을 정도로 혼합한다.
3. 발효조에 담는다.
4. 22～25℃에서 약 30～40일 후에 술이 익으면 사용한다.

류가향(柳家香)-밑술

목적 구멍떡을 이용한 호화와 당화
재료 멥쌀 1L(1kg), 물 500ml, 누룩 600g
도구 삶는 통, 주걱 등

쌀가루 내기

1. 멥쌀을 깨끗하게 씻는다.
2. 물에 3시간 정도 불린다.
3. 약 1시간 물기를 뺀다.
4. 곱게 가루 낸다.

쌀가루 반죽하기

1. 물을 끓인다.
2. 곱게 가루 낸 쌀에 끓는 물을 조금씩 붓는다.
3. 큰 덩어리를 만들어 반죽한다(칼국수 반죽하듯 한다).
4. 많이 치대어 반죽을 완성한다.

구멍떡 만들기

1. 반죽한 것을 3등분한다.
2. 구멍떡을 크고 넓게 3개 만든다.

구멍떡 삶기

1. 삶는 통을 준비한다.
2. 물을 끓여 구멍떡 3개를 함께 넣는다.
3. 삶아서 뜨면 건져내고 주걱으로 덩이가 없이 만든다.
4. 온기가 있게 식힌다.
5. 누룩과 삶은 물 2L를 넣어 혼합한다.

발효시키기

1. 따뜻한 곳에서 발효시킨다.
2. 4일 후, 덧술한다.

류가향(柳家香)-덧술

목적 사탕같이 달콤한 술
재료 찹쌀 5L(5kg)
도구 발효조 등

고두밥 찌기

1. 찹쌀 5L를 깨끗하게 씻는다.
2. 물에 7시간 정도 충분히 불려 준다.
3. 약 1시간 물기를 뺀다.
4. 무르게 찐다.
5. 차게 식힌다.

밑술과 혼합하기

1. 앞에 빚어 놓은 술을 준비한다.
2. 식힌 고두밥과 혼합한다.
3. 충분히 혼합하여 각 지지 않게 한다.

발효시키기

1. 25~30℃ 정도로 온기가 있는 곳에서 발효 시킨다.
2. 짧게는 1주일 길게는 3~4주 지난 후에 사용한다.

❖참고

단맛이 강한 술을 제조할 경우, 차가운 곳에서는 3개월 이상이 지나야 단맛이 강한 술이 되고, 따뜻한 곳에서는 3주 내에 완성된다.

햅쌀술-밑술

목적 백설기 제조기술 익히기
재료 백미(멥쌀) 4kg, 물 4리터, 누룩가루 1kg, 밀가루 300g
도구 발효조 15리터

멥쌀가루 만들기

1. 쌀 4kg을 법대로 씻어 물에 3시간 불린다.
2. 1시간 물을 뺀다.
3. 곱게 가루 내어 물 400ml를 고르게 혼합한다.
4. 중간체로 쳐 놓는다.

백설기 만들기

1. 찜기에 증기가 올라오면 시루를 올려 찐다.
2. 증기가 뚜껑 밖으로 나오고 40분 찐다.
3. 20분 뜸 들인다.

백설기 범벅 만들기

1. 백설기와 물 4리터 정도 넣을 수 있는 용기를 준비한다.
2. 뜨거운 백설기에 끓고 있는 물 4리터를 붓고 으깨준다.
3. 25도로 식힌다.
4. 절구로 빻아 체로 친 누룩가루 1kg을 넣는다.
5. 동시에 우리밀가루 300g을 넣고 혼합한다.
6. 발효조에 담는다.

발효시키기

1. 발효조에 담고 1일 1~2회 혼합을 충분히 한다.
2. 22도 정도에서 발효시킨다.
3. 5일 후에 덧술한다.

❖참고

백설기를 찔 때 쌀 양의 10% 정도의 물을 가루에 가수해 주고 체로 쳐 잘 익도록 도와준다. 또한, 누룩은 절구로 빻아서 중간체로 친 고운 가루를 이용한다.

❖주의

백설기에 사용하는 시루보는 반드시 말린 시루보를 이용해야 쌀이 보에 묻지 않는다. 또한, 백설기는 식히지 않고 매우 뜨거운 상태에서 뜨거운 물을 부어야 한다.

햅쌀술-덧술

목적 백설기 제조기술 익히기
재료 백미(멥쌀) 6kg, 물 6리터
도구 발효조 30리터 정도

쌀 씻어 물에 담그기

1. 쌀 6kg을 법대로 씻어 물에 7시간 담가 둔다.
2. 1시간 물을 뺀다. (먼지 등 이물질이 들어가지 않도록 뚜껑을 덮는다.)

멥쌀 고두밥 찌기

1. 찜기에 증기가 올라오면 시루를 올려 찐다.
2. 증기가 뚜껑 밖으로 나오고 50분 찐다.
3. 찐 고두밥에 찬 물 1.2리터를 붓고 고르게 혼합해 준다.
4. 밖으로 증기가 나오고 다시 20분 찐다.
5. 고두밥이 잘 익었는지 반드시 확인한다.

고두밥과 물 혼합하기

1. 고두밥과 물 6리터를 혼합해 놓을 뚜껑 있는 용기를 준비한다.
2. 뜨거운 상태의 멥쌀 고두밥을 용기에 담는다.
3. 끓고 있는 물 6리터를 고두밥에 붓는다.
4. 고르게 혼합해 주고 고두밥에 수분이 모두 흡수되면 뚜껑을 덮는다.
5. 25~30도 정도 되는 곳에 10시간 둔다.
6. 완전히 익은 고두밥을 꺼내 25도 정도로 식힌다.

발효시키기

1. 식힌 고두밥과 밑술을 혼합한다.
2. 발효조에 담아 25도로 발효시킨다.
3. 위에 맑은 술이 뜨면 맑은 술을 따로 떠내고 걸러 냉장고에 넣어 둔다.
4. 맑은 술이 뜨면 사용한다.

❖참고

고두밥과 뜨거운 물 혼합해 놓는 용기는 두께가 두꺼운 것(항아리 등)이 좋다. 항아리가 없으면 스테인리스 용기를 이용하고 따뜻한 곳에 둔다.

백화주(百花酒) 밑술-100가지 꽃을 넣어 빚은 술

목적 찹쌀을 이용한 밑술 제조
재료 찹쌀 2kg, 물 10리터, 누룩가루 1kg, 밀가루 300g

쌀 가루 내기

1. 쌀을 법대로 깨끗하게 씻어 물에 3시간 담가 둔다.
2. 곱게 가루 내어 체로 친다.

죽 쑤기

1. 물 10리터 중에서 2리터를 빼 사용한다.
2. 찬물 2리터에 쌀가루를 푼다.
3. 물 8리터를 팔팔 끓인다.
4. 끓고 있는 물을 쌀가루 물에 붓는다.
5. 멍울 없이 잘 풀어 25도로 식힌다.
6. 식힐 때 뚜껑을 덮어 먼지 등이 들어가지 않도록 한다.

죽과 누룩 혼합하기

1. 식힌 죽에 누룩가루와 밀가루를 넣는다.
2. 전체적으로 고르게 혼합한다.

발효시키기

1. 발효조에 담고 안쪽을 깨끗이 닦아 준다.
2. 술독 내부 품온이 25도 이상 오르지 않도록 한다.
3. 1일 2회 살균된 주걱 등으로 혼합한다.
4. 2~3일 후에 덧술한다.

백화주(百花酒) 덧술-100가지 꽃을 넣어 빚은 술

목적 꽃을 술에 넣는 방법
재료 찹쌀 8kg, 백화 30g

꽃 준비하기

1. 백화 30g을 준비한다.
2. 꽃 중에서 싸리꽃, 옥잠화, 외철쭉은 넣지 않는다.

고두밥 찌기

1. 찹쌀을 깨끗하게 씻어 물에 7시간 불린다.
2. 1시간 물을 빼고 잘 익도록 찌고 25도로 식힌다.

밑술과 혼합하기

1. 밑술을 준비한다.
2. 식힌 고두밥과 밑술을 혼합한다.
3. 고두밥에 수분이 잘 들도록 한다.

백화 넣기

1. 발효조 바닥에 10그램을 넓게 펼쳐 넣는다.
2. 밑술과 고두밥 혼합한 것 반을 넣는다.
3. 그 위에 다시 꽃 10그램을 펼쳐 넣는다.
4. 나머지 밑술과 고두밥 혼합한 것을 넣는다.
5. 맨 위에 꽃 10그램을 펼쳐 넣는다.

발효시키기

1. 면보나 유지 등으로 입구를 덮어 준다.
2. 뚜껑을 덮고 20~25도 사이에서 발효시킨다.
3. 혼합하지 말고 맑은 술이 뜰 때까지 기다린다.
4. 술이 잘 익으면 걸러 냉장고(0~4도)에 넣는다.
5. 층 분리가 일어나 맑은 술이 뜨면 병입해 사용한다.

❖참고

술 거르고 남은 지게미의 무게를 달아 같은 양의 물을 넣고 거른 술을 1리터 정도 넣어 걸러 내면 어디에서도 맛 볼 수 없는 맛있는 백화주 막걸리를 만들 수 있다.

과하주(過夏酒)

목적 증류주 투입시기와 술의 맛과 향 조화
재료 찹쌀 4되(4kg), 누룩 400g, 물 4L, 증류주 13.3L(26%)
도구 찜기, 주걱 등

수곡 만들기

1. 끓여 식힌 물 5L를 준비한다.
2. 물이 차게 식으면 누룩 400g을 물에 넣는다.
3. 약 7시간 정도 담가 둔다.
4. 체를 이용해 지게미를 걸러 낸다.

찹쌀 고두밥

1. 찹쌀을 깨끗하게 씻는다.
2. 물에 3시간 정도 담가 둔다.
3. 물기를 1시간 빼준다.
4. 찜기에 올려 푹 쪄준다.
5. 20분 뜸을 들이고 차게 식힌다.

수곡과 고두밥 혼합

1. 수곡을 준비한다.
2. 수곡과 차게 식힌 고두밥을 혼합한다.

발효시키기

1. 깨끗하게 살균하여 식힌 발효조를 준비한다.
2. 혼합한 것을 넣는다.
3. 입구를 덮는다.
4. 5일 후, 소주를 붓는다.

소주 준비하기

1. 알코올 도수 26%짜리 증류주 13.3L를 준비한다.
2. 앞에 빚어 놓은 술에 넣는다.
3. 25℃ 되는 곳에서 약 3주 정도 발효시킨다.
4. 맑은 술이 뜨면 마신다.

알코올 도수 측정

목적 술의 정화한 알코올 분 측정
재료 술 100ml, 증류수
도구 소형 증류기, 주정계, 온도계, 주정분 온도 환산표 등

사전 준비하기

1. 삼각플라스크, 냉각기, 냉각펌프, 삼각발, 받침대 등 시험 장비를 준비한다.
2. 유리 장비들을 조심히 다루고 물기가 있는 것은 깨끗하게 닦아 놓는다.

술 준비하여 넣기

1. 측정할 술 100ml를 준비한다.
2. 증류부에 술 100ml를 넣는다.
3. 증류수 30ml를 추가로 넣어 준다.

장비 조립하기

1. 증류부에 냉각부를 연결시킨다.
2. 지지대와 집게를 이용해 증류기가 움직이지 않도록 고정시킨다.
3. 냉각 펌프를 연결시킨다.
4. 증류액 배출 부분에 메스실린더를 놓고 증류부를 가열한다.

증류주 받기

1. 메스실린더에 70ml를 받는다.
2. 70ml를 받으면 증류를 멈춘다.
3. 증류수를 채워 100ml를 받는다.
4. 메스실린더를 흔들어 혼합해 준다.
5. 기포가 사라질 때까지 기다린다.

주정계 넣기

1. 온도계로 온도를 측정한다(기록해 놓는다).
2. 메스실린더에 주정계를 돌려가며 넣는다.
3. 주정계의 눈금을 측정한다.
4. 다시 온도를 측정한다.
5. 주정분 온도 환산표로 알코올 도수를 측정한다.

❖참고
증류수를 넣어줄 때에는 메스실린더를 가셔가며 증류부에 넣어 준다.

알코올 도수 예측하기

내가 빚는 술은 알코올분이 몇 %일까? 술을 빚어 정확히 측정하면 알겠지만 미리 예측할 수 있는 방법도 있다. 술을 제조하면 쌀 등 곡물의 양이 정해진다. 그러면 쌀 자체가 가지고 있는 전분의 양이 한정되어 있는 것이고 전분의 양이 한정되어 있으면 포도당 또한 한정된 양이 나오게 된다. 포도당이 알코올로 전화되기 때문에 알코올의 양 또한 정해지게 된다. 여기에 물을 얼마나 넣느냐에 따라서 알코올 도수가 달라지기 때문에 대략적인 알코올 도수를 측정할 수 있는 것이다. 다음 내용을 보자.

		(당화)		(발효)		
전분	+ 물	→	포도당	→	에탄올	+ 이산화탄소
$(C_6H_{10}O_5)_n$	+ $n(H_2O)$	→	$n(C_6H_{12}O_6)$	→	$2n(C_2H_5OH)$	+ $2n(CO_2)$
100kg	+ 11.11kg	→	111.11kg	→	56.83kg	+ 54.28kg

쌀은 전분함량이 74%이기 때문에 쌀 100kg으로 술을 빚으면 74kg의 전분을 넣는 것과 같다. 여기에 포도당 생성량은 74 x 111.11/100을 하게 되면 82.22kg이 생성된다. 포도당 82.22 x 56.83/100을 하면 42.05kg의 알코올을 얻을 수 있다. 여기서 에탄올의 비중이 0.79이기 때문에 42.05/0.79 = 53.23L의 알코올을 얻을 수 있다. 즉, 쌀 100kg으로 술을 빚으면 알코올 53.23L를 얻을 수 있다. 또한, 포도당 생성량에서 에탄올 생성량을 빼면(82.22-42.05) 40.17kg이 생성된다.

여기에 물을 160%, 즉 쌀 100kg에 물 160L를 넣는다면 쌀 100kg에 에탄올 53.23L가 생성되기 때문에 쌀 100kg과 물 160리터를 혼합하면 260kg이 되고, 여기에 이산화탄소 40.17이 빠지게 된다. 즉 260-40.17=219.83kg이 되고 219.83kg 안에 에탄올이 53.23L가 들어있는 것이기 때문에 53.23/219.83 x 100을 하게 되면 24.21%의 술이 나오게 된다.

그러나 전분에서 포도당이 생성되는 양은 약 90%이기 때문에 82.22 x 90%를 하면 74kg의 포도당이 생성되고 위의 방식대로 계산하면 에탄올 생성량은 47.91L가 된다. 이렇게 포도당 생성량이 달라지기 때문에 이산화탄소 생성량은 36.15kg이 되고 완성된 술덧의 총량은 223.85가 된다. 여기에서 효모가 모든 포도당을 에탄올로 만드는 것이 아니라 개체증식 등에 사용하기 때문에 90% 정도 알코올 발효를 하게 된다. 즉 47.91 x 0.9를 술덧 총량 223.85으로 나누면 19.26%가 된다.

글로 읽으면 복잡하기 때문에 간단히 정리하면 다음과 같다. 쌀 100kg으로 술을 빚으면 43리터의 술이 나오게 되고 술덧 총량(쌀 총량 + 물 총량 - 이산화탄소 총량)으로 나누면 된다. 그러면 다음과 같은 공식을 만들 수 있다. 그러나 당화제, 발효제의 상태에 따라서 알코올 도수는 달라진다. 누룩의 상태, 당화력, 발효조의 형태, 주변 습도 등에 의해 알코올분은 차이가 날 수 있기 때문에 본 공식은 대략적으로 예상되는 알코올분을 예측할 때만 사용하는 것이 좋다. 완성된 술은 반드시 정확한 알코올분을 측정해야 한다.

$$\frac{\text{쌀 양의 43\%}}{(\text{쌀 총량} + \text{물 총량} - \text{쌀 양의 36\%})} = \text{예상 알코올분}$$

*이산화탄소 총량은 쌀 총량의 36%

부 록: 대한민국 술 제조장 편람

❖참고
본 자료를 가지고 양조장을 탐방할 때에는 반드시 인터넷 지도 검색 등을 통해 미리 확인해야 한다. 역사적 가치 때문에 기재하긴 했지만 현재는 운영되지 않거나 사라진 제조장이 있기 때문에 무턱대고 찾아가면 없는 경우가 있을 수 있다.

대한민국 술 제조장 편람은 필자가 2009년부터 1년 정도에 걸쳐 만들었던 우리나라 양조장 리스트이다. 지역의 양조장을 찾아다니고 싶어도 관련 정보를 찾는 것은 쉬운 일이 아니다. 현재 농림축산식품부에서 6차 산업 활성화와 함께 전통주 제조장 탐방을 적극적으로 추진하고 있고, 2010년 본 자료를 농림수산식품부(현 농림축산식품부)에 전달하였다. 그로부터 매년 추가로 보완하여 현재의 술 제조장 편람이 만들어지게 되었다.

본 자료를 만든 2009~2018년 동안 새로 설립하거나, 사라진 양조장 또한 적지 않다. 우리 술 침체기가 계속되던 2008년 이전에는 많은 막걸리 제조장들이 역사 속으로 사라졌고, 2009년부터 막걸리 붐이 일면서 많은 양조장들이 생겨났다. 그러나 본 자료에는 현재 사라진 양조장도 그대로 기록해 두었다. 그 이유는 '역사적 가치' 때문이다. 이러한 양조장이 있었다는 것 자체가 술을 하는 사람으로서 귀한 자료가 되기 때문에 그대로 기록해 놓은 것이다.

2010년 전국의 막걸리제조장을 탐방하면서 본 자료를 이용하였으며 실제로 찾아간 양조장이 문을 닫은 곳도 있었다. 그러나 대부분의 양조장들은 소량이지만 술을 제조하고 있었으며 지역의 특산 막걸리들을 생산하고 있었다. 영업을 하고 있지 않은 양조장도 그 안에는 옛 양조장의 모습을 그대로 간직하고 있는 곳도 있었으며, 일제 강점기 때의 술 제조장 모습을 그대로 간직하고 있는 곳도 볼 수 있었다.

현재 우리나라 전통주를 살리기 위해서 관련 기관이나 단체에서도 많은 노력을 하고 있다. 앞으로는 본 자료를 좀 더 보완하여 양조장명과 주소, 전화번호만이 아닌 각 양조장에서 제조하는 술과 위치정보, 지도 등을 만들어 대중들에게 공개할 필요가 있다. 주세법 시행 100년이 지났지만 우리나라에 양조장이 정확히 몇 개 있는지 조차 제대로 파악이 되지 않고 있다는 것은 매우 안타까운 일이다.

많이 미흡하지만 지역별 우리 술 제조장들이 활성화되길 기대하면서 본 자료를 공개한다. 앞으로 계속 자료를 수정 · 보완하여 좀 더 많은 정보를 담은 '대한민국 술 제조장 편람'이 되었으면 한다.

서울특별시

번호	회사명	주소	전화번호
1	국순당	서울특별시 강남구 삼성동 110-3	02-513-8500
2	더한	서울특별시 중구 삼일대로 2길 58	02-2280-8080
3	동네방네	서울특별시 마포구 숭문길 195	02-716-6107
4	동네방네	서울특별시 동대문구 왕산로 32길 83	
5	서울생주조	서울특별시 성동구 성수동 2가 281-10	02-462-8615
6	서울탁주강동연합제조장	서울특별시 강동구 둔촌동 141-4	02-471-2067
7	서울탁주구로연합제조장	서울특별시 양천구 목3동 621-12	02-2654-8735
8	서울탁주도봉연합제조장	서울특별시 도봉구 창 2동 553-1	02-2635-0611
9	서울탁주서부연합제조장	서울특별시 은평구 증산동 164-9	02-373-5560
10	서울탁주성동연합제조장	서울특별시 성동구 성수동 273-9	02-466-1937
11	서울탁주영등포연합제조장	서울특별시 영등포구 양평동1가 224	02-2633-0611
12	서울탁주태능연합제조장	서울특별시 중랑구 묵동 243-135	02-973-4784

경기도

번호	회사명	주소	전화번호
1	가양주조(주)	경기도 수원시 권선구 서수원로 143-9	031-296-3870
2	감홍로(주)	경기도 파주시 파주읍 부곡2리 34-7	031-954-6233
3	가평삼정주조	경기도 가평군 설악면 신천리 432	031-584-7070
4	경안탁주합동제조장	경기도 광주시 중부면 상번천리 702-3	031-761-2466
5	경원리큐르	경기도 김포시 대곶면 초원지리 388-7	031-987-9562
6	고양탁주합동제조장	경기도 고양시 덕양구 주교동 218-3	031-963-9220
7	고하양조장	경기도 용인시 처인구 포곡읍 삼계리 삼계 275-12	031-334-0726
8	광주탁주합동제조장	경기도 광주시 중부면 상번천리 702-3	031-761-2466
9	계명주양조원	경기도 이천시 사음동 54-1호	031-631-3243
10	그린영농조합	경기도 안산시 단원구 대부북동 1011-3	032-886-9873

(계속)

번호	회사명	주소	전화번호
11	글로벌 식품외식사업단	경기도 광주시 실촌면 연곡리 51	080-500-3422
12	김포양조	경기도 김포시 월곶면 군하리 384-2	031-989-5569
13	남양양조장	경기도 화성시 송림동 248-1	031-356-2010
14	남한산성양조장	경기도 광주시 도척면 노곡리 368-4	031-797-3600
15	남한산성소주	경기도 광주시 실촌면 연곡리 51번지	031-482-8000
16	남한산성소주	경기도 광주시 실촌읍 건업리 135호	080-500-3422
17	내촌주조	경기도 포천시 내촌면 내리 485	031-532-2925
18	능서양조장	경기도 여주군 능서면 번도리 493	031-882-4315
19	대농바이오(영)	경기도 광주시 퇴촌면 관음리 229-2	1688-0642
20	만통	경기도 화성시 양감면 송산리 535-10	031-352-7880
21	문배주양조원	경기도 김포시 통진읍 서암리 203-4	031-989-9333
22	발안양조장	경기도 화성시 팔탄면 구장리 214	031-353-0019
23	배혜정도가(주)	경기도 화성시 정남면 문학리 674-23	031-354-9376
24	백석양조장	경기도 양주시 백석읍 방성리 50-7	031-879-2007
25	봉일천양조장	경기도 파주시 조리읍 봉일천리 266	031-941-4020
26	부발양조장	경기도 이천시 부발읍 무촌리 221	031-632-5006
27	부천양조장	경기도 부천시 소사구 송내동 395-7	032-651-3907
28	사능양조장	경기도 남양주시 진건읍 신월리 101-12	031-573-8383
29	산머루농원	경기도 파주시 적성면 구읍리 67-1	031-958-4558
30	상신주가	경기도 포천시 일동면 가산리 31번지	031-532-3007
31	서평택탁주	경기도 평택시 안중읍 현화리 172-3번지	031-682-6826
32	선운산복분자주홍진	경기도 과천시 과천동 432-2	02-507-2711
33	성남양조장	경기도 성남시 수정구 고등동 162	031-751-0969
34	성남용인탁주제조장	경기도 용인시 처인구 백암면 백암리 백암 443	031-332-4035
35	성해양조	경기도 안산시 상록수 부곡동 206-4	031-403-7706
36	송탄양조장	경기도 평택시 청룡동 73-4	031-655-2123
37	수원양조장	경기도 수원시 팔달구 중동 14	031-252-3763
38	수원양조장(수원합동양조장)	경기도 수원시 권선구 세류2동 565-5	031-232-2475
39	술마루(주)	경기도 양평군 청운면 다대리 404번지	031-771-9755
40	술빚는전가네	경기도 포천시 영북면 산정리 519번지	031-532-9708
41	술샘(농업회사법인)	경기도 용인시 처인구 양지면 양지로 142-1	070-4218-5225
42	술아원	경기 여주시 대신면 초현리 126	070-8776-0007
43	시흥양조장	경기도 시흥시 대야동 420-53	031-313-6060
44	신갈수지협동양조장	경기도 용인시 기흥구 신갈동 51-10	031-283-2388
45	아이비(영)	경기도 양평군 강하면 왕창리 48-3	031-775-0500
46	안산합동양조장	경기도 안산시 상록구 장하동 57	031-485-4543

(계속)

번호	회사명	주소	전화번호
47	안성서운포도영농조합법인	경기도 안성시 서운면 신촌리 27-11	031-672-6771
48	안성양조장	경기도 안성시 미양면 계륵리 270-3	031-677-4221
49	안성탁주합동제조장	경기도 안성시 미양면 계륵리 270-3	031-677-4222
50	안중양조장	경기도 평택시 안중읍 현화리 26-2	031-682-2179
51	양운주조	경기도 광주시 도척면 노곡리 368-4	031-797-3600
52	양조장	경기도 광명시 철산동 401	02-2683-8655
53	양주탁약주제조(주)	경기도 양주시 백석읍 방성리 50-7	031-879-2007
54	여주북내가남탁주제조장	경기도 여주군 북내면 당우리 152-8	031-882-0117
55	오산양조	경기도 오산시 시장길 64	031-374-2139
56	오산양조장	경기도 오산시 궐동 33-13	031-374-2036
57	오산지구합동양조장	경기도 오산시 오산동 869-1	031-375-0183
58	오성주조장	경기도 이천시 단월동 543-3	031-633-5864
59	옥로주	경기도 용인시 처인구 백암녀 박곡리 박곡 704	031-333-0335
60	용문주조장	경기도 양평군 용문면 마룡리 321-8	031-773-3012
61	용인합동양조장	경기도 용인시 처인구 포곡읍 금어리 금어 568-1	031-338-6526
62	우리술(주)	경기도 가평군 하면 대보리 427-3	031-585-8525
63	유천양조	경기도 용인시 처인구 백암면 박곡리 704	031-333-0335
64	원곡양조장	경기도 안성시 원곡면 외가천리 269-11	031-653-3015
65	원삼양조장	경기도 용인시 처인구 원삼면 고당리 고당 71-7	031-332-8021
66	이동주조(주)	경기도 포천시 이동면 화동로 2466	031-535-2800
67	이천양조장	경기도 이천시 창전동 467-19	031-635-2013
68	이화양조장	경기도 오산시 오산동 869-1	031-375-0022
69	인천바이오(주)	인천광역시 연수구 아카데미로 113	032-835-8943
70	인천탁주합동제조장	인천광역시 부평구 청천동 395-44	031-524-5016
71	일죽양조장	경기도 안성시 일죽면 송천리 19-3	031-672-5030
72	자오가피화삼주조	인천광역시 강화군 강화읍 남산리 276	032-934-9982
73	장호원양조장	경기도 이천시 장호원읍 장호원리 14-1	031-641-2017
74	정헌배인삼주가	경기도 안성시 가사동 15-9	031-677-3363
75	조술당	경기도 포천시 화현면 화현리 679-9	031-536-5563
76	죽산양조장	경기도 안성시 죽산면 장원리 447	031-676-6006
77	지평탁주제조장	경기도 양평군 지평면 지평리 551-2	031-773-7030
78	찬우물	인천광역시 강화군 선원면 냉정리 523-9	032-934-1454
79	참살이L&F	경기도 광주시 곤지암읍 건업리 135번지	1577-3425
80	청산양조장	경기도 연천군 청산면 궁평리 511	031-835-2681
81	추연당(농업회사법인)	경기도 여주시 가남읍 금당리길 1-111	070-8850-5312
82	칠선(주)	인천광역시 강화군 불은면 삼성리 1027-42	080-937-7755

(계속)

번호	회사명	주소	전화번호
83	탁주합동제조장	경기도 고양시 덕양구 주교동 218-3	031-962-6073
84	태강	경기도 연천군 전곡읍 은대리 36-3	031-834-4211
85	파주탁주(주)	경기도 파주시 파주읍 파주리 719	031-952-4312
86	평택합동탁주제조장	경기도 평택시 청룡동 73-4	031-656-8877
87	포천막걸리(주)	경기도 포천시 군내면 직두리 234-6	031-535-2045
88	포천명가	경기도 포천시 군내면 직두리 576-8호	031-536-7778
89	포천포도와인영농조합법인	경기도 포천시 가산면 우금리 468	031-541-9059
90	포천일동주조(주)	경기도 포천시 일동면 수입리 907	031-531-0101
91	한길탁주제조장	경기도 여주군 대신면 율촌리 282-3	031-882-7621
92	한주양조	경기도 안성시 서운면 신촌리 270-9	031-672-0964
93	흥천이포제조장	경기도 여주군 흥천면 효지리 376-11호	02-757-8853
94	화요(주)	경기도 여주군 가남면 은봉리 34-4	031-881-3057

강원도

번호	회사명	주소	전화번호
1	강릉탁주공동제조장	강원도 강릉시 홍제동 93-8	033-648-3740
2	강원인삼농협	강원도 홍천군 홍천읍 상오안리 62-1	033-435-3433
3	계촌양조장	강원도 평창군 방림면 계촌리 1415	033-333-4615
4	고성탁주제조장	강원도 고성군 간성읍 신안리 345-4	033-681-2008
5	공근양조장	강원도 횡성군 공근면 학담리 143-2	033-342-3025
6	국순당	강원도 횡성군 둔내면 현천리 81-3	080-0035-100
7	국순당정선명주(주)	강원도 정선군 북평면 남평리 412-1	033-563-5603
8	귀래양조장	강원도 원주시 귀래면 운남리 947-2	033-763-4206
9	귀래탁주합동제조장	강원도 원주시 귀래면 운남리 947-2	033-763-4984
10	낙천(주)	강원도 동해시 구호동 235-6	033-522-1165
11	남면양조장	강원도 홍천군 남면 양덕원리 238-1	033-432-4020
12	너와마을(영)	강원도 삼척시 도계읍 문의재로 1274	033-552-3560
13	농업회사법인국순당정선명주	강원도 정선군 북평면 남평리 412-1	033-563-5603
14	도원양조장	강원도 삼척시 도계읍 도계리 340-1	033-541-2162
15	동강산머루(영)	강원도 영월군 영월읍 문산리 625-2	010-7372-1477
16	동내양조장	강원도 춘천시 죽림동 315	033-254-2352
17	두루	강원도 홍천군 내촌면 용포길 31-25	033-433-9090
18	둔내양조장	강원도 횡성군 둔내면 407	033-342-1009
19	대관령주조	강원도 평창군 대관령면 차항리	033-335-5354
20	만나포도원	강원도 춘천시 신북읍 지내리 646-1	033-244-5052

(계속)

번호	회사명	주소	전화번호
21	모곡양조장	강원도 홍천군 서면 동막리 486-8	033-434-1386
22	무낼주조	강원도 정선군 사북읍 직전로 769	033-591-5888
23	방풍도가(자연과 사람들)	강원도 강릉시 사천면 미노길 103	033-647-0677
24	북평양조장	강원도 동해시 삼화동 98-1	033-534-8011
25	사북양조장	강원도 정선군 고한읍 고한리 202	033-592-2264
26	산수	강원도 홍천군 화촌면 야시대리 231	070-4195-0772
27	삼척장외영농조합법인	강원도 삼척시 성북동 73-4	033-573-3489
28	삼척양조장	강원도 삼척시 당저동 107-2	033-572-5588
29	설악양조	강원도 홍천군 홍천읍 삼마치리 474	033-435-9966
30	소양강도가	강원도 춘천 신북읍 율문리 553-13	033-243-2252
31	소초합동양조장	강원도 원주시 소초면 장양리 896	033-747-3456
32	솔래원영농조합	강원도 양구군 방산면 현리 173-9	033-481-1121
33	송정양조장	강원도 동해시 송정동 851-33	033-522-4059
34	수성영농조합법인	강원도 고성군 간성읍 탑동리 21	033-681-1078
35	시동양조장	강원도 홍천군 남면 시동리 633-1	033-432-6347
36	신림양조장황둔지점	강원도 원주시 신림면 황둔리 284	033-764-2026
37	쌍용양조장	강원도 영월군 서면 쌍용리 464	033-372-5027
38	안흥양조장	강원도 횡성군 안흥면 안흥리 282	033-342-4044
39	양구양조장	강원도 양구군 양구읍 상리 290	033-481-2019
40	양양민속도가	강원도 양양군 강현면 방축리 144	033-673-3015
41	여량양조장	강원도 정선군 북면 여량리 118	033-562-4108
42	영월더덕(영)	강원도 영월군 주천면 신일리 379-2	033-372-1885
43	영월더덕영농조합	강원도 영월군 주천면 신일리 379-2	033-372-1887
44	영월양조장	강원도 영월군 영월읍 덕포리 689-3	033-374-8304
45	영월영농조합더덕	강원도 영월군 주천면 신일리 379-2	033-372-1885
46	오대서주양조	강원도 평창군 진부면 하진부리 15	033-335-7608
47	옥계양조장	강원도 강릉시 옥계면 현내리 366-3	033-534-1178
48	옥선영농조합	강원도 홍천군 서석면 어론리 204-7	033-482-8000
49	원주탁주합동제조장	강원도 원주시 개운동 386-8	033-762-5083
50	인제양조장(한계령막걸리)	강원도 인제군 기린면 북리 297	033-463-8869
51	인제합동양조장	강원도 인제군 인제읍 합강리 274-8	033-461-2460
52	임원양조장	강원도 삼척시 원덕읍 임원리 430	033-572-5127
53	장성양조장	강원도 태백시 구문소동 60-7	033-581-6647
54	장평양조장	강원도 평창군 용평면 장평리 317-5	033-332-4221
55	정라양조장	강원도 삼척시 정상동 83-2	033-573-6814
56	정선생열귀영농조합	강원도 정선군 정선읍 용탄리 1038	033-563-4090

(계속)

번호	회사명	주소	전화번호
57	(주)디오니캐슬와인	강원도 횡성군 공근면 초원리 109	033-344-7787
58	주문진탁주합동제조장	강원도 강릉시 주문진읍 교항리 74-1	033-662-3073
59	(주)원앤원	강원도 횡성군 청일면 갑천리 57	033-342-4154
60	(주)원앤원하양주가	강원도 횡성군 청일면 갑천리 56-2	033-344-5154
61	주천양조장	강원도 영월군 주천면 주천리 1143	033-372-7305
62	채향원	강원도 화천군 간동면 유촌리 371	010-9366-2527
63	천전양조장	강원도 춘천시 신북읍 율문리 553	033-243-2252
64	철원양조장	강원도 철원군 갈말읍 문혜리 170-3	033-452-3434
65	초가(주)	강원도 철원군 김화읍 외골길 33-12	033-458-7676
66	춘천보문주조장	강원도 춘천시 석사동 114-22	033-262-4807
67	팔봉산양조장	강원도 홍천군 서면 반곡리 298-7	033-434-0010
68	한천양조장	강원도 철원군 동송읍 이평리 716	033-455-2164
69	함백양조장	강원도 정선군 신동읍 조동리 305-38	033-378-7333
70	홍지원	강원도 평창군 평창읍 주진리 156-18	033-332-5362
71	홍지원(주)	강원도 평창군 평창읍 농공단지길 24-13	033-332-5800
72	화천양조장	강원도 화천군 화천읍 상리 95-3	033-442-2056
73	화천주가(주)	강원도 화천군 하남면 원천리 524	033-442-0052
74	횡성양조장	강원도 횡성군 횡성읍 읍상리 288-11	033-343-2659

충청북도

번호	회사명	주소	전화번호
1	가곡양조장	충청북도 단양군 가곡면 사평리 438-7	043-422-8026
2	가금양조장	충청북도 충주시 가금면 탑평리 242-2	043-844-0821
3	가덕양조장	충청북도 청원군 가덕면 노동리 17	043-298-2333
4	가산바이오메디푸드	충청북도 옥천군 안내면 답양리 85	043-733-9060
5	감곡양조장	충청북도 음성군 감곡면 오궁리 133-2	043-882-2022
6	관기양조장	충청북도 보은군 마로면 관기리 388	043-542-2625
7	고택밀주	충청북도 옥천군 옥천읍 문정리 6-2호	011-462-0386
8	괴산양조장	충청북도 괴산군 괴산읍 동부리 623	043-832-2105
9	군복양조장	충청북도 옥천군 군북면 증약리 1109-3	043-732-5222
10	군북안남탁주공동제조장	충청북도 옥천군 군북면 증약길 51-10	043-732-5222
11	군서양조장	충청북도 옥천군 군서면 동평리 424-1	043-732-4017
12	금왕양조장영농조합법인	충청북도 음성군 금왕읍 금석리 340-2	043-877-0807
13	남이양조장	충청북도 청원군 남이면 척산리 590	043-260-6009
14	남일양조장	충청북도 청원군 남일면 고은리 553-3	043-294-4227

(계속)

번호	회사명	주소	전화번호
15	노은양조장	충청북도 충주시 노은면 연하리 553-5	043-853-5917
16	단양양조장	충청북도 단양군 단양읍 도전리 290	043-422-2153
17	단양양조장	충청북도 단양군 단양읍 도전9나길3	043-422-2153
18	대강양조장	충청북도 단양군 대강면 장림리 113-7	043-422-0077
19	대소양조장	충청북도 음성군 대소면 오산리 225-4	043-881-7015
20	덕산양조장	충청북도 제천시 덕산면 도전리 430	043-642-3009
21	동량양조장	충청북도 충주시 동량면 조동리 1284-1	043-851-2550
22	동이양조장	충청북도 옥천군 옥천읍 금구리 162-44	043-732-3383
23	매곡양조장	충청북도 영동군 매곡면 노천리 40-2	043-743-2006
24	매포양조장	충청북도 단양군 매포읍 평동리 256-5	043-421-5508
25	목도양조장	충청북도 괴산군 불정면 목도리 302-1	043-833-7010
26	미리내(주)	충청북도 부은군 삼승면 상가리 333 R&D센터 203호	043-544-1937
27	백운양조장	충청북도 제천시 백운면 평동리 224-1	043-652-6044
28	보은송로	충청북도 보은군 속리산면 구병리 417	043-542-0774
29	보은양조장	충청북도 보은군 보은읍 삼산리 60-1	043-543-7777
30	보천양조장	충청북도 음성군 원남면 보천리 395	043-872-7016
31	봉양양조장	충청북도 제천시 봉양읍 주포리 199	043-647-4071
32	부강양조장	충청북도 청원군 부용면 부강리 475	043-275-4011
33	북이양조장	충청북도 청원군 북이면 신대리 13-4	043-214-0015
34	사리양조장	충청북도 괴산군 사리면 방축리 306	043-836-7007
35	산외양조장	충청북도 보은군 산외면 구티리 79-1	043-542-4016
36	살미양조장	충청북도 충주시 살미면 세성리 293-2	043-851-7337
37	삼성양조장	충청북도 음성군 삼성면 덕정리 525	043-878-5017
38	상촌양조장	충청북도 영동군 상촌면 임산리 322	043-743-3533
39	생극양조장	충청북도 음성군 생극면 신양리 443	043-878-3007
40	소백산술도가	충청북도 단양군 대강면 장림리 113-6	043-422-0078
41	소수양조장	충청북도 괴산군 소수면 수리 594	043-832-8010
42	소태양조장	충청북도 충주시 주덕읍 당우리 330-3	043-854-8849
43	속리산 양조장	충청북도 보은군 속리산면 상판리 153-3	043-543-3710
44	송로주	충청북도 보은군 속리산면 구병리 518	043-542-0774
45	수안보양조장	충청북도 충주시 수안보면 수회리 681-2	043-848-3365
46	신니양조장	충청북도 충주시 신니면 용원리 197	043-852-0050
47	심천양조장	충청북도 영동군 심천면 심천리 201-2	043-742-6005
48	세왕주조	충청북도 진천군 덕산면 용몽리 572-16	043-536-3657
49	안내양조장	충청북도 옥천군 안내면 현리 114	043-732-6010
50	앙성양조장	충청북도 충주시 앙성면 용포리 75-2	043-855-0707

(계속)

번호	회사명	주소	전화번호
51	엄정양조장	충청북도 충주시 엄정면 용산리 467	043-852-3034
52	영농조합법인대가	충청북도 옥천군 안내면 정방리 341-9	043-733-9785
52	영농조합법인대가	충청북도 옥천군 안내면 정방리 341-9	043-733-9785
53	영동탁주합동제조장	충청북도 영동군 심천면 심천리 201-2	043-742-3755
54	용두산조은술 영농조합법인	충청북도 제천시 송학면 송한리 477-3호	043-642-7723
55	영풍양조장	충청북도 괴산군 연풍면 분지리 113	043-833-5022
56	오송강외양조장	충청북도 청원군 강외면 오송리 124	043-238-2651
57	오창양조장	충청북도 청원군 오창읍 창리 2-7	043-217-2003
58	옥산양조장	충청북도 청원군 옥산면 가락리 749	043-260-0025
59	옥천양조장	충청북도 옥천군 옥천읍 금구리 162-44	043-731-5156
60	옥천탁주합동제조장	충청북도 옥천군 옥천읍 금구리 162-44	043-731-5155~6
61	용두산조은술	충청북도 제천시 송학면 송한리 477-3	043-647-2333
62	음성양조장	충청북도 음성군 음성읍 읍내리 356-4	043-872-3343
63	이류양조장	충청북도 충주시 이류면 대소리 225	043-847-8021
64	이원양조장	충청북도 옥천군 이원면 강청리 81-4	043-732-2108
65	장연양조장	충청북도 괴산군 장연면 방곡리 184-4	043-832-7056
66	제천탁주합동양조장	충청북도 제천시 강제동 248-4	043-647-2333
67	조선양조(주)	충청북도 괴산군 청안면 조천리 1048-3	043-838-8410
68	주덕양조장	충청북도 충주시 주덕읍 신양리 224	043-846-0107
69	중원양조	충청북도 충주시 동량면 조동리 1342-15	043-851-3771
70	증평양조장	충청북도 증평군 증평읍 중동리 36-1	043-836-2029
71	진천양조장	충청북도 진천군 진천읍 벽암리 131	043-533-2337
72	진천양조장(막걸리)	충청북도 진천국 백곡면 석현리 295-1	043-534-2336
73	청명주양조장	충청북도 충주시 가금면 창동리 243	043-842-5005
74	청산(영)	충청북도 옥천군 청산면 남부로 2025	043-732-2019
75	청성주조장	충청북도 옥천군 청성면 산계리 202-10	043-732-9393
76	청주주조세종	충청북도 청주시 상당구 사천동 71-1	042-218-7689
77	청천양조장	충청북도 괴산군 청천면 청천리 59	043-832-4016
78	충주 청명주	충청북도 충주시 가금면 창동리 243	043-842-5005
79	컨츄리농원	충청북도 영동군 영동읍 주곡리 590-14	043-742-2095
80	학산양조장	충청북도 영동군 학산면 서산리 817-2	043-743-6008
81	한주양조	충청북도 옥천군 동이면 적하리 1136-10	043-731-1720
82	황간양조장	충청북도 영동군 황간면 남성리 633-1	043-742-4259
83	흥진	충청북도 충주시 주덕읍 삼청리1	043-856-5225

충청남도

번호	회사명	주소	전화번호
1	가야곡왕주	충청남도 논산시 가야곡면 육곡리 146-1	041-741-1105
2	가야곡주조(주)	충청남도 논산시 가야곡면 육곡리 196	041-741-8353
3	결성양조장	충청남도 홍성군 결성면 읍내리 380	041-642-8022
4	계룡백일주	충청남도 공주시 봉정동 390	041-853-8511
5	계룡양조장	충청남도 공주시 계룡면 유평리 268-6	041-857-5026
6	고남양조장	충청남도 태안군 고남면 고남리 1257	041-673-7013
7	고덕양조장	충청남도 예산군 고덕면 대천리 727-2	041-388-0600
8	광천양조장	충청남도 홍성군 광천읍 신진리 437	041-641-2334
9	광천탁주합동제조장	충청남도 홍성군 광천읍 신진리 437-1	041-641-2333
10	구기자동동주양조장	충청남도 청양군 목면 본의리 23	041-943-6105
11	구즉주조장	충청남도 연기군 금남면 황용리 5-2	041-868-9006
12	금남양조장	충청남도 연기군 금남면 용포리 193-140	041-866-7711
13	금마양조장	충청남도 홍성군 홍성읍 오관리 239	041-633-7015
14	금산양조장	충청남도 금산군 금산읍 상옥리 124-2	041-754-3880
15	금산인삼주(주)	충청남도 금산군 금성면 파초길 23	041-754-3313
16	남면양조장	충청남도 태안군 남면 신장리 381-6	041-672-2009
17	남양양조장	충청남도 청양군 남양면 구룡리 36	041-942-1013
18	남일양조장	충청남도 금산군 남일면 초현리 206-7	041-752-9007
19	내국양조	충청남도 논산시 연무읍 봉동리 530-6	041-742-3413
20	노성주조장	충청남도 논산시 노성면 읍내리 223	041-736-5007
21	당진양조장	충청남도 당진군 당진읍 채운리 261-4	041-355-1488
22	대술양조장	충청남도 예산군 대술면 화천리 872	041-333-5014
23	덕산양조장	충청남도 예산군 덕산면 읍내리 222	041-337-4012
24	도고양조장	충청남도 아산군 도고면 신언리 32	041-542-0083
25	동이농산영농조합	충청남도 보령시 남포면 봉덕리 180-4	041-933-9993
26	동일주조장	대전광역시 동구 세천로 8 (세천동 26-2)	042-274-3051
27	두레양조	충청남도 천안시 서북구 입장면 신두리 42-14	041-585-8213
28	둔포양조장	충청남도 아산시 둔포면 둔포리 454-4	041-531-2828
29	면천두견주보존회	충청남도 당진군 면천면 성상리 322-2호	041-335-5430
30	모산양조장	충청남도 아산시 배방면 공수리 101-2	041-548-1508
31	목면양조장	충청남도 청양군 목면 본의리 21	041-942-8555
32	목천양조장	충청남도 천안시 동남구 성황동 239-3	041-557-2132
33	문산양조장	충청남도 서천군 문산면 신농리 41-2	041-952-4023
34	미산양조장	충청남도 보령시 미산면 도화담리 195-16	041-933-4009
35	반포양조장	충청남도 공주시 반포면 공암리 285	041-857-7022

(계속)

번호	회사명	주소	전화번호
36	벌곡주조장	충청남도 논산시 벌곡면 사정리 451	041-733-9000
37	보성상사영농조합법인	충청남도 금산군 진산면 묵산리 115-3	041-753-9734
38	봉암양조장	충청남도 연기군 서면 봉암리 203-1	041-867-7715
39	부석양조장	충청남도 서산시 부석면 취평리 252-1	041-662-4262
40	부여양조장	충청남도 부여군 부여읍 관북리 160	041-835-2028
41	부적양조장	충청남도 논산시 부적면 마구평리 75	041-732-7006
42	비봉양조장	충청남도 청양군 비봉면 용천리 311-1	041-942-5416
43	비인양조장	충청남도 서천군 비인면 성내리 315-2	041-952-5007
44	사곡양조장	충청남도 공주시 사곡면 호계리 336	041-841-3541
45	사현포도연구회영농법인	충청남도 보령시 남포면 옥서리 449	041-931-0620
46	산골농산영농조합	충청남도 아산시 탕정면 용두리 102	041-544-8944
47	삼신양조장	충청남도 금산군 군북면 두두리 361	041-753-2003
48	상월주조장	충청남도 논산시 상월면 산성리 58	041-732-4007
49	성산탁주공동제조장	충청남도 천안시 서북구 직산읍 군동리 327-9	041-581-3787
50	성연양조장	충청남도 서산시 성연면 평리 295	041-662-8011
51	소원양조장	충청남도 태안군 소원면 신덕리 250	041-672-6011
52	송산양조장	충청남도 당진군 송산면 상거리 430-2	041-353-7007
53	송악양조장	충청남도 아산시 송악면 역촌리 13-5	041-541-4758
54	수신오가피	충청남도 천안시 동남구 수신면 해정리 222	080-754-3210
55	순성양조장	충청남도 당진군 순성면 봉소리 100-1	041-353-5052
56	순성왕매실(영)	충청남도 당진시 순성면 매실로 398	041-354-1205~6
57	신선도탁주공동제조장	충청남도 아산시 신창면 오목리 2-78	041-542-1120
58	신암양조장	충청남도 예산군 신암면 종경리 29-2	041-332-9009
59	신양양조장	충청남도 예산군 대술면 화천리 872	041-333-7014
60	신창양조장	충청남도 아산시 신창면 오목리 2-78	041-542-1120
61	신탄진주조	대전광역시 대덕구 신탄진로 583-41(상서동)	042-932-0432
62	신평양조장	충청남도 당진군 신평면 금천리 350-1	041-362-6080
63	신풍양조장	충청남도 공주시 신풍면 산정리 78	041-841-2916
64	실령주조장	충청남도 부여군 초촌면 응평리 367	041-832-4009
65	아산양조장	충청남도 아산시 영인면 아산리 432-7	041-542-5010
66	안면양조장	충청남도 태안군 안면읍 승언리 285	041-673-4038
67	양촌감영농조합법인	충청남도 논산시 양촌면 거사리 310-1	041-734-8910
68	양촌양조장	충청남도 논산시 양촌면 인천리 380	041-741-2011
69	연엽주 제조당	충청남도 아산시 송악면 외암리 88	041-543-3967
70	영농회사법인두레양조	충청남도 천안시 서북구 입장면 신두리 42-14	041-583-8213
71	예산사과와인(주)	충청남도 예산군 고덕면 대천리 501	041-337-9584

(계속)

번호	회사명	주소	전화번호
72	예산탁주양조장	충청남도 예산군 예산읍 신례원리 180-1	041-334-9652
73	예성주가영농조합법인	충청남도 예산군 대술면 시산리 483-10	041-331-5591
74	예술주조	충청남도 서산시 음암면 도당리 1293-1호	041-662-3003
75	오천양조장	충청남도 보령시 오천면 소성리 691-54	041-932-4007
76	우강양조장	충청남도 당진군 우강면 창리 339-3	041-362-3068
77	운곡양조장	충청남도 청양군 운곡면 위라리 591	041-942-8038
78	운산양조장	충청남도 서산시 운산면 용장리 422	041-663-4008
79	원북양조장	충청남도 태안군 원북면 반계리 110	041-672-5023
80	원앙주업	충청남도 아산시 선장면 신성리 18-1	041-541-3130
81	원앙주업영농조합법인	충청남도 아산시 선장면 신성리 16-3	041-541-3251
82	유천양조장	충청남도 연기군 전의면 유천리 495-2	041-862-1156
83	은산양조장	충청남도 부여군 은산면 신대리 134	041-832-6007
84	은성농원	충청남도 예산군 고덕면 대천리 63-1	041-337-9585
85	은하양조장	충청남도 홍성군 은하면 대천리 158-2	041-642-4037
86	음봉양조장	충청남도 아산시 음봉면 삼거리 204-4	041-543-2820
87	음암양조장	충청남도 서산시 음암면 도당리 1293	041-663-6035
88	이북양조장	충청남도 태안군 이원면 포지리 61	041-672-8019
89	입장주조(주)	충청남도 천안시 서북구 입장면 하장리 51-2호	041-585-5005
90	장암양조장	충청남도 부여군 장암면 석동리 666-7	041-834-2800
91	장인정신	충청남도 계룡시 두마면 왕대리 304-2호	042-840-5553
92	장평양조장	충청남도 청양군 장평면 분향리 414	041-943-9464
93	전동양조장노장리직매소	충청남도 연기군 전동면 노장리 590	041-863-1372
94	정산양조장	충청남도 청양군 정산면 서정리 143	041-942-0492
95	제원주조장	충청남도 금산군 제원면 제원리 153	041-752-7009
96	조은술세종	충청남도 청주시 사천동 71-1	043-218-7688
97	조치원양조장	충청남도 연기군 전동면 노장리 582-6	041-865-2210
98	종천주조	충청남도 서천군 종천면 당정리 63-22	041-952-0678
99	주산양조장	충청남도 보령시 주산면 금암리 574	041-933-6021
100	수신오가피	충청남도 천안시 동남구 수신면 해정리 222	041-552-2555
101	지곡양조장	충청남도 서산시 지곡면 화천리 254-2	041-662-9010
102	진산주조장	충청남도 금산군 진산면 읍내리 231	041-752-4005
103	채운양조장	충청남도 논산시 채운면 용화리 152	041-732-2412
104	천동양조장	충청남도 천안시 동남구 동면 동산리 518	041-553-4015
105	천방농산영농조합	충청남도 서천군 판교면 금덕리 52	041-951-3349
106	천북양조장	충청남도 보령시 천북면 하만리 291-1	041-641-9034
107	천안양조장(주)	충청남도 천안시 동남구 구성동 239-3	041-565-0620

(계속)

번호	회사명	주소	전화번호
108	청남양조장	충청남도 청양군 청남면 지곡리 598	041-942-7010
109	청송두충주	대전광역시 동구 상소동 650-3	042-274-6599
110	청양구기자영농조합	충청남도 청양군 운곡면 후덕리 178	041-943-6305
111	청양둔송구기주	충청남도 청양군 운곡면 광암리 321-11호	041-942-8138
112	청양양조장	충청남도 청양군 청양읍 읍내리 333	041-943-2525
113	추부주조장	충청남도 금산군 추부면 마전리 435-1	041-752-5599
114	칠갑산주조(주)	충청남도 청양군 목면 본의리 21번지	041-942-8018
115	하나주조	충청남도 당진군 면천면 성상리 693-1	041-356-0377~8
116	한국산삼(주)	충청남도 공주시 계룡면 화은리 124-3	041-854-5533
117	한산소곡주	충청남도 서천군 한산면 지현리 66-9	041-951-0290
118	합덕탁주주조장	충청남도 당진군 합덕읍 운산리 256-10	041-362-2054
119	호서양조장	충청남도 홍성군 홍성읍 오관리 239	041-632-2045
120	홍동양조장	충청남도 홍성군 홍동면 운월리 354	041-633-3535
121	홍북양조장	충청남도 홍성군 홍북면 대동리 216-3	041-634-6557
122	홍산양조장	충청남도 부여군 홍산면 남촌리 1421	041-835-1007
123	홍성양조장	충청남도 홍성군 홍성읍 오관리 222-1	041-632-2135

전라북도

번호	회사명	주소	전화번호
1	감곡주조장	전라북도 정읍시 감곡면 방교리 245-3	063-571-3355
2	개정주조장	전라북도 군산시 개정면 아동리 248-3	063-452-9707
3	계남주조장	전라북도 장수군 계남면 화음리 1030	063-352-0910
4	고산합동주조장	전라북도 완주군 고산면 읍내리 549-4	063-263-4005
5	고수양조장	전라북도 고창군 고수면 황산리 159	063-562-0009
6	고창 명산품 복분자	전라북도 고창군 아산면 구암리 39-1	063-561-2032
7	고창 서해안 복분자주	전라북도 고창군 신림면 벽송리 산 140-1	063-564-7300
8	고창고인돌복분자주영농조합	전라북도 고창군 아산면 계산리 384-2	063-562-6007
9	고창명품영농조합법인	전라북도 고창군 부안면 용산리 607	063-561-0018
10	고창서해안복분자주	전라북도 고창군 신림면 벽송리 산 140-1	063-564-7300
11	국순당고창명주(주)	전라북도 고창군 심원면 선운대로 2197	063-564-9800
12	금마주조장	전라북도 익산시 금마면 동고도리 721	063-836-6022
13	금화양조	전라북도 임실군 삼계면 세심리 186	063-642-7350
14	남원서남탁주합동양조장	전라북도 남원시 대강면 사석리 663-1	063-634-8033
15	남원지리산허브(영)	전라북도 남원시 주천면 은송리 22-2	063-635-0169
16	남원탁주주조협회	전라북도 남원시 하정동 59	063-625-2316

(계속)

번호	회사명	주소	전화번호
17	남원탁주합동주조장	전라북도 남원시 산곡동 92-1	063-633-7997~8
18	남정주조장	전라북도 전주시 덕진구 남정동 54-2	063-211-0433
19	내장산복분자	전라북도 정읍시 연지동 343	063-538-0300
20	내장산서래봉복분자주	전라북도 정읍시 송산동 51-2	063-533-5313
21	농업법인배상면주가고창LB	전라북도 고창군 아산면 계산리 837	063-563-5567
22	농업회사법인주식회사태양	전라북도 남원시 주천면 은송리 8	063-635-1000
23	늘푸른영농조합법인	전라북도 전주시 덕진구 우아동 3가 58	063-243-9081
24	대산주조장	전라북도 남원시 대산면 운교리 579-1	063-625-8620
25	덕유양조	전라북도 무주군 안성면 장기리 1217	063-323-2355
26	덕유양조	전라북도 무주군 안성면 공진리 1217	063-323-2355
27	덕치주조장	전라북도 임실군 덕치면 일중리 198	063-643-5313
28	동감주	전라북도 남원시 인월면 인월로 65-3	010-4402-6959
29	동계주조장	전라북도 순창군 동계면 현포리 601	063-652-4022
30	동상주조장	전라북도 완주군 동상면 신월리 324	063-243-9015
31	동진주조	전라북도 부안군 행안면 역리 1121-9	063-582-0027
32	동진주조	전라북도 부안군 행안면 역리 1121-9	063-582-5014
33	동진주조장	전라북도 부안군 행안면 역리 1121-9	063-581-0027
34	동향주조장	전라북도 진안군 동향면 대량리 715	063-432-7490
35	디니오스꾸지뽕술	전라북도 완주군 경천면 경천리 338	063-261-0612
36	마령주조장	전라북도 진안군 마령면 평지리 997-6	063-432-2515
37	마이산머루영농조합법인	전라북도 진안군 안천면 노성리 1189	063-432-1190
38	마이산오디주영농조합법인	전라북도 진안군 진안읍 연장리 1760	063-433-5291
39	망성주조장	전라북도 익산시 망성면 신작리 770	063-861-8669
40	모악산새순(영)	전라북도 김제시 황산로 81	063-542-4545
41	무주군산림조합 산성와인사업부	전라북도 무주군 설천면 청량리64-2	063-324-2314
42	무주군산림조합	전라북도 무주군 무주읍 읍내리126-1	063-322-2314
43	무주민속탁주주조장	전라북도 무주군 무주읍 읍내리 165-2	063-324-2356
44	무주칠연양조	전라북도 무주군 안성면 공정리 573	063-323-3366
45	무주칠연양조	전라북도 무주군 안성면 덕유산로 482	063-323-3366
46	배상면주가	전라북도 전주시 덕진구 우아동3가 300-1	063-246-4263
47	배상면주가고창LB(주)	전라북도 고창군 아산면 병암길 48	063-563-7756
48	백산주조장	전라북도 김제시 백산면 하정리 56-3	063-547-7318
49	번암주조장	전라북도 장수군 번암면 노단리 1140-1	063-353-2640
50	변산주조장	전라북도 부안군 변산면 지서리 403	063-582-8007
51	봉남주조장	전라북도 김제시 봉남면 대송리 628-1	063-543-8022
52	부귀주조장	전라북도 진안군 부귀면 거석리 759	063-432-8475

(계속)

번호	회사명	주소	전화번호
53	부남주조장	전라북도 무주군 부남면 대소리 145-2	063-322-0010
54	부량주조장	전라북도 김제시 부량면 용성리 127	063-546-9020
55	부안강산명주(주)	전라북도 부안군 부안읍 선읍리 654-8	063-584-9960
56	북면주조장	전라북도 정읍시 북면 화해리 27-1	063-535-0422
57	산내주조장	전라북도 남원시 산내면 대정리 753	063-636-3422
58	산들벗	전라북도 무주군 적상면 사천리 208-9	063-322-9447
59	산서주조장	전라북도 장수군 산서면 동화리 125-4	063-351-4488
60	산외양조장	전라북도 정읍시 산외면 정량리 695-1	063-537-8320
61	삼주영농조합법인	전라북도 부안군 백산면 오곡리 292-1	063-583-9117
62	삼포상황버섯(영)	전라북도 익산시 마동 252-1	063-842-1666
63	상평주조장	전라북도 군산시 나운1동 759-4	063-464-8510
64	샤또무주	전라북도 무주군 무풍면 삼거리 46-20	063-322-8101
65	서룡주조장	전라북도 군산시 서수면 마룡리 45-13	063-453-3020
66	선운산복분자주 전북지사	전라북도 고창군 심원면 연화리 119-11	063-561-5026
67	설천양조장	전라북도 무주군 설천면 소천리 902-2	063-324-7049
68	소성합동주조장	전라북도 정읍시 공평동 25-2 소성양조장	063-533-5566
69	송동주조장	전라북도 남원시 송동면 송기리 369	063-634-6009
70	송화양조	전라북도 완주군 구이면 계곡리 64-1	063-221-7047
71	수지주조장	전라북도 남원시 수지면 호곡리 646-1	063-625-0554
72	순창복분자술공장	전라북도 순창군 쌍치면 금평리 811-7	063-652-2010
73	순창주조장	전라북도 순창군 순창읍 백산리 256-16	063-653-2444
74	신평주조장	전라북도 임실군 신평면 원천리 224	062-643-7020
75	아영주조장	전라북도 남원시 아영면 청계리 78-3	063-626-5183
76	여산주조장	전라북도 익산시 여산면 252-2	063-836-5011
77	영농조합법인코레아누스	전라북도 고창군 흥덕면 석교리 344	063-561-0293
78	옹동주조장	전라북도 정읍시 옹동면 매정리 708-4	063-537-8008
79	왕궁주조장	전라북도 익산시 왕궁면 구덕리 240-1	063-832-4105
80	외궁주조장	전라북도 진안군 성수면 외궁리 674	063-432-8984
81	운봉주조장	전라북도 남원시 운봉읍 동천리 488	063-634-5525
82	이백양조장	전라북도 남원시 이백면 과립리 630-1	063-635-8007
83	인월주조장	전라북도 남원시 인월면 인월리 265	063-636-2020
84	임실주조장	전라북도 임실군 임실읍 이도리 693-4	063-642-2033
85	입암주조장	전라북도 정읍시 입암면 천원리 90-1	063-537-2081
86	원광탁주	전라북도 익산시 평화동 346번지	063-855-9999
87	장수주조장	전라북도 장수군 장수읍 장수리 505	063-351-2021
88	적성주조장	전라북도 순창군 적성면 고원리 735	063-652-3047

(계속)

번호	회사명	주소	전화번호
89	전주이강주	전라북도 전주시 덕진구 원동 617	063-221-5765
90	전주이강주	전라북도 전주시 덕진구 매암길 28(원동)	063-212-5765
91	전주삼화주조	전라북도 전주시 완산구 대성동 347-1	063-213-0921~3
92	전주주조(주)	전라북도 전주소 덕진구 성덕동 175-19	063-213-0921~3
93	정우주조장	전라북도 정읍시 정우면 초강리 113-3	063-537-9019
94	제일주조장	전라북도 김제시 요촌동 113-1	063-547-2288
95	조촌주조장	전라북도 전주시 덕진구 반월동 236-17	063-212-5166
96	죽력고	전라북도 정읍시 태인면 태흥리 392-1	063-534-4018
97	지리산그린(영)운봉주조	전라북도 남원시 운봉읍 서천리 662	063-634-0009
98	진안홍삼주조장	전라북도 진안군 진안읍 연장리 1775	063-433-6648
99	참본(유)	전라북도 남원시 노암동 843-1	063-625-5050
100	천둥소리	전라북도 완주군 요인면 간중리 263	063-244-5388
101	천천주조장	전라북도 장수군 천천면 춘송리 742	063-352-0533
102	태인주조장	전라북도 정읍시 태인면 태흥리 393	063-534-4018
103	태평주가(주)	전라북도 진안군 집안읍 거북바위로3길 15-35	063-433-0078
104	팔덕주조장	전라북도 순창군 순창읍 백산리 265-45	063-652-5011
105	함열주조장	전라북도 익산시 함열읍 와리 524-5	063-861-0333
106	화곡주가	전라북도 익산시 왕궁면 흥암리 77-19	063-838-1300
107	황등주조장	전라북도 익산시 황등면 황등리 337	063-856-6370
108	황학주조장	전라북도 익산시 삼기면 간촌리 37	063-858-7711
109	흥덕신림합동주조장	전라북도 고창군 흥덕면 흥덕리 355-1	063-562-6082

전라남도

번호	회사명	주소	전화번호
1	개도주조장	전라남도 여수시 화정면 개도리 682	061-666-8607
2	게곡주조장	전라남도 해남군 계곡면 성진리 41	061-532-5711
3	겸면주조장	전라남도 곡성군 겸면 남양리 102-9	061-362-1071
4	겸백주조장	전라남도 보성군 겸백면 석호리 571-3	061-853-6072
5	고금양조장	전라남도 완도군 고금면 농상리 601-5	061-553-0907
6	고서주조장	전라남도 담양군 고서면 교산리 352	061-382-3006
7	고흥합동주조장	전라남도 고흥군 고흥읍 행정리 632	061-835-3636
8	곡성주조장	전라남도 곡성군 곡성읍 읍내리 442-6	061-363-1679
9	공산주조장	전라남도 나주시 공산면 남창리 57	061-335-3320
10	광양매실농장	전라남도 광양시 다압면 신원리 1194	061-772-3528
11	광양주조공사	전라남도 광양시 광양읍 성북길 47-3	061-763-0025

(계속)

번호	회사명	주소	전화번호
12	광주무등산탁주	광주광역시 북구 양산동 401-1	062-571-5053
13	구례주조장	전라남도 구례군 구례읍 봉동리 479	061-782-2734
14	군서주조장	전라남도 영암군 군서면 동구림리 421	061-472-0062
15	군외주조장	전라남도 완도군 군오면 원동리 79	061-552-5800
16	금산주조장	전라남도 고흥군 금산면 대흥리 688	061-843-7799
17	금탑합동주조장	전라남도 나주시 산포면 매성리 604-3	061-337-1599
18	낙안주조장	전라남도 순천시 낙안면 동내리 485	061-754-2517
19	남도탁주	전라남도 나주 노안 금동 57-6, 59-9	061-336-8852
20	남면주조장	전라남도 담양군 남면 정곡리 63	061-382-1004
21	남부주조장	전라남도 광양시 광양읍 칠성리 136-3	061-763-3362
22	남평주조장	전라남도 나주시 남평읍 남평리 164	061-331-2033
23	낭도주조장	전라남도 여수시 화정면 낭도리 1000	061-665-8080
24	노안주조장	전라남도 나주시 노안면 금동리 238-3	061-336-8852
25	다도주조장	전라남도 나주시 다도면 신동리 426-1	061-337-3011
26	담양죽향도가	전라남도 담양군 담양읍 삼다리 78	061-381-8700
27	대대로(영)	전라남도 진도군 군내면 둔전리98	061-542-3399
28	대동주조장	전라남도 함평군 대동면 향교리 897	061-322-2161
29	대마주조장	전라남도 영광군 대마면 원흥리 272-153	061-351-4039
30	대서주조장	전라남도 고흥군 대서면 금마리 43-3	061-833-3233
31	대전주조장	전라남도 담양군 대전면 대치리 963	061-382-5007
32	대흥주조장	전라남도 신안군 팔금면 읍리 245	061-271-1009
33	덕진주조장	전라남도 영암군 덕진면 덕진리 215-1	061-473-3210
34	도곡주조장	전라남도 화순군 도곡면 효산리 713-4	061-372-4070
35	도암주조장	전라남도 화순군 도암면 원천리 705-4	061-373-0507
36	도포주조장	전라남도 영암군 도포면 봉호리 62-2	061-472-3028
37	도화주조장	전라남도 고흥군 도화면 당오리 499-5	061-832-6915
38	동강주조장	전라남도 나주시 동강면 인동리 428	061-335-2011
39	동면합동주조장	전라남도 화순군 동면 천덕리 394	061-372-8063
40	동복주조장	전라남도 화순군 동복면 칠정리 706-1	061-372-2077
41	마산주조장	전라남도 해남군 마산면 화내리 963-1	061-534-8503
42	망운주조장	전라남도 무안군 망운면 목동리 435	061-452-1008
43	몽탄주조장	전라남도 무안군 몽탄면 사창리 1314	061-452-3051
44	무안주조장	전라남도 무안군 망운면 목동리 435	061-453-2049
45	무정주조장	전라남도 담양군 무정면 오룡리 131	061-381-5115
46	문내주조장	전라남도 해남군 문내면 동외리 1131	061-532-1255
47	문평주조장	전라남도 나주시 문평면 안곡리 73-4	061-336-5016

(계속)

번호	회사명	주소	전화번호
48	미력주조장	전라남도 보성군 미력면 도개리 730-4	061-852-4005
49	밀림산업	전라남도 순천시 외서면 신덕리 659	061-755-8077
50	백양영농조합법인	전라남도 장성군 북이면 수성리 505-1	061-392-7410
51	백운양조장	전라남도 광양시 옥곡면 신금리 393-5	061-772-0501
52	백운주조(주)	전라남도 광양시 옥룡면 죽천리 715-1	061-763-6651
53	벌교주조장	전라남도 보성군 벌교읍 전동리 118-1	061-857-0017
54	별량주조장	전라남도 순천시 별량면 동송리 757	061-742-7775
55	병영주조장	전라남도 강진군 병영면 성남리 140-3	061-433-0655
56	보광어성초영농조합법인	전라남도 보성군 벌교읍 벌교리 874-7	061-857-7221
57	보성주가	전라남도 보성군 회천면 율포리 129번지	061-852-8259
58	북면주조장	전라남도 화순군 북면 이천리 154-4	061-372-5188
59	북일주조장	전라남도 장성군 북일면 신흥리 192	061-393-0544
60	비금주조장	전라남도 신안군 비금면 도고리 430	061-275-6007
61	사평주조장	전라남도 화순군 남면 사평리 104-7	061-372-6010
62	사삼주	전라남도 순천시 낙안면 동내리 485	061-754-2517
63	산동양조장	전라남도 구례군 산동면 계천리 54-1	061-781-1610
64	산이주조장	전라남도 해남군 산이면 초송리 592	061-532-4210
65	삼계주조장(북이)	전라남도 장성군 삼계면 사창리 489-5	061-394-1191
66	삼산주조장	전라남도 해남군 삼산면 구림리 469-1	061-534-5507
67	삼향주조장	전라남도 무안군 삼향면 임성리 1073	061-283-5425
68	삼호주조장	전라남도 영암군 삼호읍 용앙리 1702-38	061-464-3589
69	상사주조장	전라남도 순천시 상사면 흘산리 385	061-745-3285
70	새순영농조합법인	전라남도 해남군 화산면 방축리 605-1	061-534-6966
71	석곡주조장	전라남도 곡성군 석곡면 석곡리 35	061-362-3020
72	소안주조장	전라남도 완도군 소안면 비자리 1180-1	061-553-7233
73	송화양조	전라북도 완주군 구이면 계곡리 64-1호	063-221-7047
74	순천시 녹색수출영농조합법인	전라남도 순천시 외서면 쌍향수길 369-38	031-755-8077
75	순천주조	전라남도 순천시 조곡동 242-5	061-744-3161
76	순천(주)팔마탁주	전라남도 순천시 인제동 337-5	061-743-7942
77	승주합동주조장	전라남도 순천시 승주읍 평중리 660	061-754-5915
78	시종주조장	전라남도 영암군 시종면 내동리 3	061-472-8007
79	신광주조장	전라남도 함평군 신광면 백운리 368-3	061-322-5055
80	신북주조장	전라남도 영암군 신북면 월평리 129-7	061-472-9015
81	신월주조장	전라남도 장흥군 대덕읍 신월리 113	061-867-1007
82	신지주조장	전라남도 완도군 신지면 대곡리 761-1	061-552-7040
83	쌍암주조장	전라남도 순천시 승주읍 서평리 427-7	061-754-5005

(계속)

번호	회사명	주소	전화번호
84	안양주조장	전라남도 장흥군 안양면 당암리 883	061-862-6008
85	안좌양조장	전라남도 신안군 안좌면 구대리 322	061-262-9828
86	암태주조장	전라남도 신안군 암태면 단고리 99-3	061-271-1507
87	압해주조장	전라남도 신안군 압해면 학교리 652-2	061-271-0536
88	약산주조장	전라남도 완도군 약산면 장용리 891-7	061-553-8306
89	어성초대가	전라남도 보성군 벌교읍 대포리 686	061-857-7221
90	영광주조장	전라남도 영광군 영광읍 녹사리 131	061-351-2067
91	영광탁주제조장	전라암도 영광군 대마면 원홍리 272-153	061-352-4036
92	영흥합동주조장	전라남도 화순군 도곡면 효산리 713-4	061-373-0088
93	오곡주조장	전라남도 곡성군 오곡면 오지리 446	061-363-2058
94	오산주조장	전라남도 곡성군 오산면 봉동리 348	061-362-4008
95	옥과주조장	전라남도 곡성군 옥과면 리문리 182	061-362-5566
96	옥천주조장	전라남도 해남군 옥천면 영춘리 544-2	061-532-5578
97	왕곡주조장	전라남도 나주시 왕곡면 옥곡리 64-37	061-336-6668
98	용산주조장	전라남도 장흥군 용산면 녹원리 414-19	061-862-5009
99	우리술(주)	광주광역시 광산구 남산동 733-6	062-945-2727
100	월야주조장	전라남도 함평군 월야면 월야리 464-1	061-323-1003
101	율촌주조장	전라남도 여수시 율촌면 조화리 241	061-682-7007
102	의신주조장1	전라남도 진도군 의신면 돈지리 652-1	061-543-4075
103	의신주조장2	전라남도 진도군 의신면 돈지리 159-2	061-543-4075
104	이양주조장	전라남도 화순군 이양면 오류리 671	061-372-3007
105	인동주마을	전라남도 목포시 옥암동 1041-7	061-284-4068
106	일로합동주조장	전라남도 무안군 일로읍 월암리 222	061-282-0023
107	입면주조장	전라남도 곡성군 입면 매월리 535-1	061-362-6007
108	자희자양(유)	전라남도 함평군 신광면 삼덕리 298-1	061-324-6363
109	작천주조장	전라남도 강진군 작천면 삼당리 540	061-432-6668
110	장동주조장	전라남도 장흥군 장동면 배산리 520	061-862-0035
111	장성주조장	전라남도 장성군 장성읍 영천리 1040-2	061-393-2073
112	주암주조장	전라남도 순천시 주암면 광천리 175-2	061-754-1508
113	(주)연수당복분자주	광주광역시 광산구 용동 668-10	062-943-3788
114	죽곡주조장	전라남도 곡성군 죽곡면 태평리 413-3	061-362-4508
115	죽암F&C	전라남도 고흥군 동강면 장덕리 1123-2	061-835-8700
116	지도주조장	전라남도 신안군 지도읍 읍내리 123-1	061-275-0010
117	진도주조장	전라남도 진도군 진도읍 교동리 651-3	061-544-2049
118	진도홍주	전라남도 진도군 군내면 송산리 747-4호	061-540-6362
119	진도홍주영농조합	전라남도 진도군 군내면 둔전리 309	017-644-5710

(계속)

번호	회사명	주소	전화번호
120	진상동부주조장	전라남도 광양시 진상면 섬거리 463-1	061-772-3434
121	청산녹수(주)	전라남도 장성군 장성읍 백계리 444-1	061-393-4141
122	청정(영)	전라남도 고흥군 풍양면 야막리 581-3	061-832-4482
123	추성고을	전라남도 담양군 용면 추성리 662-5	061-383-3011
124	춘양주조장	전라남도 화순군 춘양면 석정리 573-41	061-372-7007
125	칠량주조장	전라남도 강진군 칠량면 영동리 1137-31	061-432-7020
126	포두주조장	전라남도 고흥군 포두면 상대리 86-1	061-832-5386
127	풍양주조장	전라남도 고흥군 풍양면 야막리 581-3	061-832-4482
128	학교주조장	전라남도 함평군 학교면 학교리 878	061-322-6023
129	한아름영농조합법인	전라남도 무안군 운남면 내리 379-11	061-453-4492
130	할곡주조장	전라남도 진도군 의신면 송정리 190	061-543-9300
131	함평천지복분자(영)	전라남도 함평군 신광면 신광중앙길 146-54	061-322-0202
132	합동주조장	전라남도 광양시 광양읍 칠성리 136-3	061-763-3361
133	해남주조장	전라남도 해남군 해남읍 고도리 120	061-536-4033
134	해남진양주	전라남도 해남군 계곡면 덕정길 11번지	061-532-5745
135	해동주조장	전라남도 담양군 담양읍 지침리 138-5	061-383-3311
136	해룡주조장	전라남도 순천시 해룡면 남가리 1121	061-724-4522
137	해제주조장	전라남도 무안군 해제면 양매리 897-1	061-452-6037
138	해창주조장	전라남도 해남군 해창리 1번지	061-532-5152
139	현경주조장	전라남도 무안군 망운면 목동리 435	061-452-2007
140	현산합동주조장	전라남도 해남군 현산면 일평리 842-3	061-535-0455
141	화순합동주조장	전라남도 화순군 화순읍 연양리 369-4	061-371-2566
142	화신주조장	전라남도 고흥군 도양읍 봉암리 2254-1	061-842-3773
143	화원주조장	전라남도 해남군 화원면 청용리 414	061-532-0014
144	황룡주조장	전라남도 장성군 장성읍 영천리 1366-32	061-393-2043
145	황월양조장	전라남도 순천시 황전면 괴목리 20-3	061-754-0034

경상북도

번호	회사명	주소	전화번호
1	가곡양조장	경상북도 영양군 일월면 가곡리 255-1	054-682-5172
2	가은양조장	경상북도 문경시 가은읍 왕능리 307-6	054-571-6315
3	가음양조장	경상북도 의성군 가음면 장리 1364-3	054-833-9033
4	가천양조장	경상북도 성주군 가천면 창천리 529	054-932-4025
5	감문합동양조장	경상북도 김천시 감문면 삼성리 666-3	054-430-5008
6	감천양조장	경상북도 김천시 감천면 도평리 460	054-431-0016

(계속)

번호	회사명	주소	전화번호
7	경북대학교포도마을	경상북도 영천시 대창면 직천리 828-5	054-331-1375
8	경주교통법주	경상북도 경주시 교동 69	054-772-2051
9	고경양조장	경상북도 영천시 고경면 상덕리 362	054-336-3056
10	고도리와이너리	경상북도 영천시 고경면 고도리 494-3	010-3514-6470
11	관하양조장	경상북도 청도군 매전면 관하리 1079-5	054-372-5408
12	근남양조장	경상북도 울진군 근남면 노음리 328-4	054-782-1855
13	금장양조장	경상북도 경주시 현곡면 금장리 457	054-775-1016
14	금호포도(영)	경상북도 영천시 금호읍 성천리 386	054-335-7070
15	김천과화주	경상북도 김천시 대항면 향천리 791-1	054-436-4461
16	김천탁주	경상북도 김천시 성내동 60-33	054-434-2482
17	김천탁주합동제조장	경상북도 김천시 성내동 60-33	054-434-2283
18	길안탁주	경상북도 안동시 길안면 천지리 753-11	054-822-2009
19	까치락골 와이너리	경상북도 영천시 대창면 운천리 754	054-338-4950
20	낙서양조장	경상북도 상주시 내서면 낙서리 61	054-533-4608
21	남면양조장	경상북도 김천시 남면 옥산리 369	054-431-3007
22	남산양조장	경상북도 경산시 남산면 산양리 145	053-852-5008
23	남정양조장	경상북도 영덕군 남정면 장사리 388	054-732-5264
24	남천양조장	경상북도 경산시 남천면 삼성리 215-2	053-812-9007
25	노연양조장	경상북도 의성군 단북면 노연리 493-2	054-861-1539
26	능암양조장	경상북도 상주시 내서면 능암리 532-4	054-532-6601
27	단북양조장	경상북도 의성군 단북면 이연리 866	054-861-1778
28	단북합동양조장	경상북도 의성군 단북면 이연리 866	054-861-1777
29	단촌양조장	경상북도 의성군 단촌면 세촌리 812	054-833-2027
30	단포양조장남부하치장	경상북도 영천시 완산동 1066-9	054-334-2677
31	대구탁주합동	대구광역시 동구 불로동 30-1	053-983-6600
32	대률양조장	경상북도 군위군 부계면 대율리 665-5	054-382-2703
33	대전양조장	경상북도 청송군 부남면 대전리 638-7	054-872-3418
34	덕천포도원	경상북도 김천시 봉산면 덕천리 595	054-436-4028
35	동로양조장	경상북도 문경시 동로면 적성리 527	054-552-8040
36	동부탁주합동제조장	경상북도 영덕군 강구면 하저리 112-2	054-733-0705
37	동해양조장	경상북도 포항시 남구 동해면 도구리 627-1	054-284-3049
38	마성양조장	경상북도 문경시 마성면 신현리 335	054-571-7707
39	만수주조(영)	경상북도 영주시 안정면 신전리 278-1	054-634-5641
40	매화양조장	경상북도 울진군 원남면 매화리 1079	054-782-7045
41	명인안동소주	경상북도 안동시 남후면 광음리 1128-5호	054-856-6903
42	무릉양조장	경상북도 안동시 남후면 무릉리 382	054-859-6605

(계속)

번호	회사명	주소	전화번호
43	문량양조장	경상북도 구미시 해평면 문량리 342-1	054-474-4111
44	문성양조장	경상북도 구미시 고아읍 문성리 56-16	054-454-0480
45	문수양조장	경상북도 영주시 문수면 적동리 366-3	054-637-2010
46	민속주 안동소주	경상북도 안동시 수상동 280번지	054-858-4541
47	배리양조장	경상북도 경주시 내남면 용장리 1102-1	054-745-7014
48	법전양조장	경상북도 봉화군 법전면 법전리 244-1	054-672-4522
49	보경양조장	경상북도 포항시 북구 송라면 광천리 광천 212-3	054-246-4948
50	봉성양조장	경상북도 봉화군 봉성면 봉성리 367-3	054-672-9600
51	봉화선주	경상북도 봉화군 명호면 도천리 265	054-672-1007
52	봉화양조장	경상북도 봉화군 봉화읍 내성리 263-3	054-673-4025
53	부항양조장	경상북도 김천시 부항면 사등리 684	054-437-2050
54	북부합동양조장	경상북도 울진군 근남면 노음2길 4	054-782-1855
55	비노케슬(주)	경상북도 경산시 남천면 산전리 169	053-214-6825
56	비안탁주합동제조장	경상북도 의성군 비안면 이두리 353-14	054-861-7019
57	산동탁주	경상북도 구미시 산동면 적림리 127-1	054-472-2928
58	삼백명가	경상북도 상주시 내서면 능암리 168-7	054-534-2204
59	삼백주가	경상북도 상주시 화남면 동관리 100-2	054-536-6722
60	상리양조장	경상북도 예천군 예천읍 서본리 228	054-653-1118
61	상운양조장	경상북도 봉화군 상운면 가곡리 410-10	054-672-5059
62	새대구주조	대구광역시 달성군 다사읍 서재리 75	053-588-8009
63	서후양조장	경상북도 안동시 서후면 성곡리 128-1	054-852-2388
64	석포양조장	경상북도 봉화군 석포면 석포리 433-1	054-672-6008
65	소백산오정주	경상북도 영주시 고현동 223-1호	054-633-8166
66	소보양조장	경상북도 군위군 소보면 신계리 65	054-382-4201
67	순흥양조장	경상북도 영주시 순흥면 읍내리 순흥로 46, 10-11	054-635-6011
68	신동양조장	경상북도 칠곡군 지천면 신리 402	054-972-2102
69	신라주황금주	경상북도 경주시 안강읍 검단리 1416	054-762-9988
70	아천양조장안집	경상북도 김천시 어모면 중왕리 806-5	054-433-1390
71	안계탁주합동제조장	경상북도 의성군 안계면 용기리 826-2	054-861-0170
72	안동소주일품(주)	경상북도 안동시 풍산읍 양광길 121-32	054-854-6080
73	안동전통명주(주)	경상북도 언동시 풍산읍 유통단지길 124-34	054-853-1200
74	안사양조장	경상북도 의성군 안사면 안사리 829-3	054-862-1232
75	안정양조장	경상북도 영주시 안정면 신전리 4	054-634-2849
76	안평합동양조장	경상북도 의성군 안평면 박곡리 908-2	054-832-5162
77	압량양조장	경상북도 경산시 압량면 인안리 26-1	053-817-2066
78	양남양조장	경상북도 경주시 양남면 하서리 596	054-744-0011

(계속)

번호	회사명	주소	전화번호
79	에덴의동쪽	경상북도 봉화군 물야면 오전리 186	054-673-8422
80	영덕주조(주)	경상북도 영덕군 강구면 소월1길 16-10	054-733-5644
81	영양탁주합동	경상북도 영양군 영양읍 동부리 539	054-682-1501
82	영일만 양조장	경상북도 흥해읍 용천2리 1053-8	054-262-9736
83	영주양조장	경상북도 영주시 영주2동 555-2	054-631-2051
84	영천탁주	경상북도 영천시 야사동 158-4	054-333-7556
85	영해양조장	경상북도 영덕군 영해면 성내리 675-3	054-732-0005
86	예안양조장	경상북도 안동시 도산면 서부리 174-182	054-856-0010
87	예천탁주합동양조장	경상북도 예천군 예천읍 백전리 97-2	054-654-2854
88	옥산양조장	경상북도 상주시 공성면 산현리 846	054-532-4017
89	온혜양조장	경상북도 안동시 도산면 온혜리 388	054-856-1054
90	왜관탁주합동	경상북도 칠곡군 왜관읍 왜관리 240	054-974-0008
91	용암양조장	경상북도 성주군 용암면 용정리 144-5	054-932-2027
92	운산양조장	경상북도 상주시 청리면 가천리 176	054-532-6031
93	운흥양조장	경상북도 상주시 화북면 운흥리 160-1	054-533-9182
94	울산태화루	울산광역시 북구 효문동 676번지	052-287-5002
95	유토피아(주)	경상북도 안동시 남후면 광음리 큰광음길 107번지	054-841-3378
96	은척양조장	경상북도 상주시 은척면 봉중리 311	054-541-6409
97	의성탁주합동제조장	경상북도 의성군 의성읍 후죽리 709-3	054-834-3838
98	이루화(농)	경상북도 의성군 단북면 도안로 1928	054-861-2588
99	이전양조장	경상북도 청송군 부동면 이전리 830-25	054-873-2815
100	임동양조장	경상북도 안동시 임동면 중평리 904	054-822-8855
101	임포양조장	경상북도 영천시 북안면 임포리 269	054-333-6817
102	임하탁주합동	경상북도 안동시 임하면 신덕리 645	054-822-4116
103	입실양조장	경상북도 경주시 외동읍 입실리 1011-3	054-744-6028
104	자인양조장	경상북도 경산시 자인면 동부리 131	053-857-2011
105	자천양조장	경상북도 영천시 화북면 자천리 1514-1	054-337-6005
106	장수양조장	경상북도 영주시 장수면 반구리 872-2	054-637-6207
107	장천양조장	경상북도 구미시 장천면 상장리 684	054-471-6007
108	재산양조장	경상북도 봉화군 재산면 현동리 774-3	054-672-8046
109	점곡탁주합동제조장	경상북도 의성군 단촌면 세촌리 812-3	054-833-4046
110	점촌탁주합동제조장	경상북도 문경시 흥덕동 314-2	054-555-3355
111	좋은먹거리(영)	경상북도 의성군 비안면 이두리 285-6	054-862-8809
112	(주)안동소주일품	경상북도 안동시 풍산읍 괴정리 926-3	054-854-6080
113	(주)팔조령	경상북도 영천시 고경면 용전리 397	054-338-1080
114	죽전양조장	경상북도 칠곡군 기산면 죽전리 266-4	054-971-5223

(계속)

번호	회사명	주소	전화번호
115	중동양조장	경상북도 상주시 중동면 오상리 408-2	054-532-9533
116	증산양조장	경상북도 김천시 증산면 유성리 276	054-437-0507
117	지천양조장	경상북도 칠곡군 지천면 용산리 27-8	053-313-2585
118	천북양조장	경상북도 경주시 천북면 동산리 453	054-774-0005
119	청도감와인(주)	경상북도 청도군 풍각면 봉기리 1117	054-371-1100
121	청도와인	경상북도 청도군 풍각면 봉기리 1117	054-371-1100
122	청도탁주합동제조장	경상북도 청도군 청도읍 고수리 689-1	054-371-2009
123	청송양조장	경상북도 청송군 청송읍 월막리 429-5	054-873-2028
124	청통양조장	경상북도 영천시 청통면 원촌 334-1	054-335-1003
125	초전양조장	경상북도 성주군 초전면 봉정리 462-5	054-932-8032
126	초화주	경상북도 영양군 청기면 청기리 794번지	054-682-6036
127	춘산양조장	경상북도 의성군 춘산면 옥정리 391	054-833-4933
128	칠보산주조	경상북도 영덕군 병곡면 금곡리 380번지	054-733-6755
129	탁주합동김천공장	경상북도 김천시 성내동 60-33	054-434-5090
130	탁주합동제1제조장	경상북도 포항시 북구 덕산동 109-8	054-247-4023
131	태백주조	경상북도 고령군 고령읍 본관리 373번지	054-954-3870
132	토마토와인(주)	대구광역시 달성군 유가면 달창로26길 25	011-818-2236
133	평은양조장	경상북도 영주시 평은면 금광리 260	054-637-4021
134	포항불로주	경상북도 포항시 북구 청하면 소동리 720-2호	054-246-0321
135	포항탁주합동제조장	경상북도 포항시 북구 덕산동109-8	054-247-4023
136	풍각탁주합동양조장	경상북도 청도군 풍각면 송서리 588-3	054-372-2991
137	풍산탁주합동양조장	경상북도 안동시 풍산읍 상리리 453	054-858-4141
138	풍양합동양조장	경상북도 예천군 풍양면 낙상리 161-1	054-653-7426
139	풍천양조장	경상북도 안동시 풍천면 갈전리 568-14	054-853-2107
140	하양탁주제조장	경상북도 경산시 하양읍 도리리 58-2	053-851-2779
141	하향주	대구광역시 달성군 유가면 음리 212-12호	053-614-3383
142	하향주가(영)	대구광역시 달성군 유가면 양리 203	017-517-3650
143	학성양조장	경상북도 군위군 고로면 화수리 78-4	054-382-1313
144	한국애플리즈	경상북도 의성군 단촌면 후평리 69	054-834-7800
145	화산양조장	경상북도 영천시 화산면 연계리 297	054-335-5008
146	화양양조장	경상북도 청도군 화양읍 동천리 222	054-371-4009
147	회곡양조장	경상북도 안동시 풍산읍 회곡리 693	054-852-0444
148	호산춘양조장	경상북도 문경시 산북면 대하리 460-5호	054-552-7036
149	효령양조장	경상북도 군위군 효령면 중구리 173	054-382-8027
150	흥해탁주	경상북도 포항시 북구 흥해읍 칠포리 칠포-158	054-261-0210

경상남도

번호	회사명	주소	전화번호
1	가북양조장	경상남도 거창군 가북면 우혜리 1846-1	055-942-2043
2	가야합동양조장	경상남도 합천군 가야면 매안리 491	055-932-7671
3	가조양조장	경상남도 거창군 가조면 마상리 247-4	055-942-0106
4	가회청목주가	경상남도 합천군 가회면 덕촌리 440-8	055-931-9130
5	개천양조장	경상남도 고성군 개천면 명성리 643	055-672-0345
6	거제양조장	경상남도 거제시 거제면 동상리 442	055-633-4044
7	거창빼재오미자농원	경상남도 거창군 고제면 개명리 2066	055-943-8786
8	거창사과원예농업	경상남도 거창군 거창읍 정장리71	055-945-2344
9	거창사과원협	경상남도 거창군 거창읍 대동리 699-1	055-945-2644
10	거창합동양조장	경상남도 거창군 거창읍 대평리 1308	055-944-2061
11	금곡양조장	경상남도 진주시 금곡면 정자리 1208-1	055-758-1900
12	고성양조장	경상남도 고성군 고성읍 서외리 160-5	055-674-4050
13	고운(영)	경상남도 함양군 함양읍 이은리 289	055-963-9911
14	고전양조장	경상남도 하동군 고전면 범아리 314-3	055-882-5022
15	고제양조장	경상남도 거창군 고제면 농산리 704-2	055-942-7055
16	고현양조장	경상남도 거제시 고현동 101-1	055-635-2141
17	곤양양조장	경상남도 사천시 곤양면 성내리 138-1	055-853-0029
18	광도양조장	경상남도 통영시 광도면 노산리 456-2	055-642-3507
19	구기양조장	경상남도 밀양시 청도면 구기리 132-2	055-352-9010
20	궁류양조장	경상남도 의령군 궁류면 압곡리 798	055-572-8012
21	금곡양조장	경상남도 진주시 금곡면 정자리 1208-1	055-758-1900
22	금산양조장	경상남도 진주시 금산면 중천리 234-7	055-761-3192
23	금정산토산주	부산광역시 금정구 금성동 554-1	080-9000-5858
24	길곡양조장	경상남도 창녕군 길곡면 증산리 989	055-536-9230
25	김해막걸리양조장	경상남도 김해시 삼정동 608-1	055-336-2501
26	김해주조장	경상남도 김해시 어방동 1060-2	055-336-2501
27	김해합동양조장	경상남도 김해시 삼정동 608-1	055-336-2430
28	남지양조장	경상남도 창녕군 남지읍 남지리 664-12	055-526-2068
29	남하양조장	경상남도 거창군 남하면 무릉리 1108-1	055-944-4410
30	남해유자주	경상남도 남해군 고현면 오곡리 854번지	055-863-4433
31	노량양조장	경상남도 하동군 금남면 노량리 767-3	055-882-0027
32	느린마을양조장 하동양원	경상남도 하동군 화심리 839-1	055-884-6677
33	단계양조장	경상남도 산청군 신등면 단계리 666-2	055-972-3110
34	단성양조장	경상남도 산청군 단성면 성내리 596	055-972-0010
35	단장양조장	경상남도 밀양시 단장면 단장리 407-1	055-356-1616

(계속)

번호	회사명	주소	전화번호
36	당동양조장	경상남도 고성군 거류면 당동리 16-7	055-672-1011
37	대곡양조장	경상남도 진주시 대곡면 광석리 289	055-744-0019
38	대병합동양조장	경상남도 합천군 대병면 회양리 19	055-933-7007
39	대양양조장	경상남도 합천군 대양면 덕정리 889-5	055-932-3740
40	대평양조장	경상남도 진주시 신안동 24-12	055-746-3509
41	대합양조장	경상남도 창녕군 대합면 십이리 241	055-532-2835
42	덕산양조장	경상남도 산청군 시천면 사리 743-1	055-972-9011
43	도산양조장	경상남도 통영시 도산면 법송리 1085-3	055-643-9665
44	동면양조장	경상남도 창원시 동읍 신방리 361-5	055-253-9494
45	두메산골주조	경상남도 거창군 위천면 당산리 207-3	055-941-0611
46	둔덕양조장	경상남도 거제시 둔덕면 하둔리 447	055-633-5006
47	마산탁주공동제조장	경상남도 함안군 가야읍 검암리 994-8	055-583-6276
48	마천양조장	경상남도 함양군 마천면 가흥리 526-3	055-962-5008
49	맑은내일(주)	경상남도 창원시 의창구 북면 신촌리 404-6	055-264-0997
50	명가원(주)	경상남도 함양군 지곡면 창평리 520-1	055-963-8992
51	명석양조장	경상남도 진주시 명석면 우수리 65-2	055-744-3388
52	무곡양조장	경상남도 창원시 북면 무곡리 142-1	055-256-9159
53	무안양조장	경상남도 밀양시 무안면 연상리 455	055-352-0033
54	미조합동양조장	경상남도 남해군 미조면 미조리 51-3	055-867-6620
55	미천양조장	경상남도 진주시 미천면 안간리 486	055-744-1008
56	밀양양조장	경상남도 밀양시 교동 882	055-354-2089
57	배둔양조장	경상남도 고성군 회화면 배둔리 435	055-673-2226
58	병곡양조장	경상남도 함양군 병곡면 송평리 528	055-962-2007
59	봉기양조장	경상남도 합천군 용주면 봉기리 136-1	055-933-3615
60	봉산양조장	경상남도 합천군 봉산면 김봉리 347-7	055-933-1087
61	부곡양조장	경상남도 창녕군 부곡면 부곡리 287-5	055-536-5048
62	부북양조장	경상남도 밀양시 부북면 운전리 305-6	055-354-9009
63	부산동백양조장	부산광역시 기장군 정관면 모전리 27-1	051-727-1472
64	부산탁주조합	부산광역시 수영구 남천동 77-1	051-622-7997
65	부산합동양조	부산광역시 사하구 장림동 437-1	051-622-7997
66	북천양조장	경상남도 하동군 북천면 옥정리 519-3	055-882-9450
67	사량양조장	경상남도 통영시 사량면 금평리 252-2	055-642-6057
68	사천양조장	경상남도 사천시 사천읍 정의리	055-852-2777
69	사천탁주	경상남도 사천시 사천읍 정의리 390-4	055-852-0092
70	산내양조장	경상남도 밀양시 산내면 송백리 1322-2	055-352-9956
71	산양양조장	경상남도 거제시 동부면 산양리 845	055-633-2027

(계속)

번호	회사명	주소	전화번호
72	산양양조장	경상남도 통영시 산양읍 연화리 693-2	055-642-1110
73	산청양조장	경상남도 산청군 산청읍 산청리 171-1	055-973-2030
74	삼가양조장	경상남도 합천군 삼가면 일부리 884-1	055-932-4207
75	삼산양조장	경상남도 고성군 삼산면 미룡리 859-2	055-672-7033
76	삼장양조장	경상남도 산청군 삼장면 석남리 141	055-972-8123
77	삼칠양조장	경상남도 함안군 칠북면 화천리 148-2	055-587-3509
78	상동양조장	경상남도 밀양시 상동면 금산리 886	055-352-8006
79	상동탁주	경상남도 김해시 상동면 대감리 634	055-323-4595
80	상리양조장	경상남도 고성군 상리면 척번정리 465	055-672-8019
81	상북주조장	경상남도 양산시 상북면 석계리 22-6	055-375-2990
82	생초양조장	경상남도 산청군 생초면 어서리 311	055-972-2014
83	서면합동양조장	경상남도 남해군 서면 서상리 1232	055-862-2277
84	서창양조장	경상남도 양산시 삼호동 532-1	055-365-1010
85	서하합동양조장	경상남도 함양군 서하면 송계리 1242-6	055-962-9003
86	선리양조장	경상남도 양산시 원동면 선리 1382-1	055-387-5775
87	성포양조장	경상남도 거제시 사등면 지석리 991-1	055-632-5134
88	성포양조장	경상남도 거제시 사등면 991-1	055-632-5132
89	수곡양조장	경상남도 진주시 수곡면 효자리 482-1	055-754-5007
90	신안양조장	경상남도 진주시 평거동 136-6	055-772-6486
91	신원양조장	경상남도 거창군 신원면 과정리 187-10	055-942-8030
92	신항만주조장	경상남도 진해시 용원동 1178-2	055-552-1539
93	악양합동주조장	경상남도 하동군 악양면 정서리 281	055-883-3037
94	안의양조장	경상남도 함양군 안의면 금천리 49-5	055-962-0028
95	야로양조장	경상남도 합천군 야로면 구정리 293-1	055-932-6507
96	영지양조장	경상남도 남해군 삼동면 영지리 2186-2	055-867-0125
97	오름주가	경상남도 사천시 축동면 사다리 392-25	055-855-3626
98	옥종합동양조장	경상남도 하동군 옥종면 청룡리 119-5	055-882-8167
99	옥천양조장	경상남도 마산시 구산면 내포리 188-3	055-222-2103
100	온천양조장	경상남도 창원시 북면 신촌리 570-1	055-298-0109
101	외포양조장	경상남도 거제시 장목면 외포리 165	055-636-6055
102	용덕주조장	경상남도 의령군 용덕면 운곡리 106-4	055-573-4016
103	우포의아침(주)	경상남도 창녕군 대지면 본초리 1255	070-4105-0997
104	울산탁주공동제조장	경상남도 울산시 북구 효문동 676	052-287-5002
105	웅양양조장	경상남도 거창군 웅양면 노현리 255	055-942-3007
106	웅촌양조장	경상남도 울산시 울주군 웅촌면 곡천리 255-72	052-225-0009
107	원동양조장	경상남도 양산시 원동면 원리 888	055-382-5021

(계속)

번호	회사명	주소	전화번호
108	월천양조장	경상남도 거창군 거창읍 서변리 589-1	055-944-3989
109	위천양조장	경상남도 거창군 위천면 장기리 490-4	055-943-0027
110	유곡양조장	경상남도 진주시 유곡동 331	055-741-2690
111	유어양조장	경상남도 창녕군 유어면 부곡리 12-1	055-532-7024
112	의령공동탁주양조장	경상남도 의령군 가례면 가례리 640	055-573-2345
113	의령양조장	경상남도 의령군 의령읍 서동리 370-2	055-573-5626
114	이반성양조장	경상남도 진주시 이반성면 평촌리 746-14	055-754-7265
115	이방양조장	경상남도 창녕군 이방면 거남리 398-1	055-532-3025
116	일반성양조장	경상남도 진주시 일반성면 운천리 824	055-754-6027
117	일반성탁주제조장	경상남도 진주시 일반성면 운천리 824	055-754-6614
118	장생도라지(주)	경상남도 진주시 금곡면 정자리 1218-9호	055-771-1000
119	장유양조장	경상남도 김해시 장유면 신문리 1263-1	055-314-2008
120	저구양조장	경상남도 거제시 남부면 저구리 17-3	055-633-1023
121	적량양조장	경상남도 하동군 적량면 관리 266	055-884-4811
122	정관탁주제조장	부산광역시 기장군 정관면 모전리 23-10	051-728-5011
123	주상양조장	경상남도 거창군 주상면 도평리 750-1	055-942-6017
124	죽전양조장	경상남도 의령군 봉수면 죽전리 542-1	055-572-3205
125	중리탁주제조장	경상남도 마산시 내서읍 중리 446-2	055-231-2233
126	지곡양조장	경상남도 함양군 지곡면 창평리 524-2	055-962-7016
127	지리산국화주	경상남도 함양군 함양읍 삼산리 25	055-963-2444
128	지리산송솔주	경상남도 함양군 지곡면 창평리 520-1	055-964-0764
129	지리산팔선주	경상남도 함양군 유림면 화촌리 300	055-962-6565
130	지세포양조장	경상남도 거제시 일운면 지세포리 692	055-681-0737
131	지수양조장	경상남도 진주시 지수면 승산리 207-1	055-754-5405
132	지정양조장	경상남도 마산시 회원1동 2-2	055-243-5382
133	진교양조장	경상남도 하동군 진교면 진교리 426-54	055-882-3151
134	진동공동주조장	경상남도 마산시 진동면 진동리 489-3	055-271-2670
135	진영합동양조장	경상남도 김해시 진영읍 진영리 1611-2	055-343-2016
136	진전양조장	경상남도 마산시 진전면 오서리 638-1	055-271-1009
137	진주탁주공동운영회	경상남도 진주시 인사동 163-1	055-745-0211~2
138	진해공동탁주제조장	경상남도 진해시 덕산동 76-4	055-551-6260
139	참송엽주(주)	경상남도 양산시 하북면 지산로 132	055-381-5959
140	창녕탁주양조장	경상남도 창녕군 창녕읍 술정리 144-10	055-533-2012
141	천성산양조장	경상남도 양산시 상북면 석계리 22-6	055-375-2990
142	청덕양조장	경상남도 합천군 청덕면 가현리 925-1	055-932-8605
143	청암합동양조장	경상남도 하동군 청암면 평촌리 601-603	055-882-5709

(계속)

번호	회사명	주소	전화번호
144	초계양조장	경상남도 합천군 초계면 초계리 48-3	055-932-1620
145	초동양조장	경상남도 밀양시 초동면 신호리 86	055-391-4011
146	초록보물섬	경상남도 남해군 고현면 오곡리 85	055-863-4433
147	탁주주조	경상남도 마산시 자산동	055-246-3925
148	탁주협회	부산광역시 사상구 주례3동 1162-43	051-314-2621
149	탁주협회삼락제조장	부산광역시 사상구 삼락동 70-11	051-301-0009
150	평지양조장	경상남도 산청군 신등면 평지리 749	055-972-3091
151	평촌양조장	경상남도 산청군 금서면 평촌리 515	055-973-2785
152	하남양조장	경상남도 밀양시 하남읍 양동리 360	055-391-2306
153	하동탁주합동주조장	경상남도 하동군 하동읍 읍내리 266-12	055-884-2714
154	하북양조장	경상남도 양산시 하북면 순지리 19-6	055-382-7025
155	하이양조장	경상남도 고성군 하이면 덕호리 548	055-834-6110
156	하청양조장	경상남도 거제시 하청면 하청리 481-4	055-636-0918
157	함양양조장	경상남도 함양군 함양읍 이은리 289	055-963-9911
158	함양합동양조장	경상남도 함양군 함양읍 이은리 289	055-963-2831
159	합동양조장	경상남도 함안군 법수면 강주리 448	055-582-3013
160	합동탁주	경상남도 거창군 거창읍 대평리 1308	055-944-2028
161	합동탁주연산공장관리과	부산광역시 연제구 연산5동 1141-7	051-865-5961
162	향토농원	경상남도 기창군 기창읍 정장리 860	055-943-5570
163	화개합동양조장	경상남도 하동군 화개면 탑리 678	055-883-2456
164	화정양조장	경상남도 의령군 화정면 상정리 532-8	055-572-4042

제주도

번호	회사명	주소	전화번호
1	1950(주)	제주도 제주시 산천단동길 16 바이오 융합센터 201호	064-792-1950
2	고소리술	제주도 제주시 애월읍 하귀2리 1867-3	064-712-2075
3	백록담	제주도 서귀포시 서홍동 1593-1	064-733-8077
4	오메기술	제주도 서귀포시 표선면 성읍리 673-1호	064-787-1360
5	제주막걸리(주)	제주도 제주시 애월읍 하귀리 22-3	064-713-4001
6	제주샘	제주도 제주시 애월읍 상가리 1997-1	064-799-4225
7	제주와이너리(유)	제주도 제주시 애월읍 용흥7길 23	064-799-5500
8	제주전통주(주)	제주도 제주시 한경면 고산리 2148-1	0505-868-0357
9	제주합동양조	제주도 제주시 애월읍 하귀1리 22-3호	064-713-4001
10	土香(주)	제주도 제주시 한림읍 한수리 858-1	064-796-2521
11	한라산(주)	제주도 제주시 한림읍 한림로 555	064-796-6671~5
12	한백(주)	제주도 제주시 한경면 판포리 703	064-772-5891

주정회사

번호	회사명	주소	전화번호
1	(주)창해에탄올	전라북도 전주시 덕진구 팔복동 3가 829	063-214-7800
2	(주)풍국주정공업	대구광역시 달서구 대천동 605-5	053-582-1631
3	롯데주정	전라북도 군산시 소룡동 176-1	063-469-8000
4	(주)서안주정	전라북도 군산시 소룡동 55-2	063-467-2821
5	(주)서영주정	전라북도 군산시 소룡동 47	063-467-7200
6	(주)일산실업	경상남도 함안군 칠서면 대치리 353-3	055-586-8800
7	진로발효	경기도 안산시 단원구 초지동 650	031-491-7038
8	(주)하이트주정	전라북도 익산시 마동 123	063-840-0800
9	(주)한국알콜산업	경상남도 울산시 남구 상개동 610-1	052-259-4700
10	MH에탄올	경상남도 마산시 내서읍 중리 1120-1	055-231-0701

참고문헌

국내문헌

국세청 기술연구소(2002). 주류제조교본. 국세청 기술연구소.

김중일 역(2008). 물은 약인가, 독인가?. 눈과 마음.

농촌진흥청(2011). 풀어쓴 고문헌 전통주 제조법. 농촌진흥청 국립농업과학원

류인수(2010). 막걸리 수첩. 우듬지.

류인수(2010). 전통주 수첩. 우듬지.

배상면(2007). 조선주조사. 우곡출판사.

신동원 외(1999). 한 권으로 읽는 동의보감. 들녘.

심형석(2016). 주조용 과실 품종 선발 및 고품질 안전한 과실증류주 제조 기술 개발

이강자(2003). 증보산림경제. 신광출판사.

이동필(2013). 한국의 주류제도와 전통주산업. 한국농촌경제연구원

이성우(1992). 한국고식문헌집성. 수학사.

이효지(2009). 한국 전통 민속주. 한양대학교출판부.

이홍우(2010). 쿼네가 들려주는 효소이야기. 자음과 모음.

정동효(1999). 식품미생물학. 선진문화사.

정동효(2010). 한국의 전통주. 유한문화사.

조신호 외 역(2007). 임원십육지. 교문사.

지철호(2004). 우리 술 반세기의 바가지. 백산출판사.

한국브리태니커(1977). 뿌리깊은 나무. 뿌리깊은 나무.

허훈 역(2009). 화학의 변명. 사이언스북스.

aT한국농수산식품유통공사 외(2013). 대한민국 전통주. 한국농수산식품유통공사.

국내논문

유서석 외(1990). 제민요술에 수록된 식품조리 가공법 연구보고(1)-술.

이성우 외(1992). 과하주제조에 관한 문헌적 고찰.

이춘자 외(1992). 양주방에 수록된 주조법에 관한 연구.

국사편찬위원회 조선왕조실록 http://sillok.history.go.kr/

찾아보기

저자 소개

류인수(외식경영학 박사)

(사)한국가양주협회 회장
우리술품평회 심사위원
전통주소믈리에 심사위원
막걸리월드컵 심사위원

현재 한국가양주연구소 소장
(사)한국술산업연구소 이사장
(사)한국전통주진흥학회 사무총장
(사)한국외식경영학회 부회장
연성대학교 겸임교수

주요 저서
전통주 수첩(2010)
막걸리 수첩(2010)

홈페이지 및 카페
www.suldoc.com
cafe.naver.com/gago5go

2판
한국 전통주 교과서

초판 발행 2014년 3월 7일
2판 발행 2018년 3월 2일
2판 9쇄 발행 2025년 2월 20일

지은이 류인수
펴낸이 류원식
펴낸곳 교문사

편집팀장 성혜진 | **디자인** 이혜진 | **본문편집** 우은영

주소 10881, 경기도 파주시 문발로 116
대표전화 031-955-6111 | **팩스** 031-955-0955
홈페이지 www.gyomoon.com | **이메일** genie@gyomoon.com
등록번호 1968.10.28. 제406-2006-000035호

ISBN 978-89-363-1730-0(13590)
정가 20,000원

저자와의 협의하에 인지를 생략합니다.
잘못된 책은 바꿔 드립니다.